布目潮渢中国史論集

下巻

唐代史篇二
中国茶史篇

布目潮渢中国史論集　下巻　目次

【下巻】

唐代史篇　二

《官人制》

凡　例

一、本著作集の編集にあたっては著者の論文内容や学問体系から、漢代史篇、唐代史篇、中国茶史篇の三部構成とした。また唐代史篇はさらに政治史、律令制、官人制の三部門に分類した。各篇および各部門の配列は論文の発表年代順を原則としたが、論文テーマの相関性から必ずしも年代順になっていないところもある。

二、上巻は漢代史篇と唐代史篇一（政治史、律令制）、下巻は唐代史篇二（官人制）と中国茶史篇を収める。

三、論文の原載誌・書名、巻・号数、発行者、発表年などは各論文の末尾に記載した。

四、本著作集の編集においては、著者の自筆原稿に準拠することを基本方針とした。ただし自訂抜刷がある場合は著者の訂補を取り入れた。また次のように若干の表記の統一をおこなった。

①漢字は常用漢字を原則とした。

②漢数字の表記は二一、一〇五等に統一した。

③仮名遣いは現代仮名遣いを、送りがなは「送りがなの付け方」を原則とした。

④単行本の書名には『　』、論文の題名には「　」を付けた。刊行年は西暦に統一した。

⑤引用史料は原則として改行二字下げとした。誤植や誤脱はできるだけ訂正・追補したが、本文の論旨に関わる箇所については改めなかった。

布目潮渢中国史論集　下

唐代史篇　二

白楽天の官吏生活
――江州司馬時代――

はしがき

白楽天の作品数は、那波本（四部叢刊本）によって算えても、詩文併せて七一巻、三六六五編にのぼり、なお補遺作品も一四一編蒐集されている。[1]杜甫の約一五〇〇編、李白の一一二〇編、[2]韓退之の七八〇編、劉禹錫の一〇八〇編、元稹の一一四六編等[3]に比較して隔段に多い。また楽天の作品は、詩のみでなく、文も並行して多くの作品を残しているのがその特色である。楽天の約三八〇〇編の作品について、その作家生活を約五〇年（二五歳―七五歳）とすれば、毎年平均七六編の作品を出したこととなる。

一方において唐代の人々の伝記研究にあたって、そのもっとも多量の史料を提供してくれる新旧唐書の列伝は、いちばん多い人で一人一巻であり、そのような人は、新旧唐書ではそれぞれ三人にしかすぎない。白楽天も『旧唐書』では三人で一巻、『新唐書』では四人で一巻を占めているにしかすぎない。そのために唐代の人々の伝記を跡づけようとしても、新旧唐書の列伝等による限りは、それらの人々の履歴書の類に、一部の逸話、作品のエッセンスを加えたにとどまり、唐代の人々の血あり肉ある伝記はほとんど判明しないのが現状である。

そこで唐代の人々の伝記研究の史料として、その膨大な量にのぼる文学作品を利用することが考えられる。これまでも有名な文学者については、その伝記の研究は相当多く出ているが、それらはこれらの人々が文学者である関係上、重点はその文学的履歴にある。それはまたむしろ当然のことでもある。白楽天についても最近中国で刊行せられたものでも、蘇仲翔氏の『白居易伝論』（上海文芸連合出版社刊、一九五五）、王拾遺氏の『白居易研究』（同上社刊、一九五四）、同氏の『白居易』（上海人民出版社刊、一九五七）、万曼氏の『白居易伝』（湖北人民出版社刊、一九五六）等多数にのぼる。またイギリスのアーサー・ウェーリー（Arthur Waley）氏は“The Life and Times of Po-Chü-I”を一九四九年に著して、白楽天の伝記を歴史的に叙述し、その邦訳も畏友、花房英樹氏により刊行せられた（『白楽天』一九五九、みすず書房刊）。非常な労作で大いに参考となる。しかし筆者の意図は中国諸家のような文学的履歴を追求しようとするのではなく、その文学作品を利用して、楽天の伝記、とくにその公的生活である官吏生活を跡づけようと考えたのである。この点でウェーリー氏とも異なっている。楽天の官吏生活は、三二歳より、七一歳の約四〇年にわたり、その官歴も、校書郎・盩厔尉・集賢校書・翰林学士・左拾遺・京兆府戸曹参軍・太子左賛善大夫・江州司馬・忠州刺史・主客郎中・中書舎人・中書舎人知制誥・杭州刺史・東都分司左庶子・蘇州刺史・秘書監・刑部侍郎・東都分司太子賓客・河南尹・同州刺史・東都分司太子少傅・致仕刑部尚書と多彩をきわめる。宰相にはならなかったが、家柄の背景を持たない楽天としてのこの官界生活は、唐代の官僚生活の一例として充分に追及しなければならないものと考える。そこで楽天の官界生活をその文学作品を史料として研究し、従来の伝記の欠を補おうとするのである。

しかしここでは紙数の制限上、楽天の官界生活のすべてにわたることはできない。そこで江州司馬時代に限って試みたものが本編である。楽天のこの時代は、四四歳より四七歳にわたり、その間の文学作品としては、有名な「琵琶行」を始めとして、楽天の文学論を述べられてあって有名な「元九に与うるの書」等、楽天の文学生活上からも重要な時代である。その作品は四年間で約五〇〇編にのぼり、一年平均一〇〇編以上の作品を生んだ重要な時期である。

またこの時代は官職が「州司馬」であり、州司馬は憲宗の貞元二十一年（永貞元年、八〇五）十月に、中書侍郎平章事の韋執誼を崖州司馬とし、また韓泰を虔州司馬、陳諫を台州司馬、柳宗元を永州司馬、劉禹錫を朗州司馬、韓曄を饒州司馬、凌準を連州司馬、程异を柳州司馬としたいわゆる「八司馬」[4]等も州司馬の生活を送り、柳宗元の如きは永州司馬生活を約八年も送っている[5]。このような左遷された州司馬の生活はどのようなものであったか。その一つの典型として楽天の場合を考察し、唐代の官僚生活を知る一つの資料としたいと考えて、この研究をくわだてた。なお本稿は、「唐才子伝の研究」（その一部は『西京大学学術報告』人文四号、六号、八号、『立命館文学』一六七号、一七八号に発表）等と相俟って、筆者の唐人の伝記研究の一部をなすものである。

なお本稿については、畏友、京都府立大学の花房英樹氏の研究に負う所がすこぶる多い。本稿の基礎となっている白楽天の作品の「繋年配列」は、氏の「白氏文集の資料批判と作品整理〔Ⅱ〕のⅢ作品繋年配列」（『西京大学学術報告』人文第一〇号）によるものである。ここで改めて氏のたゆまざる努力による白楽天研究に敬意を表し、またそれを利用させて戴いたことについては心から感謝の意を表したい。

また現在の京都大学人文科学研究所哲学文学研究室は、旧東方文化研究所経学文学研究室時代以来、『白氏文集』の会読を毎週挙行せられ、筆者も昭和二十年以来、参加を許されている。この研究会に参会せられた諸師より受けた諸種の恩恵にも感謝しなければならない。しかしこの拙稿は全く筆者の寡見に出るものであって、それらの方々に責任はない。

一　江州司馬左降

藩鎮の横暴に悩んでいた唐朝は、憲宗の即位（八〇五年）とともに、その勢威を挽回しようとした。そのころ四川方面には劉闢が節度使として威を振っていたが、唐朝は劉闢をまず血祭りにあげ（八〇六）、やがて藩鎮中最強の河朔三鎮の討滅に着手することとなった。元和十年（八一五年）、淮西節度使の呉元済を伐とうとすると、平盧節度使の李師道は、やがて討伐のわが身にもふりかかるであろうことを考え、この呉元済討伐の中止を唐朝に要求した。いよいよ河朔三鎮と唐朝とは一大決戦の形勢となり、都の長安は無気味な情勢となってきた。(6) このころ長安で、「打麦麦打三三三」という童謡が流行したと記載されている。(7) 元和十年六月癸卯（三日）の未明、突如として時の宰相の武元衡が参内の途次において刺客に暗殺され、同時に御史中丞の裴度も襲撃されて、馬より溝に落ち、頭に切傷を負うた。幸に裴度は死のみは免れた。(8) 唐朝の藩鎮に対する強硬策の犠牲となったのである。「打麦」は「打麦時」を意味し、

「麦打」とは「暗中突撃」で、「三三三」とは「六月三日」のことであるという。[9] この童謡は事実はさておき当時の不安な情勢をよく物語っているようである。事件後、京城内は混乱に陥り、当局も賊の捜査の手配すら直ちに行い得ない状態であった。

白楽天はこの時に太子左賛善大夫という皇太子輔導の職[10]にあったが、この混乱振りを見るに忍びず、「急《はや》く賊を捕え、以って国恥を雪がんことを請うた」（『旧唐書』巻一六六、白居易伝[11]）。この事件の模様を楽天は後日において、『文集』巻二七「楊虞卿に与うるの書」（編目番号、一四八二、製作年次、元和十一年[12]）において次の如く述べている。

去年六月、盗、右丞相（武元衡）を通衢の中に殺し、血髄を迸《ほとば》しらし、髪肉を磔し、道《い》うに忍びざる所なり。合朝震慄し、云う所を知らず。僕以為《おもへ》らく、書籍ありて以来、未だ此の事有らず。国辱しめられ、臣死す。此れ其の時なるや。苟しくも所見有らば、畎畝皁《ぞう》隷の臣と雖も、当に黙々たるべからず。況んや班列に在りて、能く其の痛憤に勝《たえ》んや。故に武相の気、平明に絶え、僕の書奏、日午に入る。両日の内、満城之を知る。其の与《くみ》せざる者は或は誣うるに偽言を以てし、或は構うるに非語を以てす。且つ浩々たる者は時事大小を酌《はか》らず、僕の与《ため》に当否を言う。皆曰く、丞相・給舎・諫官・御史すら尚お未だ論請せず、而して賛善大夫、何ぞ反《かえ》つて憂国の甚しき也。僕、此の語を聞き、退きて之を思うに、賛善大夫は誠に賤冗なるのみ。朝廷非常の事有りて、即日に独り封章を進む。之を忠と謂い、之を憤と謂う。亦た媿《はじ》なからん。之を妄と謂い、之を狂と謂う。又敢て逃れんや。且つ此を以て辜《つみ》を獲るは、顧みて何如せんのみ。況んや又此を以て罪名と為さざらんや。

楽天はこの早朝の宰相暗殺という大事件の当日の正午に賊を捕えんことを請い、両日の間に長安城下の人は皆このことを知ったが、太子左賛善大夫の職にあって真先に賊を捕えんことを上言したのに対し非難する者があり、囂々となった。この時の上奏文は『文集』に見えないのでどのようなものかわからないが、ウェーリー氏が「十年の後、白が作品を編集した時、この請願書を中に入れなかったという事実は、彼が顧みて浅慮の行為であった、と考えたことを示すものであろう。[13]」というのは卓見であろう。事件後五日目の八日に至り、賊の大捜査が行われ、十日に至り、藩鎮の派遣した刺客は逮捕の上処刑せられた。[14]

楽天は太子左賛善大夫の職にあって捕賊のことを諫官に先立って上奏したことのほかに、「言浮華にして行無く、其の母、看花に因り井に堕ちて死し、而して居易、賞花および新井の詩を作り、甚だ名教を傷《そこな》った。」ことを理由として、「刺史」に貶せられることとなった。[15]『大唐六典』巻三〇によれば、「上州刺史」は「従三品」、「中州刺史」は「正四品上」、「下州刺史」は「正四品下」であり、太子左賛善大夫は「正五品下」であるから、刺史では、たとい下州刺史でも、品の上からは左遷とはならない。『旧唐書』の本伝は「貶為江表刺史」と言い、『新唐書』の本伝は「出為州刺史」と言う。故にこの場合の「貶」は中央官より地方官になる「出」の意味に等しい軽い意味であろう。しかし楽天は、この事件で州刺史への転出ではすまされず、中書舎人の王涯の上奏により、「郡を治すべからず」（新旧唐書本伝）として、「江州司馬」に貶せられることとなった。江州司馬は、後述の如く、「従五品下」であるから、これは品の上からも「降」となる。ウェーリー氏は「彼が最初、刺史に任命され、それから王涯の抗議によって、司馬という、ずっと下の位に落とされたという話は信じがたいものである。」（邦訳一二三頁）というが、たとえば柳宗元の場合でも、礼部員外郎（従六品上）より邵州刺史（下州、正四品下）に貶せられて、途中で永州司馬となっており（新旧唐書本伝）、この場合も「貶」という字が用いられており、「信じがたい」と断定できるかは疑問である。

「江州」は「潯陽」に治所があり、大江に臨む今の九江市（江西省九江専区）である。元和十年六月三日に事件が起こり、その結果、楽天が「江州司馬」に任ぜられた日は明らかでなく、また江州への出発の日も本伝等を見ても明らかでない。ウェーリー氏は「七月の末か、あるいは八月の初めに出された追放命令」（邦訳一二四頁）と言い、万曼氏の『白居易伝』では、「八月。謫貶詔下。」（四五頁）というが、典拠は示さない。『文集』巻一六「東南行一百韻」（九〇八、元和十二年）に、

博望移二門籍一　潯陽佐二郡符一
時情変二寒暑一　世利算二錙銖一
即日辞二双闕一　明朝別二九衢一

とあり、これは江州司馬に左遷される時の状況を詠じたものであるが、その句に「即日双闕を辞し、明朝九衢に別る。」とあるから、江州司馬になる詔の下ったその日に宮門に別れを告げ、その翌日長安を出発したということになる。しかしこの「即日」が、汪立名の『白香山詩集』巻一六、および『才調集』巻一の白楽天の条に引く「東南行一百韻」では、「望日」に作っている。望日ならば「十五日」に出発したことになり、六月十五日とは到底考えられないから、七月か八月の十五日ということになる。しかし那波本・紹興本（文学古籍刊行社出版、一九五五）は、「即日」に作り、「望日」に従うことができないのは残念である。しかし江州司馬に任ぜられて出発したのは八月のことのようである。それは元稹の『元氏長慶集』（文学古籍刊行社出版、一九五六）巻一二の「酬楽天東南行一百韻并序」の「我病方吟越。君行已過湖。」の注に、

八月聞。楽天司馬江州。(16)

とあるからである。

二　江州への赴任

楽天が元和十年八月に江州司馬左遷の詔が下り、その翌日長安を出発したことは前述の如くであるが、その出発の時の様子は『文集』巻二七「楊虞卿に与うるの書」（一四八一、元和十一年）に、

僕の左降の詔下れるに及び、明日にして東す。足下城西より来り、昭国坊に抵《いた》れるも、已に及ばず。馬を走らせて滻《さん》水に至つて、才《わず》かに一たび手を執るに及ぶ。憫然として訣《わか》れて言うこと他に及ばず。

とあり、そのあわただしい出発の状況がわかる。また出発を詠じた詩としては、『文集』巻一〇の「李十一に別れて後重ねて寄す」（四八九、元和十年）に、

秋日正蕭条　駆レ車出二蓬蓽一
廻二望青門道一　目極心鬱鬱

とあり、また『文集』巻一五の「初めて官を貶せられ望秦嶺を過ぐ」（八六三、元和十年）に、

草草辞レ家憂二後事一　遅遅去レ国問二前途一

とある。

唐代の官吏が地方官として赴任する時の規定としては、仁井田陞博士の『唐令拾遺』の仮寧令（七四九―七五〇頁）に、開元二十五年令として、

諸外官授訖。給二装束仮一。其一千里内者四十日。二千里内者五十日。三千里内者六十日。四千里内者七十日。過二四千里一者八十日。並除レ程。其仮内欲レ赴レ任者聴レ之。若有下事須二早遣一者上。不レ用二此令一。……

とある。これによれば、地方官に任ぜられた場合は、赴任準備のため「装束仮」という休暇が与えられ、それは赴任の距離の大小により日数が異なり、一千里以内は四〇日、二千里以内は五〇日、三千里以内は六〇日となっている。江州は、『元和郡県図志』（岱南閣叢書本による。以下同じ）巻二八、江南道江西観察使江州の条に、

西北至上都二千七百六十里(17)

とあり、三千里以内であるから、普通の赴任であれば、六〇日の装束仮が給せられるのである。しかし楽天の場合は普通の赴任ではなく、いわゆる「左降」の場合にあたる。そのことは、前述の「楊虞卿に与うるの書」（一四八一）に、「及僕左降詔下」とあり、また『文集』巻一〇の「舟中雨夜」（四九七、元和十年）に、「左降向江州」とあり、巻一二の「放旅鴈」（五九一、元和十年）に、「我本北人今譴謫」とあり、巻一五に「初貶官過望秦嶺」（八六三、元和十年）とあるにより明らかである。左降の場合は、前記の一般の赴任とは異なった別の規定が適用せられる。『唐会要』巻四一の「左降官及流人」の条に、

長寿三年（六九四）五月三日勅。貶降官並令二于朝堂謝一。仍容二三五日装束一。

とあり、この規定が楽天のころも行われていたならば、左降官には、「三五日」（三五日は四五日の意味か、或いは十五日の意味か明らかでない）の装束仮が与えられることになっていたと思われる。しかし楽天の場合は、詔の下った翌日の出発であるから、相当酷しい処置であったことがわかる。

このような火急の出発のために、妻子は一緒に出発することができず、商州よりようやく妻子と行を共にすることができた。そのことは、『文集』巻一五の「商州を発す」（八六六、元和十年）に、

商州館裏停三日　　待二得妻孥一相逐行

とあり、商州の駅館に三日宿泊して妻子と一緒になった。商州（陝西省商雒専区商県）は、『元和郡県図志』では闕巻

の部分で、『旧唐書』巻三九地理志、山南西道の条には「至京師二百八十一里」とあり、長安より、藍田・藍関を経て、華山を越した所にあり、一里を唐の小尺で四四一メートルとすれば、長安より商州までの距離は約一二四キロメートルとなる。後述の如く、車行一日に三〇里とすれば、約一〇日の行程となり、長安出発後約一〇日の行程の後、商州で妻子と落ち合ったこととなる。

長安より江州への道程は、まず秦嶺を越え、商州を通り、漢水の上流に出て、漢水に沿って下り、襄陽（湖北省襄陽専区襄樊市）に行き、ここより舟行となって漢水を下り、郢州（湖北省荊州専区鍾祥県）、鄂州（湖北省武漢市）を経て、大江に出て、これを下り、江州に到着した。この経過は道中の作品によって知ることができる。[18] また途中の舟行を詠じた詩もかなり多い。[19]

襄陽より舟行となったことは、『文集』巻一五「襄陽舟夜」（八七二、元和十年）に、

下レ馬襄陽郭　　移レ舟漢陰駅

とあるにより明らかである。襄陽まで「車行」であったことは、『文集』巻一五の「紅藤杖」（八七四、元和十年）に、

交親過レ滻別　　車馬到レ江廻

とあるにより判明する。襄陽からの漢水も「江」と称していることは後に述べる。長安より襄陽まで同一の車馬で来て、襄陽よりその車馬が長安に帰ったと解する。また『文集』巻一二「朱藤謡」（一四二八、元和十三年）に、

前年左遷せられ、東南万里、交遊我に国門に別れ、親友我を滻水に送る。高山に登り、車倒れ輪摧《くだ》け、漢水を渡る。馬跙し蹄開き、中途進まず、部曲多く廻《かえ》る。

とある。部曲[20]は私賤民の一種で、良人と私奴婢の中間の身分の奴隷である。この記事は、楽天の所有した部曲が行を共にし、中途で道路の困難から多く長安に引返したことを示していると解する。

このような路程の規定はどのようになっていたか。仁井田博士の『唐令拾遺』の公式令（六〇二―六〇三頁）には、開元七年令、および開元二十五年令として、次の如く復原してある。

諸行程馬日七十里。歩及驢五十里。車三十里。其水程重船遡流。河日三十里。江四十里。余水四十五里。空船河四十里。江五十里。余水六十里。重船空船順流。[21]河日一百五十里。江一百里。余水七十里。其三硤砥柱之類。不レ拘二此限一。若遇レ風水浅不レ得レ行者。即於二随近官司一申牒験記。聴レ折二半功一。

これは公の行程に適用される一般的規定であるが、楽天の左降赴任の場合でもこの規定でよいと考える。それは『唐律疏議』巻三名例（二五条）に「諸流配人。在レ道会レ赦。計二行程一過レ限者。不レ得二赦原一。」とあり、その疏議にこの令が引かれており、楽天の左降の場合もこの令が適用されると考えてよい。

楽天は、前述の如く、「車行」で襄陽まで行ったが、これは前述の令の「車三十里」にあたり、日に三〇里が規定である。襄陽は、『元和郡県図志』巻二一の山南道、襄州の条に「西北至上都一千八百五十里」とあるが、これは復州が「西北至上都一千六百八十里」とあるのと較べても誤りと思われ、『旧唐書』巻三九地理志の山南東道、襄州の条に、「襄陽在京師東南一千一百八十二里」とあるに従えば、長安から襄陽までは約四〇日の行程となる。

襄陽から江州までは、前述の如く舟行で、まず漢水を下る。長安より江州までは、前述の如く、二七六〇里で、長安より襄州までは一一八二里であるから、襄州より江州までは一五七八里となる。順流の江ならば一日に一〇〇里が令の規定である。

楽天の詩では漢水も「江」と表現されている。『文集』巻一五の「襄陽舟夜」（八七二、元和十年）に「秋風截江起」とあり、同「紅藤杖」（八七四、元和十年）に「車馬到江廻」とあり、また同「臼口阻風十日」（八八〇、元和十年）に、「洪涛白浪塞江津」「江頭又作阻風人」とあり、臼口は湖北省鍾祥県の近くの漢水に臨む地と考えられるが、いずれも漢水を「江」と表現している。一般に唐代では漢水も江と考えてよいと簡単にきめることはできないが、ここでは楽天が漢水も江と表現していることにより、漢水も江として令の規定を適用すれば、一五七八里は、一日一〇〇里として、一六日の水程となり、長安より襄陽までの四〇日と合算すれば、長安より江州までは五六日の行程となる。

前述の如く、「臼口阻風十日」（八八〇）とあるにより、臼口に一〇日間風のために停泊したが、これは舟行一六日中の一〇日ならば相当大きい日数である。この場合は、前述の令の「若遇レ風水浅不レ得レ行者」にあたり、「即ち随近の官司に於て申牒験記し」とあるから、付近の官司が申告により事実を調べて証明書を発行し、「聴折半功」とあるのは意味が明らかでないが、行程の日数の延長を許可する意味にちがいない。ともかく臼口の一〇日滞在は楽天の赴任の途次の一大障礙であったことがわかる。

このようにして楽天は八月より約二か月にわたる旅行の後、十月に江州に到着したようである。そのことは『文集』巻六に「湓浦早冬」（二七五、元和十年）という詩があり、湓浦は江州にあり、その詩の句に「潯陽孟冬月」というのがあり、また巻一〇の「江楼にて砧《きぬた》を聞く」（四九九、元和十年）に、

江人授衣晩　　十月始聞砧

とあるにより明らかである。

楽天の江州到着の時のことは、『文集』巻一五の「望江州」（九〇四、元和十年）、同「初到江州」（九〇五、元和十年）に見えるが、「初到江州」に、

遙見二朱輪来出一レ郭　　相迎労動使君公

とあり、使君公とは江州刺史を指し、朱輪に乗って江州司馬の着任を迎えているようであるが、これは有名な楽天の着任の為の特別のことであろうか。

三　将仕郎守江州司馬

『文集』巻二三「匡山を祭るの文」（一四四九、元和十二年）に、

維元和十二年歳次丁酉二月辛酉朔二十一日。将什郎守江州司馬白居易。

とあり、江州司馬時代の楽天の正式の官名は「将仕郎守江州司馬」である。「将仕郎」は文散官を示し、『大唐六典』巻二の吏部の条に、「従九品下曰将仕郎」とあり、これは文散官の叙階二九の最下位のものである。「江州司馬」は、後述の如く、「従五品下」で、文散官と職事官との間に大きな開きがある。このことは陳寅恪氏もすでに『元白詩箋証稿』の第一章琵琶引（五六頁）で注意しているが、深い考察は加えていない。

楽天は江州司馬の時に将仕郎であったばかりでなく、恐らく初めて任官の貞元十九年（八〇三年、三二歳）より、一二年間ばかりも将仕郎であったと考えられる。史料に見えるものとしては、元和二年（八〇七）の盩厔尉より、元和十五年（八二〇）の尚書司門員外郎に至っている。[22]その後は長慶元年（八二一）に朝議郎（正六品上）、長慶二年に朝散大夫（従五品下）、大和元年（八二七）に中大夫（従四品下）と文散官昇進の記録[23]が見える。

文散官昇進の方法は、『大唐六典』巻二の吏部郎中員外郎の条に、

凡叙階之法。有レ以二封爵一。有レ以二親戚一。有レ以二勲庸一。有レ以二資蔭一。有レ以二秀孝一。有レ以二労考一。……凡応レ入二三品五品一者。皆待二別制一而進レ之。不レ然則否。

とあり、六品以下の普通の昇進は「労考」によるものである。労考については『六典』の同じ条に、

謂内外六品已下。四考満。皆中中考者。因選進二一階一。毎二一中上考一。又進二両階一。毎一上下考。進二両階一。若兼有二下考一。得下以二上考一除上レ之。

とあり、一年一考で、四考の成績が中中考であれば、一階進むことができた。楽天が任官以来約一七年間最下位の将仕郎より一階も進まなかったのは、労考が進階の規定に達しなかったと考えておくほかない。

しかし韓退之の場合も、文散官は「将仕郎」に一四年も留まっていたと考えられ[24]、下階の文散官の労考による昇進は容易でなかったようである。

次に「将仕郎守江州司馬」の「守」は、『唐令拾遺』の選挙令（二八六頁）に、開元七年令として、

諸任官。階卑而擬高。則曰レ守。階高而擬卑。則曰レ行。

とあるのがそれで、将仕郎が従九品下で、江州司馬が、後述の如く、従五品下であるから、「守」という字が使われたのである。

「州司馬」は、上州、中州、下州によって品が異なる。江州が上州であることは『文集』巻二六「江州司馬庁記」（二四六九、元和十三年）に、みずから「上州司馬秩五品」と称しているから、江州が当時は上州であったことは明らかである[25]。

上州については、『大唐六典』巻三〇では、

刺史一人。従三品。別駕一人。従四品下。長史一人。従五品上。司馬一人。従五品下。録事参軍事一人。従七品上。（以下略）

とあり、中州司馬は正六品下、下州司馬は従六品上である。楽天の前官の太子左賛善大夫は、前述の如く、正五品上であるから、従五品下の江州司馬に遷ったことは、職事官の品も下っており、文字通りの「左降」である。楽天の江

州司馬に遷ったことが、単なる転任ではなく、規定上の「左降」であることは「二、江州への赴任」（一一頁以下）の条で述べた通りである。

楽天の江州司馬の時の江州刺史は「崔使君」と呼ばれる人である。そのことは『文集』巻一七に「山中酬江州崔使君見寄」（一〇五〇、元和十三年）とあり、また同巻に「題崔使君新楼」（一〇六〇、元和十三年）とあるのがそれである。刺史の下僚の別駕、長史のことは『文集』に現われず、州の上佐としては、司馬の楽天がいたのみと考えられる。司馬も、後述の如く、実際の仕事はなく、左降されたものが任ぜられるくらいで、常置の官ではなかったようである。当時の州制が、藩鎮に実権を奪われて形骸化し、刺史のみあるが州の上佐の任命も常時行われていない実情の一端をうかがう史料であろう。なお司馬以下の州の官については、『文集』巻一七に「夜送孟司功」（一〇四四、元和十二年）に「潯陽白司馬。夜送孟功曹」とある。「孟司功（功曹）」は江州の「司功参軍一人。従七品下。」（『六典』巻三〇）にあたる人かと思われ、『文集』巻一七の「春聴琵琶兼簡長孫司戸」（一〇八四、元和十三年）に「遷客共相勧諫」とある長孫司戸は、江州の「司戸参軍事二人。従七品下。」（『六典』巻三〇）にあたる人と思われ、「遷客共居（紹興本「君」）」とあるから、楽天と同じく左遷の境遇の人であったと考えられる。

四　江州司馬の生活

(1)　江州司馬庁記

江州司馬としてはどのような日々を送っていたか。司馬の職掌としては、『大唐六典』巻三〇に「尹・少尹・別駕・長史・司馬掌レ貳ニ府州之事一。以紀ニ綱衆務一。」とあり、司馬の官名から考えられる軍事上の権限はなく、単なる行政上の州刺史の補佐役であるが、『文集』巻二六の「江州司馬庁記」（一四六九、元和十三年）において、みずから次のように語っている。

㈠自二武徳一已来。庶官以二便宜一制レ事。大摂レ小。重侵レ軽。郡守之職。摠二於諸侯帥一。郡佐之職。移二於部従事一。故自二五大都督府一至二于上中下郡一。司馬之事尽去。唯員与レ俸在。凡内外文武官左遷右移者遞（紹興本「第」）居レ之。凡執レ役（紹興本「伎」）事レ上。与下給二事於省寺軍府一者上遙署レ之。凡仕久資高。耄昏軟弱。不レ任レ事而時不レ忍レ棄者。実莅レ之。莅レ之者進不レ課二其能一。退不レ殿二其不能一。才不才一也。若有下人畜レ器貯レ用。急二於兼済一者上。居レ之雖二一日一不レ楽。若有下人養レ志忘レ名。安二於独善一者上。処レ之雖二終身一無レ悶。官不官。繋二乎時一也。適不適。在二乎人一也。

㈡江州左匡廬。右江湖。土高気清。富有二佳境一。刺史守土臣。不レ可二遠観遊一。羣吏執事官。不二敢自暇佚一。惟司馬綽綽。可三以従二容山水詩酒間一。由レ是郡南楼。山北楼。水溢亭。百花亭。風篁石巌。瀑布廬宮。源潭洞。東西二林寺。泉石松雪。司馬尽有レ之矣。苟有レ志二於吏隠一者。捨二此官一何求焉。

㈢案二唐典一。上州司馬秩五品。歳廩数百石。月俸六七万。官足二以庇レ身。食足二以給レ家。州民康。非二司馬功一。郡政壌。非二司馬罪一。無二言責一。無二事憂一。噫。為レ国謀則尸素之尤蠧者。為レ身謀則禄仕之優穏者。予佐二是郡一行四年矣。其心休休如二一日二日一何哉。識レ時知レ命而已。又安知四後之司馬不三有二与レ吾同レ志者一乎。因書レ所レ得以告二来者一。時元和十三年七月八日記。

三部に分けて大意を述べると、㈠の部分では、州司馬の権限は藩鎮に奪われて、定員と俸禄のみ残り、現在州司馬に任ぜられる者は、左遷者か、遙署か、停年前の老年者となっており、実際の仕事はない。そのため大望を去って一人で楽しむ者にとっては都合のよい官であることを述べている。㈡の部分では、江州は自然の風光に恵まれ、そこの州司馬はこの自然を楽しむのによい官であるとし、㈢の部分では、州司馬は生活においては安定しており、実際の仕事はなく、まったくのんきなものであり、そのことを司馬庁の壁に記して後任者に残すといっている。

これによって当時の州司馬の官の実情を知ることができる。

(2)　俸禄と官服

楽天の江州司馬の時の俸禄を知る史料としては、『文集』巻二八の「元九に与うるの書」（一四八四、元和十年）に、

今謫せられて遠郡に佐たりと雖も、而も官品第五に至り、月俸四五万あり、寒に衣有り、飢に食有り、身に給するの外、施家人に及ぶ。

とあり、また先に引用した「江州司馬庁記」に、

唐典を案ずるに、上州司馬秩五品、歳廩数百石、月俸六七万、官は以て身を庇うに足り、食は以て家に給するに足る。

とある。

『唐令拾遺』の田令（六四七頁）に、

諸州及都護府親王府官人職分田。二品一十二頃。三品一十頃。四品八頃。五品七頃。六品五頃。……

とあり、この時に官人職分田の規定がこの通りに行われていたとすれば、「歳廩数百石」は七頃の官人職分田よりの収入と考えられる。

「月俸」については、「四五万」、或は「六七万」と記載が一致しない。『唐会要』巻九一、内外官料銭上によれば、大暦十二年（七七七）五月に、李涵・劉晏・韓滉等の状により、次の如く定められた。

（毎月）刺史八十貫文。別駕五十五貫文。長史司馬各五十貫。

同様の記事は『冊府元亀』巻五〇六、邦計部俸禄二の条にも見える。この規定が約三〇年後の楽天の時にも行われていたとすれば、州司馬は五〇貫、すなわち五万銭の俸銭を得ていたこととなり、「四五万」（「与元九書」）の方が正確で、「六七万」（「江州司馬庁記」）はやや多いということになる。

呂思勉氏は『隋唐五代史』（中華書局出版、一九五九年）の第一七章、隋唐五代人民生計（八二八頁）において、『新唐書』巻一四五厳郢（大暦末の京兆尹）伝により、一農夫の一年の生活費を「銭九万六千、米七斛二斗」としている。一月では「銭八千、米六斗」となる。「歳廩数百石。月俸六七万。」と比較すれば、楽天の当時の生活状況の一斑はうかがうことができよう。自身の衣食は充分で、家人にまで及ぶと言っている意味の背景も理解できよう。

なお家事に奴隷も少なくとも二三人は使用する生活を営んでいた。『文集』巻七の「座隅に題す」（三一五、元和十二年ころ）に

歴官凡五六　　禄俸及二妻奴一

左右有二兼僕一　　出入有二単車一

とあり、その生活程度を知る史料となる。

官服について少々述べれば、『文集』巻一二の琵琶引（六〇三、元和十一年）に「江州司馬青衫湿」とあり、陳寅恪氏は『元白詩箋証稿』の第二章琵琶引（五六頁）において、唐制の服色は散官によることを考証し、「青衫」を楽天の「将仕郎」（従九品下）の官服であるとしたのは従うべき説である。このほか『文集』巻一五の「歳暮情を道《い》う」（九〇〇、元和十年）に「半故青衫半白頭」とあり、また巻一六の「山居」（九八三、元和十二年）に「除二却青衫在一」とあり、また巻七の「心に約す」（二八六、元和十一年）に、「青袍塵土涴」とあり、官服が「青衫」「青袍」であったことは明

らかである。

(3) 任　期

司馬の任期については、『文集』巻一七の「自題」（一〇一七、元和十三年）に、

一旦失レ恩先左降　　三年随レ例未二量移一

とあり、左降せられた場合は、通常は三年で「量移」されて近処に移される例のようである。「量移」については『日知録』巻三二に「唐朝人得レ罪貶二竄遠方一。遇レ赦改二近地一。謂二之量移一。」とある。

しかし実際には三年では量移のことはなかったようで、『文集』巻一六の「山桜桃を移す」（九一九、元和十一年）に、

上佐近来多二五考一　　少応三四度見二花開一

とあり、州の上佐である州司馬はこのころでは五年で遷任のことが多いとある。また『文集』巻一二の「送春帰」（五九二、元和十一年）に、

冗員無レ替五年罷　　応須二准擬一再送二潯陽春一

五年炎涼凡十変　　又知二此身健不健一

とあり、一応五年が任期となっていたようである。前述の「山桜桃を移す」に「五考」とあったが、「考」については、『唐令拾遺』の考課令（三二七頁）に、

諸内外文武官九品已上。毎レ年当司長官。考二其属官一。応レ考者。皆具録二一年功過行能一。対レ衆読。議二其優劣一。定二九等考第一。

とあり、九品以上の内外の文武官に対し、毎年一度考課のことがあったので、「五考」と言えば五年のこととなるの

である。「山桜桃を移す」の「上佐近来多五考」とあるその規定については、『冊府元亀』巻六三一・銓選部、条制三に見える元和二年（八〇七）五月の中書門下の挙奏に、

応諸州刺史・次赤府少尹・次赤令・諸陵令・五府司馬・及上州以上上佐・東宮官・除二左右庶子一・王府官四考已下。並請二五考一。……其文武官四品已下。(26)並五考商量与改。

とあるのは、上州上佐である江州司馬が「五考」となったことを示す史料であろうか。

楽天の実際の江州司馬の在任は、元和十年八月の任命より、元和十三年の冬に忠州刺史(27)への転出まで三年と数か月であった。

(4)　勤　務

唐代の官吏の出勤時間の規定については、『唐会要』巻八二の当直の条に、

凡内外官。日出視事。午而退。有レ事則直。官省之務繁者。不レ在二此限一。故事。尚書左右丞。及秘書監。九寺卿。少府監。……外官二佐已上及県令。准二開元式一。並不二宿直一。

とあり、毎日、日出に出勤し、正午に退庁が規定であった。外官の二佐以上は宿直がないとあるから、州司馬も宿直はなかったと思われる。また事務の忙しい時は、午後の勤務もあったが、楽天はそれは免除されていたようである。そのことは、『文集』巻一六の「北亭招客」（九二三、元和十一年）に、「太守知慵放晩衙」とあり、晩衙については、また『文集』巻一五の「李十一舎人松園飲小酎酒……」（八三八、元和十年）に、「早夏我当逃暑日。晩衙君是慮囚時。」とあり、また『文集』巻二〇の「城上」（一三五一、長慶三年杭州刺史の時）に、「城上鼕鼕鼓。朝衙復晩衙。」とあり、朝衙に対して晩衙と言われている。元《げん》の戴侗の『六書故』第一六に「侗謂。衙行列也。軍行士卒衙列以朝夕於将帥。

故今謂之早晩衙。」とあり、朝衙は早衙というに等しく、早晩衙は元来『六書故』の説の如く、軍人の朝夕の整列のことを言ったのであろうが、楽天のころでは、文官の午後の出勤のことにも用いられていたと考える。しかしこの晩衙は官制上の正式の呼称ではなく、俗に文官の午後の出勤のことを晩衙と称していたのではなかろうか。博雅の方の示教を乞いたい。楽天は「晩衙を放《ゆる》されていた」から、出勤は午前中のみで、午後は自由の身であったのであろう。しかし「放晩衙」と表現されていることは、出勤がすべて自由で、連日朝から自然を楽しんでいたのではなく、一応は毎日官吏一般の勤務規定により出勤し、許可を得て出遊していたと考えるべきであろう。『文集』巻七の「北亭」（二七九、元和十一年）に、

日高公府帰　　巾笏随レ手擲

というのは、この間のことを現わしている。またこの詩に、「未レ免二折腰役一」の句もある。

休日の規定は、『唐令拾遺』の仮寧令(28)（七三二頁）に見える。『文集』巻七の「春寝」（二八九、元和十一年ころ）に、

是時正月晦　　仮日無二公事一

とあるのは、唐令の「正月晦日」の休暇にあたるものである。

次に江州司馬の勤務場所であるが、先に引用した「江州司馬庁記」の「江州司馬庁」がそれであり、これは恐らく江州州庁（郡庁というも同じ）内にあったのであろう。『文集』巻一〇の「司馬庁独宿」（五二一、元和十三年）の詩、および巻一六の「庁前桂」（九五四、元和十一年）は「司馬庁」のことを詠じた詩であるが、その具体的な様子はわからない。

日常の起居は、司馬庁とは別の「官舎」においてなされていた。『文集』巻七の「官舎内新鑿小池」（二八二、元和十一年）、巻一〇の「司馬宅」（五二〇、元和十三年）、巻一六の「官舎閑題」（九二〇、元和十一年）が官舎の模様を詠じ

ている。「北亭」は官舎内の楽天の好んだ場所で、それを詠じた詩としては、『文集』巻七「北亭」（二七九、元和十一年）、同「北亭独居」（二八五、元和十一年）、巻一六の「北亭招客」（九二三、元和十一年）などある。

なおすべての州司馬に官舎があったわけではないようで、柳宗元は、永州司馬の時、竜興寺[29]という寺に住んでいた。

(5)　私生活と廬山草堂

江州司馬の公的生活は、一応は官吏としての規制を受けるものであるが、前述の「江州司馬庁記」に記載されているように、行政上の責任はほとんどなく、仕事も閑散であった。そのために形式上官吏としての規制を受ける以外はすこぶる自由で、いわゆる楽天の「閑適詩」に見える生活は、公務のこの充分な余暇にできたものである。

『文集』巻七の「春遊西林寺」（二九二、元和十一年）に、

朝為二公府吏一　暮是霊山客

とある。西林寺は廬山の寺で、朝、公府に出勤し、暮には廬山に遊んでいる。廬山は『元和郡県図志』巻二八、江州の条に、

廬山在二県東三十二里一。

とあり、一里を四四一メートルとすれば、廬山まで約一七キロメートル[30]ある。

『文集』巻一七の「山中酬江州崔使君見寄」（一〇五〇、元和十三年）に、

眷眄情無レ限　優容礼有レ余

三年為二郡吏一　一半許二山居一

とあり、時の江州刺史の崔使君より、半ば廬山の閉居を許可されている。また『文集』巻七の「山中独吟」（三三〇、

元和十二年）に、

自為二江上客一　半在二山中一住

とあり、また『文集』巻七の「出山吟」（二九三、元和十一年）に、「山中十五宿」とあり、相当期間廬山に住んで閑適の生活を送っていた。

廬山に行かない時も、官舎で閑適の生活を営んでいたことは、『文集』巻一六の「北亭招客」（九二三、元和十一年）に、

疎散郡丞同二野客一　幽閑官舎抵二山家一

とあり、また『文集』巻七の「過李生」（二九七、元和十一年ころ）に、

我為二郡司馬一　散拙無レ所レ営
使君知二性野一　衙退任二閑行一

とあり、暇でのんきな官吏生活であった。

なお廬山の有名な草堂は、元和十二年（七七七）三月二十七日に完成した。その草堂の模様は、『文集』巻二六の「草堂記」（一四七二、元和十二年）に詳しい。

元和十一年秋、太原の人、白楽天、見て之を愛し、遠行の客の故郷を過るが若《ごと》く、恋恋として去ることを能わず。因って峯に面し、寺を腋にして、作りて草堂と為し、明年の春、草堂成れり。三間両柱、二室四牖あり。……

とある。また廬山の草堂のことは『文集』巻一六の「香鑪峯下新卜山居草堂初成偶題東壁」（九七五、元和十二年）、および同巻の重題四首（九七六、九七七、九七八、九七九、元和十二年）に詳しく述べられている。

以上、白楽天の江州司馬時代の官吏生活について述べたが、これは白楽天の本質でないことは言うまでもない。楽天の価値は官吏としての閲歴にあるのではない。筆者は故意に楽天の本質でない官吏生活を取上げて、これを単に唐代の官吏の一例として見たに過ぎない。この考察により、唐代の官吏生活、とくに左遷された州司馬の生活がどのようなものであったかについて少しの理解が進めば筆者の目的は達したことになる。またウェーリー氏もその著『白楽天』を歴史の書としている（邦訳、一頁）。しかし筆者とはかなり異なったものとなっているし、また筆者の考と重複する部分は削除してある。拙稿とウェーリー氏の著とを併せ読まれることを希望する。

白楽天の官吏生活の他の時代についても、考察を進めつつある。筆者の到らざる面について大方の示教を賜らば幸である。

（一九六〇・三・一〇）

註

（1）花房英樹氏「白氏文集の資料批判と作品整理〔Ⅰ〕Ⅱ補遺作品」（『西京大学学術報告』人文九号）、「同〔Ⅱ〕Ⅱ刊本の編次」（同一〇号）。
（2）李白については、花房英樹氏編『李白歌詩索引』Ⅰ各本編次表による。
（3）韓退之については、花房英樹氏編『韓愈索引Ⅰ』（京都府立西京大学中国文学研究室油印、一九五九年三月）、劉禹錫については、同氏編『劉禹錫作品編次表』（同上油印、一九五八年七月）、元稹については、同氏編『元稹作品編次表』（同上油印、一九五八年七月）による。
（4）『旧唐書』巻一四、憲宗上。
（5）施子愉著『柳宗元年譜』（湖北人民出版社刊、一九五八年）。

（6）このころの情勢については日野開三郎氏『支那中世の軍閥』（三省堂刊、一九四二年）の第三章、藩鎮の跋扈、第四章、中央政権の再強化と藩鎮統御の項に詳述されている。
（7）『冊府元亀』巻八九四、謡言。
（8）この裴度の襲撃の模様は平岡武夫氏「唐長安城雑記」（『東洋史研究』一一の四）の三、街路の項に詳しく見えている。
（9）註（7）の『冊府元亀』に「憲宗元和十年六月辛丑（癸卯の誤）。盗殺宰相元衡。先是長安童謡曰。打麦麦打三三三。既而旋其袖曰舞了也。識者謂。打麦者蓋打麦時也。麦打蓋暗中突撃也。三三三謂六月三日也。舞了也。謂元衡之卒也。」とある。
（10）『大唐六典』巻二六に「太子左賛善大夫五人。正五品上。……左賛善掌翊賛太子。以規諷也。皇太子出入動静。苟非其徳義。則必陳古以箴焉。」とある。
（11）但し『旧唐書』本伝に、「元和十年七月」とあるのは「六月」の誤りである。同様の記事は『新唐書』巻一一九白居易伝にも見え、「京師震擾。居易首上疏。請亟捕賊。刷朝廷恥。以必得為期。」とある。
（12）楽天の作品を引用する時は、以下において「那波本」（四部叢刊本）の巻数と、花房氏の「白氏文集の資料批判と作品整理〔Ⅱ〕」の「Ⅱ刊本編次」による「篇目番号」と、「同Ⅲ作品繫年配列」による「製作年次」を（　）内に附記することとする。また各版本間の異同については特に必要なもの以外触れなかった。各版本については花房氏の〔Ⅰ〕Ⅰ「資料の系譜」を参照せられたい。
（13）花房氏訳、二二四頁。
（14）この賊の逮捕に至る経過は、『旧唐書』巻一五憲宗本紀、元和十年六月の条に見える。また『冊府元亀』巻六四、帝王部、発号令三には、八日に憲宗がみずから不徳を責め、賊を捕えた者には五品官と賜銭一万貫を賜う旨の詔が見える。
（15）『旧唐書』巻一六六、『新唐書』巻一一九、白居易伝。
（16）この史料は花房氏の示教によるものである。
（17）『旧唐書』巻四〇地理志、江南西道江州の条には「江州。在京師東南二千九百四十八里。」とあり、里程が異なっている。
（18）道中の主な詩を以下に挙げておく。『文集』巻一〇「初出藍田路作」（四九〇、元和十年の作、以下同じ）、巻一五「藍橋駅

見元九詩」（八六四）、同「発商州」（八六六）、同「武関南見元九題山石榴花見寄」（八六七）、巻一〇「再到襄陽訪問旧居」（四九三）、巻一五「襄陽舟夜」（八七二）、同「登郢州白雪楼」（八七七）、同「臼口阻風十日」（八八〇）、巻一〇「夜聞歌者。宿鄂州」（四九八）、巻一五「望江州」（九〇四）、同「初到江州」（九〇五）。

(19) 主な舟行の詩を挙げると、『文集』巻六「舟行」（二七四）、巻一〇「舟中雨夜」（四九七）、巻一五「江夜舟行」（八七三）、同「江上吟元八絶句」（八七五）、同「舟夜贈内」（八七八）、同「浦中夜泊」（八八一）、同「舟中読元九詩」（八八三）、同「舟行阻風寄李十一舎人」（八八四）。

(20) 「部曲」については玉井是博氏の『支那社会経済史研究』所収の「唐の賤民制度とその由来」の（二）私賤民の項、および仁井田陞博士の『支那身分法史』の第八章、部曲・奴婢法を参照せられたい。

(21) 『唐令拾遺』には「河」を「江」に作るのは、誤植であろう。

(22) 『文集』に見える史料としては

元和二年（八〇七）
将仕郎守京兆府盩厔県尉集賢校理（巻三〇、奉勅試辺鎮節度使加僕射制、一五〇七）
将仕郎守左拾遺翰林学士（巻二三、祭楊夫人文、一四四五）
元和三年（八〇八）
翰林学士将仕郎守左拾遺（巻四一、初授拾遺献書、一九三七）
元和五年（八一〇）
翰林学士将仕郎守左拾遺（巻四二、奏陳情状、一九六一）
元和十五年（八二〇）
将仕郎守尚書司門員外郎（巻四三、挙人自代状、一九七六）

(23) 長慶元年（八二一）
新授朝議郎守尚書主客郎中知制誥（巻四三、論重考試進士事宜状、一九七七）。

長慶二年（八二二）
朝散大夫守中書舎人上柱国（巻四三、論行営状五、一九八四）
大和元年（八二七）
中大夫守秘書監上柱国（巻五九、三教論衡、二九〇九）

（24）韓退之は貞元八年（七九二）に登第し、元和元年（八〇六）に、「将仕郎守江陵府法曹参軍韓愈」（『韓昌黎集』巻二二、祭郴州李使君文）であったことが見える。

（25）陳寅恪氏は『元白詩箋証稿』（五五頁）において、この点について新旧唐書、『元和郡県図志』の記事を挙げて、江州が上州であることを述べている。

（26）この『冊府元亀』と同じ記事が、『唐会要』巻八一、考上にも見え、『冊府元亀』では「四品巳上」に作るが、前後の意味の関係からは「四品巳下」がよく、『唐会要』に従って「四品巳下」と改めた。

（27）『文集』巻二六の「三遊洞序」（一四七六、元和十四年）に、「平淮西之明年冬。即自江州司馬授忠州刺史。」とあり、「平淮西」のことは、韓退之の「平淮西碑」（『韓昌黎集』巻三〇）に詳しく、元和十二年のことである。

（28）『唐令拾遺』（七三二頁）仮寧令「諸元日冬至並給仮七日。寒食通清明給仮四日。八月十五日。夏至及臘各三日。正月七日。十五日。晦日。春秋二社。二月八日。三月三日。四月八日。五月五日。三伏。七月七日。十五日。九月九日。十月一日。立春。春分。立秋。秋分。立夏。立冬。及毎月旬。並給休仮一日。内外官。五月給田仮。九月給授衣仮。分為両番。各十五日。田仮。若風土異宜。種収不等。通随給之。」

（29）『柳河東集』巻二八「永州竜興寺西軒記」に、「永貞年。余名在党人。不容於尚書省。出為邵州。道貶永州司馬。至則無以為居。居竜興寺西序之下」とある。

（30）ウェーリー氏は、「南方十マイル」（邦訳二三〇頁）という。

（『橋本博士古稀記念東洋学論叢』立命館大学文学会　一九六〇年）

白居易の官人としての経歴

一　はしがき

白居易の官人としての経歴の特長は、まず郷貢から進士に及第し、吏部選をへて、秘書省の校書郎を初任官として官人となり、更に制挙《せいきょ》に及第し、三六歳の若さで、中書舎人に代って重要な詔勅の起草にあたる翰林学士に就任したことである。これは唐代の詩人としては第一流の杜甫が進士に不合格で、また李白は進士に応試せず、翰林供奉《ぐぶ》という特別任用の官に就任したのと異なる。さらに居易よりやや先輩の韓愈は二五歳で進士に及第し、これは居易の二九歳より若かったが、韓愈は吏部選に及第せず、約十年間、節度使の下で過ごした後、都の官界に入った。居易は進士出身の官人として、はじめは最先端を進んだが、四三歳、太子左賛善大夫の時、宰相の武元衡暗殺事件に遭遇し、自身の官職をわきまえず、まっ先に正論を上奏し、江州司馬に左遷され、以後、中央・地方と官職を歴任し、七一歳、刑部尚書に任じられて退職し、エリート・コースの任用にもかかわらず、ついに宰相には就任しなかった。これは江州司馬左遷後、当時の官界の第一線はみずからも避けて、閑適を旨としたからで、これがまた居易が牛李の党争にまきこまれず、居易の文学が完成された理由でもあろう。

もう一つ居易の官歴で重要なことは、その官歴のすべてが判明するのが珍しく、またその官職を居易自身の詩と文によりたどることができる。換言すれば、居易の伝記の中でもっとも詳細な『旧唐書』白居易伝のほとんどすべてを『白氏文集』によってその原史料を確認できるのである。また居易が通過した各種の試験について、考官の時の出題を含めて、答案のすべてが『白氏文集』に残っていることも、貢士等の唐代の貢挙を考察する者に好個の資料となる。

本稿は紙数の関係で、無味乾燥な履歴書のような叙述に終わってしまったが、その肉づけは本講座の中の私以外の方の専論によって補われるであろう。

また本稿は先人の業績に負うところが多い。とくにわが国では、花房英樹氏の「白居易年譜」（『白居易研究』世界思想社）、『白楽天』（清水書院）、平岡武夫氏の『白居易』（筑摩書房）、中国では、王拾遺氏の『白居易生活系年』（寧夏人民出版社）、朱金城氏の『白居易年譜』（上海古籍出版社）の恩恵を受けていることに謝意を表したい。

二　白居易の祖父と父の官歴

居易の祖父の鍠《こう》については、「故鞏《きょう》県令白府君事状」（巻二九・1496）に、次のように見える。年一七（開元十年、七二二）の時、明経科に及第し、亳《はく》州の鹿邑（河南省周口地区）県尉となり、洛陽県主簿、滑州の酸棗《さんそう》（河南省新郷市）県令をへて、殿中侍御史・内供奉《ぐぶ》、滑亳《かつはく》節度（治所の滑州は河南省安陽市滑県）参謀、河南府鞏県令に至り、大暦八年（七七三）五月三日、年六八で、長安に没した。時に居易は二歳である。

居易の父の季庚《きこう》は（宋本は「季庚《きゆ》」）については「襄州別駕府君事状」（巻二九・1497）に、次のように見える。天宝末年に明経科に及第して、越州の蕭山《しょうざん》（浙江省蕭山市）県尉となり、左武衛兵曹参軍・宋州（河南省商丘地区）司戸参軍をへて、建中元年（七八〇）、徐州の彭城《ほうじょう》（江蘇省徐州市）県令となり、その時の武功により、散官が朝散郎（従七品上）から朝散大夫（従五品下）へ超授された。つづいて徐州別駕となって、緋魚袋《ひぎょたい》を賜り、徐泗《じょし》観察判官となり、貞元初めに、検校大理少卿（従四品上）を加えられ、衢《く》州（浙江省衢州市）別駕をへて、襄《じょう》州（湖北省襄樊市）別駕の任にある時、貞元十年（七九四）五月二十八日、年六六で、その官舎で没した。時に居易は二三歳であった。

ここで居易の兄弟のことを述べておく。上掲の「襄州別駕府君事状」1497に、「子四人有り。長を幼文と曰《い》い、前饒《じょう》州浮梁《ふりょう》県（江西省景徳鎮市）主簿。次を居易と曰う」とあり、「祭浮梁大兄文」（巻二三・1450）は、元和十二年（八一七、「十三年」は誤り）閏五月己亥（十日）に、兄幼文が死去した時の祭文で、時に居易は四六歳、江州司馬の任にあった。その文中に「謂《おも》わざりき纔《わず》か中年に及び、始めて下位に登る」とあるから、科挙をへないで、中年から仕官し、浮梁の主簿に終わった。居易の次弟は行簡といい、花房氏の「白居易年譜」は四歳違いとする。元和二年（八〇七）、進士に合格した（『登科記考』巻一七）。『旧唐書』巻一六六、白居易付伝の行簡の条には、進士合格後、秘書省の校書郎をへて、盧坦《ろたん》が剣南東川節度観察使の時（元和八－十二年まで、呉廷燮『唐方鎮年表』巻六）、掌書記となり、辞職してからは居易の江州司馬・忠州刺史の下に従い、元和十五年（八二〇）、居易と共に長安に入り、居易が刑部司門員外郎になると、行簡は左拾遺となり、ついで居易の就任した司門員外郎、礼部主客郎中に就任し、宝暦二年（八二六）冬、病により死去した。「祭弟文」（巻六〇・2932）は、大和二年（八二八）の居易の祭文である。「行簡初授拾遺。同早朝入閤。因示二十韻」（巻一九・1241）は、兄弟そろって参内のことを詠じている。なお行簡の弟に幼美があったが、九歳で貞元八年、居易二一歳の時になくなっている（「唐太原白氏之殤墓誌銘并序」、巻二五・1470）。

なお居易と同族の白敏中は宰相に至った。敏中は居易の祖父の鍠の孫にあたり、『旧唐書』『新唐書』ともに居易の付伝として見え、長慶二年（八二二）の進士（『登科記考』（巻一九））で居易に「喜敏中及第。偶示所懐」（巻一九・1260）

がある。敏中は武宗により、居易の衰老に代って登用され、会昌末年、宰相となり、懿宗朝まで、しばしば牛李の党争の中で宰相となったが、「毀誉に雷同し、一言の理を伸《の》べる無く、物論これを罪す」（『旧伝』）とある。

三　郷貢より進士登第

居易は幼少より青年期にかけて、鄭州新鄭県（河南省）、江南とめぐり、一〇歳の時、符（苻）離（安徽省宿州市）に行き、まもなく父の任地の襄州に移り、その地で、一三歳の時、父の季庚を失い、居易の兄の幼文の任地の饒州浮《ふ》梁《りょう》（江西省景徳鎮市）に移り、兄の離任後に洛陽に帰った（以上、花房氏「白居易年譜」による）。

貞元十五年（七九九）秋、二八歳で居易はいよいよ宣州（安徽省宣州市）で進士に応募するための郷試にいどむこととなる（「送侯権秀才序」巻二六・1481）。それ以前の居易の勉学については、みずから後年の元和十年（八一五）、四四歳の時、「与元九（稹）書」（巻二八・1486）において、次のように述べている。

五、六歳に及び、便《すなわ》ち詩を為《つく》るを学ぶ。九歳、声韻を暗識《あんしき》し、十五六始めて進士有るを知り、苦節読書す。二十已来《いらい》、昼は賦《ふ》を課し、夜は書を課し、まままた詩を課し、寝息に遑《いとま》あらず。以って口舌瘡《かさ》を成し、手肘胝《しゅちゅうたこ》を成すに至る。

居易が郷試にどうして宣州を選んだかについては、傅璇琮氏が『唐代科挙与文学』（陝西人民出版社、一九八七年）第三章、郷貢において、中唐から、多くの士人は、本州（貫籍地）の挙送に限られていないと述べ、その実例として居易が宣州をえらんだのは、その兄の幼文が饒州浮梁の主簿であり、叔父の白季康（敏中の父）が宣州溧水《りっすい》で官にあり、共に宣州の近くであるからとしている。

居易は「宣城守の貢するところ」（「送侯権秀才序」1481）とあり、当時の宣城守とは、宣歙《せんきゅうち》地都団練観察使で宣州刺史を兼ねる名官の崔衍《さいえん》（『旧唐書』巻一八八、『新唐書』巻一六四）である（郁賢浩『唐刺史考』四、江南西道、宣州、中華書局香港分局、一九八七年）。郷貢の人数については、『唐摭言』巻一に、開元二十五年二月の勅として、「上州歳貢三人。中州二人。下州一人。必ず才行有らば、その数を限らず」とあり、宣州は上州扱いであろうから、毎年三人である。

崔衍が宣州で行った郷試についての居易の答案の一つが、「宣州試射中正鵠賦」（巻二一・1411）で、韻が指定され、三五〇字以上で完成せよとあり、もう一つが「窓中列遠岫詩」（同・1412）で「平声を以て韻を為せ」と指定している。賦と詩が宣州では当時試験の科目であったことがわかる。また「鈘徳書情四十韻上宣歙崔中丞」（巻一三・612）は、居易が及第後、崔衍におくった詩である。府州等で、郷貢進士の挙送が決定すると、「郷飲酒礼」を行って送りだすことになっていたが、居易のころにはもう廃止されていたのかもしれず、また地方からの挙送者はだいたい十月中に長安に到着することになっていた（傅璇琮『唐代科挙与文学』郷貢）。

進士への応試者は十一月から、合格を目指して、文学作品を大官に献上し、公然と事前運動に入り、これを「行巻《こうかん》」という。行巻は明経科にはない進士科独特のものである。貢挙の明経と進士の主任試験官は知貢挙《ちこうきょ》といい、開元二十四年（七三七）より礼部侍郎がこれに当たることとなった。知貢挙への行巻に当たるものを省巻《しょうかん》というが、これは居易のころには行われていなかったらしい。行巻・省巻については、程千帆氏の『唐代進士行巻与文学』（上海古籍出版社、一九八〇年、邦訳『唐代の科挙と文学』凱風社、一九八六年）に詳しい。

居易は、応試のため長安に到着の翌年正月、「与陳給事書」（巻二七・1484）を書き、陳給事、すなわち門下省給事中の陳京（『新唐書』巻二〇〇、儒学伝下）に奉り、雑文二十首・詩一百篇を献上して、行巻を行い、知貢挙の高侍郎、すなわち高郢《こうえい》にとりなしを乞うた。その文の一部に次のように見える。

正月日、郷貢進士白居易、謹みて家僮《かどう》を遣わして書を奉じ給事閣下《こうか》に献ず。……居易は鄙人なり。上に朝廷附離の援無く、次に郷曲吹煦《すいく》の誉れ無し。然らば則ち孰《た》れか為にして来らんや。蓋《けだ》し仗《よ》る所は文章のみ。望む所は主司の至公のみ。今、礼部高侍郎は主司と為り、則ち至公なり。而して居易の文章の進むべきや、退くべきや、切に自らこれを知らず。進退の疑を以て、決を給事に取らんと欲す。給事それよくこれを捨てんや。……

これは行巻に際しての書としても貴重な資料である。また進士応試者はその資格確定後は白い麻衣をつけ、試験にもその服装で臨んだので、「白衣の公卿」とか「一品の白衫《さん》」とよばれて尊敬された（『唐摭言』巻一、散序進士）。

この時の知貢挙の高郢《こうえい》については、上記の居易の文中にも「至公」と称している。これが一般的な評価であったことは、援護の少ない居易にとって幸せであった。『旧唐書』巻一四七、高郢伝に、次のように見える。

（高郢）礼部侍郎を拝す。時に進士の挙に応ずる者、多く朋游を努め、声明を馳逐す。毎歳冬、州府の薦送後、唯だ讌集《えんしゅう》を追奉し、その業を肄《なら》うこと罕《まれ》なり。郢、性は剛正、尤《もっと》もその風を嫉《にく》む。既に職を領するや、請託を拒絶す。同列の通熟と雖《いえど》も、敢えて言う者無し。志は経芸に在り、専ら程試を考す。凡そ貢部を掌ること三歳（貞元十五・十六・十七年）、幽独を進め、浮華を抑《おさ》え、朋濫の風、翕然《きゅうぜん》一変す。

なお高郢について、居易は後年の元和十二年（八一七）、江州において、「香炉峯下。新卜山居。草堂初成。偶題東壁五首」の第五首（巻一六・979）の中で、「還《ま》た一条の遺恨の事有り、高家の門館に未だ恩に酬いず」と詠じている。

居易の応じた進士科の試験は、貞元十六年（八〇〇、居易二九歳）二月十四日に合格が決定し、第四人及第であった。試験科目は、賦一、詩一、策五道で、すべてその答案が『白氏文集』に残っている。賦は「省試性習相遠近賦」（巻二一・1413）で、篇目の注に、「君子之所慎焉を以て韻と為し、次に依り用い、三百五十字已上を限りて成せ。中書侍郎（礼部侍郎の誤か？　厳耕望『唐僕尚丞郎表』台湾、中央研究院、一九五六年　一五七頁、八七〇頁参照）高郢下試。貞元十六年二月十四日及第、第四人」とある。詩は「玉水記方流詩」（巻二一・1414）、策は「礼部試策五道」（巻三〇・1499－1503）で、問と対がともに残っている。唐代の進士の試験科目は、時期により一定していないが、居易のころは上記の賦一、詩一、策五道で行われていた。居易がすべて進士試の答案を残してくれたので、当時の進士試の実態が判明するのは貴重なことである。

四　書判抜萃科に合格し、秘書省校書郎となる

居易は進士に及第ののち、洛陽に帰り、その後、兄幼文の任地の浮梁などをめぐった。進士に及第後、直ちに吏部選に応じても任官が困難であったので、この間準備を進め、貞元十八年（八〇二）、書判抜萃科に応じ、任官をめざすことになった。「養竹記」（巻二六・1474）に、「貞元十九年春、居易は抜萃を以て選ばれて及第し、校書郎を授けらる」とある。また「渭《い》に汎《うか》ぶの賦并《なら》びに序」（巻二一・1409）に、「左丞相鄭公の選部を領するや、予（居易）書判抜萃を以て選ばれて登科す」とあり、居易は書判抜萃科に及第し、始めて校書郎という官に任官した。この時の吏部侍郎は鄭《てい》珣瑜《しゅんゆ》（『新唐書』巻一六六）であり（厳耕望氏『唐僕尚丞郎表』一五七頁）、左丞相は鄭珣瑜の後年の官である。居易が書判抜萃科に合格して、直ちに校書郎に任官しているところから見て、書判抜萃科は、吏部選の「身、言、書、判」（『大唐六典』巻二、吏部尚書侍郎）に当たるものと考えられる。

また書判抜萃科とならぶものに、博学宏詞科があり、この年に同時に行われている。居易は書判抜萃科に応試した理由としては、李商隠の「唐刑部尚書致仕贈尚書右僕射太原白公（居易）墓碑銘并序」に、「祖諱（祖父の諱は鍠）を

避け、書判抜萃に選ばれ、秘省校書に注す」とあり、祖父の諱の鏗と博学宏詞科の宏が同音のためという。こういう

ことの不合理性を論じたのが、韓愈の「諱弁」である。書判抜萃科や博学宏詞科と、吏部選の身、言、書、判との関

係については諸説紛々としており、その原因は『登科記考』の博学宏詞科や書判抜萃科の記述の曖昧さにある。しか

し上述のように、書判抜萃科の選考に当たったのは吏部侍郎の鄭珣瑜であり、書判抜萃科は礼部侍郎の当たる知貢

挙の管轄とは別で、吏部侍郎の管轄下の吏部選の一部であり、私は書判抜萃科や博学宏詞科は、合格者が特別に即座

に任用され、エリート・コースに入るものの特別の吏部選とみたい。

居易のこの書判抜萃科に応試した時の答案が「得太学博士教胄子毀方瓦合。司業以非訓導之本。不詳。」（巻五〇・

2180、『文苑英華』巻五一二は「毀方瓦合判」で、当時は判　道（篇）の試験が行われている。また『白氏文集』巻四九・五〇・

2093〜2192）のいわゆる「百道判」は、書判抜萃科受験以前の習作が多く、進士受験の時の行巻の用をなしたもので

あろう。判については、本講座所収の大野仁氏の専論を参照されたい。

居易が就任した初任官（釈褐官）の校書郎は、秘書省（長官は秘書監、居易は五六歳の時に秘書監に就任する）に属し、

『大唐六典』巻一〇によれば、校書郎は八人が定員で、品階は正九品上である。この時に居易の散官は将仕郎（従九

品下）と推定できる（後述）。校書郎の職掌は正字と同じく、「典籍を讐校し、文字を刊正するを掌る」とある。官人

としての事務の責任はない。

校書郎としての勤務について、「常楽里閑居。偶題—六韻。兼寄劉十五公輿……」（巻五・175）に「小才は大用し難

く、典校して秘書に在り。三旬両び省に入り、因って頑疎（頑固で世事にうといこと）を養うを得たり」とあり、また

上引の「汎渭賦并序」（1409）には「毎に三旬にして一たび入る」とあり、この「一」は「両」の誤りである（平岡・

今井氏校定『白氏文集』京大人文研、一九七三年、一一頁）。「三旬両び省に入る」について平岡武夫氏（『白居易』）は、「月

に二回だけ秘書省に顔を出すこと」と解され、それは朔と望であろうとされているのに従い、非常に自由な勤務であったようだ。

五　才識兼茂明於体用科に登第し、盩厔県尉、京兆府郷貢進士試官となる

居易は書判抜萃科に合格し、校書郎となり、貞元二十年と翌永貞元年は初任官の校書郎として恵まれた日々を過した。翌年、憲宗（在位八〇五―八二〇）の元和元年（八〇六）には、校書郎を辞任し、制挙にいどむこととなった。進士科・明経科など原則として毎年挙行される常選に対して、制挙は皇帝が必要に応じてとくに詔勅を下して、必要な徳目を明示し、すぐれた人物を抜擢《ばってき》する制度で、この元和元年の場合の詔勅が『唐大詔令集』巻一〇六に収載された「元和元年。尚書省試制科挙人勅」と「才識兼茂明於体用科策問《さいしきけんもめいうたいようかさくもん》」で、後者に四月二十八日の日付があり、さらに「放制挙人勅」は合格者決定の勅である。また先掲の勅に「尚書省試制科挙」とあるように、この制挙は礼部侍郎が知貢挙となる進士・明経などとは所管が異なり、皇帝が特別に考官を任命し、この時に考官となったのが韋貫之《いかんし》（時に秘書丞、従五品上）と張弘靖（中書舎人、正五品上）であった（『旧唐書』巻一五八、韋貫之伝）。

居易はこの制挙に応じた時のことを、「策林序」（巻四五・2013）において、「元和初め、予は校書郎を罷《や》め、元微之《げんびし》（稹）とまさに制挙に応ぜんとす。……策目七十五門を構成す。微之は首として登科し、予は次たり」とあり、この策目七五門が「策林」（巻四五―四八・2014―2092）で、居易が書判抜萃科に応試した時の「百道判」に当たり、行巻の役割をつとめたものであろう。

なおこの制挙では、元稹が第三等で首席、居易は第四等で次席であることは上掲の「放制挙人勅」に見え、制挙に

第一等、第二等の無いことは諸家の指摘する通りである。またこの時の皇帝の問と居易の対は、『白氏文集』（巻三〇・1498）に「才識兼茂明於体用科策一道」として見える。なおこの制挙は、『資治通鑑』巻二三七、元和元年四月の条では、丙午（十三日）に挙行されたとし、同月辛酉（二十八日）に、居易は盩厔《ちゅうちつ》県尉に任命されたとする。とすれば先掲「才識兼茂明於体用科策問」の日付の「四月二十八日」は、「放制挙人勅」の日付とすべきであろう。

居易の「代書詩一百韻。寄微之」（巻一三・608）の宋本の自注に、「元和元年。同じく制科に登り、微之は拾遺を拝し、予は盩厔尉を授けらる」とある。盩厔県は現在の西安市周至県である。『旧唐書』巻四四、職官志によれば、盩厔県は畿県で、その県尉は正九品下である。居易が畿県の尉に任じられたのは、左遷ではなく、エリート・コースの者を都の近くに置いて、初めての実務に経験させるためであろう。唐代の県尉については、礪波護氏の「唐代の県尉」（『唐代政治社会史研究』、同朋舎、一九八六）を参照されたい。居易は畿県県尉の定員二人のうち司戸尉であった（論和糴状、巻四一・1950）。

居易はついで昭応県（現在の陝西省臨潼県、ここは華清宮がその管轄下にある）のことを権摂することになった。居易に「権摂昭応。早秋書事。寄元拾遺。兼呈李司録」（巻九・394）があり、七月にはこの権摂のことに当たっていた。

居易は盩厔県尉の時、京兆府郷貢進士試官となり、その時の策問が「進士策門五道」（巻三〇・1504—1508）で、その注に「元和三年、府試官となる」とあるが、李商隠の「白氏墓碑銘」に「盩厔の尉に補せられ、明年、進士を試し、簫遂州澣《しょうすいしゅうかん》を第一とし、事畢《おわ》り、集賢校理となる」に従い、居易の京兆府試官となったのは、元和二年（八〇七）のこととする。白居易がみずから宣州で州試に応じた時は、賦と詩であった。この府試は策問五道で、府州試は適宜行われたのであろうか。府試の五道にわたる「問」の判明する貴重な例である。

六　集賢校理、翰林学士、制挙の履考官となる

居易は上掲の「白氏墓碑銘」に見えるように、元和二年、三六歳の時、盩厔県尉のまま集賢校理を兼ねた。集賢校理については、『旧唐書』巻四三、職官志、集賢殿書院の条には、開元十三年（七二五）に置かれ、長官は集賢学士、校理官は「常員無く、官人を以てこれを兼ね」とあり、その職掌は、古今の経籍の刊緝《かんしゅう》、天下の図書の遺逸、賢才の隠滞の徴求などである。集賢殿は玄宗の時、大明宮内のもと命婦院のあとに置かれ、皇帝直属の官であったが、『唐会要』巻六四、集賢院の項によれば、その制度はその後しばしば変更され、白居易が集賢校理になった元和二年七月には、集賢殿校理正字から、たんに集賢殿校理とされ、その員数は五人に減員されているから、居易の集賢校理の就任は、元和二年七月以降のことである。

居易はさらにその年の十一月五日に、早くも当時もっとも日の当たる職となっていた翰林学士に兼ねて就任することとなる。就任の経過については、居易の「奉勅試制・書・詔・批答・詩等五首」（巻三〇・1509）の注に、

元和二年十一月四日。集賢院より召されて銀台（大明宮翰林院の南に右銀台門がある）に赴き、進旨を候《うかが》い、五日、召されて翰林に入り、勅を奉じて、制・書等五首を試む。翰林院使の梁守謙（宦官の内常侍）宣を奉じ、宜しく翰林学士を授けらるべし。数月にして、左拾遺に除せらる。

とあり、その任命の経過は明らかで、この時の制（1509）、勅書（1510）は『白氏文集』巻三〇に収められている。また1509には「将仕郎。守京兆府盩厔県尉。集賢殿校理。臣白居易進」と、居易の当時の散官（従九品下）、職事官（職事官の方が散官より高いので「守《しゅ》」がつく）、兼官が正しく記されている。

翰林院については、唐の李肇の『翰林志』（『百川学海』所収）は、元和十四年の著作で、居易のころの翰林院の基礎文献であり、研究としては、山本隆義氏の『中国政治制度の研究』二四〇―二九九頁（京都大学東洋史研究会、一九六八）に詳しく、ここでは詳細の紙数がない。翰林学士の名称も粛宗（在位七五六―七六二年）以後とされ（異説あり）、定員は居易のころは六人であった。翰林学士の職掌は中書舎人の司るところと同じで、詔勅の起草であるが、時代によって、中書舎人の起草するものは外制、翰林学士の起草するものが内制となった。居易のころは翰林学士のピークの時代で、翰林学士の起草文が、中書省を経由せず、施行されることもあった。山本氏によれば、翰林学士は八割くらいが進士の中から任用され、五、六品官からの任用が多いというが、居易の場合は特例と言っている。その文才のための抜擢であろう。また山本氏は翰林学士の重視を皇帝大権強化のためと言っているが、宦官の専権とも関係あるのではなかろうか。居易が翰林学士の時に書いた文が「翰林制詔」（巻三七―巻四〇・1747―1946）で、この中には習作も含まれる。

居易の翰林学士在任中の元和三年四月（この時、居易の職事官は左拾遺、後述）、事件にまきこまれた。それはこの三月に、賢良方正能直極諫科という制度が行われ、後に牛李の党争（礪波護「牛李の争い」前掲書参照）を起こす牛僧孺や李宗閔らが及第したが、その策語について、権倖《けんこう》たちがこれを悪《にく》み、考官の楊於陵《ようおりょう》・韋貫之《いかんし》が地方官に左遷され、これを覆策した翰林学士の裴垍《はいき》・王涯らも学士を解かれた。居易もこの覆策に加わっていたが、解職はされなかった。しかし居易は、この事件について「論制科人状」（巻四一・1948）を書き、翰林学士六人のうち二人が罰せられるのは不当で、残りの居易を含む四人についても黜責《ちゅうせき》を加えるべきだとした。居易は官位も低く、左遷を免れたのであろうが、憶するところなく、見解を述べている。

七　左拾遺から京兆府戸曹参軍をへて、母の喪に服し、退官す

居易は、元和三年（八〇八、三七歳）、四月二八日、正規の職事官が、丸二年在職した盩厔県尉から左拾遺に遷り、翰林学士はそのまま続けた。そのことは「初授拾遺献書。元和三年進。」（巻四一・1947）に次のように見える。

五月八日、翰林学士、将仕郎、守左拾遺、臣白居易、頓首《とんしゅ》頓首し謹みて昧死《まいし》して書を旒扆《りゅうい》（皇帝）の下に奉ず。臣伏《ふ》して前月二十八日の恩制を奉じ、臣を左拾遺の除授し、前に依りて翰林学士に充《あ》つる者なり。臣已《すで》に崔群《さいぐん》と状を同うして謝を陳《の》べたり（「謝官状」巻四二・1970）。……臣謹みて『六典』を按ずるに、「左右拾遺は供奉《ぐぶ》して諷諫《ふうかん》を掌る。凡そ令を発して事を挙げ、時に便ならず道に合わざることあれば、小は則《すなわ》ち上封し、大は則ち庭諍《ていそう》す」。その選は甚だ重く、その秩は甚だ卑《ひく》し。然《しか》る所以《ゆえん》は抑《そも》そも由《よ》るところ有るなり。……

左拾遺については、『大唐六典』巻八、門下省の条に「左拾遺二人。従八品上」とあり、その職掌については、上掲の居易の「供奉して」以下の文は六典の節略文である。また「供奉して」とあるのは、左拾遺は、侍中・中書令・左右散騎常侍以下と共に「供奉官」とよばれ（『大唐六典』巻二、吏部）、皇帝に近侍する名誉ある側近官である。また上引の居易の文（1947）の後文に「中廐《ちゅうきゅう》の馬はその労に代り、内廚《ないちゅう》の膳はその食を給す」とあるのは、左拾遺には、馬と食事が特別に支給されていることを示す。また上引の「論制科人状」（1948）は、左拾遺就任後の文であるが、その中に、「臣は今、職は学士となり、官はこれ拾遺なり。日に詔書を草し、月に諫紙を請う」とあり、また「酔後走筆酬劉五主簿長句之贈……」（巻一二・584・元和三年の作）に、「月に諫紙二百張に慚《は》ず」とあるのは、左拾遺にはその職を遂行するために、諫紙として二百枚が支給されたことを示す。

元和五年五月六日付の白居易の「謝官状」（巻四二・1972）に、「新授京兆府戸曹参軍・翰林学士・臣白居易」とあり、この直前に、居易の職事官は、左拾遺を二年間勤めて、京兆府戸曹参軍に遷り、翰林学士はそのまま続けた。また同年四月二十六日付の居易の「奏陳情状」（巻四二・1971）に、「臣の家は素貧、甘旨或いは虧《か》き、以て養を為《な》す無く、薬餌或いは闕《か》き、空しくその憂いを致す、情は中に迫り、言は口に形《あら》わる。伏して以《おも》うに、拾遺より京兆府判司を授けらる。往年は院中に曾《かつ》て此の例有り。資序相《あ》い類し、俸禄稍《や》や多し。儻《も》し此の官を授からば、臣は実に幸甚なり」とあり、京兆府戸曹参軍に遷ったのは、居易の希望によるものであることがわかるが、「奏陳情状」と「謝官状」の日付が接近していて、その間の事情はよくわからない。

京兆府戸曹参軍事は、正七品下（『大唐六典』巻三〇）その職掌については、『新唐書』巻四九下、百官志に、戸籍・計帳・道路・過所（通行証）・蠲符《けんぷ》（租税の減免）・雑徭・逋負《ほふ》（租税の未納）・良賤・芻藁《すうこう》・逆旅《げきりょ》（旅館）・婚姻・田訟・旌《せい》別孝悌（孝悌の表彰）とある。また居易の「初除戸曹。喜而言志」（巻五・197）はこの在任中の所懐である。

元和六年四月三日（居易四〇歳）、母が長安宣平里の第に没した。居易の父、季庚の「襄州別駕府君事状」（巻二九・1497）に、「夫人……建中初め、府君の彭城《ほうじょう》の功を以て、潁川《えいせん》県君に封ぜられ、元和六年四月三日、長安宣平里の第に歿《ぼっ》す。享年五十七」とある。居易は官職をすべて退き、母の為に服喪した。

八　太子左賛善大夫、江州司馬、忠州刺史

居易が母の服喪後に復職したのは、元和九年の歳末のことで、休職したのは、三年半ほどの期間である。これが元稹の場合は、元和元年九月に母が死去して河南尉を罷め、元和四年二月に、監察御史に復職しているから、これは約

二年半の休職となる（花房英樹編「元稹年譜」『元稹研究』、彙文堂、一九七七）。居易は太子左賛善大夫に復職した。居易の「初授賛善大夫。早朝寄李十二助教」（巻一五・811）に、寂寞《せきばく》たる曹司は熱（一に「熟」に作る）地に非ず、蕭条《しょうじょう》たる風雪は是れ寒天」とあるから、時は歳末で、また不満なポストであったようである。太子左賛善大夫は、『大唐六典』巻二六、太子左春坊の条によれば、正五品下（『旧唐書』巻四四、職官志は永泰二年〈七六六〉現在で正五品上、居易の場合はこれに従うのがよい）で、定員は五人、その職掌としては、「太子を翊賛《よくさん》するに規諷《きふう》を以てするを掌《つかさど》り、皇太子の出入動静、苟《いやし》くもその徳義に非れば、則ち必ず古えを陳《の》べ以て箴《いまし》む」とある。この時期の太子は後の穆宗恒《ぼくそうこう》（在位八二〇－八二四年）である。また居易の「酬張十八訪宿見贈」（巻六・265）に、「昔我れ近臣為《た》りき。君は常に門に稀に到る。今我れ官職冷たく、唯だ君往来すること頻《しき》りなり」とあり、張十八（籍）が国士助教の官にあるのと対比して、居易は皇帝の近臣に就任できないのを嘆いている。居易は母への服喪のため、翰林学士の官も去り、服喪から復職（居易四三歳）後は居易の望む皇帝の側近に就任することはできなかった。

太子左賛善大夫に就任の翌元和十年六月未明、鎮州（成徳）節度使の王承宗が派遣した盗が長安の靖安坊で、宰相の武元衡《ぶげんこう》を刺殺し、また御史中丞の裴度も負傷するという大事件が起こった。元衡と度は時の皇帝憲宗の対藩鎮強硬策の犠牲となった。この事件については、『旧唐書』巻一五八、武元衡伝や、同巻一七〇、裴度伝に詳しい。この事件に際して居易のとった態度については、その翌年に書いた「与揚虞卿書《ようぐけい》」（巻二七・1483）に見えるが、『旧唐書』巻一六六、白居易伝はその経過を含めて要領よく書かれているので、それを以下に引用する。

（元和）十年六月（七月とあるのは誤り）、盗が宰相の武元衡を殺す。居易は首《はじ》めに上疏しその冤《えん》（無実）を論じ、急に賊を捕らえて以って国恥を雪がんことを請う（この居易の上疏は『白氏文集』に見えない）。宰相はおもえらく、宮官（太子左賛善大夫）は諫職に非ず。当《まさ》に諫官に先だちて事を言《もう》すべからず、と。たまたまもと居易を悪《にく》く者あり。居易を掎摭《きせき》（あらさがし）して言う。浮華にして行い無く、その母は花を看るに因りて井に堕《お》ちて死す。而《しか》るに居易は賞花および新井の詩を作り、甚だ名教を傷《そこな》う。宜《よろ》しく彼を周行《しゅうこう》（朝列）に置くべからず、と。執政は方《まさ》にその言事を悪《にく》み、貶《おと》して江表（江南）の刺史《しし》に為《な》さんことを奏す。詔出づ。中書舎人の王涯《おうがい》は上疏して論じて言う。居易の犯す所の状迹《じょうせき》は、郡を治むるに宜《よろ》しからず、と。追詔して江州司馬を授く。

以上のような経過で、居易は江州司馬に左遷され、追詔の翌日（八月、花房氏「年譜」）、江州（江西省九江市）に向かった。藍田《らんでん》から秦嶺を越え、商州で妻子と合し、漢水を下り、襄陽（湖北省襄樊市）をへて、長安から江州まで二七六〇里（『元和郡県図志』巻二八）、十月に江州に到着した（この間のことは、「発商州」巻一五・866、「襄陽舟夜」872、「湓浦早冬」巻六・275 などに見える）。

江州司馬については、居易の「江州司馬庁記」（巻二六・1471）に「唐六典を案ずるに、上州司馬、秩五品」とあり、『大唐六典』巻三〇には、「上州刺史一人。従三品。別駕一人。従四品下。長史一人。従五品上。司馬一人。従五品下」とある。しかし江州にて居易の詩作は多く、刺史は崔使君（能）として見えるが、別駕・長史のことは見えず、居易が刺史の次官的任務についていたようであるし、また州司馬の任は当時の藩鎮体制下ではほとんど遂行しなければならない職務はなかったことが、「江州司馬庁記」に見える。居易の江州司馬在任中のことについて、筆者は以前に不充分ながら、「白楽天の官吏生活―江州司馬時代」（『立命館文学』第一八〇号）に書き、また本講座に伊藤正文氏の専論もあるので、それらを参照されたい。

居易は江州司馬に三年間余在任ののち、長江上流の忠州（四川省万県地区忠県）の刺史に、元和十三年十二月二十日に転じ、同十四年三月二十八日に着任したことは「忠州刺史謝上表」（巻四四・2003）に見える。忠州は下州（『新唐書』巻四〇、地理志）であり、下州刺史は『大唐六典』巻三〇では「正四品下」とある。また居易は忠州刺史となり、初めて緋袍《ひほう》を仮《ゆる》されることになった。そのことは、「行次夏口。先寄李大夫」（巻一七・1101）に、「仮に緋袍《ひほう》を著《き》る君笑うこと莫《なか》れ、恩深く始めて忠州に向かうを得たり」とあり、また「始著刺史緋。答友人見贈」（巻一七・1093）という詩もある。『唐会要』巻三一、内外官章服に、「旧制、凡そ都督・刺史、皆な未だ五品に及ばざる者、並びに緋を著《き》て魚を佩《はい》するを聴《ゆる》す。離任すれば則ちこれを停《とど》む」とあり、居易はこの時期、散官は将仕郎（従九品下）であるが、刺史となったので、緋袍を仮に着けることが許されたのである。

九　刑部司門員外郎、礼部主客郎中・知制誥、中書舎人と散官・勲官

『旧唐書』巻一六、穆宗紀、元和十五年十二月丙申（二十八日）の条に、

司門員外郎の白居易を以って主客郎中・知制誥と為す。

とあり、この年に、忠州刺史から長安に召還され、刑部の司門員外郎、ついで十二月二十八日に礼部の主客郎中となり、知制誥を兼ねた。知制誥とは他官にあって中書舎人の掌る制誥の起草を補佐する者をいう（『大唐六典』巻九、中書舎人）。司門員外郎は刑部の中の刑部・都官・比部・司門とならぶ四曹（四司）の長官である郎中の次官に当たり、「天下の諸門および関の出入往来の籍賦を掌《つかさど》り、その政を審《ただ》す」（『大唐六典』巻六、刑部）とあり、「従六品上」である。忠州刺史より六品官となったため、緋袍を脱ぎ、青袍にかえった（「初除尚書郎。脱刺史緋」巻一八・1175）。またこの年十二月十三日付の「論重考科目人状」（巻四三・1985）によれば、吏部選の重考を命ぜられたが辞退している。

主客郎中は、礼部の中の礼部・祠部・膳部・主客という四曹の一つの長官、従五品上、「二王の後（北周・隋の後裔）および諸蕃の朝聘《ちょうへい》の事を掌る」（『大唐六典』巻四）とある。

元和十五年一月に憲宗が崩御し、穆宗が即位し、翌年は長慶元年（八二一）と改まった。居易は五〇歳となった。長慶元年正月四日付の「挙人自代状」（巻四三・1986）に、「新授朝議郎、守尚書主客郎中・知制誥、臣白居易状奏」とあり、この時、居易の散官が将仕郎（従九品下）から、正六品上の朝議郎に超授された。これは居易が例外ではなく、元稹も元和十五年に、文林郎（従九品上）から朝議郎に躍進している（花房英樹編「元稹年譜」）。また居易の「論行営状」（巻四三・1990－1993）の末尾に、

長慶二年正月五日。朝散大夫。守中書舎人。上柱国。臣白居易状奏。

とあり、この時までに居易の散官は朝散大夫（従五品下）に上った。また「上柱国」は勲官の最高で、「比正二品」である。（『大唐六典』巻二、司勲郎中員外郎）。勲官は元来は武功のある者に授けられた。居易の「初加朝散大夫。又転上柱国」（巻一九・1240）に、「柱国の勲成り秘《ひそ》かに自問す、何の功徳《こうとく》有りて生人《せいじん》に及ぶと」とある。

『旧唐書』巻一六、穆宗紀、長慶元年三月己未（二十三日）の条に、知貢挙の銭徽の下で、中書舎人の王起と共に、主客郎中、知制誥の白居易が「重考試進士官」となったことが見え、居易の同年四月十日付の「論重考試進士事宜状」（巻四三・1987）はこの時のものである。

『旧唐書』穆宗紀、長慶元年三月壬午（十九日）の条に、尚書主客郎中・知制誥の白居易が中書舎人になったことが見え、さらに同年十一月戊午（二十五日）の条に、制挙が行われることが見え、同月辛酉（二十八日）の条に、居易が賈餗《かそく》らと「同じく制策（制挙）を考す」とある。

中書舎人は『大唐六典』巻九、中書省の条に、定員は六人、正五品上とあり、「侍奉進奏し、表章を参議するを掌る。凡そ詔旨・制勅および璽書、冊命、皆な典故を按じ章草を起し、進画すでに下らば、則ち署してこれを行う」などとあり、以前は皇帝の下す詔勅をすべて起草していたが、居易のころは、翰林学士が重要なものを起草して内制と

称し、中書舎人は外制と称して、重要な案件の起草に与らなくなったことは、翰林学士の項において述べた。『白氏文集』巻三一から巻三六（1514−1746）所載の「中書制誥」は、知制誥および中書舎人の時の作もしくは習作である。

十　杭州刺史、太子左庶子分司東都、蘇州刺史

居易は長慶二年（八二二）七月十四日、杭州（浙江省）刺史に任命され、十月一日、杭州に到着した（「杭州刺史謝上表」巻四四・2006、「予以長慶二年冬十月到杭州。……」巻二〇・1385）。この杭州への赴任は、汴路《べんろ》（大運河経由）が不通のため、襄漢路（漢水経由、江州司馬へ赴任の時と同じ）を通り、「水陸七千余里」（『元和郡県図志』巻二五、杭州は「三千四百里」）とある。杭州は上州（『新唐書』巻四一、地理志）だから、その刺史は「従三品」である。また長慶三年には、居易の散官が朝議大夫（正五品下）に進み、長慶三年八月十七日付の居易の官職は「朝議大夫、使持節杭州諸軍事、守杭州刺史、上柱国」と書いている（「禱仇王神文」巻二三・1454）。

長慶四年五月、居易は約三年にわたる杭州刺史から、太子左庶子に任ぜられた（元稹「白氏長慶集序」、居易「除官赴闕。偶贈微之」巻五三・2351）。太子左庶子のことは『大唐六典』巻二六、太子左春坊の条に見え、定員二人、正四品上で、「侍従して礼儀を賛相し、啓奏を駁正《ばくせい》し、封題を監省するを掌る」とある。

杭州からの帰路は汴河路《べんがろ》（大運河経由）をとり（「汴河路有感」巻五三・2360）、秋に洛陽（東都）に到着した（「洛下寓居」巻五三・2367）。

洛陽において、太子左庶子で「分司東都」（洛陽駐在）を願って許された（「求分司東都。寄牛相公（牛僧孺）十韻」巻五三・2377）。時は敬宗（在位八二四−八二六年）即位の第一年で、敬宗年一六、太子は未定であった。分司については、

制度的に明確ではないが、王鳴盛の『十七史商榷《しょうかく》』巻八五、「分司官」には、その制は明の南京官や宋の奉祠官に似るという。

宝暦元年（八二五）三月四日、居易は「使持節蘇州諸軍事守蘇州刺史」に任ぜられ、洛陽から出発し、五月五日、蘇州に到着した（「蘇州刺史謝上表」巻五九・2919）。蘇州は上州だから、刺史は従三品である。時に居易は五四歳になっていたが、このころから健康がすぐれず、また宝暦二年二月末には、落馬して足を負傷し三旬の間病臥した（「馬墜強出。贈同座」巻五四・2459、「病中多雨逢寒食」2462）。また同年五月末には、眼病と肺傷のため、百日の仮（休暇）を請うて許された（「百日仮満」巻五四・2483）。そして同年九月八日には蘇州刺史を辞任した（「河亭晴望・九月八日」巻五四・2495）。

十一　秘書監、刑部侍郎・晋陽県男、太子賓客分司、河南尹、再び太子賓客分司

『旧唐書』巻一七上、文宗紀、大和元年（八二七）三月戊寅（十七日）の条に、「前蘇州刺史の白居易を以って秘書監となし、仍《よ》って金紫を賜う」とあり、秘書監は秘書省の長官で従三品、居易の初任官は秘書省の校書郎であった。「金紫」は金魚袋と紫袍である。「三教論衡」（巻五九・2920）序には、大和元年十月の日付があり、そこには「中大夫、守秘書監」とあり、居易の散官が従四品下の中大夫に昇進している。「初授秘監。并賜金紫。…」（巻五五・2527）に、「紫袍の秘書監、白首の旧書生」とある。

『旧唐書』文宗紀、大和二年二月乙巳（十九日）の条に、秘書監の白居易が刑部侍郎となったことが見え、また『旧唐書』白居易伝には、同時に「晋陽県男、食邑三百戸」になったとある。刑部侍郎は刑部の次官、定員一人で、正四

品下、天下の刑法のことなどを掌った（『大唐六典』巻六、刑部）。「晋陽県男」の晋陽は居易の貫籍のある太原郡の県名、県男は封爵の最下の九番目で従五品（『大唐六典』巻二、司封郎中）、食邑は虚封である。

大和二年十二月三十日の日付のある「祭弟文」（巻六〇・2932）に、「今已《すで》に長告を請い、或いは分司を求む」とあり、長期の休暇を請い、それは百日の暇で、大和三年三月には暇が終わって、太子賓客分司に任ぜられた（花房氏「白居易年譜」、「病免後喜除賓客」巻五七・2718）。太子賓客は定員四人、正三品、その職掌は「侍従規諫し、礼儀を賛相して先後するを掌る」（『大唐六典』巻二六）とある。

『旧唐書』文宗紀下、大和四年十二月戊辰（二十八日）の条に、太子賓客の白居易を河南尹《かなんいん》としたことが見える。居易に「早飲酔中除河南尹勅到」（巻五八・2872）がある。このころ眼病にかかっていた（「除夜」2873）。河南尹は従三品、河南府の長官、『大唐六典』巻三〇では、長官として牧《ぼく》（従二品）が置かれているが、これは親王だけが就任し、長官の職務は尹が行った。

『旧唐書』文宗紀下、大和七年四月壬子（壬午の誤りか？　壬午は二十五日）の条に、河南尹の白居易を太子賓客、分司東都としたことが見え、再び太子賓客となった。居易の「再授賓客分司」（巻六二・2961）に、「優穏《ゆうおん》なり四皓《しこう》の官（漢の高祖の時に太子の賓客となった商山の四皓）、清崇なり三品の列、……分命して東司に在り、また朝謁を労せず」とある。

十二　同州刺史（赴任せず）、太子少傅分司、馮翊県侯、刑部尚書（致仕）

大和九年九月九日、太子賓客分司東都の白居易は同州（陝西省大茘《だいり》県、西安の北東）刺史に任ぜられた（『旧唐書』文宗紀下）。しかし居易は病気のため赴任しなかった（「詔授同州刺史。病不赴任。因詠所懐」巻六五・3224）。

そこで改めて居易は同年十月二十三日に、太子少傅分司に任ぜられた（『旧唐書』文宗紀下、「従同州刺史改授太子少傅分司」巻六六・3234）。太子少傅は『大唐六典』巻二六によれば、正二品（『旧唐書』職官志一は「従二品」、これに従う）、太子三師につぐ太子三少の一人で、常置の官ではなく、またこの時期に文宗の太子はなかった。この年十一月二十一日に甘露の変が起こり、居易は「九年十一月二十一日感事而作。其日独遊香山寺」（巻六五・3228）を作っているから、洛陽におり、「禍福は茫茫《ぼうぼう》として期すべからず、大都《おおむ》ね早退は先知に似たり」と感慨を述べている。

なお居易は太子少傅分司に任ぜられた時、封爵が晋陽県男（従五品）から、馮翊《ふうよく》県侯（従三品）に超遷した（『旧唐書』白居易伝）。馮翊は同州の郡名、居易の祖先の墳墓の地、下邽《かけい》も近く、その地名は漢の三輔《さんぽ》（首都圏）に由来する。

武宗（在位八四〇－八四六年）の世となり、会昌二年（八四二）、居易は七一歳、太子少傅を辞任した（「香山居士写真詩并序」、（巻六九・3542）。この間、太子少傅の官は約七年経過した。その辞職前に、百日の仮をとっていた（「百日仮満。少傅官停。自喜言懐」巻六八・3490）。

ついで刑部尚書（正三品）に任ぜられて致仕《ちし》（定年退職）し、半俸を給せられた（「刑部尚書致仕」巻七一・3620）。致仕官に半俸を給す事等については『唐会要』巻六七、致仕官に「貞元四年（七八八）四月二十三日。致仕官は半禄料を給し、その朝会および朔望の朝参は並びに常式に依り、自今以後、宜しく此に准ずべし」とある。

居易は会昌六年（八四六）八月、年七五にて洛陽で死去し（李商隠「白公墓碑銘」）、尚書右僕射（従二品）を贈られた。

宣宗の大中三年（八四九）十二月、居易の一族、中書侍郎の白敏中の上疏により、諡《し》（おくり名）としては最高の文がおくられた（『唐会要』巻七九、謚法上）。

十三　まとめ

もう紙数も規定を超過したので、以下に「白居易の官歴表」を掲げて、まとめにかえたい。

なお本稿に出てくる唐代の地名の後の括弧内には、『中華人民共和国行政区劃簡冊』1992（中華人民共和国民政部編、中国地図出版社）による現在の地名をあげておいた。

白居易の官歴表　＊「及第と官職」欄の一字下げは兼官

及第と官職*	官品	年齢	皇帝	及第・就任年月日	西暦	備考
郷貢進士（宣州）		二八	徳宗	貞元一五年秋	七九九	宣歙観察使崔衍、推挙
進士（礼部）		二九	〃	〃　一六年二月一四日	八〇〇	礼部侍郎高郢、知貢挙
書判抜萃科（吏部選）		三二	〃	〃　一九年春	八〇三	吏部侍郎鄭珣瑜のもと
校書郎（秘書省）	正九品上	〃	〃	〃　〃	〃	官品は『旧唐書』職官志（永泰二年、七六六年現在）による
将仕郎（散官）	従九品下	〃	〃	〃　〃（?）	〃	
才識兼茂明於体用科（制挙）		三五	憲宗	元和元年四月一三日	八〇六	秘書丞韋貫之・中書舎人張弘靖が考策官
盩厔県尉（京兆府）	正九品下	〃	〃	〃　〃　二八日	〃	

昭応県尉（京兆府）		三五	憲宗	元和元年七月（？）	八〇六	
京兆府郷貢進士試官		三六	〃	〃　二年	八〇七	
集賢校理		三六	〃	〃　二年七月（？）	〃	
翰林学士		〃	〃	〃　〃一一月五日	〃	
左拾遺（門下省）	従八品上	三七	〃	〃　三年四月二八日	八〇八	
賢良方正能直言極諫科（制挙）覆考官		〃	〃	〃　〃四月	〃	牛僧孺・李宗閔ら及第
京兆府戸曹参軍	正七品下	三九	〃	〃　五年五月五日（？）	八一〇	
（母への服喪のため退職）		四〇	〃	〃　六年四月三日	八一一	
太子左賛善大夫（太子左春坊）	正五品上	四三	〃	〃　九年冬	八一四	『六典』は正五品下
江州司馬	従五品下	四四	〃	〃　一〇年八月	八一五	宰相武元衡暗殺、同年一〇月江州着任
忠州刺史	正四品下	四七	〃	〃　一三年一二月二〇日	八一八	翌年三月二八日着任
司門員外郎（刑部）	従六品上	四九	穆宗	〃　一五年	八二〇	
吏部選重考官（不応）		〃	〃	〃　〃　一二月一三日	〃	
主客郎中（礼部）	従五品上	四九	〃	〃　〃　一二月二八日	八二〇	
知制誥		〃	〃	長慶元年一二月二八日	〃	

朝議郎（散官）	正六品上	五〇	穆宗	長慶元年一月四日	八二一	この年より、牛李の党おこる
進士重考試官		〃	〃	〃　三月二三日	〃	知貢挙は銭徽
中書舎人	正五品上	〃	〃	〃　一〇月一九日	〃	
制挙考策官		〃	〃	〃　一一月二八日	〃	
朝散大夫（散官）	従五品下	五一	〃	〃　二年一月（？）	八二二	
上柱国（勲官）	比正二品	〃	〃	〃　〃　〃（？）	〃	
杭州刺史	従三品	〃	〃	〃　〃　七月一四日	〃	同年一〇月一日着任
朝議大夫（散官）	正五品下	五二	〃	〃　三年	八二三	
太子左庶子　分司東都	正四品上	五三	敬宗	〃　四年五月	八二四	同年秋、洛陽到着
蘇州刺史	従三品	五四	敬宗	宝暦元年三月四日	八二五	同年五月五日着任。宝暦二年九月八日辞任
秘書監	従三品	五六	文宗	大和元年三月一七日	八二七	
中大夫（散官）	従四品下	〃	〃	〃　〃　一〇月（？）	〃	
刑部侍郎	正四品下	五七	〃	〃　二年二月一九日	八二八	
晋陽県男（爵）	従五品上	〃	〃	〃　〃　〃　〃	〃	
太子賓客　分司東都	正三品	五八	〃	〃　三年三月	八二九	

河南尹	従三品	五九	文宗	大和四年一二月二八日	八三〇	
太子賓客　分司東都	正三品	六二	〃	〃　七年四月二五日	八三三	
同州刺史（不赴）	従三品	六四	〃	〃　九年九月九日	八三五	
太子少傅　分司東都	従二品	〃	〃	〃　〃　一〇月二三日	〃	『六典』は正二品
馮翊県侯（爵）	従三品	〃	〃	〃　〃　〃　〃	〃	この年一一月、甘露の変がおこる
刑部尚書（致仕）	正三品	七一	武宗	会昌二年	八四二	半俸を給せられる 会昌五年、排仏おこる
（薨去）贈尚書右僕射	従二品	七五	宣宗	〃　六年八月	八四六	
諡「文」			〃	大中三年一二月	八四九	

（『白居易研究講座第一巻　白居易の文学と人生Ⅰ』勉誠社　一九九三年）

唐代長安における王府・王宅について

一

唐代の王府とは、皇帝の兄弟および皇子に授与される封爵である親王の官庁をいい、王宅とは親王の邸宅をいう。親王は一字で言えば「王」であり、これに通常一字の地名をつけて、たとえば、晋王という。親王の承嫡者の封爵は嗣王といい、ここでは嗣王も親王に含めて考察する。また唐代で王字のつく封爵に郡王がある。郡王は皇太子の諸子と親王の子のとくに恩沢を賜るものに授与され、通常二字の地名をつけて、たとえば、宜都王という。また郡王は庶姓のとくに功業の大なるものにも授与され、武后期以後、とくに多数授与されるようになった。本稿において、王府というのは、親王府のみを取上げ、郡王府は取上げない。王宅についても同様である。

唐代の封爵については、親王・郡王のほかに、国公・郡公・県公・県侯・県伯・県子・県男があり、併せて九等あり、その封爵制・食封制について、仁井田陞氏は「唐代の封爵及び食封制」（『東方学報』、東京一〇―一）という雄篇を発表され、研究の先鞭をつけられた。また今堀誠二氏は「唐代封爵制拾遺」（『社会経済史学』、一二―四）を発表されている。ここ二十年来、日野開三郎・礪波護・山根清志の各氏らは、唐代の食封制について活発な議論を展開されているのは周知の通りである。

本稿においては、中国聚落史、とくに都市史研究の立場から、唐代の長安城内において、王府・王宅がどのようになっていたかを確かめて、唐代長安の変遷を探る一端としたいと思う。

そのためには、王府・王宅が唐代長安の条坊のうちの何坊（何里というのも同じ）に属するかを述べねばならないので、その場合の坊の位置の示し方は、徐松の『唐両京城坊考』に従って以下のようにしたい。

長安の朱雀門街を中心に、その東側の坊は「朱東」、西側の坊は「朱西」とし、朱東は、朱雀街より東へ一街ずつ1、2、3……と番号をまずつけ、次に北から各坊に1、2、3……と番号をつける。たとえば、親仁坊ならば、「朱東3－7」のようにし、それと対称にある延康坊ならば、「朱西3－7」のように示す。これによって、朱東ならば、街東（万年県）、朱西ならば街西（長安県）を示していることになる。

二

王府の職員については、『大唐六典』巻二九、諸王府公主邑司に、

親王府。傅一人。諮議参軍事一人。友一人。文学二人。東閤祭酒一人。西閤祭酒一人。長史一人。司長（馬）一人。……

とあり、各職員の官品・職掌も記載されている。仁井田陞氏は、この『大唐六典』巻二九に加えて、『通典』巻三一、職官一三、歴代王侯封爵、大唐の条を参照して、『唐令拾遺』東宮王府職員令第五（一四七－一四八頁）において、開元七年令および開元二十五年令として、唐令を復原されている。またこの唐令については、Pelliot 4634 に断簡が

あり、その写真は、*Tun-Huang and Turfan Documents I Legal Texts*（*B*）四四頁に掲載され、その録文は同 *Texts*（*A*）四四頁に見える。そこでは、「傅一人」が「師一人」となっている。

この王府職員が唐代のどの時点から置かれたかは明らかでない。しかし『通典』巻三一では、貞観十一年（六三七）六月の条に、詔して、荊王元景（高祖の第六子）等二十一王を諸州都督・刺史としたが、皆が赴任を望まなかったので中止し、

後定制。皇兄弟皇子為王。皆封国之親王。親王府各置官属。

とあるから、この時から王府の職員の官制が置かれるようになったと言えよう。

『通典』はつづいて、

（貞観）十六年（六四二）。制。王府官以四考為限。（高宗時。滕王元嬰・江王元祥・蔣王惲・虢王鳳。倶以貪暴。為吏人所患。有授其府官者。皆比嶺外荒裔。為之語曰。寧向儋・崖・象・白。不事江・滕・蔣・虢。）（　）は割注、以下同じ。

とあり、貞観十六年に、王府官の四年任期が定められた。その条の原注によれば、高宗の時のこととして、滕王元嬰（高祖第二十二子）、江王元祥（同第二十子）、蔣王惲（太宗第七子）、虢王鳳（高祖第十五子）が貪暴で、吏人の患いとなり、王府官を授けられると、皆、嶺南の瘴癘の地への赴任に比べ、滕王・江王・蔣王・虢王の王府官となるよりは、嶺南に赴任した方がよいとしたというから、王府官は官人からよほど敬遠されたらしい。そのために、王府官の任期は四年を限られたのであろう。

この王府が長安城内では何処に置かれたのか。『唐会要』巻六七、王府官の条に、

宝暦三年六月。瓊王府長史裴簡永状。請与諸王共置王府一所。伏見諸王府本在宣平坊東南角。摧毀多年。因循不修。至元和十三年七月十三日。荘宅使収管。其年八月二十五日。売与邠寧節度使高霞寓。伏以在城百官。皆有曹

局。惟王府寮吏。独無公署。毎聖恩除授。無処礼上。胥徒散居。難於管轄。遂使下吏因玆弛慢。王官為衆所軽。雖蒙列在官班。皆為偷安散秩。伏以府因王制。官列府中。府既不存。官司虚設。伏乞賜官宅一区。俾諸府合而共局。庶寮会而異処。如此則人吏可令衙集。案牘可見存亡。都城無廃闕之曹。道路息是非之論。勅旨。宜賜延康坊閻令琬宅一所。仍令所司検計。与量修改。及逐要量約什物。

とある。この文の大要は以下の通りである。敬宗の宝暦三年（八二七）に、憲宗の子、瓊王悦の王府長史の裴簡永が、諸王は共同で王府一所を置かんことを請うた。裴簡永の見るところでは、諸王府はもと宣平坊（朱東4－7）東南角にあったが、永年破損がはげしく、修復もされていない。憲宗の元和十三年（八一八）七月十三日に至って、荘宅使（その役所は来庭坊、朱東3－2にあり、『唐両京城坊考』巻三）が収管した。その年の八月二十五日に、邠寧節度使の高霞寓に売り渡した。高霞寓の列伝は『旧唐書』（以下略称「旧」）巻一六二、『新唐書』（以下略称「新」）巻一四一に見え、旧には、元和十三年に振武節度使、長慶元年（八二一）に邠寧節度使となり、『唐方鎮年表』巻一も邠寧節度使就任を長慶元年としている。したがってこの『唐会要』の邠寧節度使は振武節度使と改めるべきであろう。そこで裴簡永の見解として、長安城内の各官は皆役所があるのに、王府の官人には公署が無く、王府官に任命されても、その儀礼を行う処も無く、官人たちはあちこちにいて、管轄が困難で、このために王府官の下吏は弛緩し、王府官は軽蔑されている。したがって、王府官に任命されても、皆安逸をむさぼり、のん気に過ごしている。王府は厳然とあり、王府官はいても、官署は無く、官職だけがむなしく設けられている。どうか官宅一区を賜り、諸王府は統合していっしょになり、役人は集まってそれぞれ分かれなさい。このようになれば、役人は役所に集まり、書類もちゃんと行き先がわかるようになり、長安城内で荒廃した役所は無くなり、あちこちの非難は無くなるでしょう。そこで勅旨があって、延康坊（朱西3－7）の閻令琬の宅を賜り、所司に検討させ、修改させ、器物をととのえなさい。

この文を整理すれば、元和十三年以前は、宣平坊東南角に諸王府があり、これは諸王府の合同庁舎のようなものであったが、すでに破損してしまっていた。この宣平坊の諸王府が何時からあったかはわからない。当時の諸王府は官員はあっても、公署が無く、官員の管轄もできず、官員の志気も沈滞し、一般から王府官は軽蔑の対象となっていた。そこで延康坊に、一所を賜って、官署が整備されることになった。

『唐両京城坊考』（以下、「徐考」と略称）巻四、延康坊（朱西3－7）の条には、「諸王府」とあり、その注に、

宝暦三年（八二七）。以延康坊官宅一区為諸王府。唐朝故事。王府在京師。即合有曹局。自天宝（七四二－七五六）以後。王不出閤。所置寮寀過于閑冗。其胥吏数司方共一員。至是瓊王府長史裴簡求奏論。遂創官府。按諸王府本閻令琬之宅。見唐会要。又按蘇頲章懐太子良娣張氏碑。良娣張氏遘疾。棄養于京延康第之寝。蓋即居于諸王府也。

とある。ここの「唐朝故事」は大勢としてはこのようであろう。玄宗の兄弟は、後述のように、興慶宮に隣接の諸坊に王宅があって、出閤していたが、玄宗の皇子からは長安城東北角の入苑（朱東5－1）に十王宅ができて、そこに王宅が一つにまとまり、個別に出閤することはなくなった。そして諸王府は延康坊に置かれていたのである。

なお「章懐太子良娣張氏神道碑」は、『文苑英華』巻九三三、『全唐文』巻二五七に見え、そこで張氏は、章懐太子の嗣王となる邠王守礼を生んだことが見え、「景竜二載（七〇八）孟夏之月。遘疾。棄養於京延康第之寝。」とある。しかし延康坊に諸王府が置かれたのは、宝暦三年（八二七）のことであり、それ以前、諸王府は宣平坊にあった。したがって景竜二載に、張氏が延康坊で逝くなられたことは、諸王府とは何の関係もなく、この条に『徐考』が張氏碑を引用したのは意味のないことと思う。

以上によって、諸王府は、元和十三年（八一八）までは宣平坊に、諸王府の合同庁舎としてあったが、その始源は明らかでない。このように、王府官制が各王毎にありながら、実際には合同庁舎で一個所になっていたことは、令制

の施行上において注目すべき事実を含む。宝暦三年に、簡裴永の上奏によって、諸王府はそれ以後は、やはり合同庁舎として、延康坊に置かれることになった。

三

次に長安城内の王宅の配置について考えてみたい。長安城内の都市の形態等については、多くの先駆的な業績があり、それらをふまえて、妹尾達彦氏と筆者は、「唐代長安の都市形態」（『唐・宋時代の行政・経済地図の作製研究成果報告書』、一九八一年）において、若干の考察を試みた。また妹尾氏には「唐代長安城関係論著目録稿」（*T'ang Studies*, No.2, 1984）もあり、また妹尾氏自家版の増補稿もある。前者に、長安城内の変遷――唐代中期以降における長安の地域分化の項があり、そこに大要は述べてある。本稿は、王府・王宅を取上げて、この面から、唐代長安の都市形態についての、一面の考察をなしたいと考え、王府については、先に考察した通りである。王宅については、まず玄宗の時の十王宅が有名である。十王宅については、『唐会要』巻五、諸王に次のように見える。


貞観中。高宗為晋王。以文徳皇后最少子。於后崩後。累年。太宗憐之。不令出閤。

高宗朝。睿宗為殷豫王。雖長成。亦以則天最少子。不令出閤。嗣聖纂大位。聖暦初。封為相王。始出閤。

中宗時。以譙王重福失愛。出遷外藩。衛王重俊為太子。又与成王千里等起兵。将誅韋后。故温王重茂。雖年十六七。竟亦居宮中。

先天之後。皇子幼則居内。東封後。以年漸長成。乃於安国寺東附苑城為大宅。分院居之。名為十王宅。令中官押之。於夾城中起居。毎日家令進膳。又引詞学工書之士入教。謂之侍読。十王謂慶・忠・棣・鄂・栄・光・儀・潁・永・延・盛・済等。以十挙全数。其後寿・信・義・陳・豊・恒・涼七王。又就封。入内宅。開元二十五年。鄂・光得罪。忠王継大統。天宝中。慶・棣又歿。惟栄・儀十四王居内。而府幕列於外坊。歳時通名起居而已。外諸孫長成。又於十宅外置百孫院。毎歳幸華清宮。側亦有十王宅百孫院。十王宮人毎院四百余人。百孫院三四十（『長安志』十作百）人。又於宮中置維城庫。以給諸王月俸。諸孫納妃嫁女。亦就十宅中。太子不居於東宮。但居於乗輿所幸之別院。太子之子。亦分院而居。婚嫁則同親王公主。於崇仁里之礼院（『長安志』作礼会院）。

上文とほぼ同様の文が、旧巻一〇七、玄宗諸子および「先天之後」以下の文は宋の宋敏求の『長安志』巻九、十六宅の条に見え、文字に若干の異同がある。上文の要点は以下の通りである。

太宗の貞観中では、文徳皇后の最年少子の晋王（後の高宗）は、晋王となっても出閤しなかった。出閤は出閤とも書かれ、皇子が親王に任ぜられて、宮中から外に出ることを言う。次に高宗の時に、後の睿宗が出閤しなかった例を挙げ、また中宗の時に、その第二子重福、第三子重俊、第四子重茂が正式に出閤しなかったことを挙げている、したがって、太宗・高宗・中宗の皇子の中では、ここに挙げられたのが正規に出閤しなかった者で、これ以外の皇子は出閤して王宅に居住したものとみなしてよい。

それが「先天之後」、すなわち玄宗即位（七一二）以後になると、皇子の幼年の間は宮中に居り、出閤後は、長楽坊（朱東4－1）の安国寺（睿宗の在藩時の旧宅）の東、すなわち、朱東5－1の入苑（ここは坊名がない）に、大宅を作り、ここを十王宅と名づけ、この中に玄宗の皇子はまとめられて住むことになった。この入苑は「於夾城中起居」とあるから、ここは夾城で囲まれ、他の城坊とは異なっていたのであろう。ここは宦官が管理をし、家令が進膳をした。また文学や書の達人が侍読の名の下で教育に当たった。なおここを十王宅というのは、十王に限るわけではなく、玄宗の皇子はすべてここに入ることととなり、概数で十王宅という。また「十六宅」とも言われた。この十王宅は、これ以前は親王宅を、親王が出閣すれば、長安城坊内のどこかに造らねばならなかったのを、まとめて十王宅としたのは、ようやく長安城坊内で王宅を適宜造ることが困難になった事情もあろう。この十王宅によって、親王の出閣毎に王宅を造ることを不必要にした改革であった。これは先に述べた王府が共同になっていたことと共に、唐が令制の規定の煩瑣さとは別に、施行の面には簡素化の処置を考えていた実例として注目される。

この王宅と諸王府の関係は詳らかでないが、「府幕列於外坊。歳時通名起居而巳。」がこれを示し、この意味ははっきり解し得ないが、諸王府は十王宅とは別の坊(宣平坊?)にあったが、諸王たちはそこへ起居を通名しておればよかったのであろうか。

また十王宅の設置に伴い、その子たちをどうするかが問題になるが、それは入苑内の十王宅以外に、入苑内に百孫院を設け、ここで皇子の子たちを共同で生活させた。また華清宮にも、十王宅・百孫院が設置されていた。また十王宅には、親王毎に宮人四〇〇余人が置かれ、百孫院には三〇〇～四〇〇人の宮人が置かれた。『長安志』には三〇〇～四〇〇人置かれたとある。『長安志』に従うべきであろう。また諸王の月俸は宮中の維城庫より支給せられた。維城庫については未詳である。諸孫の納妃・嫁女は十王宅において行われた。これに対して、太子の子の婚嫁は、親王・公主と同じく、崇仁里(朱東3-4)の礼会院において行われた。

礼会院は、徐考巻三、崇仁坊の条に「坊南門之西。礼会院。」とあるのがこれに当たり、その条の注によれば、こはもと長寧公主(中宗と韋皇后の女)の宅で、開元十九年(七三一)四月に設置されたが、安史の乱以後は修復されず、後に長興坊(朱東2-7)に移ったとある。徐考巻二、長興坊の条には、「礼賓院。(院在坊之北街。元和九年〈八一四〉六月置。按院即礼会院。自崇仁坊移此。敬宗初又廃。以賜教場。）」とある。

以上は、玄宗の皇子の十王宅、十六宅について述べたのであるが、玄宗の兄弟諸王については、旧巻九五、睿宗諸子に次のように見える。

初玄宗兄弟。聖暦初出閤。列第於東都積善坊。五人分院同居。号五王宅。大足元年。従幸西京（長安）。賜宅於興慶坊。亦号五王宅。及先天之後。興慶是竜潜旧邸。因以為宮。憲於勝業東南角賜宅。申王撝・岐王範於安興坊東南賜宅。薛王業於勝業西北角賜宅。邸第相望。環於宮側。玄宗於興慶宮西南置楼。西面題曰花蕚相輝之楼。南面題曰勤政務本之楼。玄宗時登楼。聞諸王音楽之声。咸召登楼同榻宴謔。或便幸其第。賜金分帛。厚其歓賞。諸王毎日於側門朝見。帰宅之後。即奏楽縦飲。撃毬闘雞。或近郊従禽。或別墅追賞。不絶於歳月矣。遊践之所。中使相望。以為天子友悌、近古無比。故人無間然。玄宗既篤於昆季。雖有讒言交搆其間。而友愛如初。

上記の文によって、玄宗即位後に、玄宗皇子諸王のために、十王宅を置いた起源は、武則天期の聖暦初め（六九八）に、玄宗の父の睿宗が相王となり、玄宗兄弟が出閤するに当たり、兄弟の五人が一か所で分院して同居し、五王宅と号したことにある。ただしこれは東都洛陽のことである。大足元年（七〇一）に、武則天に従って西京長安へ行った時、長安の興慶坊（朱東5－4）に、洛陽と同様に、五王宅が置かれた。先天元年（七一二）、玄宗即位後、興慶坊に玄宗の起居する興慶宮が置かれることとなった。そこで、他の四王については、興慶宮の西に隣接する勝業坊（朱東4－4）と、北西に隣接する安興坊（朱東4－3）に王宅を賜ることになった。

睿宗には、旧巻九五、新巻八一などによれば、六子があった。長子が寧王憲（追尊譲皇帝）、第二子が申王撝（追尊恵荘太子）、第三子が玄宗、第四子が岐王範（追尊恵文太子）、第五子が薛王業（追尊恵宣太子）、第六子が隋王隆悌である。しかし隋王隆悌は早く逝去していた。残った玄宗の兄弟は、きわめて仲が善かったことは上文に記す通りで、著名な史実である。武則天期に、玄宗兄弟の五王が五王宅にまとめられていたのは、武則天が睿宗諸子を冷遇した結果の処置であろう。しかしこの冷遇がかえって玄宗兄弟の情を深めた一因とも考えられる。

玄宗の即位後、旧五王宅が興慶宮となったため、他の四王には興慶宮と隣接する坊に王宅が造営された。これは再び唐初以来の諸王出閤と共に王宅を造営した例に復したのであろう。しかし玄宗は自身の皇子については、十王宅に置いて、ここに唐初以来の皇子個個に王宅を設置する慣例を廃止し、これは唐末まで復活することはなかったようである。

このように、玄宗が自身の兄弟と皇子との間にはっきりと差をつけた原因は、玄宗自身が第三子でありながら、中宗崩後の功績によって、兄の憲と撝を越えて帝位に登ったからと考えられる。そのために、長兄の憲には特に気を使い、その薨後に譲皇帝を贈り、次兄の撝には、恵荘太子を贈り、それにともない弟の範と業にも太子号を贈る結果となったのであろう。

四

この項では、唐代諸王の王宅について、何坊にあったかを列挙してみよう。「徐考」に依るところが多い。ただし「徐考」はその基づくところを挙げていない場合が多い。

(1)　高祖の子およびその子孫

①舒王元名　旧六四、新七九　高祖の第十八子、「徐考」巻四に、

太平坊（朱西2－1）。東南隅。舒王元名宅（後為京兆府学。又為戸部尚書尹思貞宅）（括弧内は注。以下同じ）

②滕王元嬰　旧六四、新七九　高祖の第二十二子。「徐考」巻三に、

親仁坊（朱東3－7）。滕王元嬰宅。

③徐王元礼　旧六四、新七九　高祖の第十子、「徐考」巻二に、

大業坊（朱東2－7）。東南隅。太平女冠観。（本宋王元礼宅。……本徐王元礼之池）

とあり、宋王元礼が徐王であったことは、新・旧共に見えないが、共に元礼とあるから、宋王は徐王の誤りと見て差支えあるまい。大業坊に、徐王元礼の宅・池があった。

④嗣虢王邕　旧六四、新七九　高祖の第十五子の虢王鳳の孫、神竜初（七〇五）嗣虢王となる。「徐考」巻四に次のように見える。

崇賢坊（朱西3－8）。西南隅。秘書監嗣虢王邕宅。

(2)　太宗の子およびその子孫

①魏王泰　旧七六、新八〇　太宗の第四子、旧、新に、

延康坊（朱西3－7）

に宅のあったことが見える。

②成王千里　旧七六、新八〇　太宗第三子の呉王恪の子。呉王恪は、太宗の時、房遺愛の謀反に坐して誅せられた。その子四人は嶺表に流された。長子の仁は復起して千里と改名し、武后の死後、成王となったが、武三思の誅滅に失敗して誅せられた。「徐考」巻三に、

永嘉坊（朱東5－3）十字街南之西。成王千里宅。

とある。

③越王貞　旧七六、新八〇　太宗の第八子。越王貞は、垂拱四年（六八八）、武則天に対して反乱を起こして敗れた。「徐考」巻二に、

永楽坊（朱東2－4）。西南隅。廃明堂県廨。（総章元年。分万年県置。其廨地本越王貞宅。長安三年廃。還万年。）

とある。

④蔣王惲　旧七六、新八〇　太宗第七子。上元中（六七四－六七六）、箕州刺史の時、誣告されて自殺した。「徐考」巻四に、

布政坊（朱西3－4）。東南隅。廃鎮国大波若寺。（本蔣王惲園地）

とあり、布政坊に、蔣王惲の園地（池の誤か）のあったことが見える。

(3)　高宗の子およびその子孫

①中宗　旧七、新四　高宗の第七子。中宗は、初め周王に、ついで儀鳳二年（六七七）に英王となった。「徐考」巻二に、

開化坊（朱東1－2）。半以南。大薦福寺。（寺院半以東。隋煬帝在藩旧宅。武徳中。賜尚書左僕射蕭瑀為西園。後瑀子鋭尚襄城公主。詔別営主第。……襄城薨後。官市為英王宅。）

とあり、開化坊に英王宅があった。

②睿宗　旧七、新五　高宗の第八子。「徐考」巻三に、

親仁坊（朱東3－7）。西南隅。咸宜女冠観。（睿宗在藩之第。明皇升極於此。）

とある。また同巻三に、

長楽坊（朱東4－1）。大半以東。大安国寺。（睿宗在藩旧宅）

とあり、睿宗の親王時代の王宅は、親仁坊と長楽坊にあったが、その前後関係など明らかでない。

③章懐太子　旧八六、新八一　高宗の第六子。「徐考」巻四に、

安定坊（朱西4－1）。東南隅。千福寺。（本章懐太子宅。咸亨四年。捨宅立為寺。）

とある。旧伝によれば、永徽六年（六五五）に、潞王となり、顕慶元年（六五六）に出閤した。この時の宅が安定坊に置かれたのであろう。その後、章懐太子は、竜朔元年（六六一）に、沛王となり、咸亨三年（六七二）に、雍王となっている。その翌年に、ここが寺となっているから、この時までここが王宅であったのであろう。章懐太子は、上元二年（六七五）に、皇太子となり、文明元年（六八四）に、三二歳で自殺させられた。

④邠王守礼　旧八六、新八一　章懐太子の第二子。守礼は神竜中（七〇五－七〇七）に、邠王となり、章懐太子の嗣王となった。徐考巻四に、

興化坊（朱西2－3）。邠王守礼宅。（宅南隔街有邠王府。）

とある。興化坊に、邠王守礼の王宅があっただけでなく、王宅の南に街を隔てて邠王府があったとある。これが事実ならば、この頃独立した王府のあった珍しい例であり、章懐太子の子孫のための特恩であろうか。ちなみに、一九七〇年に、興化坊の跡である西安市何家村の唐窖から、多量の銀器や和同開珎の銀銭などが出土したのは、この邠王守礼宅の跡とみなされている。

以上述べてきた高祖・太宗・高宗三帝の皇子およびその子孫の王宅について、その判明する坊を、朱雀街を中心に東へ、北から順に、また朱雀街から西へ、北から順に配列してみると、次のようになる。

朱東1－2　開化坊　高宗の子の中宗が英王の時
朱東2－4　永楽坊　太宗の子の越王貞

朱東2－7	大業坊	高祖の子の徐王元礼
朱東3－7	親仁坊	高宗の子の睿宗が在藩の時
〃		高祖の子の滕王元嬰
朱東4－1	長楽坊	高宗の子の睿宗が在藩の時
朱東4－3	安興坊	睿宗の子の申王撝
		睿宗の子の岐王範
朱東4－4	勝業坊	睿宗の子の寧王憲
		睿宗の子の薛王業
朱東5－3	永嘉坊	太宗の子の呉王恪の子の成王千里
朱西2－1	太平坊	高祖の子の舒王元名
朱西2－3	興化坊	高宗の子の章懐太子の子の邠王守礼
朱西3－4	布政坊	太宗の子の蔣王惲の園池
朱西3－7	延康坊	太宗の子の魏王泰
朱西3－8	崇賢坊	高祖の子の虢王鳳の孫の嗣虢王邕
朱西4－1	安定坊	高宗の子の章懐太子が在藩の時

上記の表によって、高祖・太宗・高宗の皇子諸王の土宅の長安城内の配置について、とくに著しい傾向を見ることはできない。またこのような少ない例による結論はむしろ避けるべきであろう。しかし朱雀大路の東側の北に偏して王宅が多く置かれたことは指摘してよかろう。しかし朱雀大路の西側にも、太宗の愛子の魏王泰の王宅が延康坊に置

かれたような例もある。しかしそれもせいぜい崇賢坊より北にあって、その南に王宅が置かれたことは見えない。

また王宅の置かれるのは、睿宗の子、すなわち玄宗の兄弟までであって、玄宗の皇子からはいわゆる十王宅にまとめて王宅が置かれるようになり、これは唐末まで続いたようである。

五

これまで唐代長安城内の王府・王宅について未熟な考察を試みてきたが、それをまとめてみると、次のようになる。

(1) 王府職員令の公布は貞観十一年（六三七）六月以降と見られる。

(2) この王府の官署は、各親王ごとに独立して置かれるのではなく、合同官署として置かれ、元和十三年（八一八）以前は、宣平坊（朱東4―8）に置かれ、宝暦三年（八二七）からは、延康坊（朱西3―7）に置かれた。しかし邠王守礼が興化坊に王宅があり、その南に王府があったように、特恩により、王府が独立して置かれる場合もあったのであろう。しかし王府が合同庁舎の形で運営されていたことは、令制の施行上すこぶる注目すべきことである。

(3) 王府職員令が制定されていても、王府官への就任希望者は少なく、四考（四年任期）を定めて、赴任を奨励している。

(4) 王宅については、玄宗即位後は、玄宗の皇子諸王をまとめて、長安城東北端の坊である入苑に十王宅を置き、それ以後は皇子諸王の王宅を別々に独立して置くことは無くなった。

(5) 玄宗の孫たちを収養するために、十王宅以外に、入苑内に百孫院が置かれた。

(6) 十王宅は夾城で囲まれていた。故に坊名がなく、入苑というのであろうか。

(7) 十王宅の起源は、洛陽における玄宗兄弟のための五王宅にある。

(8) 玄宗はみずからの兄弟が親しむために、玄宗の居住した興慶宮に隣接する坊に兄弟の王宅を置いた。これが唐代の王宅を個別に置く最後である。

(9) 新七〇下、宗室世系表に、「玄宗二十三子。諸王出閤せず、房を分たず。」とあり、玄宗の皇子諸王以後は出閤が無くなった。

(10) 高祖・太宗・高宗三代の皇子諸王は原則として出閤し、独立して個別に王宅を持っていた。

(11) 親王および公主の婚嫁は、開元十九年（七三一）四月以降は、崇仁坊（朱東3－4）の礼会院（礼賓院）で行われ、安史の乱以後は、礼会院が長興坊（朱東2－3）に置かれた。

(12) 玄宗の諸孫の納妃・嫁女は十王宅で行われた。

(13) 王宅が個別に置かれた時期に、王宅を長安城内のどの辺に置くかについて、とくに著しい傾向を見きわめるまでには至らないが、朱雀大路より東で、宮城・皇城に近い坊に置かれることが多かったくらいのことは言えよう。

（唐代史研究会編『中国都市の歴史的研究』唐代史研究会　一九八八年）

唐代前半期長安における公主宅の道観化

一　はじめに

私は『唐代史研究会報告』第Ⅵ集（一九八八）に、「唐代長安における王府・王宅について」を発表し、唐代の首都である長安城内において、王府・王宅が何処に置かれたかの検討を通じて、長安の都市機能の一端に触れ、唐代長安の変遷を考察してみた。しかしたいした成果は挙げることはできなかった。

今回は、それにもかかわらず、唐代の公主（皇帝の娘）は、公主に封ぜられると、長安城内の何処かに、公主宅が営まれることになっていたので、その公主宅の所在がすべて判明するわけではないが、幸いに、宋の宋敏求の『長安志』に、公主宅の所在の坊の記述があり、清の徐松の『唐両京城坊考』は、『長安志』を若干増補しているので、それらを中心に考察を進めたい。

唐代の公主については、令制上の規定も明確でない。わずかに、『大唐六典』巻二、司封郎中、員外郎の条に、

外命婦之制。皇姑封大長公主。皇姉妹封長公主。皇女封公主。皆視正一品。

とあり、外命婦の制の中に、皇帝のおばは大長公主に、皇帝の姉妹は長公主に、皇帝の娘は公主に封ぜられ、すべて

視正一品であった。仁井田陞氏の『唐令拾遺』（三一六頁）には、上文を封爵令第五条の一部として復原されている。ちなみに、外命婦は、皇帝の皇后以外の諸妃である貴妃・淑妃・徳妃・賢妃などを内命婦と称するのに対している。

また公主は、行政的には、宗正寺がその属籍を管掌していたと考えられるが、『大唐六典』巻一六の宗正寺の条にも、とくに公主のことを挙げた明文は無い。さらに公主降嫁の儀礼については、『大唐開元礼』巻一一六に、冊公主・公主受冊・納采・問名・納吉以下に見え、『唐大詔令集』巻四一、公主には封号の制の二二例、冊文の九例、巻四二に、出降、出降冊文、加実封、譴黜、追封、謚議などが見える。

公主の封爵制に伴う封戸の問題はこれまでも取上げられてきた。しかしこれは親王の封戸の問題に付随的に取上げられている。親王の封戸、とくに実封をめぐる問題が、仁井田陞氏の「唐代の封爵及び食封制」（『東方学報』東京十の一）以来、今堀誠二・日野開三郎・礪波護・山根清志ら諸氏によって論ぜられてきた。公主の場合は史料が断片的で総括的には述べられない。『唐会要』巻五、諸王の条に、親王と共に、公主の封戸がやや総括的に挙げられている。公主を中心に必要な部分を以下に掲げておく。

旧制。親王食封八百戸。有至一千戸。公主三百戸。長公主加三百戸。有至六百戸。高宗朝（六四九―六八三）以沛・英・豫三王。及太平公主。武后所生。食封逾於常制。垂拱中（六八五―六八八）。太平至一千二百戸。聖暦初（六九八）。皇嗣封為相王（睿宗）。太平公主皆三千戸。……神竜初（七〇五）。相王・太平公主同至五千戸。……安楽公主二千戸。長寧（公主）一千五百戸。……衛王（重俊）升儲位（七〇六）。相王加至七千戸。安楽三千戸。長寧二千五百戸。……長寧・安楽皆以七（千）丁為限。雖水旱亦不損免。以正租庸充数。……開元中（七一三―七四一）。……皇妹為公主一千戸。咸宜公主加至一千戸。其後皇子封王者二千戸。皇女為公主者五百戸。又諸皇女為公主者例加一千戸。其封自開元以後。約以三千戸為限。

またたいたい同様のことが、『新唐書』巻八二、十一宗諸子列伝、および同書巻八三、諸帝公主列伝に見えるが、公主の場合の封戸は、唐初は三百戸、長公主は六百戸であった。武則天の登場と共に、この常制を上廻ることが多くなり、唐初の常制はこわれてしまった。そこで玄宗は公主の封戸の規制にのりだしたが、旧に復することはできず、長公主は二千戸、公主は一千戸としたが、玄宗の貞順皇后所生の咸宜公主は二千戸となり、この玄宗の規制も守られなかった。この公主の封戸の戸数は規定はあったろうが、これは皇帝・皇后の特恩によってしばしば破られていたのが実態であろう。

もう一つ公主の封戸の問題として、封戸の丁数がある。これは上掲の「安楽皆七（千）丁為限」に現われている。『唐会要』は「七千戸為限」とあるが、『新唐書』巻八二、十一宗諸子列伝では「以七丁為限」とある。私は『新唐書』に従い、一戸内に七丁のある多丁戸まで取ることを許したと解する。一般には、三丁程度が普通だから、七丁もある多丁戸まで認めることは、それだけ公主の収入が増加することになる。公主の封戸の問題は容易に解明できないが、これは後の太平公主、安楽公主の個所でもう一度触れることとする。

公主の官属としては、『大唐六典』巻二九、親王府の条に、

公主邑司。令一人。従七品下。丞一人。従八品下。録事一人。従九品下。

公主邑司官。各掌主家財貨出入。田園徴封之事。其制度皆隷宗正焉。

とある。この公主邑司が、公主家の収入を管理し、封戸からの収入の徴収に当たり、宗正寺の管轄下にあった。この公主邑司の実態にほとんど徴すべき史料がないが、『盧照鄰集』巻一、「病梨樹賦并序」に、「癸酉之歳（六七三）余臥病於長安光徳坊（朱西3－6）之官舎。父老云。是鄱陽公主之邑司。昔公主未嫁而卒。故其邑廃。」とあり、これは一例であろう。

さらに公主の官属として、親王府と同様になったことが、『唐会要』巻六、雑録の条に見える。これは武則天の死去後の中宗の時、韋皇后専権時代のことで、神竜二年（七〇六）のことである。ただ太平公主以外の長寧・安楽両公主の長史は省かれていた。しかしこの官属は景竜四年（七一〇）六月にすべて停止されている。ただ同年六月勅して太平公主だけはまた復活された。

以上述べてきたように、公主については、一般的な制度がそのまま実施できないことがしばしば起こっている。それには二つの理由がある。その一つは、皇帝・皇后がとくに愛情の深い公主に特恩を与えたいと思うことがある。またそうなってくる理由として、制度が皇后所生の公主と、諸妃所生の公主と区別していないことである。もう一つは、武則天が高宗の在世中から、今でいう男女同権的な考えを実行し始めた。それは父の在世中は子は母の為の服喪がこれまで一年であったのを、父の為と同様の三年に改めた（上元元年〈六七四〉『旧唐書』巻二七、礼儀志）ことに象徴的に現れているように、従来は父と母に対する子の服喪が異なっていたのを同じようにした。この父と母を同様に扱うことを拡大していくと、皇帝の皇子と公主は同等に扱わねばならなくなった。ここに公主に対する制度を従来通り行えなくなってきた理由がある。

第一の皇帝・皇后の間の所生の公主にとくに愛情を示そうとして諫められた例を示そう。これは『貞観政要』論公平第一六に見える事件である。明君の太宗が文徳皇后との間に生まれた長楽公主の出降に当たり、その資送を長公主の倍にしようとして、魏徴より諫められている。太宗の姉妹より、その娘に対して厚遇を与えたく思うのは、人情としてはあり得ることである。しかしこれは太宗も文徳皇后も魏徴の諫言を受けいれている。太宗だから、魏徴の諫言を受けいれているのであって、他の皇帝ならば、愛情のおもむくまま、踰制を行ったであろう。ここに公主に関する問題が規則通りいかない実態をかいま見ることができる。

また皇帝が公主に対するのは、官人のようなエリートに対するのとは異なり、いろいろ違った個性を示し、皇帝の思い通りにはならない。これは皇子である親王も同様で、親の悩みは皇帝でも同一である。太宗の娘の襄城公主は、宰相蕭瑀の子の鋭に嫁するに当たり、以下に述べるように、公主用の邸宅が営まれることになった。しかし襄城公主は、それでは婦《よめ》として夫の父母に仕える道が果たせないと言ってこれを辞退するような公主も現われる（『新唐書』巻八三、諸帝公主列伝）。また太宗の娘の合浦公主は僧弁機と不倫を犯した。また粛宗の娘の郜国公主も不倫を犯し、関係者の四人が杖殺されている。以上のようなことも、公主を考察してみると、皇帝の政治以外のことでの、親としての悩みがでてきて、別の面からの皇帝の姿を見ることができる。

さらに唐代の公主の問題として和蕃公主がある。これも公主についての重大問題である。すでに日野開三郎氏は唐代史研究会編『隋唐帝国と東アジア世界』（汲古書院、一九七九）において、「唐代和蕃公主の真仮制と資装費」と題して、和蕃公主は真の公主（長公主も含む）でない場合が多いことに注目し、皇帝との血縁関係の遠近によって和蕃公主を考察し、これを真仮制と称し、これを唐朝の国際情況の違いに対応して使い分けていたことをまず論じている。続いて、和蕃公主の資装費（嫁入支度）が、とくに安史の乱後、唐朝軍事力の衰退に伴い、真の公主の降嫁が行われるようになると（粛宗の娘の寧国公主が回紇可汗に嫁し、つづいて、憲宗の娘の永安公主と太和公主がいずれも回紇可汗に嫁す）、これはまた資装費にも膨大な額の要求が附随していることを明らかにされた。私も同上書に「隋の大義公主について——隋唐世界帝国の指標としての和蕃公主」と題して、北朝皇帝と柔然・突厥可汗との通婚関係、また隋の大義公主（実は北周から突厥に嫁した千金公主に楊姓を賜って改称したに過ぎない）の問題を通して、唐代の和蕃公主考察の序説を述べたに過ぎない。本稿においても、テーマの関係から、和蕃公主のことは、また後稿に譲らざるを得ない。

なお公主が嫁した婿は駙馬都尉と称することは周知の通りだが、『通典』巻二九、三都尉の条に、

大唐駙馬都尉従五品。皆尚主者為之。開元三年（七一五）八月。勅。駙馬都尉従五品階。宜依令式。仍借紫金魚袋。天宝以前。悉以儀容美麗者充選。

とある。これは駙馬都尉で他に在官しない者に対しての規定であろう。在官の者についての実例は多いが、本稿では取上げない。

二　公主の営第

皇帝の娘が降嫁する駙馬都尉が決定し、公主に冊封され、諸儀式が終わると、詔して公主の第《てい》（邸）を独立して営むことが許され、また宅ともいう。しかしこのことを明確に示す詔文は残っていないが、『長安志』がかなりな数にのぼって、公主宅を記載しているのが何よりの証拠と思う。

『長安志』巻七、開化坊（朱東1－2、朱東1は朱雀門街より東へ一街を朱東1として、朱東1－2の「2」は各坊に北から順につけた番号）の「大薦福寺」の条に、

寺院半以東。隋煬帝在藩旧宅。武徳中。賜尚書左僕射蕭瑀為西園。後瑀子鋭。尚襄城公主（太宗女）。詔別営主第。主辞以姑婦異居。有関（闕?）礼則。因固陳請。乃取園地。充主第。又辞公主棨戟。不欲異門。乃併施瑀之院門。襄城薨後。官市為英王宅。文明元年（六八四）。高宗崩後百日。立為大献福寺。度僧二百人以実之。天授元年（六九〇）。改為薦福寺。

この大薦福寺は現在も西安に残る小雁塔のある寺である。ここは隋代には、煬帝が晋王広の時の宅の跡で、唐代になると南朝系で隋の煬帝の蕭皇后の弟で宰相になった蕭瑀の西園（別荘）となっていた。後に蕭瑀の子の鋭に、襄城公

主が降嫁するに当たり、ここに「詔して別に主の第を営ましめる」ことになった。ここに「詔して」とあるのが、通例であるのか、特恩によるのか、これだけでは判明しないが、現在、公主の第が、唐一代を通じて、四〇例ほど残っているのから判断すると、第を賜るのが通例と見てよいであろう。なお唐代の公主は降嫁の際に公主に冊封されるのが常であるが、ほかに金仙公主（睿宗の娘）や玉真公主（睿宗の娘）のように、入道した公主も公主に冊封されている。この場合は、金仙公主のように、別に道観が営まれた場合もある。また幼くして薨じた公主は追封されるのが通例であったようである。

開化坊の襄城公主の第のことにもどると、襄城公主はこの賜第をそのまま受けいれなかった。その理由は、第を賜れば、姑（しゅうとめ）と別居することとなり、これでは礼則を欠くことになるというものであった。そこで止むなく、父蕭瑀の西園の一部を公主第とすることになった。それでもなお公主はさらに棨戟を辞退したいと言いだした。これは公主の第には、その視正一品に相当する棨戟が門前に立てられることになっていたようである。さらに襄城公主は義父の蕭瑀と門を別にすることを欲せず、ついに門は蕭瑀の院門と共用することになった。

襄城公主の死去後、この公主第は「官市して英王（後の中宗）の宅と為す」とある。この「官市」の意味は明らかでないが、今の売買の意味の市ではなく、襄城公主の死去後、英王の宅となったことと解すればよかろう。そして高宗の薨後百日に、高宗追善の為に、大献福寺が建立され、六九〇年に、薦福寺と改められ、その小雁塔だけが現在まで残ったことになる。

この公主の営第が、唐一代続いたことは、『長安志』の各坊における公主宅の記載から結論してよいと思うが、杜牧の『樊川文集』巻八、「唐故岐陽公主（憲宗女）墓誌銘」に、

元和八年（八一三）某月日。主下嫁于杜氏。上御正殿。礼畢。由西朝堂出。節幡鼓鐸儀物畢備。引就昌化里賜第。

とあるのは、元和年間にも、賜第が行われている例証としたい。

三　高祖の公主宅

①　長沙（万春）公主（延康坊、朱西3－7）

長沙公主のことは『新唐書』巻八三、諸帝公主に、「長沙公主。始封万春。下嫁豆盧寛子懐讓。」とあり、豆盧寛は唐初の殿中監（『旧唐書』巻九〇、豆盧欽望）である。公主宅については、『唐会要』巻四八、寺、西明寺の条に、「西明寺。延康坊（朱西3－7）。本隋越国公楊素宅。武徳初。万春公主居住。貞観中。賜濮王泰。泰死。乃立為寺。」とあり、延康坊に宅があった。

四　太宗の公主宅

②　襄城公主（開化坊、朱東1－2）

以下、唐代皇帝の諸公主について、その宅が長安城坊内に判明する者を取上げ（洛陽に在った者は略述）、それが長安城のどのような位置にあり、それは以前に何があった処であり、公主宅は一代限りなので、その後どのようになっていったかを調べて、唐代の長安を考察する一助としたい。

襄城公主は太守の娘で、蕭瑀の子の鋭に嫁し、その公主第が開化坊（朱東1－2）に営まれたことは先に『長安志』巻七を引用して述べた通りである。その列伝は『新唐書』巻八三、諸帝公主列伝に見え、開化坊の蕭瑀の西園（もと隋の煬帝の晋王時の宅）にその第が営まれたことは見えないが、その第を営むに当たって、姑婦異居は礼則にもとることを襄城公主が述べたことは列伝にも見え、また『唐会要』巻六、公主雑録にも見える。なお襄城公主は蕭鋭の卒後に、姜簡に再嫁している。姜簡は唐朝創業の功臣の姜謩（『旧唐書』巻五九）の孫であり、姜謩のことは、前著『隋唐史研究』（三四二頁）において述べた通りである。姜簡に再嫁してからの宅のことは明らかでない。

襄城公主第は、上記の事情から、一般の公主第とはちょっと違った状況にあり、一般的な公主第とは見なされない。しかし開化坊の半ば以南に襄城公主第が営まれ、それは⑴隋の煬帝の晋王時代の宅、⑵太宗朝の尚書左僕射の蕭瑀の西園、⑶襄城公主第、⑷中宗の英王時代の宅、⑸大献福寺（高宗追善の寺）、⑹大薦福寺と変遷したことは判明する。

なお開化坊には、『唐両京城坊考』巻二によれば、西門の北に、隋の開皇六年（五八六）建立の法寿尼寺があり、また太宗朝の諫議大夫、兼弘文館学士であった蓋文達（『旧唐書』巻一八九上儒学伝）の宅があった。

③　蘭陵公主（平康坊、朱東3－5）

蘭陵公主については、拙著『隋唐史研究』（三四九－三五一頁）に述べているので、詳細はそれを参照されたい。『新唐書』諸帝公主列伝が、太宗の公主を年長順に記載していたとすると、蘭陵公主は十二女となる（②襄城公主は長女）。しかし蘭陵公主の伝記の根本資料となる李義府の「蘭陵長公主碑」（『金石萃編』巻五二）には「第十九女」とあり、『新唐書』の記載の誤りを正す。また蘭陵公主は新伝には、「下嫁竇懐悊。……太穆皇后之族子」とあるが、碑には、懐悊の父を「徳素」とする。太穆皇后とは唐の高祖の太穆竇皇后のことである。そこで、『新唐書』巻七一下、宰相世系表の竇氏の条を参照すると、そこでは、「懐悊」は、「懐哲」としているが、悊と哲は通用するから、懐哲は懐悊で、懐悊は太穆竇皇后のきょうだいの照の三世の孫（照－彦－徳素－懐悊）となり、新伝の言う「族子」の実態がわかる。また碑文に、「貞観十年（六三六）……可封蘭陵郡公主。食邑三千戸。□寵之錫。雖冠公□」とあり、三千戸の封戸のあったことがわかり、上述の『唐会要』巻五に見える「旧制」の「公主三百戸。長公主加三百戸。有至六百戸」と異なり、『唐会要』の「旧制」はそのままでは受けいれられない。また蘭陵公主は、高宗の「永徽元年（六五〇）。別拝長公主。仍加五十戸」とあり、これも上記の旧制と合わない。勿論、碑字の誤り、或いは摩損の為の読み誤りも考慮にいれねばならないと思うが。

碑文には、「春秋卅二。以顕慶□《四?》年（六五九）八月□八日。□□《疾?・薨》。於雍州万年県平□□□《康里第》」とある（□の右側の字は『金石萃編』の推定した字）。六五九年に、三十二歳で死去したとすると、六二八年（貞観二年）の生まれとなり、貞観十年に公主は九歳で公主に冊封されたことになり、「卅二」は「卌二」の誤りではないかと思う。

蘭陵公主第は「平□里」にあったが、長安の城坊で上に「平」字のつくのは「平康坊」だけであるから、蘭陵公主第は、平康坊（朱東3－5）にあったとしてよいであろう。『長安志』巻八、『唐両京城坊考』巻三も、蘭陵公主宅は平康里にありとしている。『唐両京城坊考』では、平康坊の「西南隅」に、蘭陵長公主宅を置いているが、基づく出典は示していない。またこの公主宅が前後にどのようになっていたかはわからないが、この平康里には各地の進奏院や三曲（くるわ、妓女のいる処）があり、一部は不夜城であったろう。

五　高宗の公主宅

④　高安（宣城）公主（永平坊、朱西4－10）

高安公主は『新唐書』諸帝公主列伝には、

高安公主。義陽（公主）母弟也。始封宣城。下嫁潁州刺史王勗。天授中。勗為武后所誅。神竜初（七〇五）。進冊長公主。実封千戸。開府置官属。睿宗立。増戸千。薨開元時。……

とある。義陽公主の母は高宗の妃の蕭淑妃である。蕭淑妃は高宗の最初の皇后となった王皇后と共に、武則天と高宗の寵を争い、王皇后の廃后と共に庶人とされた。

『文苑英華』巻九三三、碑に、蘇頲の撰した「高安長公主神道碑」がある。その文に、

維開元二年（七一四）……長公主薨於長安永平里第。享年六十有六。……長公主……始封宣城公主。下嫁乎王氏。……天授中（六九〇―六九二）。聖后従権革命。駙馬非罪嬰酷。公主復帰于後庭。……（中宗）乃命宗正卿李珍冊拝宣城長公主。食実封一千戸。并置府僚。……太皇（睿宗）御極。又増五百戸。改封於高安。……今上（玄宗）握図。又通前加至二千戸。

とある。この史料から、高安公主および公主一般について次のことが判明する。

高安公主は開元二年（七一四）に六六歳で死去しているから、その生卒は六四九年（貞観二十三）―七一四年であることがわかり、姉の義陽公主がいるから、高宗の即位前にすでに蕭淑妃は妃となっていた。

高安公主は永平里の第にて死去しているから、永平坊にその宅があったが、これは中宗復辟後の宣城公主への再封であり、永平坊の第はその時か、睿宗復辟後、高安長公主に改封された時のことであろう。『長安志』巻一〇、永平坊の条に、「東南隅。宣城公主宅（公主薨後。太子太師竇希球居之）。高安長公主宅（高宗女。降潁州刺史王勗）。」とある。宣城公主は、憲宗の娘にもあり、また宣城公主とまぎらわしい宜城公主が中宗の娘にある。宜城公主は嫉妬心が強く、中宗が怒って、県主に格下げしているから（『新唐書』諸帝公主列伝）、宜城公主の誤りではあるまい。しかし『長安志』に、宣城公主と高安長公主は同一人なのに併記しているのはうなずけない。しかし竇希球は、『旧唐書』巻一八三、

外戚伝によると、高祖の竇皇后の一族で、睿宗の昭成順聖竇皇后ときょうだいで、開元二十七年（七三九）に死去しているから、時代的には、宣城公主、すなわち高安長公主の死去後に、その宅の跡に竇希球が入っても矛盾しないから、この『長安志』の記事は、うっかり宣城公主と高安長公主を別人としてしまったと解したい。

宣城公主（後の高安長公主）は、碑文によれば、武則天の即位後、おそらく母が蕭淑妃であるために被害を受け、公主を剝奪されてしまい、中宗復辟後に、宣城公主に復活し、さらに、睿宗復辟後に、高安長公主に改封された。

また宣城公主は中宗復辟後に、実封一千戸になっているが、妹の太平公主（後述、母は則天武后）は五千戸に封ぜられている。また睿宗復辟と共に、高安長公主には五百戸が増加され、通計一千五百戸となり、玄宗即位とともに、さらに通計して二千戸に増加している。『唐大詔令集』巻四二、加実封には、「宣城公主加食封制」があり、「可加実封五百戸」とあり、上述の記事と合う。

また碑文に「并置府僚」とあるのは、『唐会要』巻六、公主雑録に見える「神竜二年（七〇六）閏正月一日。勅置公主設官属。……非皇后生。官員減半。……至景竜四年（七一〇）六月二十二日。停公主府。依旧置邑司。」に当たる記事であろう。

⑤　太平公主（興道坊、朱東1－1、平康坊、朱東3－5、興寧坊、朱東5－2、醴泉坊、朱西4－4）

太平公主については、『旧唐書』巻一八三、外戚、『新唐書』諸帝公主列伝にその伝記が見える。

太平公主は高宗と武后の間の末娘として生まれた。武后は公主がでっぷり（豊碩）とし、ひたいが四角く（方額）、したあごが大きく（広頤）、権謀にたけているのが自分に似ているとして可愛がり、謀議に参画させても、厳峻で事を洩らさなかった。ただ邸第の豪奢なことは目立った。公主は初め吐蕃から降嫁の要請があったが、方士をよそおって逃れた。初め薛紹に嫁し、二男二女を産み、紹の死後、武后の一族の武承嗣、ついで武攸曁に嫁した。また太平公主の食封は前述のように一千二百戸、のち三千戸に至り、太平公主は特恩によるが、以後、公主の食封増加の先駆となった。

武后の死去後も食封はさらに五千戸となり、その警護は親王と同様になり、神竜二年（七〇六）、親王府に准ずる公主府が置かれた。当時の皇帝の中宗（公主ときょうだい）、その韋皇后は、公主の智謀に及ばず、公主が当時の政治の実権を握った。唐隆元年（七一〇）、韋后は中宗を殺した。太平公主は後の玄宗（中宗の弟の睿宗の子）とはかって、睿宗を擁立し、その功で食封一万戸となった。以後、太平公主はおごりを極め、後の玄宗の排斥をはかったので、先天二年（七一三）、玄宗は公主の一党を誅し、公主に死を賜った。

太平公主は以上述べたように、権勢を誇ったが、その第宅のことは列伝には見えず、『長安志』には四個処見える。

(A)　巻七、興道坊（朱東1－1）の条に、

太平公主宅（没官後賜散騎常侍李令問居之）（　）は割注、以下同じ。

とある。李令問は、唐初に武勲の輝かしかった李靖の子孫で、その伝は『旧唐書』『新唐書』の李靖の付伝として見え、靖の弟の客師の孫に当たり、玄宗の即位前からの旧友で、太平公主一党の討滅に功があり、太平公主宅の跡を賜るのにふさわしい。

(B)　巻八、平康坊（朱東3－5）の条に、

万安観（天宝七載〈七四八〉。永穆公主〈玄宗女〉出家。捨宅置観。其地西南隅。本梁国公姚元崇宅。次東即太平公主宅。其後勅賜安西都護郭虔瓘。後悉併為観）

とある。太平公主宅の跡を勅賜された安西都護の郭虔瓘は『旧唐書』巻一〇三、『新唐書』巻一三三に見え、開元二

年（七一四）に突厥を破った将軍で、北庭都護、安西副都護などを歴任した。その軍功により、太平公主宅の跡を下賜されたのであろう。平康坊の西南隅に玄宗朝初期の宰相であった姚崇（字は元崇）の宅と、東に太平公主宅があり、それが郭虔瓘に下賜され、そのすべてが後に万安観となった。

(C)　巻九、興寧坊（朱東5－2）の条に、

西南隅。開府儀同三司姚元崇宅（屋宇並官所造）。其東本太平公主宅（後賜安西都護郭虔瓘。沅案此即興道坊宅）。

とある。しかしこの条の宅の配置は、(B)の平康坊の太平公主宅と似ており、いずれかが誤りと思われる。しかし畢沅が「此即興道坊宅」というのは、平康坊の誤りではなかろうか。

(D)　巻一〇、醴泉坊（朱西4－4）の条に、

東南隅。太平公主宅（公主死後。没官為陝王府宅。北有異僧方回宅。太平公主為造宅之）。

とある。陝王は玄宗の第三子、後の粛宗である。太平公主宅の北に、公主の寵僧の方回の宅があった。

また『長安志』巻一〇、頒政坊（朱西3－3）に、隋の納言の楊士達の宅跡に、咸亨元年（六七〇）、太平公主の為に太平観が造られ、ついで大業坊（朱東2－7）に移され、その跡は太清観などとなり、開元十七年（七二九）に昭成観となっている。また同書巻七、大業坊の条に、太平女冠観があり、これはもと宋王元礼（高祖の子の徐王元礼？）の宅が儀鳳二年（六七七）に太平女冠観となったが、のち太清観となった。

以上、(A)(B)(C)(D)の四史料が『長安志』に太平公主宅としてあるが、そのうち一つは誤りで、三史料とすべきであろう。一応(C)を誤りとしておく。(A)は太平公主の死去後、玄宗の旧友で、その即位に貢献した李令問の宅となり、(B)は突厥討伐に功のあった郭虔瓘の宅となり、天宝七載（七四八）に、玄宗の娘の永穆公主の為に建てられた万安観となった。(D)は、太平公主の死去後、玄宗第三子である後の粛宗宅となっている。いずれも玄宗即位に貢献したり、玄

宗初期に武功を挙げたり、また玄宗の子に与えられ、太平公主宅の跡が玄宗初期の論功を中心に使用されたことが判明する。

六　中宗の公主宅

⑥　新都公主（崇業坊、朱西1－5、延福坊、朱西3－9）

新都公主について『新唐書』諸帝公主列伝では、「下嫁武延暉」とあり、武后の一族の武延暉に嫁した。武后死去後の神竜二年（七〇六）に公主府とその官属が置かれたことは当時の七公主と同様である。

新都公主の宅については、『長安志』巻九、崇業坊（朱西1－5）の条に、

福唐観（本新都公主宅。景雲元年（七一〇）。公主生子武仙官。出家為道士。立為観）。

とある。この崇業坊には、一坊のほとんど全体にわたって玄都観があり、長安城内の道教の大本山で、その東の靖善坊（朱東1－5）にある仏教の大本山である大興善寺と左右対称に置かれている。新都公主の宅はこの玄都観内に置かれたのであろう。公主は武仙官を産んでのち、女冠となった。この仙官という名から見ても、道教の信奉者であったのであろう。女冠となると共に、公主宅が福唐観となった。また玄宗の娘の新昌公主も夫の死後に女冠となり、その宅が新昌観となっている。これらから道教を信奉する公主の宅は玄都観内に置く傾向を認めてよい。

また新都公主宅が延福坊（朱西3－9）の東南隅にあったことが『長安志』巻一〇にあり、ここはもと越王貞（太宗の子）の宅があり、その後、乾封県治（総章元年〈六六八〉－長安三年〈七〇三〉）が一時置かれ（後、懐貞坊、朱西2－5に移る）、それが新都公主宅となり、その後、新都寺、郯王（玄宗の子の琮、先天元年〈七一二〉封）府をへて、天宝二年

（七四三）、玉芝観となり、一時、新都公主の為に新都寺が建てられていたことがわかる。

⑦　宜城公主（洛陽、択善坊）

宜城公主は裴巽（武后の宰相、裴居道の一族）に嫁し、嫉妬心が強く、県主に格下げされ、巽も左遷され、のち復活した。

その宅は洛陽択善坊にあった。『河南志』巻一、択善坊の条に「宣城公主宅」と見えるが、『唐両京城坊考』巻五、択善坊により、これを宜城公主宅に当てるのが正しいと思う。

⑧　長寧公主（崇仁坊、朱東3―4、道徳坊、朱西1―7、洛陽、恵訓坊、道徳坊）

長寧公主は韋皇后の所生である。『新唐書』諸帝公主列伝に伝記が見え、楊慎交（慎は『新唐書』巻一〇〇、楊恭仁伝は眘に作る）に嫁した。祖先の楊恭仁は隋帝室の一族で、唐高祖朝の宰相、恭仁の子の思訓の孫が慎交である。

長寧公主のころ、武后の時代は政治の中心は東都洛陽にあり、公主の第宅は洛陽にもあり、豪奢な第宅が造られた。それが『河南志』巻一、恵訓坊や道徳坊の条に見える長寧公主宅であろう。

長安では、『長安志』巻八、崇仁坊の条に、

西南隅。玄真観（半以東本尚書左僕射申国公高士廉宅。西北隅。本左金吾衛。神竜元年。併為長寧公主第。東有山池別院。即旧東陽公主（筆者案。太宗女。下嫁高履行。坐章懐太子累。奪邑封）亭子。韋庶人敗。公主随夫為外官。遂奏請為景竜観。仍以中宗年号為名。初欲出売。官估木石当二千万。山池仍不為数。天宝十二載〈七五三〉。改為玄真観）。坊南門之西礼会院（本長寧公主宅。主及駙馬楊眘交。奏割宅向西一半。官市為礼会院。毎公主郡県主出降。皆就此院成礼。徳宗実録曰。初開元

中〈七一三―七四一〉。置礼会院於崇仁里。自兵興以来。廃而不修）。

とあり、『新唐書』諸帝公主列伝、長寧公主の条に、

又取西京（長安）高士廉第。左金吾衛故営合為宅。右属都城。左頫大道。作三重楼以馮観。築山浚池。帝及后数臨幸。置酒賦詩。又并坊西隙地広鞠場。……韋氏敗。斥慎交絳州別駕。主偕往。乃請以東都第為景雲祠。而西京鬻第。評木石直。為銭二十億万。開元十六年（七二八）。慎交死。主更嫁蘇彦伯。

蘇彦伯は『新唐書』巻七四上、宰相世系表によれば、高宗の宰相、蘇良嗣の一族である。

また『長安志』巻九、道徳坊の条に、

開元観（本隋秦王浩宅。武后朝。置永昌県。神竜元年（七〇五）。県廃。遂為長寧公主宅。景雲元年（七一〇）。置道士観。開元五年（七一七）。金仙公主（睿宗女）居之。改為女冠観。十年（七二二）。改為開元観）。

とある。

長寧公主の長安における第宅は、初め崇仁坊西南隅にあり、もと高士廉（太宗朝の宰相、その妹が太宗の長孫皇后と長孫無忌の母）の宅と、左金吾衛の跡地で、それが武后の死後、中宗復辟と共に、長寧公主宅となり、中宗の韋皇后誅滅後、公主は夫の地方官左遷と共に、売りに出され、その木石の値段だけで二十億万銭と言われた。またこの長寧公主宅の西半に、公主・郡県主の婚礼場などとなる礼会院が置かれたが、安史の乱以後は復旧しなかった。

また長寧公主宅は道徳坊にもあり、そこはもと永昌県の役所跡で、睿宗復辟とともに、道観となり、開元五年（七一七）には、睿宗の娘の金仙公主がここに居り、開元十年（七二二）に、開元観となった。

また『初学記』巻一〇、公主・詩には、李嶠・崔湜・李適・李乂の「長寧公主東荘侍宴詩」を引用しているが、この詩に、沁園・沁水の語が見えるから、これは洛陽の北で南流して黄河に入る沁水に面した別荘であろう。ここは後

漢の明帝の娘の沁水公主の園田のあった処である。

⑨　永寿公主（廟、光福坊、朱東1―4）

永寿公主は、永泰・長寧・安楽四公主と共に、韋皇后の所生（『旧唐書』巻五一、中宗韋庶人）である。『新唐書』諸帝公主列伝に、「永寿公主。下嫁韋鐬。蚤薨。長安初追贈。」とある。

永寿公主は幼年に死去し、公主号も追贈であるから、公主宅もなかったであろう。しかし珍しく公主廟のあったことが、『長安志』巻七、光福坊（朱東1―4）の条に次のように見える。

坊東南隅。旧有永寿公主廟（公主。中宗女。景雲中〈七一〇―七一二〉廃廟。賜姜皎為鞠場。皎宅在廟北隔街。旧竇懐貞宅。懐貞誅後。賜皇后妹夫竇庭芳）。

公主廟は、景雲中に廃されたとあるから、中宗の崩後の改革の中で廃止され、中宗復辟後の特別な雰囲気の中で、公主廟がその一時期だけ置かれたのであろう。しかし徳宗と昭徳王皇后の間に生まれた唐安公主、後の韓国貞穆公主にも、靖安坊（朱東2―5）に廟のあったことが『長安志』巻七に見える。

なお『長安志』巻七、永楽坊（朱東2―4）の条に、「永寿寺（景竜三年〈七〇九〉。中宗為永寿公主立）。」とあり、永寿寺は永寿公主死去後の追善の寺である。

永寿公主廟が景雲中に廃されて後、その地は姜皎に賜って鞠場となったとある。姜皎は唐朝創業の功臣である姜謩の子孫で、玄宗は即位前から皎を寵愛し、撃毬・闘雞で遊んだ。撃毬はポロであろう。永寿公主廟廃止後、そこは玄宗も楽しんだポロ競技場となった。

⑩　安楽公主（洛陽、旌善坊）

安楽公主は韋皇后所生の最年少で、その寵愛を受け、中宗復辟後、政治に容喙し、斜封官を濫発したことは名高い。『新唐書』諸帝公主列伝に、「主営第及安楽仏廬。皆憲写宮省。而工緻過之。」また「奪臨川長公主（太宗女）宅以為第。旁徹民廬。怨声囂然。第成。禁蔵空殫。仮万騎仗。内音楽送主還第。天子親幸。宴近臣。」とあり、豪奢な第宅があったようだが、それが城坊のどこか判明しない。「大唐故臨川長公主墓志銘并序」が出土したが（『文物』一九七七年第十期）、長公主宅が何処にあったかの記載はなかった。

洛陽では、『河南志』巻一、旌善坊の条に、「寧王憲（睿宗子）宅。本安楽公主宅」とある。

⑪　成安公主（通義坊、朱西2－2）

『新唐書』諸帝公主列伝には、「成安公主。字季姜。始封新平。下嫁韋捷。捷以韋后従子誅。主後薨。」とあり、韋皇后の一族に嫁した。

『長安志』巻九、通義坊（朱西2－2）の条に、「西北隅。右羽林大将軍邢国公李思訓宅（本左光録大夫李安遠宅。武太后時。高平王武重規居焉。神竜中（七〇五－七〇七）。又為中宗女咸安公主宅。又為思訓所居。思訓善画。沅按新唐書中宗女無咸安公主。）」とあり、『唐両京城坊考』巻四には、上掲の『長安志』の文を引用し、咸安公主を成安公主に改めているのは従うべきである。さらに城坊考は『長安志』の文を補って、「開元中（七一三－七四一）。睿宗女蔡国公主居之。十八年（七三〇）。捨宅立九華観。」としている。

以上の史料を時代的に整理してみると、

李安遠（高祖の旧友、貞観初、都督・刺史。『旧唐書』巻五七）――高平王武重規（武后の一族、武后の時）――成安公

主――李思訓（高祖の従父弟、長平王叔良－考斌－思訓。善画。『旧唐書』巻六〇、宗室、開元六年卒）――蔡国公主宅
――九華観

となり、唐初より、開元年間までのことがだいたい跡づけられた。

七　睿宗の公主宅

⑫　涼国公主（永嘉坊、朱東5－3）
『新唐書』諸帝公主列伝には、「涼国公主。字華荘。始封仙源。下嫁薛伯陽。」とある。しかし『文苑英華』巻九三三、蘇頲の「涼国長公主神道碑」には、温彦博（唐初の功臣）の曾孫の温曦に嫁し、「開元十二載（七二四）八月辛巳。遇疾薨於京邸永嘉里第。享年三十八。」とある。公主は初め薛伯陽（唐初の功臣、薛収の子孫、『旧唐書』巻七三、伯陽の子の談は玄宗の娘の常山公主を尚す）に嫁した。また睿宗の娘の荊山公主も薛伯陽に嫁しており、涼国公主と前後関係か。その死後、温彦博の曾孫の温曦に嫁した。『長安志』巻九、永嘉坊に、「西北隅。涼国公主宅」とあり、その注に、「（此坊）自武徳貞観之後。公卿王主居之。多於衆坊。」とある。

⑬　薛（蔡）国（清陽）公主（永嘉坊、朱東5－3、通義坊、朱西2－2）
『新唐書』諸帝公主列伝には、「薛国公主。始封清陽。下嫁王守一。守一誅。更嫁裴巽。」とあり、『旧唐書』巻一八三、外戚に、「王仁皎。玄宗王庶人父也。……子守一。守一与后双生。守一与玄宗有旧。及上登極。以清陽公主妻之。従討蕭至忠・岑羲等有功。……（開元）十一年（七二三）。坐与庶人潜通左道。左遷柳州司馬。行至藍田駅。賜死。」

とある。再嫁した裴巽は中宗の娘で⑦宜城公主を尚した裴巽（裴居道の一族）と同一人物であろうか。

『長安志』巻九、永嘉坊に、「南門之東。蔡国公主宅（沅按。本書通義坊下有九華観。云。開元十八年〈七三〇〉。蔡国公主捨宅立。新唐書玄宗女無封蔡国者。未詳何人。）」とあり、同書同巻、通義坊（朱西2－2）の条に、「九華観（開元十八年〈七三〇〉。蔡国公捨宅立。即（李）思訓宅）」とある。そして『唐両京城坊考』巻二、永嘉坊、巻四、通義坊では『新唐書』の薛国公主を蔡国公主の誤りとしている。通義坊の宅については、⑪成安公主の条に述べた通りである。

⑭　郎国公主（安業坊、朱西1－4）

『新唐書』諸帝公主列伝に、

郎国公主。崔貴妃所生。三歳而妃薨。哭泣不食三日。如成人。始封荆山。下嫁薛儆。又嫁鄭孝義。開元初。封邑至千四百戸。

とある。薛儆は、⑫涼国公主が嫁した薛伯陽と同族で、『新唐書』巻七三下、宰相世系表によれば、薛氏西祖に属し、太宗の功臣、薛収の家系で多くの大官・駙馬都尉を出した注目すべき家系である。再嫁の鄭孝義は未詳である。『長安志』巻九、安業坊の条に、「横街之地（『城坊考』作「北」）。郎国公主宅」とある。この横街は宮城承天門前ではなく、坊内であろう。

⑮　金仙（西城）公主（輔興坊、朱西3－2、洛陽、道徳坊）

母は昭成順聖竇皇后、『新唐書』諸帝公主列伝に、

金仙公主。始封西城県主。景雲初（七一〇）進封。太極元年（七一二）。与玉真公主皆為道士。築観京師。以方士

史崇玄為師。

とある。『金石萃編』巻八四に、「大唐故金仙長公主神道碑銘并序」があり、欠字がかなり多い。その文に、「形于東都開元観。春秋卌有四」とあり、その年次など『金石萃編』の考証に詳しい。『旧唐書』巻八、玄宗紀、開元二十年（七三二）五月辛亥の条に「金仙長公主薨」とある。

『長安志』巻一〇、輔興坊に、「東南隅。金仙女冠観。」とある。また同書巻九、道徳坊の条に、開元観があり、これはもと⑧長寧公主宅におかれ、ここに景雲元年（七一〇）に道士観が置かれ、開元五年（七一七）に、金仙公主がここに居り、これが開元十年（七二二）に、開元観となったことが見える（原文は⑧長寧公主の条所掲）。開元観は、その条の『長安志』の割注によれば、

隋、秦王浩宅――武后時、永昌県治――長寧公主宅――景雲元年、道士観――開元五年、金仙公主居之、女冠観――開元十年、開元観

と変遷した。

また『河南志』巻一、道徳坊の条に、「景竜女道士観。南北居半坊之地。金仙公主処焉。」とある。

⑯　玉真（崇昌）公主（輔興坊、朱西3－2）

母は金仙公主と同様に竇皇后。『新唐書』諸帝公主列伝に、「玉真公主。字持盈。始封崇昌県主。俄進号上清玄都大洞三景師。天宝三載（七四四）。上言曰。……又言。妾高宗之孫。睿宗之女。陛下（玄宗）之女弟。於天下不為賤。何必名繫主号。資湯沐。然後為貴。請入数百家之産。延十年之命。帝知至意。乃許之。薨宝応（七六二－七六三）時。」とある。『旧唐書』巻七、睿宗紀、景雲二年（七一一）五月辛丑の条に、「改西城公主為金仙公主。昌隆公主為玉真公

主。仍置金仙玉真両観。」とある。玉真公主の前の公主号が崇昌・昌隆と合わない。

玉真公主の道観は、⑮金仙公主と同じく輔興坊（朱西3－4）にあったことは、『長安志』巻一〇、輔興坊に、

西南隅。玉貞女冠観（本工部尚書畢国公竇璵宅。武太后時。以其地為崇先府。景雲二年〈七一一〉。為玉真公主作観。此二観（金仙女冠観・王真女冠観）南街。東当皇城之安福門。西出城之開遠門。車馬往来。実為繁会。

とある。玉貞は玉真の避諱であろう。竇璵は竇希瓘のことで、睿宗の竇皇后ときょうだいである。玄宗は母竇皇后を失ったので、母皇后のきょうだいを重んじた。希瓘の子の鍔は、玄宗の娘の永昌公主（『新唐書』諸帝公主列伝は昌楽公主とする）に尚している。

玉真公主の道観は、

竇璵（希瓘）宅――武后時、崇先府――景雲二年、玉真公主女冠観

と変遷している。

なお玉真公主については、『金石続編』巻八に、天宝二載（七四三）の「玉真公主祥応記」が見える。

⑰　霍国公主

『新唐書』諸帝公主列伝には、「霍国公主。下嫁裴虚己。」とある。裴虚己は⑬薛（蔡）国公主を尚した裴巽と同族で、『新唐書』巻七一上、宰相世系表、東眷裴氏の条に見える。

霍国公主宅については不明だが、『旧唐書』巻一〇、粛宗紀、天宝十四載（七五五）七月、粛宗が霊武で即位の七月に、

逆胡害霍国長公主。永王妃侯莫陳氏……駙馬楊朏等八十余人於崇仁之街。

とあり、霍国公主は安史の乱の犠牲者となった。楊朏は玄宗の娘の万春公主の駙馬都尉である。

ここに見える崇仁坊（朱東3－4）は、⑦長寧公主の条に引用した『長安志』巻八、崇仁坊の条に見えるように、ここに礼会院があり、礼会院は公主・郡県主出降の成礼の処である。ここに霍国公主らが集まっていて、害に遭った。それ以来、礼会院は廃止された。

八　玄宗の公主

⑱　永穆公主（平康坊、朱東3－5）

『新唐書』諸帝公主列伝には、「永穆公主。下嫁王繇。」とある。王繇は玄宗の寵臣である王鉷の同母兄である（『旧唐書』巻一〇五、王鉷）。開元十年（七二二）に出嫁した（『旧唐書』巻一九一、方伎、僧一行）。鄭処誨の『明皇雑録』巻上に、「永穆公主即帝（玄宗）之長女也。仁孝端淑。頗推於戚里。帝特所鍾愛。」とある。

永穆公主宅については、『長安志』巻八、平康坊の条に見え、その文は⑤太平公主、(B)万安観の条に引用した。この史料により、永穆公主は天宝七載（七四八）に出家し、同時に公主宅が万安観となった。その地の西南隅は玄宗初期の宰相の姚崇の宅、その東が太平公主宅であった。それらが安西都護の郭虔瓘に一括して下賜され、それが永穆公主の為の万安観となった。なお張彦遠の『歴代名画記』巻三に、「万安観公主影堂」とあるのは、公主の御影が有名な絵画となっていたことを示す。

⑲　新昌公主（崇業坊、朱西1－5）

『新唐書』諸帝公主列伝に、「新昌公主。下嫁蕭衡。」とある。蕭衡は、『旧唐書』巻九九、蕭嵩伝によれば、貞観（六二七―六四九）時の左僕射、蕭瑀の子孫で、父の嵩は開元十七年（七二九）、宇文融が宰相の時、中書令となり、子の衡が新昌公主を尚した。

新昌公主宅については、『長安志』巻九、崇業坊の条に、

新昌観（天宝六載〈七四七〉。新昌公主因駙馬都尉蕭衡卒。奏請度為女冠。遂立此観）。

とあり、天宝六載（七四七）、夫の蕭衡の死去後、公主は女冠となり、その宅が新昌観となった。この崇業坊は朱雀門街をはさんで東の靖善坊に大興善寺があり、それに対して崇業坊にほとんど全坊を占めて玄都観があり、⑥新都公主宅跡の福唐観と共に、玄都観の一部に本来あったのであろう。『唐両京城坊考』も崇業坊にあった宅の記録はない。

⑳　昌楽公主（親仁坊、朱東3―7）

『新唐書』諸帝公主列伝には、「昌楽公主。高才人所生。下嫁竇鍔。薨大暦（七六六―七七九）時。」とある。竇鍔は竇希瓘（瑊）の子、竇希瓘のことは、⑯玉真公主の項に述べている。なお昌楽公主の冊封は「冊昌楽公主文」（『唐大詔令集』巻四二）により、開元二十五年（七三七）八月二十九日であることが判明する。

昌楽公主宅については、『長安志』巻八、親仁坊の条に、「昌楽公主」とある。なお親仁坊には安禄山宅があった。

㉑　斉国（興信・寧親）公主（永崇坊、朱東3―9）

『新唐書』諸帝公主列伝に、「斉国公主。始封興信。徙封寧親。下嫁張垍。又嫁裴潁。末嫁楊敷。薨貞元（七八五―八〇五）時。」とある。岑仲勉氏は『唐史余瀋』巻二、玄宗に「寧親与興信非同人」の一文あり、寧親・興信は別人

かと疑っている。『冊府元亀』巻三〇三、外戚、褒寵に、「張垍尚玄宗女寧親公主。又尚信興公主。」とあり、信興は興信の誤りとすれば、張垍は二人の玄宗の娘を尚したことになる。

張垍は、玄宗初期の宰相の張説の子で、玄宗の寵臣となったが、安史の乱の時、安禄山側の宰相となり、乱中に死去した（『旧唐書』巻九七）。『旧唐書』巻一一、代宗紀、大暦三年（七六八）五月乙卯の条に、「興信公主亡女張氏為恭順皇后。祔葬。」とあり、ここに張氏とあるから、張垍と公主の間の女子であろう。

裴潁は、⑬薛（蔡）国公主を尚した裴巽、⑰霍国公主を尚した裴虚己と同族で、『新唐書』巻七一上、東眷裴の条に見え、潁は巽の孫に当たる。楊敷の伝記は未詳である。

斉国公主宅は、『長安志』巻八、永崇坊の条に、

宗道観（本興信公主宅。売与剣南節度使鄭（城坊考作郭）英乂。其後入官。大暦十二年（七七七）。為華陽公主（代宗女）追福。立為観）。

とあり、永崇坊にあったことがわかる。鄭英乂は剣南節度使であれば、郭英乂でなければならない。斉国公主宅は、その後、郭英乂に売られ、一度入官され、代宗の大暦十二年（七七七）に華陽公主追福の為の宗道観となった。

㉒　咸宜公主（靖安坊、朱東2－5、親仁坊、朱東3－7）

『新唐書』諸帝公主列伝に、「咸宜公主。貞順皇后所生。下嫁楊洄。又嫁崔嵩。薨興元（七八四）時。」とある。貞順皇后は武恵妃の追贈である。楊洄は⑧長寧公主を尚した楊慎（昚）交の子である（『新唐書』巻七一下、宰相世系表、観王房）。粛宗の上元二年（七六一）四月に自尽している（『旧唐書』粛宗紀）。崔嵩は『新唐書』巻七二下、宰相世系表、第二房崔氏の条に見える。

咸宜公主宅は、『長安志』巻七、靖安坊の条に、「咸宜公主宅」とあり、また同書巻八、親仁坊の条に、

西南隅。咸宜女冠観（睿宗在藩之第。明皇升極於此。開元初（七一三）。置昭成（睿宗皇后竇氏。玄宗・金仙・玉真二公主母）粛明（睿宗皇后劉氏）二皇后廟。謂之儀神廟。睿宗升遐。昭成遷入太廟。而粛明留於此。開元二十一年（七三三）。粛明皇后亦祔入太廟。遂為粛明道士観。宝応元年（七六二）。咸宜公主入道。与太真観換名焉）。

とあり、咸宜女冠観は、睿宗在藩の第、睿宗の二皇后廟をへて、開元二十一年（七三三）に、粛明道士観となり、代宗の宝応元年（七六二）に、咸宜公主の入道と共に太真観となり、公主は興元の時（七八四）に死去している。

㉓　万春公主（安仁坊、朱東1－3）

『新唐書』諸帝公主列伝に、「万春公主。杜美人所生。下嫁楊朏。又嫁楊錡。薨大暦（七六六－七七九）時。」とある。楊朏は楊国忠の子（『旧唐書』巻一〇六、楊国忠）、楊錡は楊貴妃の一族（『旧唐書』巻五一、后妃上、楊貴妃）である。万春公主は天宝十三載（七五四）三月乙丑に楊朏に嫁している（『旧唐書』巻九、玄宗紀下）。

万春公主宅は、『長安志』巻七、安仁坊の条に、「万春公主宅」とある。

㉔　太華公主（崇仁坊、朱東3－4）

『新唐書』諸帝公主列伝に、「太華公主。貞順皇后所生。下嫁楊錡。薨天宝（七四二－七五六）時。」とある。太華公主は、㉒咸宜公主と同様に、武恵妃の所生である。太華公主の嫁した楊錡は、㉓万春公主の再嫁の楊錡と同一人物で、太華公主は楊錡に嫁して、早く逝去し、楊朏の死後、万春公主が楊錡に再嫁したのであろうか。

太華公主宅は、『唐両京城坊考』巻三、崇仁坊に、「太華公主宅」とある。

九　ま　と　め

本稿は、唐代の公主宅の判明する公主について、その婚家先を検討しながら、公主宅の所在に及んだが、唐前半期の玄宗の公主までで紙数の関係で打ちきらざるを得ず、あとは後稿にまたねばならなくなった。

ここまで述べてきた公主の結婚相手である駙馬都尉については、それぞれの時期を反映して、悲喜こもごもの結果となっていて、この分析は、唐朝が公主の降嫁先に誰を選ぶかについて、それぞれの時期の唐朝の家柄観・人物観などを通じて、政治状勢推移の側面からの考察が可能となるが、その結論については、後稿において、まとめて述べようと思う。

公主宅について、その長安城坊内の分布については、次のようになった。

朱雀門街東第一街では、北から興道坊（朱東1－1）、開化坊（朱東1－2）、安仁坊（朱東1－3）、朱雀門街東第二街では、北から靖安坊（朱東2－5）、大業坊（朱東2－7）、朱雀門街第三街（皇城東第一街）では、北から、崇仁坊（朱東3－4）、平康坊（朱東3－5）、親仁坊（朱東3－7）、永崇坊（朱東3－9）、朱雀門街東第四街では、広化（安興）坊（朱東4－3）、朱雀門街東第五街では、北から、興寧坊（朱東5－2）、永嘉坊（朱東5－3）となっている。

朱雀門街西第一街では、北から、安業坊（朱西1－4）、崇業坊（朱西1－5）、道徳坊（朱西1－7）、西第二街では、通義坊（朱西2－1）、西第三街（皇城西第一街）では、北から、輔興坊（朱西3－2）、頒政坊（朱西3－3）、延福坊（朱西3－9）、西第四街では、北から醴泉坊（朱西4－4）、永平坊（朱西4－9）と分布し、常識的な配置で、また前稿で考察した親王府の配置と較べても、いちじるしい特徴はないと言ってよいだろう。

公主宅の特徴は、諸王府に較べて、一代限りが特徴なので、公主宅がその後どのようになったか。また公主宅はそれ以前がどのようになっているかをわかる限り調べてみた。その結果を一覧してみると次のようになった。

㈠　②襄城公主（太宗の娘）開化坊（朱東1―2）⑴隋の煬帝の藩邸―⑵宰相蕭瑀の西園―⑶襄城公主宅―⑷英王（中宗）宅―⑸大献福寺―⑹大薦福寺

㈡　④高安（宣城）公主（高宗の娘）永平坊（朱西4―10）⑴高安公主宅―⑵竇希球（睿宗の竇皇后ときょうだい）宅

㈢　⑤太平公主（高宗の娘）(A)興道坊（朱東1―1）⑴太平公主宅―⑵李令問（玄宗の友人）宅　(B)平康坊（朱東3―5）⑴太平公主宅と姚崇（玄宗初期の宰相）宅―⑵郭虔瓘（安西都護）宅―⑶永穆公主（玄宗の娘）宅―⑷万安観
(C)醴泉坊（朱西4―4）⑴太平公主宅―⑵陝王（粛宗）宅　(D)頒政坊（朱西3―3）⑴隋の納言、楊士達宅―⑵太平観（太平公主の為の道観）(E)大業坊（朱東2―7）⑴徐王元礼（太宗の子）宅―⑵上記(D)の太平観移転―⑶太清観―⑷昭成観（睿宗の昭成竇皇后の為の道観）

㈣　⑥新都公主（中宗の娘）(A)崇業坊（朱西1―5）⑴新都公主宅―⑵福唐観　(B)延福坊（朱西3―9）⑴越王貞（太宗の子、則天武后に対し反乱）宅―⑵乾封県治―⑶新都公主宅―⑷新都寺―⑸郯王（玄宗の子）府―⑸玉芝観（天宝二年より）

㈤　⑧長寧公主（中宗の娘）(A)崇仁坊（朱東3―4）⑴高士廉（太宗初期の宰相）宅と左金吾衛―⑵長寧公主宅―⑶景竜観―⑷玄真観（天宝十二載より）(B)道徳坊（朱西1―7）⑴隋の秦王浩宅―⑵永昌県治（武后期）―⑶長寧公主宅（神竜元年）―⑷道士観（景雲元年）―⑸金仙公主（睿宗の娘）宅―⑹女冠観―⑺開元観（開元十年）

㈥　⑪成安公主（中宗の娘）通義坊（朱西2―2）⑴李安遠宅（唐高祖の旧友）―⑵武重規（武后の一族）宅―⑶成安公主宅―⑷李思訓（唐の皇族、善画）宅―⑸⑬蔡国公主（睿宗の娘）宅―⑹九華観

(七)　⑬蔡（薛）国公主（睿宗の娘）(A)永嘉坊（朱東5－3）(1)蔡国公主宅―(2)九華観　(B)通義坊（朱西2－2）(六)と同じ。この(A)(B)はいずれか一つか、九華観が移転したのか。

(八)　⑮金仙公主（睿宗の娘）(A)輔興坊（朱西3－2）(1)金仙公主宅―(2)金仙女冠観　(B)道徳坊（朱西1－7）(五)⑧長寧公主(B)と同じ、開元観となる。ここの(A)(B)の関係は不明だが、金仙女冠観が、輔興坊より、道徳坊に移り、開元観となったのか。

(九)　⑯玉真公主（睿宗の娘）　輔興坊（朱西3－2）　(1)竇瑰（睿宗の竇皇后のきょうだい）宅―(2)崇先府（武后時）―(3)玉真公主観（景雲二年）

(一〇)　⑲新昌公主（玄宗の娘）　崇業坊（朱西1－5）　(1)新昌公主宅―(2)新昌観

(二)　㉑斉国（興信・寧親）公主（玄宗の娘）　(1)斉国公主宅―(2)郭英乂（剣南節度使）宅―(3)入官―(4)宗道観（代宗の娘の華陽公主の追福）

(三)　㉒咸宜公主（玄宗の娘）(A)靖安坊（朱東2－5）　咸宜公主宅　(B)親仁坊（朱東3－7）(1)睿宗在藩の宅―(2)昭成・粛明（いずれも睿宗の皇后）二皇后廟（儀神廟）―(3)粛明道士観―(4)太真観（咸宜女冠観）

以上のように公主宅の変遷が判明する。その十二公主についてはBDEの三個所が、万安観・太平観・昭成観となり、(四)⑥新都公主宅の(A)(B)が福唐観・玉芝観となり、(三)⑤太平公主についてはBの(A)(B)が、玄真観・開元観となり、(六)⑪成安公主宅が、のちに⑬蔡国公主宅となってから、九華観となり、(五)⑧長寧公主宅公主宅が九華観（(六)成安公主と重複）となり、(八)⑮金仙公主宅が金仙女冠観・開元観（(五)長寧公主と重複）となり、(七)⑬蔡国玉真公主宅は玉真公主観となり、(一〇)⑲新昌公主宅は新昌観となり、(二)㉑斉国公主宅はのちに宗道観となり、(三)㉒咸宜公主は太真観を建てている。実に、十二人の公主宅の中から九人の公主宅について、のべ十二の道観（万安・太平・

昭成・福唐・玉芝・玄真・開元・九華・金仙女冠・玉真公主・新昌・宗道の各観）ができた。中宗・睿宗・玄宗の公主は多い。

次に本稿で取上げた二四人の公主宅について、小野勝年氏の大著『中国隋唐長安・寺院史料集成』（法蔵館、一九八九年）によって、その公主宅が後に仏寺となったものを調べて見た。その結果としては、②襄城公主宅が後に大薦福寺（高宗追善）となり、⑥新都公主宅が一時期に新都寺となり、⑨永寿公主について、その死後に永寿寺が建立されたくらいである。また本稿で取上げなかった公主について、『長安志』巻八、曲池坊（朱東4－13）に見える建福寺は、新成公主（太宗の娘の新城公主か）が竜朔三年（六六三）に立て、開元二年（七一四）に廃されている。大薦福寺を除いて、存続期間も短い。また長寿坊（朱西4－8）の崇義寺は、桂陽公主（高祖の娘、長広公主ともいう）が唐朝創業前に趙慈景に嫁し、慈景は創業後の群雄平定の際に戦死し、公主は慈景追善の為にこの寺を建てた（『長安志』巻一〇）。新昌坊（朱東5－8）の有名な青竜寺は、隋の霊感寺のあとに、竜朔二年（六六二）、城陽公主（太宗の娘）が再建した観音寺が景雲二年（七一一）に青竜寺と改められた。道観に較べて仏寺の建立は、中宗・睿宗・玄宗の公主は非常に少ないと思う。これは私が主として依拠した『長安志』がとくに道観の資料を詳細に集めた結果かもしれない。その点はきちっとした統計資料に基づいたものではないから、問題は残るだろう。

それでも、私は則天武后の仏先道後を過重にこれまで考えていたのではないかと思う。則天武后の時代はしばらくおいても、玄宗の道教重視はこれまでも述べられてきているが、玄宗とその父の睿宗、その兄の中宗の道教重視は、その娘である公主宅が以上述べたように、多く道観となっていることは、この時期の仏教と道教の関係にこれまで余り注目されていない一面を示しているのではなかろうか。また唐代の長安の都市としての性格の考察には、仏寺もさることながら、道観のことをもっと強調してもよいような気がする。博雅の方の批正を乞いたい。

（唐代史研究会編『中国の都市と農村』汲古書院　一九九二年）

中国茶史篇

『茶経』の版本における三種の百川学海本と明鈔説郛本

一　序　説

昨年来、神田博士の御依嘱により、陸羽の『茶経』の研究に従事し、その成果は近く京都の淡交新社より刊行される『茶道古典全集』第一巻に収められる。それにはその現代語訳、注解（原文および各種の版本の異同を附す）、神田博士の解題が含まれている。博士には、また別に淡交社刊の『茶道古典十二選』に収められた茶経の解説もある。

いまここでは『茶経』の版本研究の中間報告の一部として、百川学海本三種（宋咸淳刊本・宮内庁書陵部蔵本・明弘治刊本）と、商務印書館排印の明鈔説郛本について述べてみようと思う。

『茶経』の版本についていまのところ一応の調査の完了したものに次の一四種がある。

㈠景宋咸淳刊百川学海所収本（民国十六年武進陶氏渉園用宋咸淳本景刊、宋本有欠巻以明弘治華氏翻宋本重校模補）
㈡宮内庁書陵部蔵百川学海所収本（図書寮漢籍善本書目巻三、第四七葉所載）
㈢明弘治刊百川学海所収本（京都大学附属図書館蔵・民国十年上海博古斎用弘治無錫華氏景印本と同じ）
㈣説郛巻八三所収本（民国十六年上海商務印書館拠明鈔本校正排印）

(五)五朝小説唐人百家小説瑣記家所収本（京都大学人文科学研究所蔵本）

(六)重較説郛𢎥第九三所収本（明陶珽重較、順治三年両浙督学周学南李際期宛委山堂刊　京都大学人文科学研究所蔵）

(七)重編百川学海所収本（京都大学人文科学研究所蔵）

(八)唐宋叢書所収本（明鍾人傑張遂辰同輯　京都大学人文科学研究所蔵）

(九)山居雑志所収本（明汪士賢編　万暦二十一年序刊本　静嘉堂文庫蔵）

(十)百家名書所収本（明胡文煥編　明万暦三十一年序刊本　内閣文庫蔵）

(十一)茶書所収本（明喩政編　万暦四十年序刊本　静嘉堂文庫蔵）

(十二)明鄭熜校刊本（天保十五年日本京都翻刻本）

(十三)学津討原所収本（清嘉慶十年虞山張氏照曠閣刊本　京都大学人文科学研究所蔵）

(十四)日本大典禅師著茶経詳説本（安永三年京都刊本）

これらの版本の関係については種々の問題がある。そのうち(五)、(六)、(七)、(八)についてはすでに倉田淳之助氏の研究が『京都大学人文科学研究所創立二十五周年記念論文集』の「『説郛』版本諸説と私見」に見える。ここではそれ以外の点について紙数の許す限り私見を述べてみようと思う。

二　『茶経』の版本における宋咸淳刊百川学海本・宮内庁書陵部蔵百川学海本・明弘治刊百川学海本の関係

宮内庁書陵部蔵本の百川学海とは、図書寮漢籍善本書目巻二に明刊本といい、「但巻第与弘治華珵刊本頗有異同。

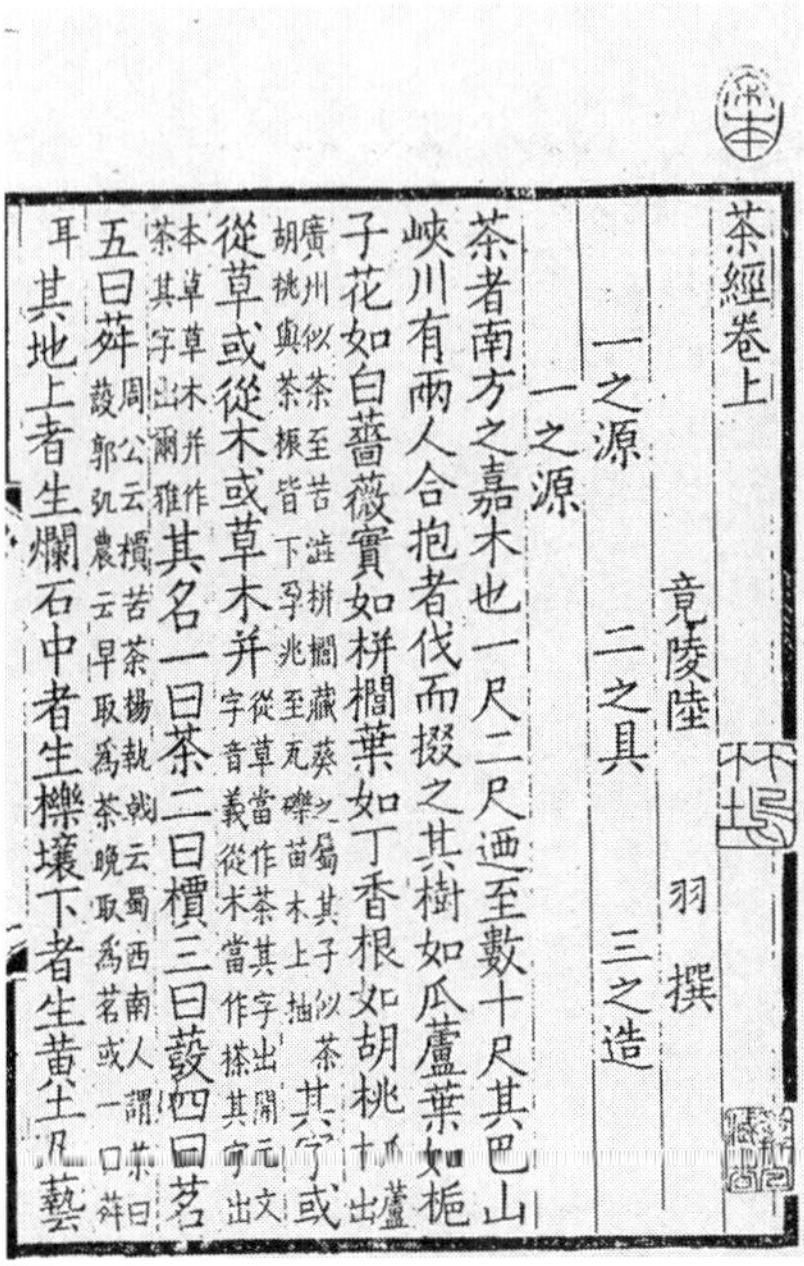
茶經卷上

竟陵陸　羽　撰

一之源　二之具　三之造

一之源

茶者南方之嘉木也一尺二尺迺至數十尺其巴山峽川有兩人合抱者伐而掇之其樹如瓜蘆葉如梔子花如白薔薇實如栟櫚葉如丁香根如胡桃（瓜蘆木出廣州似茶至苦澁栟櫚蒲葵之屬其子似茶胡桃與茶根皆下孕兆至瓦礫苗木上抽）其字或從草或從木或草木并（從草當作茶其字出開元文字音義從木當作𣗪其字出本草草木并作荼其字出爾雅）其名一曰茶二曰檟三曰蔎四曰茗五曰荈（周公云檟苦荼揚執戟云蜀西南人謂茶曰蔎郭弘農云早取為茶晚取為茗或一曰荈耳）其地上者生爛石中者生櫟壤下者生黃土凡藝

宋咸淳刊百川学海本　拠景印本

蓋明時所刊自有此一本也。」と言われているもので、書陵部の好意により調査撮影を許された結果によるものである。この本と、宋咸淳刊本と、明弘治刊本とが、『茶経』の版本としておそらく最も古く、異同を考察するにあたってまず問題としなければならないものである。宋咸淳刊本はその実物は日本では見ることができず、景印本によるほかないので、以下に宋咸淳刊本というのは景印本のことである。景印本が果たして咸淳刊本そのままであるかについては一二の疑点もないではないが、今はこの問題には触れない。明弘治刊本は、京都大学附属図書館に蔵せられて見ることができ、これと民国十年に上海の博古斎より刊行された弘治本の景印とを比較してみると同一版本であることは確かである。景印本では『茶経』の巻下の第九葉が欠葉となっているが、京大本も同じように欠葉で、弘治本はもともとこの葉が欠けていたものであることが判明した。

宋咸淳刊本と、書陵部本と、明弘治刊本はともに、毎葉一二行、一行二〇字で、書陵部本、弘治本は、咸淳本の翻宋刻本であることは一見してわかるが、この三者の文字の異同を校勘してみると、種々の問題がでてくる。この三者のうちでは弘治本が最も誤りが多く、粗雑な刊本である。そこでまず初めに弘治本が明らかに誤り、しかもそれが万暦以後刊行の㈤以下の版本に踏襲されておらず、校勘上単に弘治本にとどまる誤りと考えられるものを表にしてみる

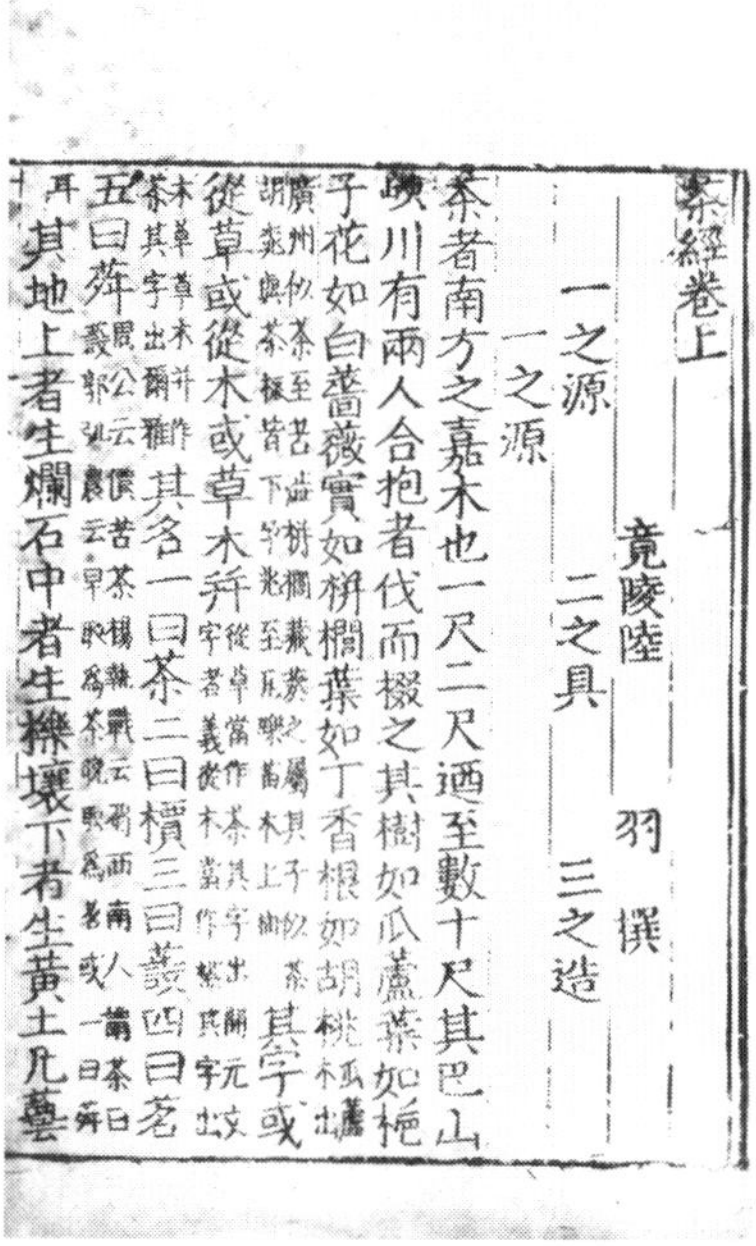
茶經卷上
竟陵陸　羽　撰
一之源　二之具　三之造
一之源
茶者南方之嘉木也一尺二尺迺至數十尺其巴山峽川有兩人合抱者伐而掇之其樹如瓜蘆葉如梔子花如白薔薇實如栟櫚葉如丁香根如胡桃
其字或從草或從木或草木并
其名一曰茶二曰檟三曰蔎四曰茗五曰荈
其地上者生爛石中者生櫟壤下者生黃土凡藝

明弘治刊百川学海本　京都大学附属図書館所蔵

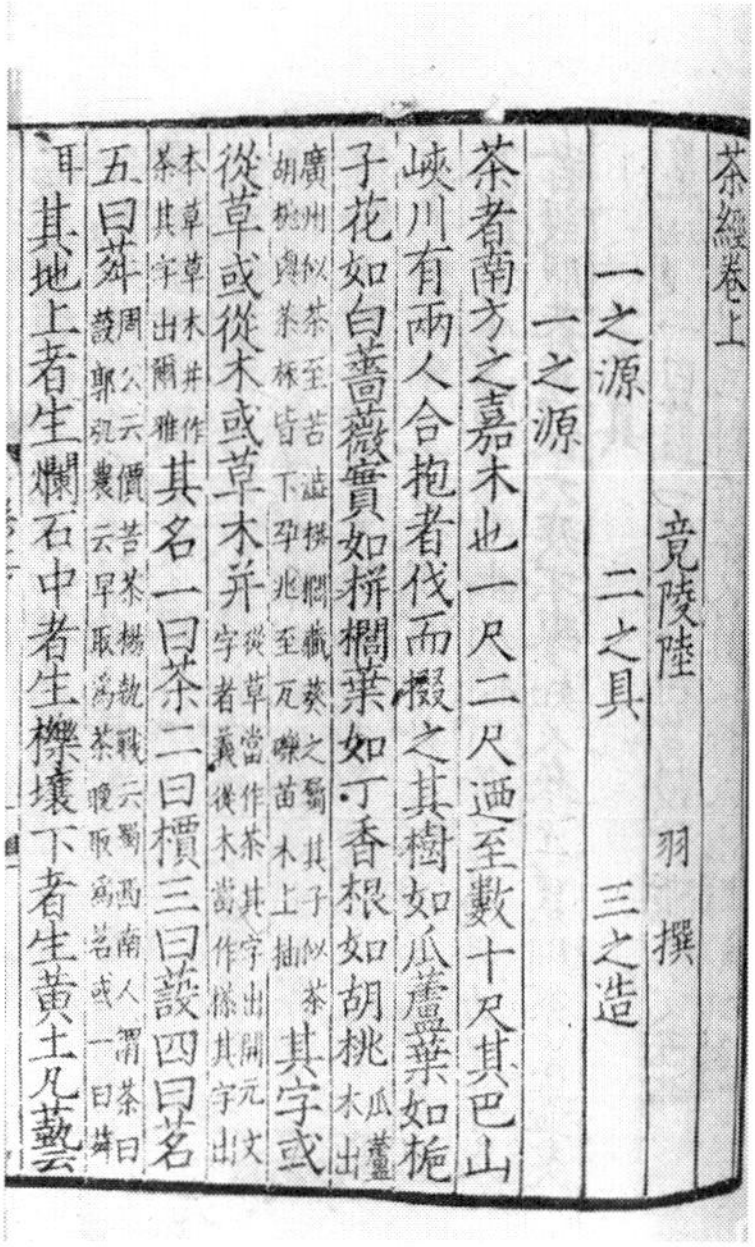
茶經卷上
竟陵陸　羽　撰
一之源　二之具　三之造
一之源
茶者南方之嘉木也一尺二尺迺至數十尺其巴山峽川有兩人合抱者伐而掇之其樹如瓜蘆葉如梔子花如白薔薇實如栟櫚葉如丁香根如胡桃
其字或從草或從木或草木并
其名一曰茶二曰檟三曰蔎四曰茗五曰荈
其地上者生爛石中者生櫟壤下者生黃土凡藝

旧刊本百川学海　宮内庁書陵部蔵

と、次の第一表の如くなる。なお弘治本と咸淳本との異同が、『茶経』版本の全体の校勘の上で問題となる個所については、後の第二表で示した。

第一表は弘治本の粗雑な誤りであるが、そのうち「価苦茶」、「楊執戦」、「籙漢書者盈」、「至美者西雋永」、「荼」を「茶」に作っていること、「叢手而棳」、「瞰泉臨澗」はすでに書陵部本に見られるものである。このことは従来漠然と弘治本は咸淳本を翻刻したとする考は修正しなければならないことになる。この表によれば、弘治本はむしろ書陵部本の翻刻であるとする考が成立する。

しかも第一表で注意すべきことは、この弘治本の誤りが、この後に明の万暦以後に続々と刊行せられる五朝小説本、重較説郛本（倉田氏によれば重編百川学海本、唐宋叢書本と同一版本）、山居雑志本、百家名書本、茶書本、鄭刻本に踏

第一表

巻	葉	行	宋咸淳刊本	書陵部本	明弘治刊本
上	1表	11右	檟。苦茶。	價◡茶	價〇茶
〃	〃	〃	楊執戟。	〇◡戦	〇〇戦
〃	1裏	11	以竹織。之	〇◡〇〇	〇〇職〇
〃	〃	12右	籯漢書音。盈	〇◡〇者〇	〇〇〇者〇
中	1表	5	碾拂。末。	〇◡〇	〇「拂末」の二字なし
〃	3表	4	取其久也。	〇◡〇〇	〇〇〇「也」字なし
〃	〃裏	3	羅末。	〇◡	〇未
〃	4裏	5	鹺簋揭。	〇◡〇	〇〇「揭」字なし
下	1裏	9	其沸如魚目。	〇◡〇〇〇	〇〇〇〇自
〃	2表	11	至美者曰。雋永	〇◡〇西〇〇	〇〇〇西〇〇
〃	5表	11	予。丹丘子也	吾◡〇〇〇	工〇〇〇〇

下	8裏	9	一名茶	○○茶	○○茶
〃	〃	11	是今。茶一名茶。	○○○○○茶	○令○○○茶
〃	〃	〃	誰謂茶。苦	○○茶○	○○茶○
〃	〃	12	菫茶。如飴	○茶○○	○茶○○
〃	10表	5	叢手而掇。	○○○棳	○○○棳
〃	〃	6	棨樸。焙貫	○○○○	○撲○○
〃	〃	8	瞰。泉臨澗	瞰○○○	瞰○○○

襲せられておらず、弘治本の痕跡はこれらの万暦以後の刊本に認められないことである。これは『茶経』のテキストの系統として、咸淳本→書陵部本→弘治本のほかの系統が存在したことを考えねばならない。或いは書陵部本、弘治本を経ないで、万暦以後の刊本が咸淳本より直接に刻したとも考えられるが、この考にも疑点はある。さらに後に詳しく述べる点であるが、商務印書館排印の明鈔説郛本は、テキストの系統が咸淳本と異なる異同を含み、咸淳本と別の系統の『茶経』のテキストが存在したことは動かせない事実であろう。

また咸淳本に「予丹丘子也。」とあるのを、書陵部本は「予」を「吾」に作り、弘治本は「工」に作っている。「吾」というテキストはほかになく、「工」というテキストもほかに踏襲せられていない点において、問題のある異同である。他のテキストはすべて「予」に作っている。

次には、咸淳本と、書陵部本、弘治本との異同が他のテキストにも影響が及んでいる点について述べてみる。初めに表（第二表）を掲げて、後に一々について解説をする。

第二表

番号	巻	葉	行	宋咸淳刊本	書陵部本	明弘治刊本
(1)	上	1表	9	開元文字音◦義	○○○○者○	○○○○者○
(2)	〃	3表	1	以一百二十斤為上◦	○○○○○○○○	○○○○○○○○穿
(3)	中	3表	9	次以梨桑桐柘為臼◦	○○○○○○○臼	○○○○○○○臼
(4)	〃	4表	6	紐◦翠鈿	○○○	細○○
(5)	下	8表	1	青◦山君	責○○	責○○
(6)	〃	〃	6	天門冬扳◦摖	○○○扶○	○○○扶○

(1)については、咸淳本以外のすべてのテキストが「者」に作っている。書陵部本がすでに「者」に作っているから、書陵部本が最初に誤り、これを弘治本が受け継いだと一応考えられる。しかしこのような明瞭な誤りを各テキストが

ともに犯していることは不可解であるが、この(1)の異同についていうならば、咸淳本→書陵部本→弘治本→万暦以後の諸種の刊本という系列が成立するが、このような簡単な系列が成立しないことは、他の場合を考えれば明らかである。なお惜しいことには、この部分は注のため、無注本の商務印書館排印の明鈔説郛本にはこの個所を欠くことである。後に述べるように、明鈔説郛本は咸淳本と明らかに異なった系統の資料を伝えているのである。ともかく、この(1)の異同は、景印本が宋本そのままであるとするならば、他のすべてのテキストが誤っている「者」を正しく「音」に作り、宋本の真価を発揮した貴重な資料といわねばならない。

(2)については、前後の関係より見て、弘治本の如く「上穿」とあるべき所で、咸淳本および書陵部本は「穿」字が脱落している。この部分は、弘治本翻刻の際に、従来の誤りを訂正した例であろう。弘治本は咸淳本と一葉の行数、一行の字数共に同じであるが、この部分のみは「穿」字が入った為に一字送っている。他のすべてのテキストが「上穿」に作っていることは、それらが弘治本の系統をひいているからか、たまたま咸淳本、書陵部本が誤ったテキストであったか決定し難いが、咸淳本と異なった系統を時折示す明鈔説郛本が「上穿」に作っていることは、弘治本が初めて正したとは一概に断定できない点をもっている。

(3)については、咸淳本の「曰」が、書陵部本と弘治本とでは「曰」に作る。「曰」では意味が通じない。他のすべてのテキストは「曰」を「之」に作っている。これは書陵部本、弘治本が「曰」に誤り、これでは意味が通じないので、「曰」を「之」に改めた公算が大である。曰→曰→之の系列が考えられる。この異同は万暦以後刊行せられた重較説郛系統の本、或いは山居雑志本系統の本が、咸淳本によらず、書陵部本、或いは弘治本によったと考えてよい重要な資料である。

(4)については、「紐」と、もう一個所「鈿」字に問題があるが、「鈿」の方の異同は明鈔説郛本の問題が重要なので、次の三の項に譲りたい。「紐」については、書陵部本が「紐」で、弘治本が「細」に誤り、他のテキストもすべて「細」に作っている。弘治本が他のテキストに影響したと考えられる可能性の大きい資料である。

(5)については、咸淳本が「青山君」に作っているが、これは『茶経』の「七之事」の目録に「黄山君」とあり、目録の部分については各本とも異同なく、意味の上からも「黄山君」とあるべき所である。咸淳本の誤りの例である。これを書陵部本、弘治本ともにさらに「責山君」に誤っている。他のテキストはすべて「黄山君」に作っているのは、意味の上から訂正したのか、何か基づく資料があったのか明らかでないが、咸淳本、或いは書陵部本、弘治本の誤りを気附いて、後のものが修正して刊行したものであろうか。古い系統を残している明鈔説郛本が「黄山君」に作っていることは、咸淳本以外に正しいテキストの存在を示しているようである。

(6)については、咸淳本の「抜」を、書陵部本、弘治本「抚」に作っている。明鈔説郛本は「抜」に作る。ほかのテキストは「抚」に作っている。おそらく「抜」から「抚」に誤られたものであり、明鈔説郛本が「抜」に作っていることは、古い形は「抜」であったことを示しているのであろう。この異同について言えば、書陵部本か弘治本をそれ以後の刊本が受け継いだと認められる。ただ大典禅師の『茶経詳説』は「抜」に作っている。基づくところがあったか明らかでないが、一応注目してよい異同である。

以上により、書陵部本および明弘治刊本は、宋咸淳刊本とは一葉の行数、一行の字数などの体裁は同一であって、咸淳本の翻刻と考えられる。そしてこの三者の文字の異同を考えてみると、書陵部本が弘治刊本より先に刊行されたことがわかり、おそらく弘治刊本は、咸淳本の直接の翻刻ではなく、そのなかに書陵部本が介在していると考えられる。弘治刊本は書陵部本に較べても粗雑な刊本で、誤りが多い。ただ一個所のみ「二之具」の「以一百二十斤為上」と咸淳本にあるのを、「上」の下に「穿」字を補って訂正している。また咸淳本・書陵部本に「四之器」の「紐翠鈿」

とあるのを弘治本が「細翠鈿」に誤ったのは、後の万暦以後の刊本が「細翠鈿」に作って誤っているのに影響しており、注目すべき点である。さらに書陵部本、弘治本の粗雑な誤りである、「櫝苦茶」を「慣苦茶」に作り、「楊執戟」を「楊執戦」に作り、「籯漢書音盈」を「籯漢書者盈」に作り、「至美者曰雋永」を「至美者西雋永」に作り、そのほか「荼」字を「茶」字に作っているが如きを、後の万暦以後に刊行せられる山居雑志本、重較説郛本などが踏襲していないことは、宋咸淳本→書陵部本→弘治刊本→万暦以後の刊本という系譜の成立に疑問を提出しなければならない点である。またこの書陵部本が果たして何時の刊本かの問題は浅学の身のにわかに断定すべき点でないが、弘治刊本よりは古くて、宋刊本に近い点だけ指摘しておきたい。そして弘治本は咸淳本の直接の翻刻でなく、書陵部本の翻刻であろうという点は、その異同を校勘した結果よりの推定として述べておきたいところである。

三　商務印書館排印明鈔説郛本『茶経』について

明鈔説郛本については、その跋において張宗祥氏が、六種の明鈔本を校訂して作ったという。しかし倉田淳之助氏は前掲論文においてこの本を「内容においては必ずしも信用出来ないことはすでに指摘されるところである。」と述べておられる。いま『茶経』の明鈔説郛本を調べた結果によると、以下に述べるように欠点もないではないが、宋咸淳刊本にも見えない貴重な資料が含まれ、『茶経』の版本の研究において、このテキストの占める地位は極めて高いものと言わなければならない。

明鈔説郛本『茶経』の欠点として第一には、巻上の「二之具」において「八十五字」の脱落のあることである。第二には、他の『茶経』のテキストが注を有するのに対して、この本は少数の例外を除き無注本である。『茶経』の注については種々の問題があり、すべてが自注ではないが、すでに唐代より附せられていたものが大部分で、無注であることは、『茶経』の原型を伝えているのではなく、おそらく説郛に入れられるときに删去したものと思われる。
まずこの明鈔説郛本と、宋咸淳刊本と相違している主な点を表にしてみると次の第三表の如くなる。参考に重較説郛本とも比較してみた。

第三表

番号	巻	葉	行	宋咸淳刊本	重較説郛本	明鈔説郛本
(1)	上	1表	7	葉。如丁香	○ ○ ○ ○	茎 ○ ○ ○
(2)	〃	〃	12	中者生櫟。壤	○ ○ ○ ○ ○	○ ○ ○ 礫 ○
(3)	〃	1裏	3	性凝滞。結瘕疾	○ ○ ○ ○ ○ ○	○○ ○○ ○ 令 人 ○
(4)	〃	〃	5	四支煩。	○ ○ ○	○ ○ ○ 瀎
(5)	〃	〃	9	設服薺苨。	○ ○ ○ ○	○ ○ ○ ○ 莖
(6)	〃	2裏	12	四両五。両。為小穿	○○ ○ ○ ○ ○ ○	「五両」二字なし
(7)	中	4表	6	紐。翠鈿。	細 ○ ○	紉 ○ 紬
(8)	下	1裏	7	自火。天。至霜郊。	○ ○ ○ ○ ○ ○	○ 大 火 ○ ○ 降
(9)	〃	2表	7	若緑銭浮於水渭。	○○ ○ ○ ○ ○ ○	○濱 ○ ○ ○ ○ ○

(1)については、咸淳刊本では「葉。如丁香」とあるが、その前の文章は「葉。如梔子。花如白薔薇。実如栟櫚。」とあ

り、「葉」が重なるから「葉如丁香」の「葉」は誤りと思われる。茶書本には「葉」を「蒂」に作っている。下の文章は「根如胡桃」とある点からも「茎」がよく、宋咸淳本が必ずしもよいテキストでないことを示している。

⑵については、茶の産する土壌のことを言って「中者生櫟壌」と言っていることから、意味の上から言って「礫」に作らねばならない。明鈔説郛本のみは「礫」に作っており、これも咸淳本に見えない貴重な資料である。ただ重較説郛本、五朝小説本、山居雑志本、百家名書本、茶書本、鄭刻本は注にて「礫」に作るべきことを述べている。学津討原本は「礫」に作っているが、これは諸本の注に「当に石に従ひて礫と為すべし。」とあるに従って字を改めていると考えられる故に資料とはならない。このことは学津討原本の他の異同の場合からも言えることである。

⑶については、「性凝滞結瘕疾」の「滞」字の下に「令人」の二字があり、他のテキストには全くない資料で、これも明鈔説郛本が咸淳本と異なった系統のテキストであることを示す一例である。

⑷については、咸淳本に「四支煩」とあるが、その所の文章は「熱渇凝悶。脳疼目渋。四支煩。百節不舒。」とあり、「四支煩」のほかは四字句である。明鈔説郛本は「四支煩懣」と四字句になっており、意味には大して変化がないとしても、明鈔説郛本のようであれば、句作りが極めてよく、これも咸淳本に見えない貴重な資料である。

⑸については、咸淳本に「設服薺苨」とあるが、明鈔説郛本には「設服薺苨茎」と「茎」字が加わっている。この方が意味がはっきりし、これも咸淳本にないよい資料である。

⑹については、咸淳本の「四両五両為小穿」とあるは、「四両五両」という曖昧な表現である。明鈔説郛本には「五両」の二字がなく、この方がはっきりしている。しかしこの場合は「四両五両」と本来あったのが、明鈔説郛本に「五両」が脱落したのかもしれない。

⑺については、咸淳本の「紐翠鈿」、重較説郛本などの「細翠鈿」ともに難解である。「細翠鈿」のテキストに従う

大典禅師は『茶経詳説』にて、「鈿ハ金ノ華飾也ト注ス。此ニテハハリガネヲイフ。縑ヲ織竹ヘカケテ、ヌヒツケ、細キ針金ニテ、グルリノ格ヘユヒツクルナリ。」と言い、これは「四之器」の「漉水嚢」（みずこし）の袋の説明の個所である。「鈿」を「針金」という解釈は無理である。明鈔説郛本の「紉翠紬」ならば、「翠の紬《きぬ》を紉《よ》って格に結びつける。」と解釈ができ、これは極めて貴重な資料と言わねばならない。

(8)については、咸淳本に「自火天至霜郊以前」とあり、これでは解し難い。大典禅師は「火天」を「五六月ノ頃」とし、「霜郊」を「九十月ノ頃」というが、根拠は示していない。明鈔説郛本には「自大火至霜降以前」とある。毛詩の豳風の「七月流火。九月授衣。」の伝に「火大火也。流下也。九月霜始降。婦功成。可以授衣矣。」とあり、「大火」は火星で、火星の下る「七月」を指し、「霜降」は霜の始めて降りる「九月」のことで、意味がはっきりし、これも『茶経』のテキストとして極めて貴重な資料である。

(9)については、咸淳本の「水湄」の意味が解し難い。大典禅師は「湄」字について、「疑ラクハ湄字ナラン。湄ハ水草之交也ト注ス。」と言っている。明鈔説郛本には『水浜』とあり、これならば、「緑銭《みずごけ》が水浜に浮かんだような」という茶の沫の形容となり、解し易く、これも貴重な資料である。

以上述べたように、咸淳本と明鈔説郛本との異同は、むしろ明鈔説郛本の方がよく、明鈔説郛本によりこれまで『茶経』の難解とされていた部分で解明された点が数個所あった。

なおここで注意すべき点は、以上の異同のばあい、重較説郛本は「細翠鈿」を除いて、すべて咸淳本に一致することである。これは明鈔説郛本と重較説郛本とは、『茶経』に関しては、テキストの系統を異にしていると言わねばならない。このことは説郛の版本の関係を考察する上に極めて重大な問題と考える。

また『茶経』のテキストの問題としては、従来、陳師道の「茶経序」に見えるような『茶経』の再編成（そのこと自体大いに問題の存することであるがいまは触れない。）が北宋の時にあり、その系統のテキストが咸淳本になったというような簡単な関係ではない。その点は明鈔説郛本が咸淳本と異なった系統のテキストであることによって示される。説郛がつくられたときの『茶経』のテキストは、咸淳本百川学海とは異なった系統のものであったろうことが明鈔説郛本の『茶経』により推定されるのである。

四　結　語

以上の考察によって、百川学海において、弘治本は咸淳本の翻刻と考えられていたが、実はその間に現在宮内庁書陵部蔵の百川学海が介在していたであろうことを文字の異同より推定したのである。さらに弘治本には、後に万暦より続々と刊行せられる汪士賢の山居雑志本、胡文煥の百家名書本、喩政の茶書本、鄭熜刻本、五朝小説本、唐宋叢書本、重編百川学海本、重較説郛本には痕跡を留めていない誤りがあり、以上の本が弘治本にのみよったとは考えられず、また直接に咸淳本によったとも思われない。これらのテキストの関係はかなり複雑で、いまの所私の力では簡単には解明できない。

また商務印書館校正排印の明鈔説郛本は、『茶経』について見るとき、宋咸淳刊百川学海本とは異なった系統のテキストで、『茶経』の研究において極めて貴重な資料を提供するものである。

以上の論は『茶経』の版本の考察の中間報告で、未熟な点も多く、博識の方の教示を得て修正することができれば幸いである。

なお万暦以後刊行の『茶経』の版本について述べたい点もあるが、いまは紙数の関係上他日に譲ることとしたい。

（一九五七・四・二〇）

『茶経』の拙訳、注解、原文とその異同などを収めた『茶道古典全集』第一巻は去る五月三十日に淡交新社より刊行せられた。

（一九五七・九・一二、追記）

（『神田博士還暦記念書誌学論集』平凡社　一九五七）

『茶経』著作年代考

一

飲茶の習慣は中国で初めて発達し、漸次アジア大陸内の遊牧民族に伝わり、やがてヨーロッパに伝わったものである。[1] その中国で茶が本格的に普及したのは、唐代（七世紀–九世紀）からである。また唐の徳宗の建中三年（七八二）には、早くも茶が課税の対象となったことも有名な事実である。[2] 丁度この頃、茶の歴史の上で忘れてはならない『茶経』の著者である「陸羽」が生存しており、その没年は徳宗の「貞元末[3]」と言われる。貞元末を貞元の最後の年とするならば、貞元二十一年（八〇五）のことである。陸羽は『茶経』を著し、「一之源、二之具、三之造、四之器、五之煮、六之飲、七之事、八之出、九之略、十之図」と十篇に分類して、茶の起源、茶の加工器具、茶の加工方法、茶器、茶の煮たて方、茶の飲み方、茶の歴史、茶の産地、略式の茶、茶の図[4]のことを述べた。当時の茶に関するエンサイクロペディアともいうべきもので、しかもそれは単に網羅的に茶のことが述べてあるだけではなく、その表現は文学的にも高く、かつ我が国で「茶道」と言われるものの根源もこの中に含まれている程、精神的な方面においてもすぐれた著作である。『茶経』の後において、中国でも多くの茶書が現われるが、種々の点で『茶経』に及ばないと筆者は考えている。

筆者は先頃『茶経』の現代語訳、註解、原文と各種版本の間の異同を公にする機会に恵まれた。[5] その際、註解のなかで、[6]『茶経』の著作の年代について、自説を述べておいた。それは「八之出」の茶の産地の州県の記載と、唐の州県の改廃を比較考察することによって、この「八之出」の州県名は、ほぼ粛宗の乾元元年（七五八）頃現在で書かれてあるということであった。筆者の『茶経』の現代語訳等の監修に当たられ、かつ『茶経』の「解題」を執筆せられた神田喜一郎博士は、その解題のなかで、[7] 筆者の説を大体において承認せられた。筆者が註解のなかで述べたことは、結論としては現在もほとんど変わらないが、註解は論証の資料に未熟な点もあったので、ここに改めて修正して論じてみたいと思う。

二

『茶経』について、その著作年代を考え得る資料としては、筆者の取上げている「八之出」の地名のほかに、「四之器」の「風炉《ふろ》」の条に見える風炉の三足のうちの一足の銘文に「聖唐滅胡明年鋳」（聖なる唐が胡をうち滅ぼした明年に鋳る。）という七字があり、これは年代に関係のある資料である。

この七字の銘文について、我が国の茶経研究に一新紀元を画した江戸時代の相国寺の大典禅師の著した『茶経詳説』[8] はこの条に注して、唐書を引用して、「粛宗宝応元年。討二史朝義一。大敗レ之。取二東京及河陽一。其明年李懐仙殺二史朝義一。伝二首京師一。」と書いている。これはおそらく「聖唐滅胡」の年を、宝応元年の翌年の広徳元年に史朝義が殺され、「安史の乱」が平定した年に当てているようであるから、その明年は広徳二年（七六四）ということになる。

諸岡存氏は『茶経評釈』[9]のこの条の注において、元結の「大唐中興頌序」を引いて、「滅胡」の年を、安禄山がその子安慶緒に弑せられた年とし、その「明年」は「乾元元年」（七五八）でなくてはならないとしておられる。これは筆者の「八之出」による『茶経』の著作の年の考察の結果と一致するものである。

しかしながら、この「聖唐滅胡明年鋳」により、『茶経』の著作年代を考えることについては、神田博士が『茶経』の解題のなかで次のように述べられている。「この風炉の足に刻せられた銘文は、もともと風炉の製作せられた年代をしるしたもので、『茶経』の製作年代とは何等関係のないことである。強いて関係せしめるならば、単に『茶経』がこの年代より以後に製作せられたものであると言い得るに過ぎない。しかし、それでも『茶経』の製作年代の上限を決定する証拠とはなるのである。[10]」このように、この資料は、『茶経』の著作年代決定についての根本資料とはならず、精々「聖唐滅胡」の年より以後であることを言い得るにしか過ぎない。

他にもう一つ『茶経』の著作年代を考察する資料となるものがある。それは陸羽の自伝である「陸文学自伝[11]」で、その末尾に、

上元辛丑歳次陽[12]秋[13]二十有九日。

とあり、「上元辛丑」は上元二年（七六一）で、「自伝」はこの時に書かれたものである。そしてこの「自伝」のなかで、陸羽は他の著作と共に、「茶経三巻」を「褐布の嚢に貯える」ということが見える。この記載を信ずれば、上元二年には『茶経』が完成していたこととなる。しかしこの『茶経』と並んで、次の書物が陸羽の著作として見える。

君臣契三巻。源解三十巻。江表四姓譜八巻[14]。南北人物志十巻。呉興歴官記三巻。湖州刺史記一巻。占夢上中下三巻。

これらは、『茶経』を除き、いずれも今は伝わらないが、恐らく陸羽の全著作を網羅している。陸羽は前述の如く、

貞元末に卒した。するとこの自伝は実に没前四十余年に書かれたものである。没前四十余年に上述の著作がすべて完成していたとは考え難く、自伝のこの著作の個所は、後世の攙入ではないかと疑われる。故にこの自伝の資料より直ちに『茶経』著作の下限を決定することは少しく冒険のようである。

陸羽が『茶経』を著作した年代については、以上のような次第であるので、筆者は「八之出」の州県名により、『茶経』著作の年代を考察しようとしたのである。

三

『茶経』の「八之出」は中国の茶の産地と、それらより産する茶の品質の善悪が記載されている。「州」毎に、茶を「上、次、下」の品質に分かち、更に割注して、その州内の何処の地方（大体「県」名で言う。）に産するか、その品質はどのようかを述べている。そこに現われる州名は「三十六」、県名は「四十六」ある。唐代の行政区画は「道」の下に「州」、「州」の下に「県」があり、「州」の特別のものとして「府」「都督府」等がある。しかし「州」は天宝元年（七四二）より、乾元元年（七五八）までは「郡」名で呼ばれた。この「八之出」では、「義陽郡」の一例を除き、他は「州」名で記載されている。このことは、「八之出」の構成が、乾元元年以後の行政区画により記載されていることを示し、これは『茶経』が乾元元年以後に著作されたことを示している。

一例のみの「義陽郡」は、新旧唐書の地理志によれば、乾元元年以後ならば、「申州」と記載されていなければならない。これが「義陽郡」と記載されている点については、今の所、何かの誤りとして扱う以外適当な方法は見当たらない。

「八之出」に現われる州県名で、陸羽生存の頃、州県の改廃に関係した地名は「四例」あり、その内訳は州一、県三で、これらにより、年代を決定しようとするのである。

県名のうちで改廃に関係のあったのは㈠山南道金州安康県、㈡浙西潤州江寧県、㈢浙東台州始豊県の三県である。

㈠ 安康県

「安康県」は『茶経』の「八之出」には、「山南以峡州上。襄州荊州次。衡州下。金州梁州又下。」とあり、その注に、「金州生西城安康二県山谷。」とある。

『旧唐書』巻三九地理志、山南西道金州の領県の条に、

漢陰。晋武改為安康。置安康郡。隋改為県。……至徳二年二月。改為漢陰県。

とあり、『新唐書』巻四〇地理志、山南東道金州の条に、

漢陰。中下。本安康。……至徳二載更名。

とあり、『太平寰宇記』巻一四一、山南道金州の条に、

漢陰県。唐至徳二年。改安康為漢陰。

とあり、「安康県」は、至徳二載（七五七）二月までしか存在しない県名で、これはその翌年の乾元元年（七五八）現在で書かれている「八之出」の一般の州県名と合わず、乾元元年以後ならば、「漢陰県」と記載されていなければならないもので、これも何らかの誤りと考えねばならないものである。

(二) 江寧県

「江寧県」は「八之出」には、「淮南以光州上。……潤州蘇州又下。」とあり、その注に「潤州江寧県生傲山。」とある。

『旧唐書』巻四〇地理志、江南東道潤州の領県の上元県の条に、

貞観九年。改為江寧県。……上元二年。復為上元県。

とあり、『新唐書』巻四一地理志、江南道昇州の領県の上元県の条に、

上元。望。本江寧。……貞観九年。更白下曰江寧。粛宗上元二年。又更名。

とあり、『元和郡県図志』巻二五、江南道浙西観察使潤州の上元県の条に、

至徳二年。于県置江寧郡。乾元元年。改為昇州。兼置浙西節度使。上元二年。廃昇州。仍改江寧為上元県。

とある。これらの資料によれば、「江寧県」は、太宗の貞観九年（六三五）より、粛宗の上元二年（七六一）まで存在した県で、乾元元年以後なお四年間存在した県である。

(三) 始豊県

「八之出」に、「浙東以越州上。明州婺州次。台州下。」とあり、「台州下」の条の注に、宋咸淳刊百川学海本[15]では「始山豊県生赤城者。与歙州同。」とある。この注の部分の宋咸淳刊百川学海本は誤りで、「始山豊県」を「台州始豊県」に作るべきことは、すでに拙訳において述べたので[16]、ここでは再び述べない。

「始豊県」については、『元和郡県図志』巻二六、江南道浙東観察使台州の条に、

唐興県。三国時呉分章安。置南始平県。晋武帝以雍州有始平。改為始豊。粛宗上元二年。改為唐興。

とあり、また『唐会要』巻七一、州県改置下、江南道台州の条に、

始豊県。貞観八年置。上元二年二月六日。改為唐興県。

とあり、『太平寰宇記』巻九八、江南東道台州天台県の条に、

晋太康元年。更名始豊。陳隋之代廃之。唐貞観八年又置。上元二年。改為唐興県。

とある。「始豊県」は、『唐会要』、『太平寰宇記』によれば、貞観八年（六三四）より、粛宗の上元二年（七六一）まで置かれていたとあり、『元和郡県図志』は、粛宗の上元二年に「唐興県」と改められたことのみ見える。

しかるに『旧唐書』巻四〇地理志、江南東道台州の領県の条には、

唐興。呉始平県。晋改始豊。隋末廃。武徳四年復置。八年又廃。貞観八年。復為臨海県。上元二年。改為唐興。

とあり、「始豊県」は武徳四年（六二一）より、同八年まで置かれ、貞観八年（六三四）には「臨海県」と改められ、上元二年に、唐興県と改めたとあるが、この『旧唐書』の記事は誤りと見たい。

また『新唐書』巻四一地理志、江南道採訪使台州の領県の条では、

唐興。上。本始豊。武徳四年。析臨海置。八年省。貞観八年復置。高宗上元二年更名。

とある。この「高宗上元二年」は、『元和郡県図志』に「粛宗上元二年」とあるのに従い、「高宗」は「粛宗」の誤りと見たい。粛宗が安史の乱に苦しみ、唐室再興の意に燃え、「唐興」と改名したと考えたい。

以上を総合して、「始豊県」は、『唐会要』、『太平寰宇記』により、貞観八年（六三四）より、粛宗の上元二年（七六一）まで置かれていたと考える。

以上により、改廃が問題となる「八之出」の三県について、各種の資料を検討した結果、「安康県」は至徳二載

（七五七）までしか存在しなかったほか、「江寧県」は上元二年（七六一）まで、「始豊県」は同じく上元二年二月まで置かれていた。

故に『茶経』の「八之出」の地名の記載方法は、一例を除いて郡名が現われず、三六州の名が現われることから、郡名が州名に改められた乾元元年（七五八）が上限となり、江寧県、始豊県の存在によって、下限が上元二年（七六一）となる。もし上元二年以後に記載されていたならば、「江寧県」は「上元県」と、「始豊県」は「唐興県」とそれぞれ記載されていなければならない。但し「安康県」はすでに至徳二載（七五七）に「漢陰県」と改められており、「安康県」は「漢陰県」の誤りとみなければならない。

四

次に「州」について問題となるのは「荆州」一州のみである。「荆州」は「八之出」では「山南以峡州上。襄州荆州次。」とある。「荆州」は『旧唐書』巻三九地理志、山南東道の条に、

荆州江陵府。天宝元年。改為江陵郡。乾元元年三月。復為荆州大都督府。……上元元年九月。置南都。以荆州為江陵府。

とあり、また『唐会要』巻七一、州県改置下、山南道の条に、

荆州。本大都督府。上元元年九月。置南都。改為江陵府。

とあり、『太平寰宇記』巻一四六、山南東道荆州の条に、

乾元元年三月。復為荆州大都督府。……上元元年九月。置南都。以荆州為江陵府。

とあり、「荆州」の存在したのは、陸羽の生存の頃では、乾元元年（七五八）三月より、上元元年（七六〇）九月までのことである。

このように考えてくると、「荆州」、「江寧県」、「始豊県」の存在によって、「八之出」は、乾元元年三月より、上元元年九月までの約二年六カ月の間のことになる。但し「義陽郡」、「安康県」はそれぞれ「申州」、「漢陰県」の誤りと考えねばならない。

二個所について問題は残っているが、陸羽は「八之出」の州県名を、乾元元年三月より、上元元年九月までの呼称に従って記載したと考えたいのである。

五

以上の論証によって、『茶経』の「八之出」は乾元元年（七五八）三月より、上元元年（七六〇）九月までの間の州県名によって記載されたとする。

この期間は、諸岡氏の考えられた「聖唐滅胡明年」を乾元元年とする説にも合い、風炉の足の銘文も『茶経』が書かれると同じ頃に刻されたことになる。

また「陸文学自伝」が上元二年に書かれ、その中に既に『茶経』が著作されていたと書かれているのとも矛盾しない。

以上述べた「八之出」の州県名、風炉の足の銘文、「陸文学自伝」の日附、この三個所が『茶経』の著作年代を考える材料となるもので、それ以外には、直接の資料となるものは見当たらない。

しかしここで一つ考えておかねばならない点がある。それは「八之出」の州県名の改廃によって論証された乾元元年三月より、上元元年九月までの期間は、厳密に言えば、「八之出」の記載された年代とはなっても、『茶経』を陸羽が長い年月をかけて書き上げたものとすれば、これは十篇中の一篇である「八之出」の地名が何時現在で記載されているかということで、これから直ちに『茶経』の著作年代を考えることは一つの飛躍と言わねばならない。

さらに「八之出」については問題がある。北宋の陳師道（後山）の「茶経序」には、

陸羽茶経家書一巻。畢氏王氏書三巻。張氏書四巻。内外書十有一巻。其文繁簡不同。王畢氏書繁雑。意其旧文。張氏書簡明。与家書合。而多脱誤。家書近古。可考正。自七之事其下云。乃合三書以成之。録為二篇。蔵於家。[17]

とあり、「七之事」より以下「八之出」、「九之略」、「十の図」は、陳師道の家書と、畢氏王氏書と、張氏書の三書を合わせて作ったという。このことは現在の『茶経』を考えるのに重大な問題である。諸岡氏は「六之飲」までで陸羽自身の茶に関する所説は終わったとさえ考えておられる[18]。筆者の「八之出」の州県名に関する論証によれば、「八之出」は当然に陸羽自身の著作としなければならない。後世において、乾元・上元の頃現在で茶の産地やその品質を記載することは不可能なことであろう。この意味から筆者の州県名による「八之出」の著作年代の考証は、「七之事」以下は陸羽自身のものであることを疑う説に対する反対論ともなるわけである。それにしても陳師道の序に見られる『茶経』の「七之事」以下の再編成は何を示しているのであろうか。「八之出」についての筆者の考証のみにて陳師道の序をすべて否定することは、これまた飛躍と言わねばならず、今後に残された一つの課題と言わねばならない。

いまのところは、一応『茶経』全体の完成と、「八之出」の記載とは時代が隔たっていないものとして考えておくこととする。

さらにこの「八之出」が乾元元年三月より、上元元年九月までの間に記載されたとする考で問題となるのは、この

期間では、『茶経』が陸羽の没前四十余年に著作されたこととなる点である。陸羽が八〇歳の長寿を保ったと考えても、四〇歳より少し前の著作となる。『茶経』のようなすぐれた作品が、その人の初期のものとしなければならない点である。

また陸羽の伝記は、『茶経』の著作年代ばかりでなく、一般に不明のことが多い。自伝も没前四十余年以前のことを述べているのみであり、『新唐書』、『唐才子伝』[19]も詳しい伝記は伝えていない。残された方法としては、陸羽の交友関係の精査によって、特に陸羽との酬答の詩文によって、伝記の欠を補ってゆくことである。今は陸羽の伝記の研究の手始めとして、「八之出」の州県名を資料として、『茶経』の著作年代についてのみ私見を述べて、諸家の示教をまつ次第である。

なお本稿は平岡武夫、市原亨吉両氏編『唐代の行政地理』[20]の恩恵を受けたところがすこぶる多い。特記して謝意を表する。

註

（1）矢野仁一博士「茶の歴史に就て」（『近代支那の政治及文化』イデア書院、一九二六年七月刊所収）。後にこれを一部訂正したものが、同じ題目で創元社刊の『茶道全集巻の一、茶説茶史篇』（一九三六年三月刊）に収められている。但し後者には「十四、露西亜に茶の這入った起源に就いて」の項はすべて省略されている。

（2）『旧唐書』巻一二徳宗本紀上、建中三年九月の条に「趙賛乃於諸道津要置吏。税商貨。毎貫税二十文。竹木茶漆皆什一税。一以充常平之本。」とあるにより、茶に対する課税が建中三年より始まったことは明らかであるが、同じく巻四九食貨志下では、建中四年の条に「度支侍郎趙賛議常平事。竹木茶漆尽税之。茶之有税。肇於此矣。」とあり、建中四年に茶に課税のことが始まったとしている。

（3）『新唐書』巻一九六隠逸伝、陸羽の条に、「貞元末卒。」とある。

（4）「茶の図」というのは、特別な図があるのではなく、以上の九篇のことを一枚の絹に書いて掛けておけということだけで、他の九篇とは内容が異なっている。

（5）『茶道古典全集第一巻』（京都淡交新社、一九五七）。以後これを「拙訳」と呼ぶ。

（6）拙訳、「八之出」の註解（六〇）（八三頁）。

（7）同上「解題」一三〇頁。

（8）『茶経詳説』安永三年（一七七四）皇都銭屋惣四郎刊。

（9）『茶経評釈』（一九四一年十二月、茶道組合中央会議所発行、二冊）巻一、九九頁参照。この書物のあることは、以前から聞いていたが、先頃に拙訳刊行のときは見ることができなかった。今回は宮崎市定博士の御好意により貸与せられ、参照の便を得た。畢世の大著で教えられる所が多い。但し原文の校訂、解釈等については、必ずしも従い難い点もある。

（10）拙訳「解題」一三〇頁。

（11）「陸文学自伝」『文苑英華』巻七九三所収。

（12）「歳次」は、『文苑英華』の明刊本には「歳子」とあるが、静嘉堂文庫蔵明鈔本には「歳次」とあり、「歳子」では意味をなし難く、「歳次」に従う。

（13）「陽秋」は、前後の関係より、何月かの異名でなくてはならない。恐らく、七、八、九月のうちのいずれかであろうが、未だ明らかにし得ない。博識の方の教示を待つ。

（14）静嘉堂文庫蔵明鈔本『文苑英華』は「十巻」に作る。

（15）宋咸淳刊百川学海本、その他、『茶経』の版本については、拙稿「茶経の版本における三種の百川学海本と明鈔説郛本」（『神田喜一郎博士還暦記念書誌学論集』、一九五七）を参照せられたい。

（16）拙訳八五頁、註解（九一）参照。

（17）適園叢書所収、陳師道『後山先生集』巻一三による。『茶経』の序としては、「山居雑志本」、「百家名書本」、「茶書全集本」、

「鄭熅校本」に見える。

（18）『茶経評釈』巻一、例言。

（19）『唐才子伝』の「陸羽」の項については、拙稿「唐才子伝注」（三）（『西京大学学術報告』、人文、第八号）一四、一五頁参照。

（20）『唐代の行政地理』（一九五五年四月一日、京都大学人文科学研究所索引編纂委員会発行）。（『立命館大学文学部創設三十周年記念論集』立命館大学人文学会　一九六二）

唐代における茶道の成立

最近のわが国における茶道の興隆は、その歴史的研究、乃至はその起源の探求にも関心を増大させた。この傾向はわが国の茶道史の研究に止らず、飲茶の風習の中国より渡来の問題、またわが国の茶道が中国に起源を有するか否かの問題にまで進展を見せてきた。一方において茶道などの芸道はわが国において独自に発生発展したものであるとの考も有力に存在する。本稿においては、唐代の陸羽（八〇四年ころ没）によって選せられた『茶経』の中に、すでに茶道は成立が認められると考えるに至ったので、この陸羽の茶道とはどのようなものであるかを以下に述べようとするのである。

一　茶道の語義

茶道という語は、現在わが国では、喫茶を目的とする一つの芸道として使用せられている。とくに茶道という時は、その喫茶の方法よりも、その精神的な面が強調せられて響く感がある。茶道のほか、柔道・剣道・華道などについても同様のことが考えられる。柔術・剣術と言えばよいものを、とくに柔道・剣道というのは、戦前のわが国の精神面のみを強調する悪習であるという向もある。ということは、この茶道・柔道・剣道などという語が、日本製の漢語であるかのような感じを一般に与えているように思われる。しかし華道は知らず、茶道という語は唐代の文献に見え、しかもそれは以下に述べる陸羽の飲茶の道を指している。この茶道はその意味において現在の茶道と同じであるとは言えない。しかし唐代の茶道は、喫茶を一つの芸道的なものと考えており、また飲茶に精神的な要素を多分に加味している。この茶道という語を中国でもっとも古く使用したのは、唐代の人、封演の『封氏聞見記』巻六、飲茶の条に見えるものである。封演は玄宗の天宝十五載（七五六）の進士で、徳宗の時まで在世し、以下に述べる茶道の元祖、陸羽と同時代の人である。その文は次のとおりである。

楚人陸鴻漸為二茶論一。説二茶之功効并煎茶炙茶之法一。造二茶具二十四事一。以二都統籠一貯レ之。遠近傾慕。好事者家蔵二一副一。有二常伯熊者一。又因二鴻漸之論一。広潤二色之一。于レ是茶道大行。王公朝士無二不レ飲者一。

鴻漸は陸羽の字で、その飲茶の法を、常伯態が潤色し、その結果、茶道が大いに流行したとある。しかしこの条に見える茶道が直ちに現在わが国で用いられている茶道という語と同一の意味とは言えない。そこで以下において、中国の茶道という語の意味の検討をしてみたく思う。

まず茶道の「道」であるが、これは第一義としては言うまでもなく「道路」のことである。『説文』に「道。所行道也。」とあるのはこれである。そしてこの意義が引伸されて「践み行うべき道」「道理」などと抽象化されてくる。中庸に「天命之謂レ性。率レ性之謂レ道。修レ道之謂レ教。道也者不レ可二須臾離一也。可レ離非レ道也。」とあるのはそれである。また『左伝』の定公五年に「吾未レ知二呉道一。」とあり、その注に「道猶二法術一。」とあり、方法という意味もでてくる。また『周礼』地官保氏の条に「保氏掌レ諫二王悪一。而養二国子一以レ道。乃教二之六芸一。一曰五礼。二曰六楽。三曰五射。四曰五馭。五曰六書。六曰九数。乃教二之六儀一。一曰祭祀之容。二曰賓客之容。三曰朝廷之容。四曰喪紀之容。五曰軍旅之容。六曰車馬之容。」とあり、この道は六芸・六儀であり、道が技芸の意味をもってくる。次に道が下につく熟語の用例を調べてみると、この場合は道路の意味が圧倒的に多い。しかし道の下につく熟語の一用例として、『漢書』芸文志の兵書略の兵技巧十三家中に「剣道三十八篇」というのが見える。この書物は散佚して伝わらないから、内容は不明であるが、恐らく剣の使い方、いわゆる剣術を説いた書と思われる。技術を説いた書に対して「道」字を用いた用例として注目すべきものである。また『呉越春秋』巻五、句践帰国外伝第八に「范蠡復進二善射陳音一。音。楚人也。自二楚之三侯一。伝至二霊王一。自二霊王之後一。射道分流。」とあり、弓の技術を射道と称している。この剣道・射道が単なる剣の使い方、弓の射方の技術だけを説くのか、その精神的な心構も説いているのかはわからない。

以上のような用例の上に、封演によって陸羽の飲茶法が茶道と称せられたのであるが、この茶道とはどのようなものであるかということが本稿の主題なのである。なお「書道」という語は中国にはないように言う人もあるが、元の鄭杓の『衍極』の造書篇に「如二錐画レ沙。如二印印レ泥。書道尽矣。」とあり、元代のことではあるが、書道という語も今わが国でいう書道と近い意味に用いられているのである。

二　唐代の飲茶

中国における飲茶の風習は、前漢の時代に蜀（四川省）に始まり、魏晋南北朝時代に南朝に広がり、また一部は北朝にも伝播したが、唐代になると、華北にも普及したことは矢野仁一博士が「茶の歴史に就て」[1]において詳説されており、加藤繁博士も『那経済史概説』（弘文堂刊）茶の項において略述されているが、今は両博士の触れられなかった二三の点に言及してみたいと思うのである。

まず唐代において、茶は一般にどのようにして飲まれていたかであるが、そのことを示しているのが陸羽の『茶経』の六之飲の次の文である。

飲有㆓觕茶散茶末茶餅茶者㆒。乃斫。乃熬。乃煬。乃舂。貯㆓於瓶缶之中㆒。以㆑湯沃焉。謂㆓之痷茶㆒。或用㆓葱薑棗橘皮茱萸薄荷之等㆒。煮㆑之百沸。或揚令㆑滑。或煮去㆑沫。斯溝渠間棄水耳。而習俗不已。[2]

この条については、青木正児博士が「末茶源流」[3]において次のように詳細に解説せられている。「唐代に及んで末茶を飲むことは益々盛んになったやうで、『茶経』の飲み方の篇によると、茶に觕茶・散茶・末茶・餅茶の四種が挙げられている。蓋し是等は其の製品の形状によって名づけられたのであるらしく、末茶は最初から粉末に製せられたもので、散茶は恐らく葉をばらのままで乾燥させたものかと思われる。觕の字は粗と通用する字であるから、即ち粗茶で、散茶のあらいものかと想像される。餅茶は円形或は方形に平たく餅《ピン》のように固めたもので、陸羽が用ゐたのは是らしい。さて又『茶経』によると是等の茶の出し方に「痷」と「煮」との二法が有り、茶を切って、熬ったり炙ったりして、臼で搗いて粉にして、瓶に容れて湯を沃ぐ、之を痷茶と謂ふ。（按ずるに後世醃もしくは淹の字を用ゐているが皆ひたす意味である）或は葱・薑・棗・橘皮・茱萸・薄荷などを入れて、ぐらぐら煮たりする。或は攪ぜて滑らかにしたり、（泡を立てると口当りが滑らかな感じになるらしい）或は煮てから沫を除き去ることもある。と述べてゐる。是で見ると固形茶は前述疑問の『広雅』所載の餅茶の出し方と同様、臼で搗いて末茶にしてから淹すか煮るかするのであるから、結局末茶として飲まれたわけである。ただ散茶は恐らく其のまま煮て、所謂羹の如く飲んだであらう。右の中、葱や薑などを入れて、ぐらぐら煮ると言うのは、或は散茶の場合であるかも知れぬ。」と言われる。このなかで青木博士は陸羽の茶を餅茶に当てられているが、拙訳の『茶経[4]』においては、陸羽の茶は「団茶」と訳している。団茶という語は、宋の熊蕃の『宣和北苑貢茶録』に「太平興国初。特置二竜鳳一。遣レ使即二北苑一造二団茶一。」とあり、また欧陽脩の『帰田録』巻二に「茶之品。莫レ貴二於竜鳳一。謂二之団茶一。」とある如く、上製の固形茶に対する宋代の用語で、唐代の『茶経』の場合に用いるのは厳密に言えば適当ではない。ただし後述の如く、陸羽の茶も、茶葉そのものではなく、一旦固形茶にしたものを粉末にしたものである。拙訳に団茶と訳したのは、茶葉のままでなく、一旦固形化した茶であるという意味において、俗にいう団茶の語を用いたのである。それならば陸羽の茶は餅茶というべきであろうか。『茶経』に「飲有觕茶散茶末茶餅茶者。」というのは、青木博士も「是等は其の製品の形状によって名づけられたのであるらしく」と言われる如くであるが、『茶経』のこの条は陸羽のころの一般の茶の種類を述べたものである。『茶経』の茶は、その二之具・三之造・四之器に叙述されているように（後述）、餅（茶を蒸して臼に入れてついて固める）して後、乾燥しておき、飲む直前に碾（やげん）にかけて粉末にして飲むのであって、飲む直前には末茶なのである。末茶になる前段階に餅茶があるのである。『茶経』の茶は飲む直前の形状によるならば、むしろ末茶と言うべきであろう。このように考えてくると、觕茶・散茶は恐らく茶葉のままの形であり、そのうち觕茶はもっとも粗製のものであろう。このような茶葉のままの形のもののほか、粉末にした末茶、餅にした餅茶があった。しかしこのように考えることに対する疑点としては、唐代では餅茶を餅状のまま飲んだ実例はない。しかし実例が残っていないというだけであって、唐代の餅茶は形状は小さく、餅茶のまま飲まなかったとも言えない。「飲有觕茶散茶末茶餅茶者。」という言い方は断定的で、陸羽のころにこの四種類があったことは否定できない。このように考えてくると、陸羽のような餅して末にするのを餅茶と言ってしまうのも問題が残る。觕茶・散茶・末茶・餅茶は、陸羽が自ら提唱する茶とは一応無関係に、当時一般の茶の形状の種類であると解したいのである。

次に「飲有觕茶散茶末茶餅茶者。乃斫。乃熬。乃煬。乃舂。」の「乃斫乃熬乃煬乃舂」についてであるが、拙訳では「觕茶は茶の葉を斫《き》ってつくり、散茶は火のうえで熬《い》ってつくり、末茶は火のかたわらで煬《あぶ》ってつくり、餅茶は舂《つ》いてつくり」と訳したが、これは「乃」字の意味からも無理であって修正したい。この「乃」は『書経』の大禹謨に「益曰。都帝徳広運。乃聖乃神。乃武乃文。」の用例と同じく、特に意味はなく、上の觕茶・散茶・末茶・餅茶の製法を示したものである。青木博士は「末茶源流」においてこの条を「茶を切って、熬ったり炙ったりして、臼で搗いて粉にして」と、製法の順序の如く解しておられるのは如何であろうか。『茶経』のこの条においては続いてこの觕茶・散茶・末茶・餅茶は、湿気が入らないように瓶缶の中に貯えておき、それらの茶に湯をそそぎかけて飲む飲み方を「痷《えん》茶」といい、或いは葱《ねぎ》・薑《しょうが》・棗《なつめ》・橘《みかん》の皮・茱萸《しゅゆ》・薄荷《はっか》の類をいれて、煮てどんどん沸騰させ、或いは「揚令滑」（拙訳にては「揚」を「煬」の誤とし、「煬《あぶ》って滑らかにし」と訳したが、詳細は不明）ならしめ、或いは煮て沫を取り去る、こういうような飲み方は、溝渠《みぞかわ》のなかの棄水でしかないのに、このような習俗は已まない、と陸羽は慨嘆するのである。最後の「斯溝渠間棄水耳。而習俗不已。」というのは、以上のような当時一般の飲み方を排撃したものであろう。ということは、ここにあげた「飲有觕茶……」以下の『茶経』の文は、当時一般の茶に関する習俗を述べていると考えたのである。以上のように『茶経』のこの条を解することによって、陸羽のころの一般の茶は痷茶・散茶・末茶・

餅茶の四種類があり、それらは瓶缶に貯えられ、飲み方としては、それらに湯をそそぎかける痷茶という飲み方と、他の香草と共に羹《あつもの》のような飲み方をするのと二通りあると解したのである。

次に飲茶がどのような場合に行われたかを考察してみたい。簡単な賓客の接待用に「茶果」（茶と木の実）を用いた例は『晋書』巻九八の桓温伝に「温性倹。毎讌惟下二七奠柈茶果一而已。」とあり、また『茶経』七之事に引く『晋中興書』に、陸納が謝安の接待に「所レ設唯茶果而已。」とあり、いずれも茶果は簡単な賓客の接待法であった。唐代の例では、『太平広記』巻四八四、李娃伝に「生謂レ娃曰。此姨之私第耶。笑而不レ答。以二他語一対。俄献二茶果一。甚珍奇。」とあり、また『酉陽雑俎』巻二の壺史の条に「宝暦中。荊州盧山人。常販二焼朴石灰一。往二来於白洑南草市一。時時微露二奇跡一。人不二之測一。賈人趙元卿好レ事。将二従レ之遊一。乃頻市二其所レ貨。設二果茗一。詐訪二其息利之術一」とあり、果茗は茶果と言うのに等しい。また『白氏文集』巻六の麹生訪宿詩に「村家何所レ有。茶果迎二来客一。」とある。

また宴席において、酒の代用として茶を用いた例はすでに『三国志』巻六〇、呉書二〇、韋曜（韋昭のこと）伝に、韋曜は酒があまり飲めなかったので、「或密賜二茶荈一以当レ酒。」とあり、この場合、茶と酒の色を等しくしてごまかしたかは明らかでない。唐代の例としては、『太平広記』巻一九〇、張濬の条に『玉堂間話』を引いて、「濬深忌二晋牧一。復不二敢除一レ之。張於二一舎一郊迎。既駐二郵亭一。濬令二張使君升一レ庁。茶酒設食畢。復命二茶酒一。不レ令二暫起一。仍留晩食。食訖。已晡時。又不レ令レ起。即更茶数甌。至レ張レ灯。乃許二辞去一。自レ旦及レ暮。不レ交二一言一。」とあり、茶酒が併せて用意されており、また同じく『太平広記』巻三六六の曹朗の条に『乾膳子』を引いて、「朗召二玉芝観顧道士一作レ法。数日。有レ人長吁曰。吾是梁苑客枚皐。前因二節日一。求二食於此一。君家不レ知云二何見一レ捕。朗具二茶酒一。引レ之与坐。」とあり、これは曹朗がにわかにあらたまって茶酒を出して慰撫している所である。

以上の諸例によって、唐代において日常にどの程度に茶が飲用せられていたかは明らかでないが、少なくとも上流の家庭においては、簡単な客の接待用として茶果を用い、また宴席においても、酒と同時に茶も設けられるのが唐代一般の習俗と考えて差支ない。すでに唐代に茶の過飲による害もでてきていることは、矢野博士が、『封氏聞見記』の「茗瘕」の記事により述べられる如くである。また唐代にて天子も茶をたしなんだことは、『太平広記』巻二七五の上清の条に『異聞集』を引いて、徳宗のこととして、「上清果隷二名掖庭一且久。後数年。以下善二応対一。能中煎茶上。数得レ在二帝左右一。」とあるにより明らかである。

さて唐代において、とくに開元・天宝以後において、飲茶が普及した社会的背景はどのように考えるべきであろうか。飲茶の普及には茶の画期的増産がその前提としてなければならない。増産にはそれに投入される労働力の増加がなければならない。茶園の労働力を示す史料としては、『太平広記』巻三七の陽平謫仙の条に、前蜀杜光庭の『仙伝拾遺』を引いて次の如きものがある。

陽平謫仙。不レ言二姓氏一。初九隴人張守珪。仙君山有二茶園一。毎歳召二採茶人力百余人一。男女傭功者雑二処園中一。

張守珪は『旧唐書』巻一〇三、『新唐書』巻一三三の本伝によれば、開元中の武将であるから、この史料は開元中か、或はそれ以後のものであろう。茶園の労働は雇傭労働の形態で行われていたことがわかる。九隴は今の四川省彭県で、『茶経』八之出に「剣南以二彭州一上。生二九隴県馬鞍山・至徳寺・棚口一。与二襄州一同。」とあり、有名な上茶の産地である。仙君山はその附近の山であろう。ただし『新唐書』の本伝には張守珪は「陝州河北人也」（河南省陝県）とあるが、陝州では茶を産せず、この話は九隴としなければならない。九隴の仙君山茶園は毎年採茶のための男女労働者百余人を雇傭労働によりまかなっている可成の規模の茶園であった。これは一例にしか過ぎず、この史料のみにて全体を推しはかることはできないが、考えてみると、このころは均田制がようやく崩潰しつつある時期で、均田体制より転落の農民が産茶地帯においては、雇傭労働者となったものと考えられる。このような労働力の供給源があってはじめて茶の飛躍的増産が達成される。しかしこの間の事情は史料の不足により、充分明らかにすることはできない状態にある。

三　茶道成立の背景

前節においては、唐代における飲茶の発達の結果、茶にはどのような種類があり、それはどのようにして飲まれたか。またどのような場合に飲茶がなされたか。また飲茶普及の社会的背景に対する一私見を述べた。本節においては、これを陸羽による茶道成立の背景にしぼって考察を進めたいと思う。

陸羽によって、『茶経』が著作せられた時期については、粛宗の上元元年（七六〇）ころと考えるべきことは拙稿「茶経著作年代考」(5)において述べた如くである。この論については、その後少々の疑点も感じているが、今は暫らくこれに従っておくことにする。そしてこの『茶経』著作完成の時期を陸羽茶道成立の時期と見なして、この時期がどのような時代であったかということより考察を進める。

『茶経』成立の六年前にあたる玄宗の天宝十四載（七五五）には有名な安禄山の乱が勃発して、盛唐太平の夢は破られた。安禄山は粛宗の至徳二載（七五七）にはその子の安慶緒に殺されたが、反乱は安禄山の部下の史思明によって継承され、安史の乱と称せられている。その史思明も上元二年（七六一）には、その子の史朝義によって殺される。このような血なまぐさい戦乱の時代に陸羽の茶道は成立した。これは一体どのように理解すべきであろうか。新しい文化現象は戦乱により文化に対する国家的もしくは社会的統制の弛緩した時に発生するという説があるが、茶道もこの一例であろうか。

この時期は文化史的に見る時はどのような時代であろうか。唐の文化を代表する唐詩について言うならば、盛唐の大詩人、李白（六九九―七六二）・杜甫（七一二―七七〇）・王維（六九九―七五九）らの晩年にあたり、次の唐詩のピークである中唐の代表的詩人、韓愈（七六八―八二四）・柳宗元（七七三―八一九）・白居易（七七二―八四六）らはこれより約十年後に生誕する。これはこの時期が盛唐より中唐への過渡期にあることを物語っている。しかしこの陸羽と同時代人には後世にまで影響を与えた重要な人物が相当輩出していることが注目される。

まず顔真卿（七〇九―七八五）であるが、この人は代宗の大暦七年（七七二）から同十二年（七七七）まで湖州（浙江省呉興県）刺史の任にあったが、その時に陸羽は真卿の庇護を受け、その下で『韻海鏡原』という三六〇巻もある字書の編纂に従事した。顔真卿が安史の乱の討伐に活躍し、政治家として、また文化人としても声望の高かった人物であることは申すまでもない。とくにその書道は六朝の王羲之風の書に対して新生面を開いたものとして高く評価されており、新書道の開祖と言ってもよい人物である。

また『通典』を著して中国の制度史の書を創始した杜佑（七三五―八一二）、両税法を創始して、均田体制崩壊後の国家財政の再建に大きく貢献した楊炎（七二七―七八七）など後世に大きな影響を及ぼした人物が陸羽と同時代である。また陸羽の親友で詩僧の皎然《こうねん》(6)は詩人として傑出していただけでなく、『詩式』『詩評』という詩学の書も著している。これは盛唐の詩人には見られない現象であった。このように顔真卿・杜佑・楊炎・皎然など後世に一つの新生面を開いた人物がいずれも陸羽と同時代であることは、この時期に陸羽が茶道を創始する一つの時代的雰囲気があったことを示すものであろう。普通には盛唐より中唐への過渡期としてしか意識に上らない時代に、以上のような事実のあることは茶道成立の一背景として最初に指摘しておきたい点である。

次には唐代の中頃までを貴族制の時代と見るのは内藤湖南博士の見解である。筆者はかつてこの見解に疑点を提出したことがある。(7) しかし唐代においても六朝時代以来の貴族がなお余威を保ち、格式を誇っている事実は否定しない。ただ唐代もなお六朝以来の貴族が政治的に実権を把握している事実を否定し、六朝以来の貴族制は唐初以来変容を受けていたと考えるのである。

陸羽はどのような階層の出身であろうか。陸羽の伝記については、故諸岡存氏(8)の詳細な研究もあり、神田喜一郎博士(9)が該博な知識を駆使して書かれたものもある。陸羽の出自については、彼はいささかの家柄による背景もない人物である。陸羽ほど家柄の背景が皆無で名を成した人は唐人の伝記を読んでも珍しい。陸羽は水浜の捨児が拾われて、禅寺で育てられたのである。『文苑英華』巻七九三所収の陸羽の自伝である「陸文学自伝」には、「陸子名羽。字鴻漸。不レ知二何許人一也。或云。字羽。名鴻漸。未レ知二孰是一。……始三歳惸露。育二於境陵太師積公之禅一。」といい惸《けい》露とは親兄弟のないことである。『新唐書』巻一九六隠逸、陸羽の条には「陸羽字鴻漸。一名疾。字季疵。復州竟陵人。不レ知レ所レ生。或言。有レ僧得二諸水浜一畜レ之。既長。以レ易自筮。得二蹇之漸一。曰。鴻漸二于陸一。其羽可二用為一レ儀。乃以レ陸為レ氏。名而字レ之。」とあり、元の辛文房の『唐才子伝』巻三には、「羽字鴻漸。不レ知レ所レ生。初竟陵禅師智積。得二嬰児於水浜一。育為二弟子一。及レ長恥二従削一レ髪。以レ易自筮。得二蹇之漸一。曰。鴻漸二于陸一。其羽可二用為一レ儀。始為二姓名一。」とあり、李肇の『唐国史補』巻中の「陸氏得姓氏。」には、「竟陵僧有下于二水浜一得二嬰児一者上。育為二弟子一。稍長自筮。得二蹇之漸一。繇曰。鴻漸二于陸一。其羽可二用為一レ儀。乃令二姓陸名羽字鴻漸一。」とあり、また『太平広記』巻二〇一所引の『大唐伝載』に「太子文学陸鴻漸。名羽、其生不レ知二何許人一。竟陵竜蓋寺僧姓陸。于二堤上一得二一初生児一。収育レ之。遂以レ陸為レ氏。」とある。陸羽が捨児であることは自伝にはさすがに惸露というのみであるが、『新唐書』の本伝に「或言」として水浜で拾われたことを言い、『唐才子伝』は、竟陵禅師智積が嬰児を水浜に得たとし、『唐国史補』・『大唐伝載』も水浜もしくは堤上にて嬰児を得たとし、陸羽が捨児であったことはほぼ間違いのないことである。

捨児であれば家柄の背景がまったくないことは言うまでもない。また捨児であるからには姓もわからない。『大唐伝載』には、竟陵の竜蓋寺の僧で陸という姓の人が拾ったから陸を氏としたというが、『唐才子伝』では、竟陵の智積禅師のもとで弟子となっていたが、長じて僧侶となるを嫌い、易で筮して、姓は陸、名は羽、字は鴻漸としたとあり、『新唐書』・『唐国史補』も易で自ら筮して姓・名・字を定めたとある。なお『新唐書』は「一名疾。字季疵。」と言っているので、これが初の名字であったかもしれない。易で自ら筮して「漸」の卦を得た。漸（䷴）の上九（一番上の一）の爻は「鴻漸ム二于陸一。其羽可二用為一レ儀。吉。」とあるので、陸を姓とし、羽を名とし、鴻漸を字としたのは各書の記す所である。姓の不明の時、卜して定めることは、唐律疏議にも例がある。『唐律疏議』巻一四、戸婚律下の「同姓為婚」（一八二条）の疏議の問答の答に、「買レ妾不レ知二其姓一則卜レ之。取二決蓍亀一。」とあり、妾も同姓の場合は、同姓為婚の律（徒二年）に触れるが、妾の姓の不明の時は、「之を卜して、決を蓍亀に取る」とある。これは唐代において、姓の不明の時、之を決定する慣行として易にて筮することがあったと考えられる。『唐才子伝』に記載されているように、還俗を望んだ時になって姓が必要となり、易によって姓名字が定められたのが事実であろう。このような姓さえもわからない捨児が、やがて『茶経』を著し、茶道の元祖となった所に、すでに家柄は無用の物となり、本人の才能次第でどのようにも進み得る伝統によらない唐代文化の一特性が現われている。また捨児が禅寺で育てられたことは、陸羽の生涯に大きな影響を及ぼしたと考えられ、現在も茶道で「茶禅一味」と言われることとは無関係ではなさそうであるが、このことはまた後に触れる。

禅寺で育った陸羽は才子の常として、悩める青春時代に入った。自伝によれば、何歳の時かは明らかでないが、禅寺に留まるのを潔しとせず、「巻レ衣詣二伶党一。著二詼談三篇一。以レ身為二伶正一。弄二木人仮吏蔵珠之戯一。」とあり、演劇人仲間に入りその長である伶正となり、人形劇の「仮吏蔵珠之戯」を演じた。このころの演劇のことは判明していないので、これがどのようなものであるかはわからない。陸羽はまた天宝中にも「伶正之師」となったと自伝に見える。このような当時の文化人としては異常な体験も、一つの芸道としての茶道の形成に何らかの影響を及ぼし、茶道成立の一背景と考えられる。

次に陸羽の伝記のなかで注意しておくべきことは、陸羽が隠逸の処士として一生を送ったことである。『新唐書』の本伝には「詔拝二羽太子文学一。徙二太常寺太祝一。不レ就レ職。」とあり、太子文学は、『大唐六典』巻二六によれば、太子司経局において、洗馬につぐ官で、「文学三人正六品」とあるのがそれである。太常寺太祝は『六典』巻一四によれば、太常寺の官人で、三人あって、正九品上である。太子文学にも、太常寺太祝にもいずれも就任した確証がなく、恐らく就任しなかったと思われる。しかし陸羽の自伝を「陸文学自伝」と称しているのは、自ら称したかは別として、一旦その官に任ぜられると、その官に就かなくてもその待遇は受けられた。『唐律疏議』巻二の「以理去官」（一五条）の疏議に令を引いて、「養二素丘園一。徴聘不レ赴。子孫得下以二徴官一為上レ蔭。」とあり、徴聘赴かなくても、子孫がその官により蔭を受けられるのであれば、当然本人は就任しなくても陸文学と称することは公認せられていたであろう。陸羽は徴聘せられたが、官途には就かず、隠逸の茶人として世を終えたことは、後述の如く、陸羽の茶道が王公の門における茶道よりは、山野における「略」の茶道がその本領であることとも関連して留意すべき事実である。

次に陸羽の思想的背景であるが、岡倉覚三は、その著『茶の本』（一九〇六年刊）の第二章、茶の諸流 The Schools of Tea において、陸羽の茶道にて言う二十四器 "the enumeration and description of the twenty-four members of the tea-equipage" は、道教象徴主義 "Taoist symbolism" と言い、また第三章 Taoism and Zennism において、茶道が Taoist（道教）に由来することを述べているが、岡倉の言う Taoist は、老子の思想を指しており、岡倉の論によって、茶道が道教に由来することを今日承認することはできない。陸羽の自伝はまったく儒家風に叙述されている。

しかし『新唐書』・『唐才子伝』の本伝には、玄真子張志和との交友を伝える。玄真子との交際を通じて道教の影響を受けていることは想像できる。また権徳輿の『権載之文集』巻三五の「蕭侍御喜陸太祝自信州移居洪州玉芝観序」の陸太祝は陸羽を指しているが、これは陸羽が道観に移居したことを伝えており、陸羽と道教の関係は、岡倉の論とは別個に考慮しなければならないが、史料が少なく、にわかに結論は下せない。なお道家と茶の関係として、『茶経』七之事に、「壺居士食忌。苦茶久食羽化。」とあり、これは仙人の羽化登仙の薬に茶が用いられており、また同じく七之事に、『陶弘景雑録』を引いて「苦茶軽換膏」とあるが、一本には「軽身換骨」とあり、やはり羽化登仙の薬となっており、仙人は茶を用いていることによって、道教と茶は結びつくわけである。

次に思想的背景としての禅であるが、陸羽は前述の如く、禅寺で育ったことから見ても、陸羽の茶道に禅が影響していることは考えられるが、茶と禅は陸羽を俟たないで密接な関係があり、むしろ飲茶そのものの普及に禅が中心となっていたことは、『封氏聞見記』巻六、飲茶の次の文によって明らかである。

開元中。泰山霊巖寺有二降魔師一。大興二禅教一。学レ禅務二于不レ寐。又不二夕食一。皆許二其飲茶一。人自懐挟。到処煮飲。従レ此転相倣効。遂成二風俗一。

とあり、座禅の時に飲茶のみは許されたので、飲茶は禅寺にて普及し、やがて一般の風俗となった過程が明らかにせられている。茶が睡気を覚すものとして用いられることは、『茶経』に多く見える。六之飲に「蕩二昏寐一飲レ之以レ茶。」とあり、七之事に引く広雅に「其飲醒レ酒。令二人不レ眠。」とあり、同じく七之事に引く『桐君録』に「又巴東別有二真茗茶一。煎飲令二人不レ眠。」とあるにより明らかである。座禅の時の飲みものとして、禅寺で茶を重視したことは飲茶の普及だけではなく、茶道の成立にも蔭の一役をかっていると思われる。なお『茶経』のなかに直接見られるわけではないが、禅院の清規《しんぎ》(10)のなかにおいて、茶礼が重要な地位を占め、後世においてはこれまた茶道に影響を与え、茶禅一味が成立するのである。

茶道成立の背景として、最後に酒害を克服するものとしての茶の効用がある。『茶経』七之事に引く『広雅』に「其飲醒レ酒。令二人不一レ眠。」とあり、『太平広記』巻四一二に『中朝故事』を引いて「此茶可三以消二酒食毒一。」とある。また「茶酒論」と呼ばれる茶と酒の優劣を競う俗文学も陸羽の没後間もなく現われたことは那波利貞博士[11]が詳細に説かれた如くである。これによれば茶は古来飲まれた酒に対し、対等に近い地位まで引き上げられてきたことは、一方では酒害の克服に重点があったであろうが、これが一方では茶道成立の一背景となっていることも看過できない事実である。

四　陸羽の茶道

陸羽は『茶経』を著した。この書物は中国で最初の、或いは世界で最古の茶に関してまとまった文献である。そして『茶経』は当時の All About Tea であるが、その中には、茶道がすでに成立していると考えられるので、以下においてその私見を述べてみようと思う。

『茶経』は一之源・二之具・三之造・四之器・五之煮・六之飲・七之事・八之出・九之略・十之図からなり、一は茶の起源、二は製茶の器具、三は茶の造り方、四は茶器、五は茶の煮たて方、六は茶の飲み方、七は茶の歴史的文献、八は茶の産地、九は略式の茶、十は茶の図（これは『茶経』を絹に書いて掛けておくこと）となっている。この中で、二之具から六之飲までは製茶の方法とその飲み方を説いている。そこで陸羽の茶道を述べるにあたって、その茶の造り方、煮茶法より述べることとする。これらについては first 神田博士の執筆のものに啓発された所が多い。

陸羽の茶の造り方は、二之具・三之造に見えるが、二之具はとくに製茶の道具を一々使用順に列挙しているので、これによりその製茶法を詳細に知ることができる。中国の農業技術書として現存最古のものは北魏の賈思勰の『斉民要術』（五三〇―五五〇年ころの著作）である。その農産加工の記事を見ても、『茶経』の茶の造り方の詳細には及ばない点が多く、とくに『斉民要術』は加工に使用する器具を『茶経』のように詳細に述べず、『斉民要術』の記事による時は、加工にあたって器具について種々の工夫をこらさねばならない点がある。『茶経』はこの点において、製茶の器具を列挙することによって製茶の方法を述べており、この点すこぶる具体的実用的で、『茶経』は、『斉民要術』と比較しても、一つの技術書として特色ある存在となっており、陸羽が製茶法をこのように記述した識見は高く評価しなければならない。

(1)　茶の造り方

二之具・三之造に基づいて陸羽の製茶法を述べると次の如くなる。

① 採

茶を造るには採、すなわち茶摘みをしなければならない。その器具には籝《えい》（かご）があり、籃《らん》とも籠とも筥《きょ》とも言い、いずれも竹製で五升（一升は約〇・六五リットル）入・一斗入・二斗入・三斗入がある。茶摘みは二月三月四月の間に、晴天の日の朝露のなかで摘み、蓁薄《はむら》の中の三枝四枝五枝あるものの中程の抜きでているものを採る。

② 蒸

摘んだ茶葉は直ちに蒸す。それには竃《そう》（かまど）と釜と甑《そう》（せいろう）が器具である。竃の上に釜をおき、釜と甑の間は蒸気がもれないように泥で塗りつぶす。釜には水を入れておく。釜の上に甑をおき、甑の中に箄（すのこ）として籃を入れ、籃により蒸す茶葉の出し入れをする。穀（こうぞ）の木の三亜《みつまた》で、蒸している茶葉をかきまぜ、茶の精分が流れおちないようにする。

③　擣

蒸した茶葉は杵臼《しょきゅう》（きねうす）で擣《つ》く。杵臼は碓ともいう。これは普通に使われるもので、特別の器具ではない。

④　拍

杵臼で擣かれた茶葉は規（かた）に入れられて拍《たた》かれる。規はまた模とも棬《けん》とも言い、鉄製で、円形・方形・花形といろいろある。規には承（うけ台）があり、承はまた台とも砧《ちん》とも言い、石製もしくは槐（えんじゅ）・桑の木製で、半分地中に埋め、揺れ動かないようにしてある。その承の上に檐《えん》をひろげ、その上に規をおき、茶の形ができあがるととりかえる。

⑤　焙《はい》

規にいれて固められた茶を乾燥するのである。まず芘莉《はり》、また羸子《えいし》とも篣筤《ほうろう》ともいうが、柄のついた土羅（つちふるい）のような器具があり、これは竹で方眼に編まれ、柄が五寸（これまでわが国で使用していた寸と大体同じ）で、身の部分が縦二尺五寸、横二尺ある。この上にまず茶片をならべて天日で乾燥させる。乾燥すると棨《けい》、または錐刀という木製のきりで穴をあける。そして樸《はく》、または鞭という竹製の細い棒で、穴をあけた茶がくっつかないように一時これに通しておく。そして焙（ほいろ）を造る。これは地中に深さ二尺に掘り、縦一丈、横二尺五寸とし、さらに地上に二尺土をもり上げる。そして棚、または栈という二段で高さ一尺のわくをおき、茶を焙り、半乾きは下段、乾くと上段に上げる。焙《あぶ》る時には、貫（くし）という竹製の長さ二尺五寸のくしにさしておく。

⑥　穿《せん》

焙で乾燥された茶は、穴があいているから、穿という竹製、または穀（こうぞ）の皮を紉《よ》ってつくったさしに通しておく。

⑦　封

でき上った茶は、木でわくが造られ、竹で編まれて紙を張り扉がついている育という貯蔵器で保存される。炭火で乾燥できるようになっている。

以上が陸羽の茶の製法で、どこにその特色があったかというと、前述のように、唐代においては、觕茶・散茶・末茶・餅茶の四種類があったが、陸羽の製法はこのうちでは、杵臼にいれて擣《つ》いており、その形状も粉末ではないから、餅茶である。しかし恐らく以上の陸羽の製法は従来の餅茶とは隔段とすぐれ、精選されたものであろう。しかし実物のない今日知ることはできないが、製法より見る時は、貯蔵が容易になったことが一つの特色であり、さらにこのような製法により茶のにがみを取除くことができたのではないかと想像される。しかしこのようにしてできあがった餅茶は、陸羽においては、後述の如く、飲む直前に碾（やげん）にかけて粉末にされる。この餅茶の法と末茶の法との併用に陸羽の茶の特色があったとするのが目下の私見である。

(2)　煮　茶　法

茶の煮たて方、および飲み方については、『茶経』の四之器にそれらの器物が記述され、五之煮・六之飲に、その煮たて方、飲み方が記載されている。陸羽は六之飲に茶の九難を説く。それは「造・別・器・火・水・炙・末・煮・飲」である。造は先に述べた茶の造り方であり、別は茶の鑑別法であり、三之造には口訣（秘伝）があるという。器以下が以下に説く所である。

①　湯を沸かす器具

湯を沸かすための炉は『茶経』ではとくに風炉《ふろ》と称し、これは現在のわが国の茶道でも用いられている。この器は陸羽が工夫をこらした得意のもので、足や横の風窓の上には銘も彫りつけてあり、銘のなかには「伊公羹。陸氏茶」というものもあった。伊公とは伊尹のことで、殷の湯王に羹を献上し、のち宰相となった人で、陸羽は自ら伊尹に比している所にその自信のほどがうかがわれる。風炉の附属品として灰承（はいうけ）がある。この風炉には灰は入っておらず、今のコンロのようなもので、燃料としては木炭を用い、木炭を入れる筥《きょ》（すみとり）があり、竹製か籐製のかごであった。六角の炭檛《たんか》（すみわり）もあり、長さ一尺の棒で一方が鋭っているのや、また槌形・斧形のものもあった。火筴《かきょう》（ひばし）はまた筯《ちょ》ともいい、円い棒で長さ一尺三寸、鉄または熟銅製であった。この風炉の上に鍑《ふ》（かま）をかける。鍑はまた釜とも鬴《ふ》ともいう。鍑の中には臍があった。鍑は陶製・石製・銀製などある。交床（かましき）もある。この風炉でたかれる炭については、五之煮において詳細な吟味がなされている。鍑のなかの湯の沸き具合、茶の煮たて方については後述する。

②　末茶を造る器具

夾（はさみ）は青竹製で、これで保存されてあった餅茶をはさんで炙り、その時に竹の香が移るようになっている。夾はまた鉄製・銅製の場合もある。紙嚢《しのう》（かみぶくろ）はこの炙った茶を入れておいて、香が逃げないようにする。碾《てん》（やげん）は木製で、これで餅茶を末茶にする。払木（はね）で末茶をとる。この末茶を紗絹で竹のふちの羅（ふるい）にかけてふるい、竹製、或いは杉でできた合（なつめ、合子）に貯える。合は高さ三寸、蓋は一寸、底（み）は二寸、口径は四寸ある。末茶の出し入れには則（ちゃしゃく）を用いる。貝製・銅製・鉄製・竹製があり、一寸四方の大きさで、これに一ぱいが水一升に用いる標準量である。

③　水に関する器具

水方（みずいれ）は一斗入で、木製に漆が塗ってある。漉水嚢《ろくすいのう》（みずこし）は、わくは銅製・竹製・木製で、絹でこす。円径五寸、柄の長さ一寸五分である。瓢（ひしゃく）はまたは犠杓とも言い、瓠（ひさご）をわってつくるか、木をけずってつくる。竹夾（たけばし）は木で造る場合もある。これは湯が沸騰した時、末茶を入れ、それをかきまわすために使うもので、今の茶筅の代用をしているものである。一本ではなく、数本でかきまわしたのであろうか。鹺《さ》簋《き》という塩入と揭《けい》（さじ）があり、後述の如く、一沸の時に塩味をつける。熟盂《じゅくう》（ゆさまし）は、湯の沸騰したのを貯える（後述）。磁器製・素焼製があり、二升入る。ここで用いる水についての詳細は後述する。

④　茶盌《わん》とその附属品

茶を飲む茶盌については、陸羽は越州のものを最上等としている。茶盌の色と茶の色とのコントラストを微細に考えている。茶盌の数は客が五人の時は三盌、七人の時は五盌を用いる。陸羽の茶盌に関する叙述は陶磁器史上重要な文献となっている。附属品としては畚《ほん》という白蒲製の茶盌入があり、十盌入る。筥に茶盌を入れる場合もある。畚・筥に入れる時は紙帊（かみつつみ）を用い、剡《えん》紙で四角に袋縫いにする。札（ささら）は茶盌を潔めるためのもので、栟櫚（しゅろ）製と竹製とあり、大筆の形をしている。滌方《てきほう》（みずこぼし）は洗い水を入れ、形は水方と等しく、八升入である。滓方《しほう》（茶かすいれ）は滌方と同じ形で五升入である。巾（茶巾）は諸器を潔めるのに用い、絁布（つむぎ）でつくり、長さ二尺、二枚で交互に用いる。

⑤　茶棚・茶箪笥

具列は茶棚で、床とも架とも書かれる。木製または竹製である。都籃は茶箪笥で、これまで述べた諸器を格納しておく。

以上は陸羽の器物を中心とした茶を煮たてて飲む場合の記述である。これによって陸羽の茶道における飲茶がどのようなものであるかが大体判明した。とくに飲む直前に乾燥した餅茶を末茶にして飲むのは陸羽の創始と考えられる。

また塩以外の異物（例えば葱《ねぎ》・薑《しょうが》など）の混入を禁止し、飲料として茶の独自性を主張したのも特色というべきであろう。また従来の茶に湯をそそいで飲む痷茶法、或いは異物と共に羹《あつもの》風にただぐらぐら煮だして飲む方法に対して、水を吟味し、煮沸に対しても微細な観察をなした煮茶法の創始は陸羽茶道において重要な部分を占めている。

(3)　煮茶法の特色

陸羽煮茶法の特色の一は、水に対する深い吟味である、いわゆる品水にある。五之煮に「山水は上、江《かわ》水は中、井水は下」といい、山水のうちでは乳水《わきみず》・石池《いわみず》の慢《ゆる》く流れているのを上とし、瀑《はげ》しく湧く水、急流の水、山や谷にさえぎられたたまり水はいけないと言う。江水では、人里離れたものを汲み、井水ではよく汲まれるものを用いると言う。この論は後世の品水の基準となるものであった。

次の特色としては、煮沸に対する微細な考察があろ。湯の沸き具合を一沸・二沸・三沸に分け、一沸を魚目、二沸を湧泉連珠、三沸を騰波鼓浪と言う。煮沸を一沸二沸三沸に分けることは、『斉民要術』巻一の種穀第三に引く『氾勝之書』に「骨汁糞汁種種。剉《くだ》キ二馬骨牛羊猪麋鹿骨一。一斗以二雪汁三斗一煮レ之。三沸取レ汁。以漬二附子一。[12]」とあるから、後漢以来のことである。[13]また『斉民要術』巻七の造神麴并酒等第六四に「神麴粳米醪法。春月醸レ之。燥麴一斗。用二水七斗粳米両石四斗一。浸レ麴発如二魚眼湯一。」とあり、湯の沸騰を一・二・三沸と分け、沸騰の状態を魚眼ということは陸羽の創始ではない。しかし二沸を湧泉連珠、三沸を騰波鼓浪というのは、他の文献には見えず、陸羽の創始と考えられる。

陸羽の煮茶法は、第一沸の時に塩味をつけ、第二沸の時に水一瓢《しゃく》を汲み出して熟盂に入れておき、竹筴で湯心をかきまわし、末茶を中心部に入れる。三沸になると、汲みだしておいた湯で沸騰を止め、茶の華を育てる。湯の華には沫と餑《ぼっ》とある。一沸の時、沫の上に浮ぶ黒雲母の水膜は棄てる。茶盌にうつす時は、沫と餑を均等に入れる。飲む時は、第一・第二・第三盌と次々に飲み、第四・第五盌以外はひどく渇いた時のほかは飲まない。水一升を五盌に入れ、熱いうちに飲む。以上のように微細に飲茶法を確立した所に陸羽茶道の特色があるのである。

(4) 茶道の成立

先に述べた所は陸羽の飲茶法の特色であるが、陸羽の茶道にはさらにその飲茶法を裏づける精神がある。陸羽茶道の精神を「倹」という。『茶経』五之煮に「茶性倹。不レ宜レ広。則其味黯澹。」とあり、一之源に「茶之為レ用。味至寒。為レ飲最宜二精行倹徳之人一。」とある。倹とは説文には「約也」とあり、この約は「つづまやか」の意である。段注には「倹者。不三敢放二侈之意。」とあり、『礼記』楽記の「恭倹而好礼」の疏に「倹謂三以レ約自処一。」という。また『左伝』荘公二十四年の条に「倹。徳之共也。侈。悪之大也。」とあり、この共は一本には「恭」に作り、倹とは恭倹なことであり、倹に対するものは侈である。侈とはぜいたくなことであり、倹とはつづまやかな、またへり下ってうやうやしいことである。『論語』の学而第一に子貢の言として、「夫子温良恭倹譲以得之」とあり、その疏には「去奢従約。謂之倹」とある。陸羽は茶道の精神としてこの倹の徳を提唱したのである。しかし倹の徳を茶道の精神として提唱し、微細に工夫された煮茶法・飲茶法があっても、それだけで茶道の成立とすることはできない。

『茶経』九之略に、

但城邑之内。王公之門。二十四器闕レ一則茶廃矣。

とある。九之略は、二之具・四之器に見える器具の省略される場合を述べている。例えば、「若援レ藟躋レ嵒引レ絙入レ洞。於二山口一炙而末レ之。或紙包合貯。則碾払末等廃。」とあり、深山に入った場合などは、碾をそのような不便な場所まで運ばなくても、山の入口で末にするか、或いは紙に包んで合に入れておけばよいというのである。このような例を列挙して最後に「ただ城邑の中、王侯の門。二十四器一を闕けば茶は廃す」と宣言するのである。二十四器とは『茶経』四之器の器物の総数である。城邑の中、王侯の門では必ず二十四器を揃えて茶を行うべきであるという。ここにおいて陸羽は正式の茶道として二十四器による茶礼を提唱している。ここに陸羽は単なる飲茶を脱却して、堂々と茶道の成立を宣言しているのがこの九之略の文である。初に引用した『封氏聞見記』の飲茶の条においても、「楚人陸鴻漸為茶論。……造茶具二十四事。以都統籠貯之。遠近傾慕。……有常伯熊者。又因鴻漸之論。広潤色之。于是茶道大行。」はこれを傍証している。なお都統籠は四之器の都籃（茶箪笥）にあたる。九之略の次には十之図があるが、これはあまり重要な内容はなく、九之略の「但城邑之内。王侯之門……」は『茶経』の結論と言ってもよい個所である。しかし陸羽の茶道成立の宣言をこのような「略」の項において説くのは何故か。それに対する私見は次の通りである。

陸羽は正式の茶道としては二十四器によるものを提唱するが、陸羽茶道の本領は、このような王侯の茶を超越した「略」の茶にあるのではなかろうか。陸羽は前述の如く、自ら官途に就任を求められても就かず、隠逸の処士として世を終えた。このような人物が城邑の中、王侯の門の茶道のみを提唱するであろうか。二十四器による正規の茶礼を一方では提唱しつつ、また一方ではそれを超越した略の茶を提唱する。ここに王侯の茶と隠逸の茶と一体となって陸羽の茶道が成立するのである。その茶道は二十四器による茶礼を背後に持ちつつ、むしろ略の茶をその本領としていたと見たいのである。

次に陸羽が自ら茶道の成立を意識していたか否かの問題として、陸羽が自らその著に『茶経』と命名していたかを検討してみたい。神田博士[14]が言われる如く、経とは経典の経であり、中国では容易に書名につけられるべき文字ではない。また陸羽のこの著書をすべての文献が『茶経』と称しているわけではない。前述の『封氏聞見記』の飲茶の条は「楚人陸鴻漸為茶論。」といい、『崇文総目』巻三には、「茶記二巻。陸羽撰。」といい、『通志』巻六六芸文略四、食貨、茶の条、『宋史』巻二〇五芸文、子類農家類にも陸羽撰の『茶記』が見えるから、或は初めは『茶経』と言わないで『茶記』と言ったと考えられないこともないが、『新唐書』陸羽伝は「茶経三篇」と言い、また神田博士も挙げられる陸羽の親友、皎然の「飲茶歌。送鄭容。」に「楚人茶経虚得レ名。」とあり、すでに陸羽在世の時より茶経と称せられていたことは間違いない。恐らく陸羽は自信を以て自ら『茶経』と命名したのであろう。『茶経』十之図の最後に「於是茶経之始終備焉。」と結んでいる。『茶経』の本文中に茶経とあるのはここのみであるが、これはこの条が後世の竄入であることを証明しない限りは、陸羽が自ら『茶経』と称したことは否定できない。しかし「経」字を儒家の経典以外に使用した例は、『漢書』芸文志の数術略形法家に「山海経十三篇」とあり、同じく方技略医経家に「黄帝内経十八巻。外経三十七巻。扁鵲内経九巻。白氏内経三十八巻。外経三十六巻。」などの用例があり、陸羽が初めて儒家の経典以外に経字を用いたわけではない。

また陸羽は当時の人々から何と称せられていたか。『唐才子伝』の本伝には「茶仙」とあり、『封氏聞見記』飲茶の条では「煎茶博士」とあり、これも在世時より一般に茶道の大家と目せられていたことを物語っている。なお陸羽は自らは桑苧翁（『新唐書』本伝、『唐才子伝』）、東崗子（『唐才子伝』）と称したとあるが、これはいずれも隠者の称である。

以上の如く、陸羽の茶道は自ら意識してこれを提唱し、さらに広く当時の江湖の人もこれを認めており、茶道はここに成立していたと考えられるのである。

なおその茶道の後継者も現われている。常伯熊は先に引用した『封氏聞見記』飲茶の条に、陸羽の論により、広くこれを潤色し、茶道大いに行われたとあり、常伯熊は陸羽茶道の後継者であった。『封氏聞見記』はこの条に続いて次のように述べる。「御史大夫李季卿宣二慰江南一。至二臨淮県館一。或言二伯熊善茶者一。李公請レ為レ之。伯熊著二黄被衫烏紗帽一。手執二茶器一。口通二茶名一。区分指点。左右刮目。茶熟。李公為レ歠。両杯而止。既到二江外一。又言二鴻漸能茶者一。

李公復請レ為レ之。鴻漸身衣二野服一。随二茶具一而入。既坐。教擲如二伯熊故事一。李公心鄙レ之。茶畢。命二奴子一取二銭三十文一酬二煎茶博士一。鴻漸遊二江介一。通二狎勝流一。及二此羞愧一。復著二毀茶論一。伯熊飲茶過レ度。遂患二風気一。晩節亦不レ勧二人多飲一也。」とある。此の記事には難解な点もあるが、注目すべきことは、常伯熊は陸羽茶道の後継者ではあるが、また異なっている点もあった。それは李季卿が常伯熊を招いた時、伯熊は黄被衫・烏紗帽を著けていた。黄被衫がどのような服装かは明らかでないが、蔣防の『霍少玉伝』（『太平広記』巻四八七）に「忽有二一豪士一。衣二軽黄紵衫一。」とあり、黄被衫と黄紵衫が等しいと考えると、それは豪士の服装であった。烏紗帽は『新唐書』巻二四の車服志に「白紗冒者。視朝聴訟宴見賓客之服也。以二烏紗一為レ之。」とあり、公の席に用いる帽子であった。伯熊は堂々たる盛装で茶を点じた。これに対し、李季卿に陸羽が招かれた時、陸羽は野服をまとって行った。その茶の点て方も伯熊と同じであったので、陸羽は李公に軽蔑され、その結果、陸羽は『毀茶論』を著したという話である。毀茶論は今日伝わらず、その詳細を知ることはできない。しかしこの話によって、常伯熊は陸羽の茶道の普及者ではあったが、陸羽のような隠逸の茶人ではなかったと考えられる。しかし『封氏聞見記』に、常伯熊が茶の過飲の為に風疾を患い、晩節は人に多飲を勧めなかったとある話は、伯熊の茶道に暗いものを予想させるものがある。

また奚陟は『旧唐書』巻一四九・『新唐書』巻一六四に列伝があるが、貞元十五年（七九九）に吏部侍郎にて五五歳にて卒しているから、陸羽よりやや年輩の人である。『太平広記』巻二七七に次のような記事がある。[15]「奚侍郎陟。少年未レ従レ官。夢与二朝客二十余人一。就二一庁中一喫レ茶。時方甚熱。陟東行首坐。茶起レ西。自レ南而去。二椀行。不レ可レ得レ至。陟公渇甚。不レ堪二其忍一。……後十五年。為二吏部侍郎一。時人方漸以レ茶為二上味一。日事二修潔一。陟性素奢。先為二茶品一副一。余公卿家未二之有一也。風炉越甌。椀托角匕。甚佳妙。時已熱。飡罷。因請二同舎外郎一就レ庁茶会。陟為二主人一。東面首坐。坐者二十余人。両甌緩行。盛又至レ少。揖客自二西面一始。雑以二笑語一。其茶益遅。陟先有二痟疾。加レ之熱乏。茶不レ可レ得。燥悶頗極。」とある。この記事は唐の盧某の『逸史』に出ており、奚陟の茶の造詣の程度は判明しないが、この史料は陸羽と同時代の飲茶の模様を示すものとして特に引用した。「時人方漸以レ茶為二上味一。」の句は飲茶普及の好箇の史料である。また陸羽は飲茶の場所や茶会のことには全然触れていないが、この史料はそれらを示すよい史料である。茶会は庁中にてなされ、二十余人に対してその盌数はわずか二盌で、陸羽の五人で三盌、七人で五盌にくらべて盌数が少ない。しかし二十余人で二盌をまわし、非常に渇している様が描写されているから、これは盌数不足の故であろうか。茶会の席次も定まっており、主人の陟が東面し、西面より南面、東面とまわっている。茶器も風炉は陸羽が詳しく説く所であり、越甌は越州の盌で、陸羽推奨のものである。盌托は茶托のことかと思われるが、これは『茶経』に見えず、角匕は『茶経』の則（茶杓）で、「方寸匕」とあるのにあたる。飡《さん》（食事）の後に茶会が開かれているのも注目してよい事実である。

張又新は陸羽より少し後の元和九年（八一四）の進士で、「煎茶水記」の著があり、陸羽の影響下に作られた水の品質を論じた品水論である[16]。

李約は唐の宗室の出身で、元和中の兵部員外郎であったが、当時の通人で、茶を好んだ。唐の趙璘の『因話録』巻二に「李約天性唯嗜レ茶。能自煎。謂レ人曰。茶須二緩火一炙。活火煎。活火謂二炭火之焔者一也。客至不レ限二甌数一。竟日執二持茶器一不レ倦。」とあり、緩火にて茶を炙り、活火にて茶を煎ずると言ったのは、陸羽も未だ言及しなかった所であり、また李約の茶は甌（盌）数も制限していない。すぐれた見識のある茶人である。

盧仝（八三五年没）は「走筆謝孟諫議寄新茶詩」が有名である。そのなかで「一椀喉吻潤。両椀破二孤悶一。三椀捜二枯腸一。四椀発二軽汗一。五椀肌骨清。六椀通二仙霊一。七椀喫不レ得也。」とある。陸羽は五之煮において、第一・二・三盌とつづけて飲み、第四・五盌以上はとくに渇いている時以外は飲まないと言っており、「六椀通仙霊」と合わない。

盧仝がどのような茶道を提唱しているかはわからない。

唐末の詩人、皮日休（八八〇年没）は茶人として有名である。その茶中雑詠は、茶塢・茶人・茶笋・茶舎・茶竈・茶焙・茶鼎・茶甌・煮茶の十詠よりなる。これに対する陸亀蒙（八八一年没）の倡和詩十首も伝えられている。

これらの詩に、陸羽の茶道以上のものはあまり見当たらないが、皮日休の煮茶詩に「香泉一合乳。煎作二連珠沸一。時看蟹目濺。乍見二魚鱗起一」とあり、陸羽が一沸を魚目、二沸を湧泉連珠、三沸を騰波鼓浪というのに対して、皮日休は連珠、蟹目、魚鱗と新しい表現を用いているのは注目すべき点である。なお皮日休は酒中十詠の詩もあることを附言しておく。

以上のように茶に関して見識をもった人物は陸羽以後も現われている。しかし茶のすべてにわたってまとまった見識ある文献としては、陸羽の茶経が卓絶していることはいうまでもない。

陸羽が茶神として偶人が作られたことが見える。『新唐書』の本伝に「時鬻レ茶者。至下陶二羽形一置二煬中突間上。祀為二茶神一」とあり、『唐才子伝』の本伝には「器レ茶家以瓷陶羽形一祀為レ神。買二十茶器一。得二一鴻漸一。」とあり、『唐国史補』の陸羽得姓氏の条には「鞏県陶者多為二瓷偶人一。号二陸鴻漸一。買二数十茶器一。得二一鴻漸一。市人沽レ茗。不レ利輒灌二注之一。」とあり、『太平広記』巻二〇一に引く『大唐伝載』、陸鴻漸の条に「至二今鬻レ茶之家一。陶為二其像一。置二於錫器之間一。云宜三茶足レ利。……今為二鴻漸形者一。因目為二茶神一。有二交易一則茶祭レ之。無二以二釜湯一沃レ之。」とある。以上いずれも陸羽は茶道の元祖として茶神として祀られているのではなく、茶の販売量を増大させる神として祀られているのである。

以上、茶道の語義より説き起こして、唐代における飲茶の方法、茶道の成立の背景、陸羽の茶道とはどのようなものである。

のであるかを考察してきたのであるが、史料は『茶経』以外には乏しく、唐代史にこれを位置づけることは困難な点が多いが、一応の私見を述べた積りである。及ばない点について、博雅の方の示教を切望する次第である。

註

（1）「茶の歴史に就て」創元社『茶道全集』第一巻茶説茶史篇、一九三六。また『近代支那の政治及文化』イデア書院、一九二六。
（2）『茶経』の各版本間の異同・現代語訳・註解についての拙稿は『茶道古典全集』第一巻（京都淡交新社刊、一九五七）を参照せられたい。
（3）「末茶源流」は『華国風味』弘文堂刊、一九四九年。また『東光』第一号所収。
（4）註（2）参照。
（5）「茶経著作年代考」（『立命館大学文学部創設三十周年記念論集』、一九五七年十二月刊）。
（6）「皎然」のこと、および先述の『韻海鏡原』の編纂のことは、市原亨吉氏の「中唐初期における江左の詩僧について」（『東方学報』京都第二八冊、一九五八年）に詳述されている。
（7）拙稿「唐初の貴族」（『東洋史研究』一〇巻三号）。
（8）創元社版『茶道全集』巻一茶説茶史篇所収「陸羽と茶経」。また『茶経評釈外篇』第三章、陸羽小伝。茶業組合中央会議所発行、一九四三年。
（9）淡交新社刊『茶道古典全集』第一巻「茶経解題」
（10）『茶道古典全集』第一巻所収。福島俊翁「勅修百丈清規」および、その「解題」参照。
（11）「敦煌発見古写録本　唐の郷貢進士王敷撰の茶酒論の研究」（『甲南大学文学会論集』第八号）。
（12）註（9）参照。

（13）『斉民要術』のこの条は、西山武一・熊代幸雄両氏訳の上巻の五三頁に見える。そこで三沸を「三度沸騰させて」と訳されているが、これはやはり「三沸になると」と訳すべきであろう。

（14）註（9）参照。

（15）此の記事は青木正児博士の示教によるものである。

（16）『茶道古典全集』「茶経参考文献」所収。

〔付記〕本稿執筆の一動機は、淡交新社編集部が「茶経論講」を前後八回にわたり、開催せられたことにある。その席上、同社刊『茶道古典全集』第一巻所収、拙稿の『茶経』の訳註に対し種々の検討が加えられ、またひろく茶史について多くの示唆が得られた。その記録は『淡交』一九六一年一月号より八月号までに連載されている。この記録は出席者の校閲を経ていないので、一々の引用は避けたが、その席上では多くのものを得ることができた。出席の各位と淡交新社編集部に謝意を表する次第である。

また文部省は「中国茶史の研究──唐代を中心として」に対して、一九六一年度各個研究費を交付せられた。本稿はその成果の一部である。

（一九六一・九・二四）

〔追記〕本稿の要旨は一九六一年十一月十二日史学会大会東洋史部会において報告した。終了後、佐中壮氏より山下寅次氏の「支那歴代煎茶考」（『桑原博士還暦記念東洋史論叢』所収）に唐代の茶の造り方等についての記述がある旨の示教があった。早速一読してみると、筆者と見解の異なっている点も多い。これについては他日を期したい。（一九六一・一二・二五）

（『立命館文学創刊第二百号記念論文集』立命館大学文学会　一九六二年）

四庫提要の「別本茶経」について

『四庫全書総目提要』の巻一一五、子部譜録類に、

茶経三巻　浙江鮑士恭家蔵本

とあり、また同じく巻一一六、子部譜録類存目には、

別本茶経三巻　浙江鮑士恭家蔵本

とあり、この別本茶経について『提要』は、

旧本題曰。玉茗堂主人閲。玉茗堂主人。湯顕祖之別号也。

という。この「玉茗堂主人閲の別本茶経」（以下「玉茗堂本」と称す）については、近時もっとも多数の『茶経』の版本を挙げた万国鼎氏の「茶書二十九種題記」（『図書館学季刊』第五巻第二期、民国二十六年六月）の茶経の項にも言及されていない。また筆者も先年『茶道古典全集第一巻』（一九五七年京都淡交新社刊）において、『茶経』の訳注を試みた際、左記の十二種の版本について校勘を試みた。

㈠宋咸淳刊百川学海景印本　㈡宮内庁書陵部蔵旧刊百川学海本　㈢明弘治刊百川学海本　㈣明鈔説郛本（商務印書館排印）　㈤重較説郛本　㈥五朝小説本　㈦山居雑志本　㈧百家名書本　㈨茶書全集本　㈩明鄭熜校本（日本江戸時代翻刻本）　⑾学津討原本　⑿大典禅師茶経詳説本

なお「唐宋叢書本」「重編百川学海本」は㈤重較説郛本と同版本であるのでこのなかには入れなかった。この校勘のなかには玉茗堂本は入っていない。しかるに昨年（昭和三十五年）十一月に至り、東京神田の山本書店より筆者が購入した『茶経』は、『提要』にいう「別本茶経」、すなわち「玉茗堂本」であると認めた。この版本は現在寡聞にして海外国内を問わず存在を知悉しないものであるので、以下に若干の紹介を試みて、江湖の批正を仰がんとする次第である。

この玉茗堂本は、巻頭に「茶経序　唐皮日休撰」を掲げ、ついで「伝」として、『新唐書』隠逸伝中の「陸羽伝」を載せ、その後に「童史氏承叙曰」を附載する。ついで「茶経巻一」とあり

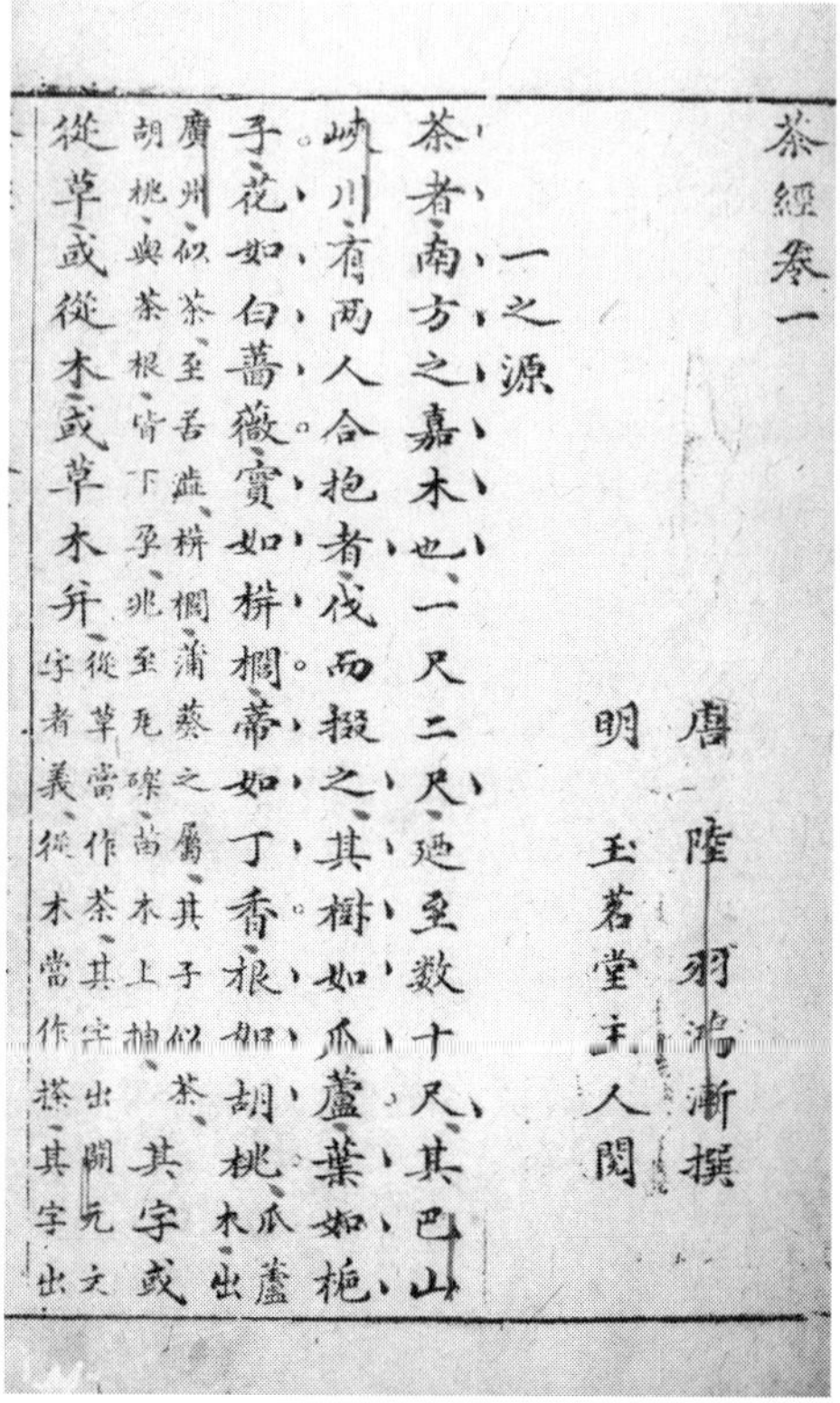
茶經巻一
唐　陸羽鴻漸撰
明　玉茗堂主人閲
一之源
茶者南方之嘉木也、一尺二尺、迺至數十尺、其巴山峡川有両人合抱者、伐而掇之、其樹如瓜蘆、葉如梔子、花如白薔薇、實如栟櫚、蒂如丁香、根如胡桃、瓜蘆木出廣州似茶至苦澁、栟櫚蒲葵之屬、其子似茶、胡桃與茶根皆下孕兆至瓦礫苗木上抽出、其字或從草或從木或草木并、從草當作茶其字出開元文字音義、從木當作搽其字出

明玉茗堂主人閲「茶経」（今日庵文庫蔵）

唐　陸羽鴻漸撰
明　玉茗堂主人閲

とある。これは『提要』に「旧本題曰。玉茗堂主人閲……皮日休茶中雑詠序。刪詩存序。以冠篇首。改名茶経序。陸羽伝刪去唐書旧賛。別加童史氏承叙賛語。」とあるのに完全に符合する。以下、玉茗堂本は併せて三巻、巻一の内容は次の如くなっている。なお「鄭」とあるのは「鄭熜校本日本翻刻本」、「胡」とあるは、

胡文煥の「茶集」、「喩」とあるは喩政の「茶集」に見えることを示すものとする。

茶経（自一之源至四之器）鄭

茶具図賛（宋審安老人）鄭

茶経（自五之煮至十之図）鄭

茶録（蔡襄）

品茶八要（明の徐滑の「煎茶七類」に四器を加え八要としたもの）

計四〇葉ある。巻二には「茶経水弁巻二」とあり、その内容は次の如くである。

煎茶水記（張又新）鄭・胡

雀舌下材（沈括夢渓筆談）

論揞旗（王得新塵史）

茶用薑塩（東坡志林）

闘茶説（唐子西）

大明水記（欧陽修）鄭・胡

浮槎山水記（欧陽修）鄭・胡

十六湯（蘇廙）

計八葉ある。巻三は「茶経外集巻三」とあり、その内容は次の如くである。

謝傅尚書茶書（楊廷秀）

与孟郊洛北野泉上煎茶（劉言史）

六羨歌（陸羽）鄭・胡・喩
茶歌（盧仝）鄭・胡・喩
石園蘭若試茶歌（劉禹錫）鄭・胡・喩
嘗新茶呈聖兪（欧陽永叔）胡
煎茶歌（蘇子瞻）鄭・胡・喩
送羽採茶（皇甫曾）鄭・胡・喩
闘茶歌（范希文）鄭・胡・喩
観陸羽茶井（王禹偁）鄭・胡・喩
西塔院（裴拾遺）鄭・胡・喩

計八葉ある。

「別本茶経」について『四庫提要』は、

是編取陸羽之事。合為一巻。後附水弁外集各一巻。然編次無法。疎舛頗多。如皇甫冉送陸鴻漸山人採茶詩。誤為皇甫曾。欧陽修大明水浮槎山水二記。列東坡志林之後。雀舌下材一条。出沈括夢渓筆談。題下失註書名。連於唐人張又新煎茶水記之後。遂似又新之作。

という。なお先の各巻の内容中の（　）内は、主として著書名で、玉茗堂本に記載されているものはそのまま書き、ないものは筆者にて補ったものである。この玉茗堂本について『提要』は、水弁・外集の附載が玉茗堂本の独特の編次のようにいうが、前述の如く、明の鄭熜の校本のわが江戸時代の翻刻本に編次がすこぶる類似している。鄭熜本のわが国の翻刻も三種目下判明している。それは天保十五年（一八四四）補刻本と、宝暦八年（一七五八）刊本と、さらに最古版として、「春秋館校刊二条鶴屋町　田原仁左衛門」の刊記あるものとある。しかしこの三本には大した異同はないが、このわが国の翻刻本の祖本である鄭熜校本の明版は現在までその存在を知悉し得ない。それはともかく玉茗堂本と鄭本（以下において鄭熜校本の翻刻本をこのように簡称する）は親近関係の深いものであることは上記の内容の類似よりも言い得るが、また行格が二本共に九行二〇字よりなっていることよりも明らかである。

また玉茗堂本と『茶経』の他の版本を校勘してみて（紙数の関係より校勘表は省略）、結論のみを言えば、明版中の山居雑志本（万暦二十一年序汪士賢校刊）、百家名書本（万暦三十一年序胡文煥校刊）、茶書全集本（万暦四十年序喩政校刊）と前述の鄭本に近い。

さらに玉茗堂本のように、『茶経』の四之器と五之煮との間に「茶具図賛」が挿入されている形式は山居雑志本と鄭本とに見え、またこの二本は版式も一致しており、鄭本は恐らく山居雑志本を祖本としたものと筆者は考えている。

玉茗堂本と山居雑志本との関係であるが、山居雑志本は万暦二十一年序の刊本であり、玉茗堂主人の湯顕祖は万暦四十五年に没しているから（玉茗堂本が果たして湯顕祖が自身で刊行したものであるかは問題であるが、少なくとも湯顕祖の若年にその名を冠して刊行するとは考えられない）、山居雑志本が玉茗堂本の祖本の可能性が大であり、また後述の如く、玉茗堂本はそれ自身の誤り、脱字があることよりしても、山居雑志本を玉茗堂本の祖本と考えるべきである。またこの二本が極めて親近な関係にあることは次の資料によって示される。『茶経』の七之事の最初にある関係人名を列挙した個所に、山居雑志本は、

弘君挙□安任育長

と一字空欄があるが、これは『茶経』の版本中で玉茗堂本のみこれに一致する。これは玉茗堂本が山居雑志本に依拠した資料と見るべきである。なおこの個所は鄭本では空欄に「新」字を入れている。以上の諸点により、玉茗堂本、

鄭本共に山居雑志本に依拠したとみてよいであろう。

次に鄭本と玉茗堂本の新旧関係であるが、これについては確証となるものはないが、次の事実は鄭本が玉茗堂本より旧いと考える傍証ではあるまいか。それは『茶経』の一之源の「葉如丁香」とあるのが、一般のテキストであるが、わが国の大典禅師の『茶経詳説』は「蒂如丁香」とあって、「葉」を「蒂」に作っている。『茶経詳説』には安永三年（一七七四）の序があり、またわが国で天保十五年（一八四四）補刊の鄭本の翻刻本にも「葉」を「蒂」に作っているが、これは或いは玉茗堂本を見たというよりは、『茶経詳説』によったとする方が可能性が大である。同じく鄭本の翻刻本で天保本の祖本である田原本、宝暦本は共に「葉」に作っている。玉茗堂本が「葉」を「蒂」に作ったのは、意味の上から、先に「葉如梔子」とあり、また「葉如丁香」とあっては「葉」が重複するからであろう。わが国で田原仁左衛門が最初に鄭本の翻刻本を刊行した時（元禄以前と考えられる）、「蒂」字のテキストの存在を知らなかったと思われる。少なくともわが国では玉茗堂本は鄭本より遅れて伝来したと考えてよい。これは中国にても玉茗堂本が鄭本に遅れて通行したからではあるまいか。このことより鄭本を玉茗堂本より旧いテキストとみなしたいのである。

このように考えてくると、『提要』の「別本茶経」の条にいう「如皇甫冉送陸鴻漸山人採茶詩。誤為皇甫曾。」の如きも、この詩を「皇甫曾」の撰とするのは鄭本の「茶経外集」もそうであり、また胡文煥の『百家名書中』の「茶集」、喩政の『茶書全集』中の「茶集」いずれも「皇甫曾」の撰とし、この誤りが玉茗堂本の創始とは恐らく言えないであろう。また『提要』に「皮日休茶中雑詠序。删詩存序。以冠篇首。改名茶経序。」とあるが、これは鄭本も同様であり、また重較説郛本、五朝小説本も同様であり、果たして「茶中雑詠序」を「茶経序」としたのが玉茗堂本の創始とするのも問題である。また『提要』に「陸羽伝删去唐書旧賛。別加童史氏承叙賛語。」というが、このことは山居雑志本（但し茶経の巻末にあり）、鄭本、百家名書本にも見られることで、これも玉茗堂本の創始とは言えないであろう。

以上述べたように、玉茗堂本に対する『提要』の非難は、『茶経』の各版本の、特に各明版の精査より出るものではない。しかしこのことは玉茗堂本が『茶経』のテキストとしてすぐれたものであるというのではなく、玉茗堂本を他の明版の『茶経』に比較してみると、むしろ『提要』の挙げない所に他の版本に見られない粗雑な所がある。

まず五之煮の「候寒末之」の注に「末之上者。其屑如細米。末之下者。其屑如菱角。」の下の「末之」の二字が玉茗堂本には脱落している。また特に甚だしい誤りは七之事の芸術伝（『晋書』）を引用した次の「釈道該説続名僧伝。……年七十九。」の五七字が脱落している。また同じく七之事の「王微雑詩」の「寥寥空広厦」の「空」を「坐」に誤る如きがそれである。また『茶経水弁』巻二の「大明水記」の著者を「宋欧陽修」とし、『茶経外集』巻三の「嘗新茶呈聖兪」の著者を「欧陽永叔」とする不統一もある。

『提要』は、この玉茗堂本について「冗雑顚倒。毫無体例。顕祖似不至此。殆庸劣坊賈託名歟。」と断案を下している。しかし「冗雑顚倒。毫無体例。」とする論拠は前述の如く玉茗堂本のみではなく、他の明版の『茶経』にもみられる点であり、この点では『提要』の『茶経』版本調査の不備は責められねばならず、むしろ『提要』は「別本茶経」としてこの系統の『茶経』を存目に入れるならば、山居雑志本を入れるべきであったろう。

また「顕祖似不至此。殆庸劣坊賈託名歟。」という点は、先に述べた『提要』の挙げた以外の玉茗堂本の欠点によってもその非難に値するものである。湯顕祖（一五五〇－一六一七）が果たしてこのテキストを刊行したか否かについては、にわかに断案を下すことはできないが、結論としては「庸劣坊賈託名」と言って充分差支えないと思うが、その理由は『提要』とは異なることを述べた次第である。

〔附記〕『茶経』の版本の研究として、先に拙稿「茶経の版本における三種の百川学海本と明鈔説郛本」（『神田博士還暦記念書誌学論集』、一九五七年）がある。また『茶道古典全集』第一巻に各版本間の異同を校勘しておいたが、その後の新獲の資料もあり、また当時の粗漏に気付いた点もあり、それらはまたの機会に補訂を試みたいと考えている。

（一九六一・七・二六）

（『岩井博士古稀記念典籍論集』岩井博士古稀記念事業会　一九六三）

唐代の名茶とその流通

一　はしがき

今私の手元に中国旅行中に買い求めてきた「碧螺春」という名茶がある。これは中国土産畜産進出口公司、上海市茶葉分公司の製品となっているが、正式には「洞庭碧螺春」と言い、江蘇省蘇州地区呉県の太湖周辺に産し、清の崇徳五年（一六四〇）に貢茶となったものである。(1)また「蒙頂黄芽」とよばれる名茶が今もあるが、これはすでに唐代の名茶の中に蒙頂の名が登場しているものである。

これらは一口に茶と言うが、その中にいろいろあることは周知のことである。今も、中国で茶は六大茶といわれ、緑茶・青茶・黄茶・白茶・黒茶・紅茶に分類されている。上記の二つの名茶はいずれも緑茶に分類される。緑茶とは現在わが国で飲用されている煎茶・玉露・番茶・抹茶もこの分類にいれてよい。緑茶の特色は、茶摘みの後にただちに熱を加えて酵素を殺すことにあり、これを殺青という。しかしわが国では殺青は蒸すのに対して、中国では釜炒りする点が異なる（わが国でも九州では釜炒り茶が行われている）。青茶は普通に烏龍《ウーロン》茶と言っている半発酵茶で、茶摘みの後にすぐ加熱せず、しばらくそのままにしておく。これを萎凋という。ついで緑茶と同じように、揉捻、乾燥をへてできあがる。黄茶・白茶は軽度の発酵茶であり、黒茶は自動気化の後発酵茶で、型にはめて蒸圧される緊圧茶（団茶ともいい、また磚茶、辺茶などとも言われる）の原料となるものである。紅茶はわが国でも常用されているもので、製法から言えば、完全発酵茶で、加熱せず、萎凋・揉捻・発酵・乾燥の工程でできあがる。しかしこれから述べる唐代の名茶はすべて以上の分類から言えば緑茶である。(2)

唐代の名茶についての本論に入る前に、名茶というものが何時ごろから始まったかについての所見を述べておきたい。広大な中国において、各地の地名を冠した名茶の登場は茶の普及の重要な証左であるとともに、茶の遠隔地流通があって初めて可能である。とくに以下に述べるような唐代の名茶のまとまった記述は茶の流通を考察する上でも重要な史料となるからである。名茶のもっとも古い記録として、唐本草と言われて、唐の高宗の顕慶四年（六五九）に頒行された『新修本草』巻一八、菜類、苦菜の注に引く『桐君薬録』に

西陽・武昌及廬江・晋陵茗皆好。(3)

とあり、この文は唐の陸羽の『茶経』七之事には『桐君録』として引用され、最後の「茗皆好。」は「好茗」に作っている。『桐君薬録』は『隋書』巻三四、経籍三、子、医方の条に同名で三巻として見える。矢野仁一氏は「南北朝初期、宋斉のものであらう。(4)」とされた。私は晋代のものとしてもよいと考えたが、確証がなかった。(5)それは武昌・廬江については、『晋書』巻一五、地理下に郡として見え、西陽は同前書巻一四、地理上に予州弋陽郡の属県として見えるが、晋陵については晋の郡県である確証がなかったからである。しかし、『晋書』地理下、揚州の条に、「又以毗陵郡封東海王世子毗。避毗諱。改為晋陵。」とあり、『晋書』巻五九、東海孝献王越伝によれば、毗の父が越であり、越が東海王に封ぜられたのは、永康初年（三〇〇）以前であるから、西晋末には、だいたい晋陵郡は存在したと見てよく、『桐君薬録』は西晋末以降であれば差支えない。これだけでは『桐君薬録』を西晋末のものと断定できないが、

上記の西陽・武昌・廬江・晋陵が西晋末の名茶の産地であった可能性は存在する。また矢野仁一氏はこの四地が茶の産地であることを述べておられる。西陽の地名の比定については少々問題があり、矢野氏は淮南道黄州に当てられているが、これが今の河南省信陽地区光山県か湖北省黄岡地区黄岡県かは定め難い。しかしどちらも茶の産地とみなしてよい。[6]私は『桐君薬録』に見える西陽・武昌・廬江・晋陵を中国最古の名茶の産地とみなし、その時代を西晋末までさかのぼらせたいと思う。ということはすでに西晋末にかなり遠隔の湖北省から、安徽省、江蘇省、あるいは河南省南部を含めた各地域の名茶が喧伝されるほど茶が普及していたということになる。

「はしがき」を終わるにあたって、本稿で以下に用いる史料の著作時期について述べておきたい。『茶経』については、すでに考察を加え、その八之出に記載された州県名によって、唐の粛宗の乾元元年（七五八）から、上元元年（七六〇）の間のこととした。[7]しかし以後増補の可能性は認めてもよい。

『唐国史補』は唐の李肇の撰で、『四庫全書総目提要』巻一四〇、子部『唐国史補』の条には「書中皆載開元至長慶（七一三―八二四年）間事」とあり、それに従ってよいと思う。『茶経』より約六〇年後のことまで記述されていることになる。

『膳夫経』[8]は、『膳夫経手録』とも言い、唐の楊曄の撰で、『粤雅堂叢書』に収める『続談助』巻五の『膳夫経』末尾の「西楼」の記、および、それに基づいた清の阮元の『揅経室外集』巻二の提要によれば、その官は巣県の県令で（巣県は唐の淮南道廬州の属県、今の安徽省巣湖地区巣県で、茶の産地に近い）、本書は唐の宣宗の大中十年（八五六）に成ったとある。したがって本書の記述は、『唐国史補』記述の下限より約三〇年後がその下限となる。本書については、篠田統氏の『中国食物史』（柴田書店、一九七四）一一二頁に紹介がある。

二　『茶経』に見える産地別の品第

唐代の名茶のことを考察するに当たっては、まず陸羽の『茶経』八之出に見える州別毎の上・次・下・又下の品第がある。そこには州別の茶の品第を挙げ、注に生産県などを細分して掲げている。州別の茶の品第は本稿の末尾に附載した「唐代の名茶とその産地一覧表」に示しておいた(9)。陸羽がこのような資料の入手が当時いかにして可能であったか。現存する唐代の他の史料に比べて驚嘆とすべきである。このためには、各地における茶の集散地とそこからの流通がなくては不可能である。また州毎の茶についての上・次・下・又下の品第をどのようにして行ったかも問題である。さらにこの条の原注において、「湖州生長城県顧渚山谷。与峡州・光州同」という風に、州内の生産県をあげると共に、県内の著名な産地、例えば上例では顧渚山をあげている。顧渚山はあまりにも有名であり、陸羽が晩年にその近くの苕渓に移り住んだことから見ても記述される可能性はあり、浙西にこのような記述が豊富なのはうなずける。しかし剣南（今の四川省）までかなり詳細な部分があるのはどのようにして可能なのであろうか。さらに上例の顧渚山谷のものが、遠隔の峡州や光州のものと同じであるという風な記述が当時の茶産地の広範囲にわたっていかにして可能であったか。また後世にても、地方志において、この『茶経』の記述を引用するだけで、これを改める全般的な品第がなかったのも不思議である。『茶経』の八之出の茶産地の記述はまことに驚異的である。しかし『茶経』八之出によって、八世紀後半の茶生産の状況が量的には明らかでないにせよ、生産地とその品質の大要が判明するのはまことに貴重な史料と言わねばならない。しかし以下の叙述によっても明らかなように、『唐国史補』『膳夫経』の名茶が『茶経』においてすべて上と品第されているわけではない。これにはその時代差を当然考慮にいれねばならないが、『茶経』の記述が必ずしも万全を期待できるものではないという疑いは残っている。

三　『唐国史補』に見える名茶

『唐国史補』の名茶に関する記事の第一は巻下の「敍諸茶品目」に見える次の文である。底本は『津逮秘書』、（　）内は原注、(1)(2)……(16)は私が以下の叙述の便宜上つけたものである。

風俗貴茶。茶之名品益衆。(1)剣南有蒙頂石花。或小方。或散牙。号為第一。(2)湖州有顧渚之紫笋。(3)東川有神泉小団・昌明獣目。(4)峡州有碧澗・明月・芳蘂・茱萸簝。(5)福州有方山之露（一作生）牙。(6)夔州有香山。(7)江陵有南木。(8)湖南有衡山。(9)岳州有灉湖之含膏。(10)常州有義興之紫笋。(11)婺州有東白。(12)睦州有鳩坑。(13)洪州有西山之白露。(14)寿州有霍山之黄牙。(15)蘄州有蘄門（水？）団黄。(16)而浮梁之商貨不在焉。[10]

この史料については、すでに矢野仁一・青木正児の二氏が触れておられるが、[11]以下に(1)(2)……(16)について私見を述べてみよう。

(1)　**剣南有蒙頂石花。或小方。或散牙。号為第一。**

「剣南」は唐の十道・十五道の一で、ほぼ今の四川省に当たる。「蒙頂」は蒙山の頂上という意味で、蒙山は四川省雅安地区の雅安・名山・蘆山三県界にある一四五〇メートルの山である。『茶経』八之出には剣南の条に、「雅州・瀘州下。（雅州百丈県・名山県。[12]瀘州瀘川県者。与金州同也。）」（括弧内は原注。以下同じ）とあり、『茶経』では、「蒙頂」の名は現われず、また蒙頂の属する雅州の茶は下と品第されている。したがって蒙頂茶は『茶経』以後急速に登場したものである。『唐国史補』とほぼ同時期に著作された『元和郡県図志』巻三二、西川下、雅州の条に、「蒙山在県南十里。今毎歳貢茶。為蜀之最。」とあり、『唐国史補』の記事を裏づけている。また『膳夫経』には「蒙頂。始蜀茶得名蒙頂也……」とある。北宋初の『太平寰宇記』巻七七、剣南西道六、雅州、名山県の条に、「蒙山在県西七十里。……山頂受全陽気。其茶芳香。按茶譜云。山有五嶺。有茶園。中嶺曰上清峯。所謂蒙領茶也。為天下之称。」とあり、この記事は元和志より詳細であり、北宋初も引続き天下の名茶であった。上文の『茶譜』は今は全文の見られない五代の毛文錫のものであろう。[13] 明の李時珍の『本草綱目』巻三二、果部、茗の条の集解に、「時珍曰」として、「雅州之蒙頂石火・露芽・穀芽第一。」として挙げている。現在も名茶に「蒙頂黄芽」のあることは「はしがき」に述べたが、『四川茶葉』（四川人民出版社、一九七七）の第一七章、幾種的名茶的製造、一、蒙頂名茶的製造には黄芽のほか、甘露・石花・万春銀葉・玉葉長春を挙げ、蒙山は年平均気温一五度C、年降雨量一八〇〇―二〇〇〇ミリ、空気湿潤、土壌深厚肥沃などと現在も好条件であることがわかる。

「石花」の名称については未詳である。「小方」について、青木正児氏は「小さく方形にした餅茶か」と言われたが、その通りと思う。餅茶とは『茶経』二之具・三之造に見える陸羽の推奨する固形茶で、茶採み後、甑《そう》（こしき）で蒸し、杵臼で搗き、それを規（かた）いれて固める。小方はその規が方形で小さいのであろう。これを乾燥したのが餅茶で、飲む直前に炙って碾（木製）にいれて粉末にして飲む。[14] この餅茶が唐代の代表的な茶である。「散牙」について、青木正児氏は「散茶（ばらの葉茶か）」と言われたが、その通りと思う。『茶経』六之飲に、「飲有觕茶・散茶・末茶・餅茶者」とあり、觕《そ》（＝粗）茶は粗末な茶、すなわち茶樹を切って葉を落し、熱を加えて乾燥した茶、わが国で言えば番茶の類、散茶は觕茶より上等な葉茶、わが国で言えば煎茶の類、末茶は茶採み後、殺青し、乾燥してから碾にかけた粉末茶、わが国で言えば抹茶の類と考えている。散牙の「牙」は、『茶経』一之源に、「笋者上。牙者次」とあるように、笋（たけのこ）と共に茶芽の形容であり、したがって、散牙は茶芽で作った葉茶の意味となるのであろう。

(2)　湖州有顧渚之紫笋

顧渚山は浙江省嘉興地区長興県にあり、太湖の南岸に近い。『茶経』八之出には、「浙西以湖州上。（湖州生長城県顧渚山谷。）」とあり、すでに『茶経』が顧渚山のある湖州の茶を上品としている。また『元和郡県図志』巻二五、江南道一、浙西観察使、湖州、長城県の条に、「顧山。県西北四十二里。貞元巳後。毎歳以進奉顧山紫筍。茶役工三万人。累月方畢。」とある。顧山は顧渚山の略、紫筍は紫笋と同じである。とくに貞元（徳宗の年号、その元年は七八五年）以後、毎年の皇帝への進奉が始まり、製茶労働者が三万人にも及んだと見えるのは注目される。また『新唐書』巻四一、地理志五、江南道、湖州呉興郡の条に、土貢として「紫筍茶」を記し、長城県の条に「顧山有茶。以供貢。」とあり、『膳夫経』に、「湖州顧渚湖南紫筍茶。自蒙頂之外。無出其右者。」とあり、蒙頂茶に次ぐ名茶としている。『太平寰宇記』巻九四、湖州の条の土産に「紫笋菜」とあるのは「紫笋茶」の誤りであろう。以上のように、「顧渚之紫笋」については、唐代の名茶として唐の記録に蒙頂茶と共に現われる唐代第一の名茶である。また『唐国史補』巻下の「虜帳中烹茶」に「此顧渚者」とあることは後述する。また顧渚茶のことは唐代の文学作品にも多く登場する。黄巣に殺された皮日休の『松陵集』巻四に見える「茶中雑詠」の第二首、茶人に「生於顧渚山。老在漫石塢。」とあり、皮日休と茶中雑詠を応酬した陸亀蒙の『唐甫里先生文集』巻一六に収めるその自伝「甫里先生伝」に、「先生嗜茶荈。置小園於顧渚山下。歳入茶租十許。薄為甌犠之費。」とあり、当時の風流人が自身で顧渚山下に茶園を持っていたことがわかる。陸亀蒙は姑蘇（江蘇省蘇州地区呉県）の人で、そこは太湖を隔てて顧渚山の対岸にあった。

(3)　東川有神泉小団・昌明獣目

「東川」は、『元和郡県図志』巻三三、剣南道下に東川節度使の条があり、その東川である。東川節度使の管州に綿州があり、綿州は今の四川省綿陽地区綿陽県である。綿州の管県の中には、昌明・神泉の二県があるから、「神泉の小団、昌明の獣目」と読むべきである。『膳夫経』にも「東川昌明茶」のことが見える。『唐国史補』の「虜帳中烹茶」にも「此昌明者」とある。しかし『茶経』八之出には、剣南の条に、「綿州・蜀州次。（其西昌・昌明・神泉県西山者並佳。）」とあり、綿州は次品と言いながら、西昌・昌明・神泉産の茶は佳と言っている。宋本『白氏文集』巻三六、春尽日には、「酔対数叢紅芍薬。渇嘗一盌緑昌明（原注。蜀茶之名也。）」とある。

宋代では、楊伯嵒の『臆乗』茶の条に、「東川曰獣目」とあり、『本草綱目』巻三二、茗の条には「東川之神泉獣目」とあるが、「昌明獣目」の誤りか、或いは明代には「神泉獣目」という名茶があったのであろうか。

「小団」とは小型の団茶の意味であろうが、当時から餅茶のことを団茶ともよんだのであろうか。「獣目」について、諸岡存氏[15]は、獣目山という山名に出るとしておられるが、典拠は示されていない。

(4)　峡州有碧澗・明月・芳蕋・茱萸簝

峡州は今の湖北省宜昌市に州治があった。『茶経』八之出には、「山南以峡州上（峡州生遠安・宜都・夷陵三県山谷。）」とあり、峡州茶は『茶経』においても上品とされ、『新唐書』巻四〇、地理志、山南道、峡州の条の土貢に「茶」が見える。『膳夫経』には、「峡州茱萸簝得名。近自長慶（穆宗の年号、八二一－八二五）稍稍重之。亦顧渚之流也。自是碧澗茶。明月茶。峡中香山茶皆出其下。夷陵又近有小江源茶。雖所出至少。又勝於茱萸簝矣。」とあり、茱萸簝は穆宗の長慶（八二一－八二五）年間より登場したが、やがて夷陵（峡州の属県）の小江源茶は量的には少ないが質的には茱萸簝を圧倒したことがわかる。またここに碧澗茶・明月茶の名称も見えるが、芳蕋茶のことは見えない。明の孫大綬の『茶譜外集』に収める宋初の呉淑（正儀）の「茶賦」の「碧澗紀号」の自注に、五代、毛文錫の『茶譜』を引いて、「有水江園（『膳夫経』に言う「小江源茶」か）・明月簝・碧澗簝・茱萸簝。」とあり、明月簝・碧澗簝として見え、芳蕋は見えない。[16] 簝は『周礼』地官、牛人の「其盆簝以待事」の鄭司農の注に「簝受肉籠也」とあり、簝とは籠のことである。峡州では、茶を簝（竹籠）にいれて運んだので、茶名に簝をつけて呼んだのであろうか。また毛文錫の『茶譜』に見えるように、茱萸簝だけでなく、明月・碧澗にも簝をつけて呼んだのが正しいのであろうか。

「明月」という名称については、『大清一統志』巻二七三、宜昌府、山川の条に、「明月峡」があるから、それによって名づけたのであろうか。とすれば、「碧澗」についても同様のことが考えられるが、明証を得ていない。「芳蕋」および「茱萸簝」の名称については目下のところ手懸りがない。なお『本草綱目』巻三二、茗の条に、「硤州之碧澗・明月」とあるが、硤州と峡州は同一地である。

(5) 福州有方山之露（一作生）牙

福州は今の福建省福州市であり、『茶経』八之出には、「嶺南生福州……（福州生閩県方山之山陰也）」とあり、この方山を『唐国史補』の方山に当ててよいと思う。『新唐書』巻四一、地理志、江南道、福州長楽郡の条の土貢に「茶」が見える。『太平寰宇記』巻一〇〇、江南東道、福州の条に、土産として「茶」が見え、閩県の条に、「方山在州南七十里。周廻一百里。山頂方平。因号方山。」とあるのは、この方山のことと考えられるが、ここに茶に関する記述はない。『膳夫経』には、「福州生黄茶」とあり、記述が異なる。宋の楊伯喦の『臆乗』に、「福閩曰生芽。曰露芽。」とあり、芽は牙に通じ、ここでは露牙・生牙が両方ともあり、「一作生」というより、「福州有方山之露牙・生牙」とあるのが正しいようである。『本草綱目』巻三二、茗の条には、「福州方山之集芽」という集芽は方芽の誤りとすべきであろうか。

(6) 夔州有香山

夔州は今の四川省万県地区奉節県である。『茶経』八之出には夔州のことは見えず、『茶経』以後の新産地であろう。『新唐書』巻四〇、地理志、山南道、夔州の土貢には「茶」がある。夔州は長江の三峡にあり、『膳夫経』の峡州の条に見える「峡中香山茶」は夔州の香山茶と同一であろう。

(7) 江陵有南木

「江陵」は、『新唐書』巻四〇、山南道の条に、「江陵府江陵郡。本荆州南郡。……県八。江陵。……」とあり、今の湖北省荆州地区江陵県である。『茶経』八之出には、「山南……襄州・荆州次。（荆州生江陵県山谷……）」とある。荆州は次品とされている。『膳夫経』には、「潭州茶」の条に、「江陵南木香茶（凡下）」とあり、いずれもあまりよい評価は与えられていない。

(8) 湖南有衡山

『茶経』八之出には、「山南……衡州下。（生衡山・茶陵二県山谷。）」とあり、衡山は『新唐書』巻四一、地理志では江南道黔中採訪使に属し、今の湖南省衡陽地区衡山県で、五岳の一つの南岳があるので名高い。洞庭湖の南にあるので「湖南」と言ったのであろう。『膳夫経』には、「衡州衡山。団餅而巨串。歳収千万。」とあり、餅茶の串が大きいのが特徴で、収穫量も多かった。宋の呉淑の「茶賦」の「或侔団月之形」の自注に引くも毛文錫の『茶譜』に、「衡州之衡山……研膏為之。皆片団如月。」とあり、餅茶の形状が月形という特色もあった。

⑼　岳州有㴩湖之含膏

岳州茶のことは『茶経』には見えない。『茶経』以後新登場したものである。『新唐書』巻四一、地理志、江南道黔中採訪使の条に、岳州巴陵郡とあり、州治は巴陵にあった。今の湖南省岳陽地区岳陽市である。『元和郡県図志』巻二七、江南道三、岳州巴陵県の条に、「㴩湖。一名翁湖。在県南一十里。」とある。『膳夫経』には、「岳州㴩湖所出亦少。其好者可企於茱萸簝。」とあり、産額は少ないが品質はよかった。宋の呉淑の「茶賦」にも、「復聞㴩湖含膏之作」とあり、宋初に至っても㴩湖茶は著名であった。

⑽　常州有義興之紫笋

常州は今の江蘇省常州市。『茶経』八之出には、「浙西……常州次。（常州義興県。生君山懸脚嶺北峯下。与荆州・義陽郡同……）」とあり、『茶経』では、常州茶を次と品第しながらも、義興県の詳細な茶産地まで記述している。『新唐書』巻四一、地理志、江南道、東道採訪使の条の常州晋陵郡の土貢に、「紫筍茶」を挙げている。『膳夫経』には、「崇（常の誤り）州宜興茶。多而不精。」とある。義興県は宋代に至り、宜興と改められた（『太平寰宇記』巻九二、常州宜興県とあるが、これは宋の太宗の又諱の光義の避諱であろう）。しかし多産であるがよい茶とはしていない。唐の杜牧（八〇三―八五三）に「題宜興茶山詩」（『杜樊川集』巻三）があり、これは唐代でも宜興となっているのは上記と同一の理由であろう。[17] 宋の楊伯嵒の『臆乗』には、「湖常倶曰紫筍」とあり、宋代でも紫筍茶の名は続いていた。

(11)　**婺州有東白**

『茶経』八之出に、「浙東……明州・婺州次。（婺州東陽県東白山[18]。与荊州同。）とあり、婺州茶は次品として挙げている。婺州は今の浙江省金華地区金華県である。東白山は『大清一統志』巻二三一、金華府の条に、「東白山。在東陽県東北八十里。高七百三十丈。周五十里。」とある。呉淑の「茶賦」の「香浮碧乳」の自注に引く毛文錫の『茶譜』には婺州に「挙岩茶」を挙げ、東白のことは言っておらず、五代の時には、東白茶はすでに衰退したのであろうか。『膳夫経』にも、婺州茶のことは見えるが、東白のことはでていない。

(12)　**睦州有鳩坑**（坈は坑に同じ）

『茶経』八之出に、「浙西……睦州・歙州下。」とあり、下品となっている。睦州鳩坑は今の浙江省杭州市淳女県にある。『新唐書』巻四一、地理志、江南道、東道採訪使の条には、睦州新定郡の土貢に、「細茶」を挙げている。『膳夫経』には、「睦州鳩坑。茶味薄。」とある。『太平寰宇記』巻九五、江南東道七、睦州の土産に、「鳩坑団茶」を挙げているから、宋初にも名茶の名は保たれていた。明代の『本草綱目』巻三二、茗の条にも、「睦州之鳩坑」とある。現在も優良茶樹品種に、浙江省淳安県の「鳩坑種[19]」が挙げられているのは興味深い。

(13)　**洪州有西山之白露**

洪州茶のことは『茶経』八之出には見えない。『新店書』巻四一、地理志、江南道、黔中採訪使の条に、「洪州予章郡」とあるのがこれで、今の江西省省会の南昌市に州治があった。『大清一統志』巻二三八、南昌府の条に、西山は南昌山と言うとあり、『太平寰宇記』巻一〇六、江南道、洪州、南昌県の条に、「南昌山。在県西三十五里。高二千丈。

周廻三百里。……山中有洪井。飛流懸注。其深無底。」とあり、この洪井は、唐の張又新の『煎茶水記』に、「洪州西山西東瀑布水第八」とあるのに当たる。また西山は道家の十二洞天の所在地でもあった。「西山之白露」については、宋の呉淑の「茶賦」に、「西山白露」とあり、自注に引く毛文錫の『茶譜』に、「洪州西山之白露」とあり、同じく「柏巌兮鶴嶺」の自注に引く毛文錫の『茶譜』に、「又洪州西山白露尺（及?）鶴嶺尤佳。」とあり、五代・宋代の名茶でもあった。また宋の『臆乗』にも「予章曰白露。曰白芽。」とあり、予章は洪州のことである。明の『本草綱目』巻三二、茗の条にも「洪州之白露」とある。

⑭　寿州有霍山之黄牙

『茶経』八之出に、「淮南……寿州下。（盛唐県生霍山者。与衡州同也。）」とあり、『新唐書』巻四一、淮南道の条に、「寿州寿春郡」があり、その土貢に「茶」があり、属県に霍山県があり、その地に霍山があった。霍山県は今の安徽省六安地区霍山県である。『膳夫経』には、「寿州霍山小団。其絶好者。」とあり、『茶経』の下品より向上している。『冊府元亀』巻四九三、邦計部、山沢一に、「（元和）十一年（八一六）討呉元済。二月。詔寿州。以兵三千保其境内茶園。」とあり、寿州のおそらく霍山には宮廷用の茶園があったとみなしてよい。宋代の『臆乗』に、「寿州曰黄芽。」とあり、明代の『本草綱目』巻三二、茗の条にも、「寿州霍山之黄芽」とあり、宋代から明代までその名を保っている。

⑮　蘄州有蘄門（水?）団黄

『茶経』八之出に、「淮南……蘄州・黄州又下。」とあり、『新唐書』巻四一、地理志、淮南道の蘄州蘄春郡の土貢に

「茶」がある。その属県に蘄水県あり、『膳夫経』には「蘄州茶・鄂州茶・至徳茶。已上三処出処者並方斤厚片……蘄州蘄水団黄。団薄餅。毎斤至百余片。」とあるから、「蘄門」は「蘄水」の誤りではなかろうか。蘄水は今の湖北省黄岡地区浠水（蘄水を改名）県である。「蘄水団黄」は「方斤厚片」で「団薄餅」とあり、解釈に困る。方斤は固形茶の形状が方形であろう。「団黄」について、青木正児氏[20]は、この黄を『茶経』五之煮の「其色緗（淡黄）也」と結びつけて解釈されているが、この緗は茶を点てた時の色と私は解するので、この団黄は固形茶の色とみなしたい。『本草綱目』巻三二、茗の条には「蘄州蘄門団面」とある。門は水、面は黄の誤りであろうか。

⒃　**而浮梁之商貨不在焉**（「焉」一本「第」に作る）

『茶経』八之出には浮梁のことは見えない。しかし『新唐書』巻四一、地理志、江南道、黔中採訪使、饒州鄱陽郡の属県に浮梁県があり、饒州の土貢に「茶」がある。今の江西省景徳鎮市である。『元和郡県図志』巻二八、江南道四、饒州、浮梁県の条に、「浮梁毎歳出茶七百万駄。税十五余万貫。」とあり、浮梁は茶の産地というより、茶の大集散地であった。『白氏文集』巻一二に見える有名な「琵琶行」に、かつての長安の倡女で今は賈人の婦となっている者の嘆きに、「商人重利軽別離。前月浮梁買茶去。」とあるのはこのことを示している。『膳夫経』には、「饒州浮梁茶。……其於済人。百倍於蜀茶。然味不長於蜀茶。」とあり、産額は多いが、味はよくなかった。『宋会要』食貨、二九に見える南宋の紹興三十二年（一一六二）の産茶額は、饒州の鄱陽・浮梁・徳興の三県で、一三万五五五五斤に対して、同じく江南東路の寧国府が一一二万斤、徽州が二一七万斤で、南宋になると浮梁茶は衰えたようである。

⒄　次に『唐国史補』巻下、「虜帳中烹茶」に見える記事を挙げよう。

常魯公使西蕃。烹茶帳中。賛普問曰。此為何物。魯公曰。滌煩療渇。所謂茶也。賛普曰。我此亦有。遂命出之。

以指曰。此寿州者。此舒州者。此顧渚者。此蘄門者。此昌明者。此㴩湖者。

「常魯公」は、常姓で魯国公に封ぜられた人と解される。常衮（『旧唐書』巻一一九、『新唐書』巻一五〇）は吐蕃に使しておらず、また河内郡公で、魯国公ではない。『旧唐書』巻一九六下、吐蕃伝下、徳宗の建中二年（七八一）十二月の条に、「入蕃使判官常魯」の名が見えるので、この文の「常魯公」「魯公」の「公」字は衍字ではないかと思う。常魯とすれば、この記事は建中二年のこととなる。唐の封演は『封氏聞見記』巻六に、茶は「始自中地。流于塞外。往年回鶻入朝。大駆名馬市茶而帰。亦足怪焉。」とあり、封演は天宝十五載（七五六）の進士（『登科記考』巻九）であり、建中ころはなお在世中と考えられるが、この記事が初めて回鶻に茶の入った記事となる。従ってこのころ吐蕃にすでに茶が入っていたとしても不思議ではない。しかし吐蕃の賛普が中国の名茶をこのように揃えていたことは多少疑わしいが、ここにあげられた名茶が当時の名茶であった史料とはなろう。(a)寿州は、前述の⒁寿州霍山之黄牙であり、(b)舒州は『茶経』八之出、淮南の条にいう「舒州次」（安徽省安慶地区潜山県）であり、(c)顧渚は⑵湖州顧渚之紫笋であり、(d)蘄州は⒂蘄州蘄門（水？）団黄であり、(e)昌明は⑶東川の昌明獣目のことである。

要するに、『唐国史補』に見える名茶は浮梁を省くと一六となる。本稿の末尾に『膳夫経』の名茶とともに「唐代の名茶とその産地一覧表」によって表化して示すこととする。

四　『膳夫経』に見える名茶とその流通

『膳夫経』は、唐代の名茶について、『茶経』『唐国史補』に次ぐ貴重な史料で、とくに名茶の流通地の大要がこれによって判明するのは注目すべきことである。『膳夫経』のテキストは、清末の方功恵の『碧琳琅館叢書』丙部（略号「碧」）所収のものを底本として、『粤雅堂叢書』三編第二三集（略号「粤」）、および『十万巻楼叢書』三編（略号「十」）に収める『続談助』巻五を参考にして、主な異同を挙げ、要点を摘挙することとする。⑴⑵……⒇は筆者が加えた。

⑴茶古不聞食之。近晋宋以降。呉人採其葉。煮是為茗粥。至開元天宝之間。稍稍[①]有茶。至徳大暦遂多。建中已後盛矣。茗糸[②]塩鉄管榷存焉。今江夏以東。淮海之南。皆有之。今略挙其尤処。別為二品総焉。

〔異同〕①「稍稍」、碧「稍」、粤、十「稍稍」に作る。②「茗糸」粤「名糸」、十「名係」に作る。

ここでまず茶の普及を「晋宋以降」と言い、漢代の飲茶のことを言わないのは注目される。そして茶を煮だすのを茗粥《めいしゅく》とよぶ。これは『茶経』七之事に引く西晋の傅咸の「司隷教」に見える「茶粥」が「だし茶」のことであるとする資料となる。次に唐代の飲茶の普及について、玄宗の「開元・天宝の間」にようやく普及し、粛宗・代宗の「至徳・大暦」のころ多くなり、徳宗の「建中已後」盛んになったという飲茶普及の詳細な過程は他に見えないものである。また飲茶生産の地域を江夏（湖北省武漢市）以東、淮海（『尚書』禹貢に「淮海惟揚州」とあり、淮海は江蘇省揚州市とみなす）以南としているが、これでは江夏以西、とくに蜀（四川省）が含まれず、後の記述とも矛盾する。

⑵新安茶今蜀茶也。与蒙頂不遠。但多而不精。地亦不下。故析而言之。猶必以首冠諸茶。春時所在喫之皆好。及将至他処。水土不同。或滋味殊於出処。惟蜀茶南走百越。北臨五湖。皆自固其芳香。滋味不変。由此尤重之。自穀雨已後。歳取数百万斤[①]。散落東下。其為功徳也如此。

〔異同〕①「数百万斤」碧「数百斤」、十、粤「数百万斤」。

ここでは、蜀茶として「新安茶」のことをいうのは初出史料である。『唐国史補』には、蜀茶として蒙頂茶のことを言い、他に東川茶のことを言う。新安茶が何処で生産されるのか不明であるが、蒙頂と遠からずとあるから、だいたいはわかる。しかし新安茶は産額が多いが品質はよくないとしている。この条でとくに注目されるのは、新安茶が「南は百越に走り」というから蜀の南の少数民族の居住地帯におよび、北は「五湖に臨む」というのは何処か。「五湖」は下の「百越」に対して「五胡」の誤りとも考えられないではないが、一応「五湖」に従うが、わからない。蜀より北方のことではなさそうである。その間では滋味が変らないという。また穀雨（陽暦四月二〇日ごろ）以後、毎年数百万斤にのぼる多額の産出があり、それが「散落東下す」というのは、よくわからないが、後の流通地域の記述と比較して蜀以外へ流通したことではないと思われる。私はこの項から、蜀茶はだいたい蜀（四川盆地）を中心に流通し、今の湖北省や陝西省には流通していなかったとみなしたい。

(3)饒州浮梁茶。[①] 今関西山東閭閻村落皆喫之。累日不食猶得。不得一日無茶也。其於済人。百倍於蜀茶。然味不長於蜀茶。

〔異同〕①「浮梁茶」粤「茶」字なし。

「浮梁茶」については、『唐国史補』(16)浮梁の項参照。ここで浮梁茶が関西・山東の「閭閻村落」まで皆これを喫しているという浸透振りには驚く。さらに「累日食せざるも猶お得、一日も茶無きを得ず」というのは著者楊曄のこととしてもこの飲茶の普及浸透した表現には注目される。しかも浮梁茶が今の陝西省から、河南・河北・山東の各省の村々の隅々まで流通しているのも驚かされる。

(4)蘄州茶　鄂州茶　至徳茶　已上三処出処者。並方斤厚斤。自陳蔡已北。幽幷已南。人皆尚之。其済生収蔵榷税。又倍於浮梁矣。

「蘄州茶」については『唐国史補』(15)参照。鄂州は今の湖北省咸寧地区武昌県であり、「鄂州茶」について、『茶経』八之出では、江南の条において、「未詳。往往得之。其味極佳。」とある。『膳夫経』の後文には、「鄂州団黄」とある。

「至徳茶」については『茶経』『唐国史補』に記載がない。至徳については、『新唐書』巻四一、地理志、黔中採訪使、池州属県の条に、至徳二載（七五七）に、鄱陽・秋浦の二県を析して置かれたことが見える。蘄州・鄂州・至徳の三茶は餅茶の方形で部厚いのが特色である。この三茶の流通地域は、陳・蔡、すなわち今の河南省南部の駐馬店地区の确山・遂平・上蔡・汝南・新蔡の各県のあたりから以北、幽（北京市付近）・幷（山西省太原市付近）以南の広範囲に流通し、しかもその量は浮梁茶に倍する膨大なものであった。

(5)衡州衡山。団餅而巨串。歳収千①万。自瀟湘達於五嶺。皆仰給焉。其有②先春好者。在湘東皆③味好。及至湖④北滋味悉変⑤。雖遠自交趾之人。亦常食之。功亦不細。

〔異同〕①「千」十「十」に作る。②「有」碧なし。粤、十「有」。③「皆味好」粤「甘味」、十「甘味好」に作る。④「湖北」碧なし。粤・十「湖北」⑤「変」字の下に、粤・十「然」字あり

「衡州衡山茶」については、『唐国史補』(8)湖南衡山参照。この茶は餅茶の串（さし）が大きいのが特色で産額も多い。その流通地域は、瀟・湘、すなわち湖南省零陵地区の瀟江と湘江の合流点から、五嶺すなわち広東・広西の境界方面に達し、さらに交趾すなわち今のベトナム南部にも達しているというのも初出の史料である。

(6)潭州茶　陽団茶（粗悪）　渠江薄片茶（有①油苦硬）　江陵南木香茶（凡下）　施州方茶（苦硬）　已上四処。悉皆味短而韻卑。惟江陵襄陽。皆数千②里食之。其他不足記也。

〔異同〕①「有」碧「由」、粤、十「有」。②「千」十「十」、粤「千」。

潭州は今の湖南省長沙市。「潭州茶」のことは『茶経』『唐国史補』に見えない。「陽団茶」のことも未詳。「渠江薄片」は、宋の呉淑の「茶賦」に見える。渠江、今は湖南省黔陽地区靖県・会同県を流れ、沅江にそそぎ、その辺りであろう。「江陵南木」は『唐国史補』(7)江陵南木参照。「施州方茶」については、『茶経』『唐国史補』ともに見えない。

施州は湖北省恩施地区恩施県である。方茶は方形の餅茶であろう。この四種の潭州茶は味はすぐれない。その流通は江陵、すなわち湖北省荊州地区江陵県から襄陽、すなわち漢水をさかのぼった襄陽地区方面に広く流通していた。

(7)建州大団。状類紫筍。又若今之大膠片。毎一軸十斤余。将取之。必以刀刮。然後能破味極苦。唯広陵山陽両地人。好尚之。不知其所以然也。或曰。療頭痛。未詳。（已上以多為貴。）

建州については、『茶経』八之出、嶺南の条に建州を挙げ、「未詳。往往得之。其味極佳。」と言っている。『新唐書』巻四一、地理志、江南東道採訪使の条に、「建州建安郡」として見え、今の福建省建陽地区建甌県である。宋代に至って、この地の北苑が著名な宮廷用茶園になったことは、北宋末、熊蕃の『宣和北苑貢茶録』などに詳しい。紫筍は紫笋と同じで、『唐国史補』(2)「湖州有顧渚之紫笋」、(10)「常州有義興之紫笋」、『膳夫経』(9)「湖南紫筍茶」がこれに当たる。「大団」は団餅が大きいのが特色なのであろう。この建州大団は、「広陵・山陽」両地の人が好尚したという。広陵は今の江蘇省揚州市、山陽は江蘇省淮陰地区淮安県であり、建州茶がこの両地に流通していたことがわかる。

(8)蒙頂（自此已降。言少而精者。）始蜀茶得名蒙頂也①。元和以前。束帛不能易一斤先春蒙頂。是以蒙頂前後之人競栽茶。以規②厚利。不数十年間。遂新③安草市。歳出千万斤。雖非蒙頂。亦希顔之徒。今真蒙頂有鷹觜牙。白茶供堂。亦未嘗得其上者。其難得也如此。又嘗見書品論展筆工。以為無等可居第一。蒙頂之列茶間。展陸之論。又不足論也。

〔異同〕①「也」碧「於」、粤、十「也」。②「規」粤「視」。③「新」粤、十「斯」。

「蒙頂茶」については、『唐国史補』(1)において述べた。「元和以前。束帛不能易一斤先春蒙頂」については、憲宗の元和（元年は八〇六年）以前の蒙頂茶の価格を知る貴重な史料である。「束帛」とは、『儀礼』の士冠礼などに見える聘問の礼物で、注によれば「十端」が定めであった。『周礼』春官、大宗伯「孤執皮帛」の唐の賈公彦の疏に、「束者十端。端丈八尺」とあり、十端は一八丈である。四丈が一匹であるから、一八丈は四・二匹となる。貞元十年（七九四）に、絹一匹は一五〇〇文―一六〇〇文とあるから[21]、一匹を一六〇〇文とすれば、四・二匹は六七二〇文の巨額になる。そして先春蒙頂の一斤が帛十端（四・二匹）以上というのである。唐代の一斤は普通に五九六グラムとされているから、いかに蒙頂茶が高価であったかがほぼ判明する。しかしこの蒙頂茶は量的には数十年もたたない間に、『膳夫経』(2)に見える「新安茶」に圧倒されてしまった。またこの条に「新安草市」という語が見えるのは茶の草市の例として注目される[22]。上品の得難い「真蒙頂」に、「鷹嘴牙」と「白茶供堂」があるという。唐の薛能（大中末年、八六〇年、書判入等）の『薛許昌詩集』巻七に、「蜀州鄭使君寄鳥觜茶因以贈答八韻」に言う鳥觜茶は鷹嘴牙と同様のものであろうか。白茶供堂は白茶と供堂か、白茶供堂かも明らかにし得ていない。

(9)湖州①顧渚　湖南紫筍茶。自蒙頂之外。無出其右者。

〔異同〕①碧「湖顧渚」、十・粤「湖□顧渚」、今意を以て「湖州顧渚」と改む。

この項については『唐国史補』(2)を参照。「湖南」を太湖の南にあるからこのように言うのであろう。この紫筍（笋）茶は蜀の蒙頂茶に次ぐ天下第二の名茶であったことがわかる。

(10)峡州茱萸簝得名。近自長慶稍稍重之。亦顧渚之流也。自是碧澗茶・明月茶・峡中香山茶。皆出其下。夷陵又近有小江源茶。雖所出至少。又勝於茱萸簝矣。

峡州茶については、『唐国史補』(4)参照。この条では、『唐国史補』(4)に見えない「峡州香山茶」をあげているが、これは『唐国史補』(6)夔州香山茶と同一のものであろうか。また、最近（宣宗の大中十年、八五六）登場した夷陵の「小江源茶」を挙げているが、これは『唐国史補』(4)で述べたように、毛文錫の『茶譜』にいう「水江園」と同一のものであろうか。小江源茶は産出額は少ないが、茱萸簝より勝れたものとしているのが注目される。夷陵は『茶経』

八之出に茶の生産県として見える。今の湖北省宜昌市である。

(11)舒州天柱茶。雖不峻抜遒勁。亦甚甘香芳美。良①可重也。

〔異同〕①「良」碧なし。十・粤「良」。

「舒州茶」については、『太平寰宇記』巻一二五、淮南道三、舒州、懐寧県の条に、「潜山在県西北二十里。其山有三峯。一天柱山。」とあるにより名づけられたものであろう。唐末の韋荘の『又玄集』巻中、薛能の条に「謝淮南劉相公寄天柱茶」という詩があり、その句に、「両串春団敵夜光。名題天柱印維揚。」とあり、維揚は江蘇省揚州市であるから、この天柱茶は舒州すなわち安徽省安慶地区潜山県から大運河の中心である揚州に運ばれて印せられていたのであろう。しかしこの詩は『唐人八家詩集』本の『薛許昌集』には見えない。また唐の秦韜玉（中和二年、八八二年及第）の採茶歌（『文苑英華』巻三三七、歌行、草木、茶）に、「天柱香芽露香発」の句があり、天柱茶は唐末の名茶であった。

(12)岳州浥湖。所出亦少。其好者可企於茱萸簝。此種茶性①有異。唯宜江水煎。得井水煎②。即赤色而無味。(13)蘄州蘄水団黄。団薄餅。毎斤至百余片③。率不甚麁弱。其有露消者。片尤小而味甚美。(14)寿州霍山小団。其絶好者。止④於漢美。所闕者。馨花穎脱。(15)睦州鳩坑。茶味薄。研膏絶勝霍山者。

〔異同〕①「性」碧「惟」、粤「性」に従う。②「煎」十、粤なし。碧に従う。③「片」碧「斤」に作る。粤「片」に従う。④「止」十「上」に作る。

(12)岳州浥湖茶、(13)蘄州蘄水団黄、(14)寿州霍山小団、(15)睦州鳩坑については、『唐国史補』(9)、同(15)、同(14)、同(12)をそれぞれ参照されたい。

(16)福州生黄茶①。不知在彼味峭□。上下及至嶺北。与香山・明月為上下也。

〔異同〕①「生」十「正」に作る。

「福州茶」については、『唐国史補』(5)参照。しかしそこに「黄茶」の記述はない。この条に「上下及至嶺北」とあり、嶺北は嶺南に対して言われたのであろうから、今の江西省・湖南省の南部方面と見てよかろう。この記事により福州茶の流通地域が判明する。

(17)常州[①]宜興茶。多而不精。与鄂州団黄為列。(18)宣州鶴[②]山茶。亦天柱之亜也。(19)東川昌明茶。与新安含膏争其上下。

〔異同〕①「常州」碧・十・粤いずれも「崇」に作る。今、意を以て改めた。②「鶴」十・粤「鴨」に作る。碧「鶴」に従う。

「常州宜興茶」については、『唐国史補』(10)参照。「宣州」は、『茶経』八之出に、「宣州下」とあり、今の安徽省蕪湖地区宣城県である。『茶経』の宣州の条の注に、「宣州生宣城県雅山。与蘄州同。」とある。この雅山をまた鶴山と称するのかとも考えられるが、明らかでない。『太平寰宇記』巻一〇三、江南西道、宣州、寧国県の条に、「鵶山出茶。尤為時貴。茶経云。味与蘄州同。」とあるから、雅山はまた鵶山とも言うことがわかる。宋の呉淑の「茶賦」に、「柏巖兮鶴嶺」とある鶴嶺は鶴山のことかと思うが明証はない。「東川昌明茶」のことは、『唐国史補』(3)参照。

(20)歙州・婺州・祁[①]門・婺源方茶。制置精好。不雑木葉。自梁宋幽幷間。人皆尚之。賦税所入。商賈所齎。数千里不絶於道路。其先春含膏。亦在顧渚茶品之亜列。祁[①]門所出方茶。川源制度略同差小耳。

〔異同〕①「祁」十・粤「祈」、祁門・祈門は通じる。

「歙州茶」については『茶経』八之出では、浙西の条に、「歙州下」としている。歙州は今の安徽省徽州地区歙県である。婺州茶については『唐国史補』(11)参照。婺州は今の浙江省金華地区金華県である。祁門は祈門とも書き、唐代では江南道、西道採訪使、歙州の属県で、永泰二年（七六六）新置の県である。祁門茶のことは『茶経』にはまだ見えない。祁門は今の安徽省徽州地区祁門県である。今も祁門 Keemen 紅茶（祁紅）は中国紅茶の最優秀品として知られている。婺源は唐代では歙州の属県で、婺源茶のことは、『茶経』八之出の浙西、歙州の条に、「歙州生婺源山谷。与衡州同。」とあり、今の江西省上饒地区婺源県である。以上四地の方茶が梁（河南省商邱市）、宋（河南省洛陽地区臨汝県）、幽（北京市付近）、幷（山西省太原市）の間でたっとばれ、商賈のもたらすところ、数千里道路に絶えずとあるのは、茶の遠隔地通商が行われたことを如実に示している。すでに諸家[23]によって引用されている『文苑英華』巻八一三、張途の「祈門県新修閶門渓記」に見える「祈之茗色黄而香。賈客咸議。愈於諸方。毎歳二三月。齎銀緡絵素衣求市。将貨他郡者。摩肩接跡而至。」という史料がどのような方面に通商を行ったかを示すものとしても注目される。なお張途は咸通三年（八六二）に歙州司馬の官にあったので[24]、以上の文は『膳夫経』の著作とはほぼ同時期の作と考えてよいものである。

五　おわりに

以上述べてきたところにより、まず唐代の名茶については、『茶経』八之出に見える州別の上・次・下・又下の品第、『唐国史補』巻下の「叙諸茶品目」および「虜帳中烹茶」に見えるもの、『膳夫経』に見えるものに、『新唐書』地理志の土貢に見える茶を加えて、「唐代の名茶とその産地一覧表」（本稿の末尾に収載）を作製してかかげてまとめとしたい。

この一覧表によれば、『茶経』において上品の茶を産するとされながら、『唐国史補』『膳夫経』の記述にも、『新唐書』地理志の土貢にも現われない州に、淮南道の光州、江南道の越州、剣南道の彭州があり、また逆に『茶経』に下、又下と品第されながら、『唐国史補』『膳夫経』『新唐書』地理志の土貢に現われるものに、山南道の金州・梁州は土貢に見え、淮南道の寿州は『茶経』に下と品第されながら、『唐国史補』『膳夫経』『新唐書』土貢にその名が見え、また蘄州も又下と『茶経』に品第されながら同様である。また江南道の睦州は『茶経』に下と品第されながら、『唐国史補』『膳夫経』に鳩坑茶の名が見え、『新唐書』土貢にも茶が見える。また江南道の宣州は『茶経』に下と品第されながら、『膳夫経』に見える鶴山茶を出し、同じく歙州も『膳夫経』の歙州茶・祁門茶・婺源茶の産地であり、同じく衡州も『茶経』に下と品第されながら、『唐国史補』『膳夫経』に見える衡山茶を出し、同じく施州は『茶経』にまったく見えないのに、『膳夫経』に施州方茶が記載されている。剣南道の雅州は『茶経』に下と品第されながら、『唐国史補』『膳夫経』の蒙頂茶の産地であり、『新唐書』土貢にも見える。これらは『茶経』に記述後に急速に登場したものが多くあり、蒙頂茶の如きはその例であろう。

『膳夫経』の茶に関する記載については、これまでこの史料がほとんど取上げられなかったので、種々の新しい点の指摘が可能となった。

まず中国の飲茶普及の過程について⑴その普及を漢代からとはせず、晋宋以降、呉人によるものとしていること。⑵唐代における飲茶の普及を①開元天宝の間、②至徳大暦の間、③建中已後と三段階に分けている。ついで、『茶経』や『唐国史補』に見えない次のような新しい名茶を挙げていること。①新安茶、②至徳茶、③潭州茶、④建州大団、⑤峡中香山茶、⑥小江源茶、⑦天柱茶、⑧祁門茶。また蒙頂茶が一斤六七二〇文以上の高額なことを示す史料も貴重である。

『膳夫経』の史料でもっとも重要なことは名茶の流通経路八路が判明することである。その八路とは、①新安（四川省）茶が北は五湖、南は百越に流通し、すでに現在の四川辺茶のように、五湖は不明であるが（或いは五胡）百越と言って、おそらく少数民族に流通していることをうかがわせる。また五湖、百越とのみ言って、長江下流その他に流

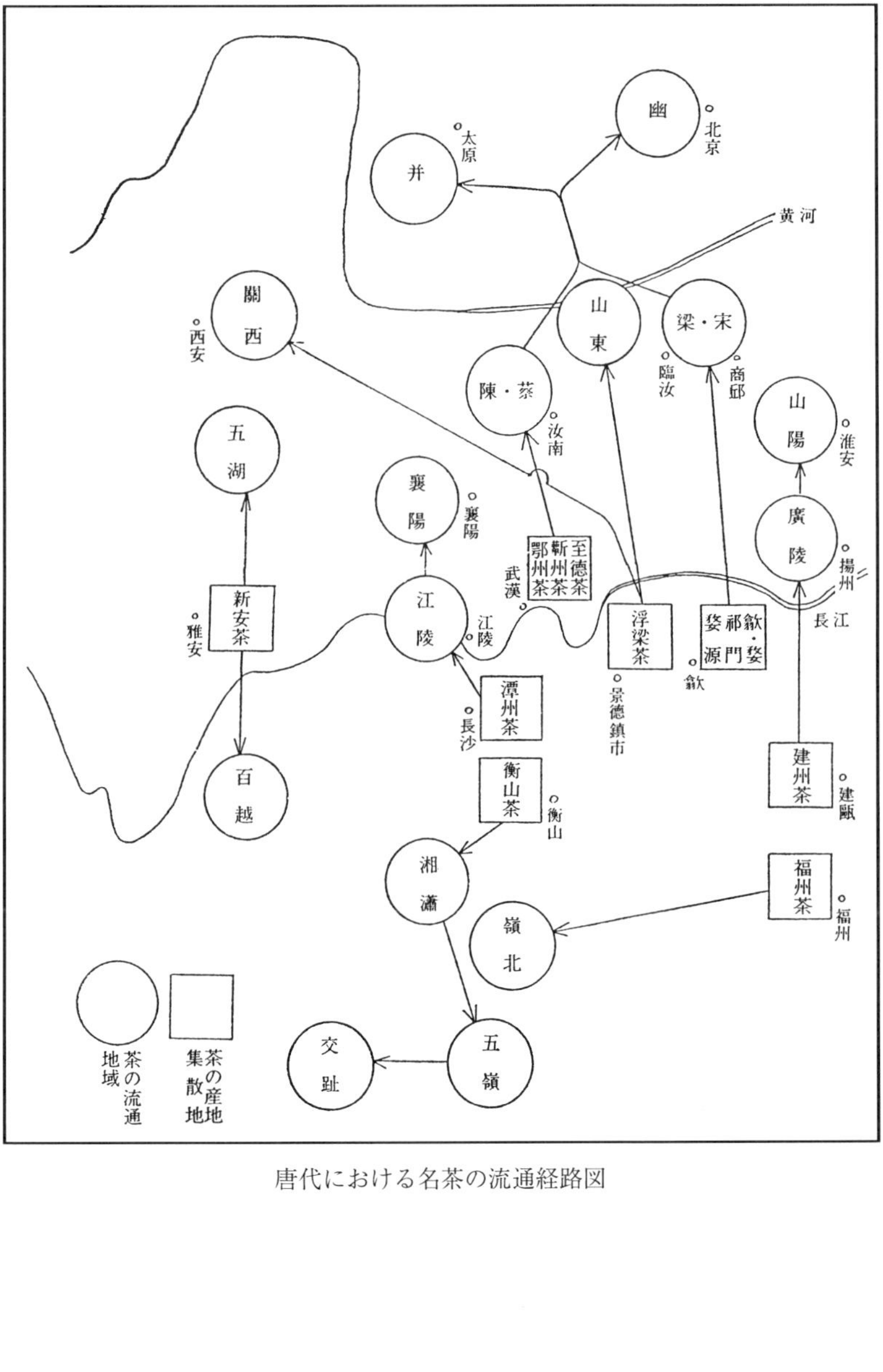

唐代における名茶の流通経路図

通していることを言わず、蜀茶は剣南のみに流通していると理解できる。もちろん蒙頂茶のような名茶は少量が広く流通したことは考慮にいれてもよいであろうが、②至徳（安徽省南部）茶・蘄州茶・鄂州（湖北省）茶が陳・蔡（河南省）から幽（河北省）および幷（山西省）に流通していること。③衡山（湖南省）茶が南方へ湘灕・五嶺・交趾へと流通していること。④潭州（湖南省長沙）茶が江陵・襄陽（いずれも湖北省）へ流通していること。⑤浮梁（江西省）茶が関西・山東と広く流通していること。⑥歙州・婺州・祁門・婺源（浙江省・安徽省省境一帯）の茶が梁・宋（河南省）から幽（河北省）幷（山西省）へ流通していること。⑦建州（福建省）茶が広陵・山陽（江蘇省北部）へ流通していること。⑧福州（福建省）茶が嶺北（江西省・湖南省南部）へ流通していること。以上八路で、これを図示すると「唐代における名茶流通経路図[25]」（前頁）のようになる。この八路はそこに至る輸送経路までは明らかでないが、唐代の交通路[26]によってだいたいは推定ができよう。これは産地の特定された茶の流通経路であるので、一般物資の遠隔地流通経路とは異なった点もあろう。しかし唐代の物資の流通経路、遠隔地通商の実態が必ずしも明らかになっているとは言えない点から見れば、これまでほとんど取上げられなかった『膳夫経』に見えるこのルートは、今後の唐代通商路解明の一つの重要な史料とはなると思う。

註

（1）『農業辞典』（江蘇科学技術出版社、一九七九年）八〇六頁。

（2）六大茶の分類については、安徽農学院主編『製茶学』（北京、農業出版社、一九七九）第一章茶葉分類参照。

（3）「晋陵」の「陵」字、日本伝鈔本による『簑喜廬叢書』本では判読し難い。『茶経』七之事では「昔陵」に作るものが多いが、『明鈔説郛』（民国十六年、上海、商務印書館）巻八三では「晋陵」に作り、これが正しいと思う。

（4）矢野仁一「茶の歴史に就て」（創元社『茶道全集』巻一、茶説茶史篇）六三頁。
（5）布目潮渢「茶経」（平凡社　東洋文庫『中国の茶書』）一二六頁。
（6）「西陽」の地名比定については、『晋書註』地理志の条を参照した。
（7）布目潮渢「茶経著作年代考」（『立命館大学文学部創設三十周年記念論集』一九五七）。
（8）『膳夫経』については、篠田統『中国食物史』（柴田書店、一九七四年）一一二頁に紹介がある。
（9）「唐代の名茶とその産地一覧表」の依った『茶経』のテキストは、淡交社『茶道古典全集』第一巻（一九五七）に収めた拙稿「茶経」において、『宋咸淳刊百川学海本』を底本とし、各種版本の異同を掲げたので、その中から従うべきものを取った。以下の『茶経』からの引用文についても同様である。
また『茶経』八之出に見える茶産地の今地名については、前掲の『茶道古典全集』第一巻の「茶経」の註、および註（5）に掲げた拙稿「茶経」（平凡社　東洋文庫『中国の茶書』）の註に記したので、本稿ではこれに基づいた。
（10）『津逮秘書』一本は「焉」を「第」に作る。
（11）矢野仁一、註（4）前掲書六九頁。青木正児『中華茶書』（全集第八巻）「茶事拾遺」（6）唐代諸茶品に国語訳と註がある。
（12）『茶経』のこの条は原文の乱れがあり、意を以て改めている。『中国の茶書』一四〇頁参照。
（13）『茶譜』については、青木正児『中華茶書』茶譜の項参照。
（14）『茶経』に見える餅茶については、拙稿『中国の茶書』一五頁、また同書『茶経』二之具・三之造参照。
（15）諸岡存『茶経評釈』巻二（茶業組合中央会議所、一九四二）一八二頁。本書には出版科学総合研究所の再刊本あり。
（16）「簝」について、青木正児氏は『中華茶書』茶譜（輯佚）の条で、「蓉」とされ、字書に無いといわれている。
（17）宋の陳思の『宝刻叢編』巻一四に、「唐義興県重修茶舎記」という史料があるが、『茶経』の記述との矛盾もあり、今回は使用を保留した。
（18）「東白山」『茶経』の各テキストは「東目山」「東自山」に作るが、共に「東白山」の誤りである。拙稿『中国の茶書』一四二頁、註（9）参照。

(19) 前掲『農業辞典』七八七頁。
(20) 青木正児『中華茶書』茶譜、⑾蘄門の団黄の註（?）。
(21) 佐藤武敏『中国古代絹織物史研究』下（風間書房、一九七八年）四九二頁。
(22) 日野開三郎『続唐代邸店の研究』二〇八頁に、「茶巿の用例は未見である」と言われたが、この「新安草市」はそれに当たるのではなかろうか。
(23) 日野開三郎前掲書二〇七頁。また斯波義信「宋代徽州の地域開発」（『山本博士還暦記念東洋史論集』山川出版社）二二五頁。
(24)『全唐文』巻八〇三、張途小伝。
(25) この経路図は、筆者の案に基づいて、大阪大学大学院文学研究科院生の妹尾達彦君により作図されたものである。
(26) 唐代の交通路については、青山定雄『唐宋時代の地誌地図の研究』（吉川弘文館）第一篇、唐宋時代の交通、第一、唐代の陸路参照。

唐代の名茶とその産地一覧表

道名	州名	茶経上下の別	茶の生産県	唐国史補	膳夫経	新唐書地理志土貢茶
山南	荊	次	江陵	江陵南木	江陵南木香茶	
	峡	上	遠安　宜都　夷陵	碧澗　明月　芳蕋　茱萸簝	碧澗　明月　茱萸簝　峡中 香山　小江源	○
	帰					○
	夔				香山	○
	襄	次	南漳			
	金	又下	西城　安康			○
	梁	又下	褒城　金牛			○

淮南	寿	下	盛唐　霍山	霍山之黄牙（寿州者）	霍山小団	○
	廬					○
	舒	次	太湖	（舒州者）	天柱茶	
	光	上	光山			
	蘄	又下	黄梅	蘄門団黄（蘄門者）	蘄州茶　蘄水団黄	○
	黄	又下	麻城			
	申	次	義陽　鍾山			○
江南	潤	又下	江寧			
	常	次	義興	義興之紫笋	宜興茶	○
	蘇	又下	長洲			
	湖	上	長城　安吉　武康	顧渚之紫笋（顧渚者）	顧渚湖南紫筍	○
	杭	下	臨安　於潜　銭塘			
	睦	下	桐廬	鳩坑	鳩坑	○
	越	上	余姚			
	明	次	鄮			
	婺	次	東陽	東白	婺州茶	
	台	下	始豊			
	福	未詳	閩	方山之露牙	黄茶	○
	建	未詳			建州大団	
	泉	未詳				
	宣	下	宣城　太平		鶴山茶	
	歙	下	婺源　祁門		歙州　祁門　婺源	
	池		至徳		至徳茶	
	洪			西山之白露		
	鄂	未詳			鄂州茶　鄂州団黄	
	岳			灉湖之含膏（灉湖者）	灉湖茶	
	饒		浮梁	浮梁	浮梁茶	○
	吉	未詳				
	袁	未詳				
	潭				潭州茶　陽団茶　渠江薄片	
	衡	下	衡山　茶陵	湖南衡山	衡山	
	施				施州方茶	
	夷	未詳				

道名	州名	茶経上下の別	茶の生産県	唐国史補	膳夫経	新唐書地理志土貢茶
	播	未詳				
	思	未詳				
	費	未詳				
	渓					○
剣南	彭	上	九隴			
	蜀	次	青城			
	漢	又下	綿竹			
	眉	又下	丹稜			
	邛	次				
	雅	下	百丈　名山	蒙頂石花　小方散牙	蒙頂　鷹嘴牙　白茶供堂 新安茶	○
	綿	次	竜安　西昌　昌明　神泉	東川神泉小団　昌明獣目 （昌明者）	東川昌明茶	
	瀘	下	瀘川			
嶺南	韶	未詳				
	象	未詳				

備考　(1)　道・州の分属・配列は『新唐書』地理志による。

(2)　『新唐書』巻三九、地理志、河北道懐州（今の河南省新郷地区泌陽県）の土貢に「茶」が見えるが、茶の産地としては北により過ぎているのでこの表から省いた。

（『小野勝年博士頌寿記念東方学論集』龍谷大学東洋史学研究会　一九八二）

抹茶の源流

一　はじめに

ここで抹茶というのは、わが国の茶道で現在も用いられているもので、抹茶はまた薄茶《うすちゃ》と濃茶《こいちゃ》に分かれる。抹茶の製法は、茶採みののち、直ちに蒸し、乾燥し、篩《ふるい》の上で破砕して軸を取出し、篩を通った葉肉片を石臼で磨砕したものである。原料に茶芽の多いのが濃茶であり、その他が薄茶である。すぐれた滋養分の多い茶葉を粉末にして飲むので、最高の飲料であり、私はこれを毎日飲用して健康を保っている。このような抹茶の飲用は広く世界の茶の飲用法としては珍しいもので、その源流をどのように考えたらよいのかというのが本稿の主題である。

しかしすでに故青木正児氏に「末茶源流」[1]と題する玉章があり、本稿の主題はこれにより大半充たされるが、青木氏のねらいは、末茶の製法上からの源流というよりは、わが国の抹茶を用いた茶道の起源の探求に重点を置かれ、これを宋代の「分茶」に求められる不朽の成果を挙げられた。私は抹茶を製法上から取上げて、その源流を求めてみたいと思う。

また最近、周達生氏が打油茶[2]（油茶法）というものを広西壮族自治区柳州地区三江侗族自治県調査の結果に基づいて報告され、この中に抹茶の原初形態が残っていると言われる。この打油茶とは、油茶[3]（植物的には茶とは似ているが別の植物）の実からとった油で葉茶（緑茶）をいため、加水して煮だし、塩をいれ、それを濾過し、液だけをとり、それに、米花（モチ米のあられ）・落花生・大豆・餅（日本のものに似ている）・いためたブタ肉などの具をいれて食べるものである。またこの打油茶に用いる茶に、「三蒸三晒《さい》」という方法で作られたものがあることを報告されている。これは桶状の甑（こしき）で蒸し、それを圧してモチ状にし、中央に穴をあけ、縄を通して、いろりの上の火棚につるし、打油茶に使用する時、それをほぐしていためるが、唐臼で粉末にすることもあると言われる。これは後述の陸羽の餅茶に近いが、蒸してから圧するだけで、杵臼でついていないことが陸羽式の餅茶の製法と異なっている。この打油茶のどこに抹茶の原初形態が残存していると周達生氏がみなされるのか私には理解できない。それには私のいう抹茶の定義を明らかにしておかねばならない。抹茶という言葉は日本語で、中国語にはなく、中国語で抹茶に当たるものは「末茶」であろう。私が抹茶というのは、最初にあげた製法のものである。ただし、蒸し茶であることは必ずしも必要でなく、釜炒りでもよいと思うが、必要条件は石臼か碾（やげん）の類で粉末にすることである。唐臼で擂《す》るのは別に擂《らい》茶[4]というものがあり、これは擂鉢でするのもこの類にいれてよいと思うが、私は抹茶、ないし末茶と擂茶は歴史的に関係はあるが、別物とし、私の定義する抹茶の源流を探求するのが本稿の目的である。

二　唐代の餅茶と末茶

唐代以前の確実な文献で、製茶法の判明する史料はない。唐代では、陸羽の『茶経』[5]六之飲に、茶を觕《そ》（＝粗）茶・散茶・末茶・餅《へい》茶と四分類にしているが、私はこれを製茶法による分類と解したい。このうち、觕茶・散茶は葉茶とみなされるので、ここでは取上げない。陸羽はこの四分類の中の餅茶について、『茶経』の二之具・三之造の中で、製茶器具を列挙し、製茶法がかなり詳細に判明する。その製法は次の通りである。茶採みをした葉茶を甑《そう》（せいろう）で蒸し、蒸した葉茶を杵臼でつく。これが餅茶の特色で、ここから餅茶の名が起こる。蒸して臼でついた葉茶は、鉄製で円形・方形・花形など銅銭くらいの大きさの規（かた）にいれ、芘莉《はり》に並べて日干しにする。そして棨《けい》（きり）で穴をあけ、くしにさし、焙（ほいろ）で火によって乾燥し、別のくしにさして、育とよぶ保存器にいれて貯蔵しておく。この餅茶を飲むにあたっては、もう一度あぶり、碾《てん》（木製のやげん）にかけて粉末にし、この粉末を沸騰している湯の中にいれ、沸騰によって、たてて飲むのである。したがって、餅茶はそのまま飲むのではなく、飲む時は粉末になっている。しかしこの粉末は、『茶経』の中では、末といって末茶とは言っておらず、また茶の四分類の中で、餅茶はそのまま飲むのではないが、餅茶を粉末にしたものを末茶と言ってしまって、同じものを四分類の中に二度いれるはずはなく、『茶経』においては、餅茶を粉末にしたものとは別に、末茶の存在を考えねばならない。しかし『茶経』の中では、末茶について述べられておらず、陸羽が末茶についてその製法をどのようなものとしていたかはまったく明らかでない。しかし大分後の文献になるが、元《げん》の時代の王禎の『農書』一〇巻、茶の条に、茶を、茗茶・末茶・蠟茶と三分類にし、その中の末茶はまた末子茶とも言い、その製法については、「末子茶もっとも妙、先ず芽を焙《あぶ》り、燥《かわ》かし、磨に入れて細かく碾し、以て点試に供す。」とあり、この製法の記述は簡単であるが、初めに挙げたわが国の抹茶の製法と矛盾しない。私は『茶経』に見える末茶は、王禎の『農書』に見えるのと同一のものと解し、わが国の抹茶の起源は『茶経』に見える末茶と同一製法のものと解したく思う。しかし『茶経』に見える餅茶・末茶はその後どのような経過をたどったかを以下に述べてみよう。

三　宋・元の片茶と末茶

宋代の茶の分類は、『宋会要』食貨二九によれば、片茶・散茶に二大別し、散茶は葉茶である。片茶の代表的なものとして、「竜・鳳」をあげ、これは皇帝への進奉用のものとしている。竜・鳳とは、竜団鳳餅の略称である。これは、『茶経』に見える餅茶の製法が進歩したもので、北宋末の熊蕃の『宣和北苑貢茶録』によれば、五代の時に、南唐において、研膏茶ができ、それが蠟面茶となり、北宋初に竜鳳茶ができた。研膏茶の製法の要領は、青木正児氏によれば、「先づ茶の芽を蒸して、圧搾機にかけて『膏』即ち汁を葉がから〱になるまで搾り出してしまひ、其の葉を小量づつ擂鉢のやうなものに容れ、適量の水を加へて擂子木のやうなもので水が乾くまで擂りつぶし、模《かた》に入れて固め、焙り燥かすのである。『餅茶』は擣いたが、『研膏茶』は研《す》るので原料が一層細かく砕ける。其処に製法上改良の眼目が有ったわけである。故に其後の製茶法は皆之を基礎として工夫が凝らされたらしく、製茶史上画期的重要な発明である。[6]」とある。竜団鳳餅はこの製法の極致にある皇帝献上用のものである。

宋代では末茶はどのようになったか。前掲の『宋会要』食貨二九では、散茶の中に、「末散茶」「屑茶《せつ》」「末茶」の名が見える。屑茶は砕末にした茶、すなわち末茶の異名であろう。これらは名称から見ていずれも末茶であろう。これらが散茶の中に入っている理由は明らかでないが、ともかく宋代では散茶の中に末茶があった。これは上述のように、元代の王禎の『農書』にも末茶が見えるから、唐代と元代との間にある宋代の末茶も、わが国の抹茶に似た末茶と考えざるを得ない。また逆に、宋・元の末茶から、唐代の『茶経』に見える末茶を、餅茶を粉末にしたものとは別個の独立した末茶と考えねばならないことにもなる。さらに、宋代で末茶がさほど普及しなかった理由としては、

『宋会要』食貨三二、紹興四年（一一三四）八月十六日の福建路転運使の言に、「末茶は滋味苦渋、性堅実ならず、経久に堪えず。」とあり、長く保存しにくいところからあまり普及しなかったのであろう。

元代については、先にも触れたが、王禎の『農書』では、茶を、茗茶・末茶・蠟茶と三分類にし、その説明は簡単であるが、茗茶は茗煎とも言い、「嫩《どん》芽（若葉）を択び、先ず湯泡を以て薫気を去り、湯を以て煎飲す。」と言い、これは葉茶であろうが、蒸し茶風であるのが注目され、中国ではこのころなお現在のような釜炒りではなく、わが国の現在のように蒸していた。末茶は先述のように、わが国の抹茶とほぼ同様のものと言うことができる。蠟茶は、先述の竜団鳳餅の類であるが、「民間これを見ること罕《まれ》なり。」とあり、衰退に向かっていたことがわかる。

四　明代における葉茶の盛行

明の沈徳符の『万暦野獲編』補遺巻一、供御茶に、「国初四方の供茶、建寧・陽羨の茶品を以て上と為す。時なお宋制に仍《よ》る。進むる所の者、倶に碾《てん》してこれを採《も》み、大小竜団を為《つく》る。洪武二十四年（一三九一）九月に至り、上《しょう》、民力を重労するを以て、竜団を造るを罷《や》む。惟だ茶芽を採り以て進む。」とあり、宋代以来の竜団は明初に至って製造中止となり、その伝統が絶えたのである。なお現在、団茶・餅茶・磚茶・辺茶・沱茶などとよばれる緊圧茶があり、主として少数民族用になっているが、これらは緑茶の製法によって、のちに蒸圧したものであり、唐代の餅茶、宋代の竜団の系統とは製法がまったく異なるものである。しかし中国の現在の茶の研究書でも、これらの団茶の起源を唐代の餅茶等に求めているのは誤りである。

明代において末茶の行方と言えば、明の丘濬の『大学衍義補』巻二九、山沢之利、下に、「元志なお末茶の説有るも、今世、惟だ閩広、まま末茶を用い、而して葉茶の用、中国に遍し。」とあり、末茶は、福建・広東・広西方面で時々用いられるだけとなり、明代からは葉茶が全盛となり、現代に及んでいるのである。

五　わが国への抹茶の渡来

わが国に茶樹が元来自生していたのか、後世の渡来なのかは議論のあるところであるが、飲茶の風習は中国より渡来したものと考えてよいようである。わが国で確実に飲茶が行われたことは、天皇に関する『日本後紀』の記事であるが、嵯峨天皇の弘仁六年（八一五）四月癸亥（二二日）に、天皇が近江国滋賀の韓崎《からさき》（＝唐崎）に行幸され、梵釈《ぼんしゃく》寺を通過された時、大僧都《だいそうづ》の永忠（七四三－八一六）が「手自ら煎茶し」奉献したことが見える。林屋辰三郎氏(7)によると、永忠は宝亀の初め（元年は七七〇年）に入唐し、伝教大師最澄と共に、延暦二十四年（八〇五）に帰国しているから、伝教大師の茶将来伝説（『日吉社神道秘密記』）は、永忠が実際には茶を将来したのが、伝教大師にその名が奪われたのではないかと言われるのは首肯できる考えである。

弘仁天皇がお召し上りになった茶はいったいどのようなものか。その「煎茶」とは何か。葉茶か、餅茶か、末茶（＝抹茶）かと二通りが当時の唐の飲茶法の中から考えられる。わが国の漢詩最初の勅撰集である『凌《りょう》雲集』に見える嵯峨天皇（在位八〇九－八二三年）の「夏日左大将軍藤冬嗣閑居院」という御製の句に、「詩を吟じて厭《あ》かず香茗を搗《つ》く」とあり、また第二番目の漢詩勅撰集である『文華秀麗集』上に見える先の嵯峨天皇御製と同時の作と考えられる皇太弟（後の淳和天皇）の詩の句に、「琴を提《さ》げ茗を搗く老梧の間」とあり、共に茗を搗《つ》いている。茗は言うまでもなく茶のことであり、これを搗くことは、先にも述べたように、餅茶の製法の特色である。現存の文献による限りでは、当時は陸羽の『茶経』に見える餅茶が行われている。ちなみに陸羽は唐の徳宗の貞元末（八〇四年ころ）に、死去している。

それならば、わが国で抹茶が飲まれていたことを示す最古の文献は何であろうか。それは栄西禅師（一一四一－一二一五年）の『喫茶養生記』である。栄西禅師はわが国の臨済宗の開祖としてあまりにも有名であるが、二八歳の時に宋に渡り、禅を学んで、その年に帰朝し、さらに四七歳の時再度入宋し、五一歳の時に帰朝した。[8]このころは、平安時代初期に飲まれていた茶も衰退していたようで、この第二次入宋帰朝の時に禅師は茶種をもたらして、筑前背振山に植え、これがやがて栂尾高山寺に移植され、わが国に飲茶の普及する基礎を開いた。そして七一歳の時（承元五年、一二一一）、『喫茶養生記』の初治本を撰述した。この書物は七四歳の建保二年（一二一四）、病魔に苦しんでいた三代将軍源実朝に献上された。この『喫茶養生記』下に、「喫茶法」があり、その記述から林屋辰三郎氏は「あきらかに抹茶であったことが判る」と言われるが、[9]その記事だけでは餅茶・葉茶・抹茶いずれであってもよいように思う。『喫茶養生記』上の「六、調様を明らかにするの章」に、「宋朝の焙茶の様を見るに、朝に採み、即ち蒸し、即ちこれを焙《あぶ》り、……夜内に焙り上げ、好瓶に盛り、竹葉を以て堅閉すれば、則ち年歳を経て損ぜず。」とあり、臼でついておらず、また森鹿三氏[10]の言われるように、同書下喫茶法の条に、「銭大匙」（銅銭の大きさのさじ）を用いており、また同書下、「一、桑葉を服するの法」に、「末《まつ》にすること茶の法の如し」とあるのに基づいて、『喫茶養生記』において用いられている茶は粉末状のものであるとされた。私はこれらに基づき、平安時代の初めに用いられたのは餅茶であったが、一旦それが衰退し、栄西禅師によって喫茶が再興された時には、抹茶に代わっていたのである。栄西の両度の入宋中は主として天台山（浙江省台州地区天台県）におり、この付近の飲茶を見聞したのであろう。『喫茶養生記』上、「六、調様を明らかにするの章」では、「宋朝の焙茶の様を見るに」と言って、これ以外の条では、文献を必ず引用して述べているのに、ここの条だけは見聞に基づいた記述である。そこではいろいろな茶の飲み方がある中での選択のようには記していないところから見ると、この地域では末茶が普及していたことになる。これは前述の、「（末茶が）経久に堪えず」とあるのと対比すると、地方によっては、末茶が盛行していたことのむしろ例証となるであろう。

このようにして、栄西の時には、すでに抹茶が普及していた。これがやがて村田珠光（一四二二―一五〇二年）を経て、千利休（一五二二―九一年）によって、抹茶を用いて茶道が大成され、今日に及んでいるのである。

註

（1）『青木正児全集』第九巻（春秋社、一九七〇年）四九九―五一二頁。
（2）周達生「油茶とその周辺―三江トン族自治県の調査から」（『茶道誌淡交』三六―三）、および同氏の「中国・トン族の打油茶」（朝日新聞大阪版、一九八二年五月一二日夕刊文化欄）。
（3）李振紀編『油茶』（中国林業出版社、一九八一年二月）参照。
（4）「擂茶」については、註（1）前掲書、五〇〇頁参照。
（5）『茶経』については、拙稿『中国の茶書』（平凡社、東洋文庫二八九、一九七六）所収の『茶経』の訳註を参照されたい。また『茶経』の原文については、拙稿『茶経』（淡交社『茶道古典全集』第一巻、一九五七年）を参照されたい。
（6）前掲註（1）書、五〇四―五〇五頁。
（7）林屋辰三郎『図録茶道史』（淡交社、一九八〇）七三頁。
（8）栄西の年譜については、淡交社刊『茶道古典全集』第二巻所収の森鹿三・楠瀬勝「栄西禅師年譜」によった。
（9）註（7）前掲書、九六頁。
（10）註（8）前掲書、一〇七―一〇八頁。

（『懐徳』第五一号　懐徳堂記念会　一九八三年一月）

白居易の喫茶

一　はじめに

今や世界の非アルコール飲料の中において、主要な地位を占める茶が、中国の唐代において、先進的かつ急速に普及したものであることは多くの明証がある。唐の封演（天宝末年、七五五年?進士）の『封氏聞見記』巻六、飲茶の条に、

開元中（七一三―七四一）、泰山（山東省）霊巌寺に降魔師有り、大いに禅教を興し、禅を学ぶに、寐《い》ねざることを務む。また夕に食せざるも、みなその飲茶を許す。人おのずから懐挟し、到る処に煮飲し、此れより転じて相い倣効《ほうこう》し、ついに風俗と成る。鄒《すう》・斉・滄・棣（山東省より河北省にかけての地帯）より漸く京邑（長安、陝西省西安）に至る。城市多く店舗を開き、茶を煎じてこれを売り、道俗を問わず、銭を投じ取りて飲む。

とあり、この文では山東省の禅寺で茶を座禅に用いたことが端緒となって、飲茶が首都長安に普及し、上層階級だけではなく、一般庶人にまで飲茶の風習が伝播していった様子が『茶経』の著者である陸羽と同時代人と言ってよい封演によって描写されている。また唐の楊曄の『膳夫経』（大中十年、八五六年撰）には、

茶古くこれを食するを聞かず。近ごろ晋・宋以降（三世紀以降）、呉（江南）の人その葉を採り、これを煮て茗粥《めいしゅく》となす。開元・天宝の間（七一三―七五六）、やや茶有り。至徳・大暦（七五六―七七九年）に至り、ついに多し。

建中（七八〇―七八三）已後に盛んなり。

とある。先の封演の記述と若干のずれがあるが、『膳夫経』の方が約一〇〇年後の記述であるから、至徳・大暦以降には、開元・天宝間より、飲茶がさらに拡大し、建中以後は定着したものと見なしたい。このことを別の面から裏づけるのが税茶の開始で、それは徳宗（在位七七九―八〇五年）の建中年間のことである。[1] 税茶の開始は茶の大衆への浸透を背景にして初めて考えられるものである。

またこれより先、すでに安史の乱のさなか、粛宗（在位七五六―七六二）の上元元年（七六〇）ごろに、陸羽によって『茶経』の初稿が著作された。[2] 本書は中国の茶を考察する上においての基本的な文献で、茶書の嚆矢である。しかもそれは以後の幾多の茶書の内容より格段と勝れた内容をもつ茶の不朽の聖典である。その内容は、一之源・二之具・三之造・四之器・五之煮・六之飲・七之事・八之出・九之略・十之図の十部より構成され、茶の植物的説明、茶を表現する文字、茶の生える土壌、茶の生育の仕方などから、製茶器具、製茶法、飲茶器、煮たて方、飲み方の本論をへて、茶の歴史的文献、茶の産地など当時考えられる茶についての整然とした体系をもつ叙述である。その詳細はここでは省略するが、[3] 当時の個人的著作は、類書を除いては、エッセイ集的な内容のものが大部分であるのに対して、驚異的ともいうべき著作物である。このような『茶経』の出現は、当時の茶についての知的関心の一応の凝集と考えられるが、果たして当時一般の茶についての関心が『茶経』にくらべどの程度のものであったかについては一抹の不満がある。

『茶経』以外に、唐代の茶についての史料としては、上記の『封氏聞見記』、『膳夫経』のほか、李肇の『唐国史補』

に記事があり、『膳夫経』と『唐国史補』の記事については、前稿において所見を述べた。(4) このほかに、唐人の別集および総集にかなりな量にのぼる茶についての篇目をもつ詩および文があり、また詩・文の中に含まれる茶についての語句がある。しかしそれらを個人別にすると一人一人については、陸亀蒙（八八一年卒）、皮日休（八三三－八八三）らを除くと、わずかしかない。しかしここで取上げようとする有名な白居易（七七二－八四六）は、篇目に茶をもつもののほか、その詩約二七〇〇首のうちに約五〇にのぼる茶に関する語句が見える。そのうえ、白居易については、畏兄花房英樹氏の『白氏文集の批判的研究』（彙文堂、一九六〇）に、その詩文についての制作年代、制作地および年譜についてのすぐれた研究成果をもつ。茶についての資料は、とくに制作地が何処かということがきわめて重要であり、また茶の発展期においては、その製作年代も注目しなければならない。また中国本土においても、最近において、王拾遺氏の『白居易生活系年』（寧夏人民出版、一九八一）、および朱金城氏の『白居易年譜』（上海古籍出版社、一九八二）の労作も刊行された。本稿では、とくに花房氏の研究成果の恩恵に浴しつつ、以下の拙稿を進め、白居易が茶についてどのような関心をもち、それが詩にどのように現われているのか。また白居易の茶についての知識が陸羽の『茶経』の叙述とどのような関係にあるのかを考察したく思う。なお白居易は活躍期を貞元十六年（八〇〇）の進士及第後からとするならば、それは陸羽の『茶経』の初稿完成後、四〇年のちのことである。陸羽の『茶経』のことは、彼と同時代人の上記の封演の『封氏聞見記』の中に、その記載があり、著作当時から著名であったが、約四〇年後の白居易の作品中に、直接『茶経』を見たことの明証はない。

なお白居易の詩に見える茶については、竹内実氏の『中国喫茶詩話』（淡交社、茶道文化選書、一九八二）の中の「友情を味わう茶」「睡後と酔後の茶」「早春の茶」の項に見解が見られ、参考にさせていただいた。また佐久節氏の『白楽天詩集』（続国訳漢文大成）の恩恵も受けている。

二　白詩に現われる茶の製法

白居易が飲用した茶はどのような製法のものか。『白氏文集』[5]巻一六、「謝李六郎中寄新蜀茶」（0994　元和十二年四六歳　江州[6]）に、

故情周匝向交親。新茗分張及病身。紅紙一封書後信。緑芽十片火前春。

故情周匝《そう》（＝市）にして交親に向い、新茗分張して病身に及べり。紅紙の一封は書後の信、緑芽の十片は火前の春。

とあり、この詩は、元和十二年、白居易は四六歳、江州司馬時代の作で、「李六郎中」については、『白氏文集』に「李六」を称する人が多く現われ、何人かを明らかにすることができない[7]。この詩は李六という古い友人が蜀の新茗すなわち新茶（蜀茶については後述）を当時病身の白居易に送ってくれたことに対するお礼の手紙ともいうべき詩で、この場合、茗と茶は同義である。この中にある「十片」は、葉茶では十片とは到底数えないから、これは陸羽の『茶経』二之具・三之造に製法の記述のある餅茶と同一製法のものと考えてよい。この餅茶の製法の特色は、茶採み後に直ちに蒸し、杵臼で擣《つ》き、型に入れて固め、焙《ほいろ》で乾燥し、穿《くし》にさして保存しておく。これを飲む直前に、碾《やげん》で粉末にして飲むのである。十片はきわめて少量であるが、これは白居易が江州（江西省九江市）にいて、遠方の蜀茶を贈られたのであるから、丁重に謝意を述べる詩を贈ったのである。なお当時の餅茶が「片」を以て数えられていたことは、陸羽と同時代人の盧仝（八三五年没）の『玉川子詩集』巻二に見える名高い「走筆謝孟諫議寄新茶」に、「手閲月団三百片[8]」とあるによっても裏づけることができる。この場合、遠隔地の蜀茶でないので、三百片と量が多いのであろう

か。また『茶経』二之具の「穿」の条の「峡中以一百二十斤為上（穿）。八十斤為中穿。五十斤為小穿。」の一百二十斤・八十斤・五十斤は、その直前の『茶経』本文に「江東以一斤為上穿。半斤為中穿。四両五両為小穿。」に較べてあまりにも数字が大きく、一百二十斤は一百二十片、八十斤は八十片、五十斤は五十片の誤りではないかと思う。明の鄭熜校本に基づくわが国の天保十五年（一八四四）版の和刻本の頭注に、「斤作片」とあるのは、何によったのか明らかでないが、この斤は片に作るべきであろう。

三　白居易の好んだ茶の銘柄

白詩にもっとも多く現われる茶の銘柄は先掲の「謝李六郎中寄新蜀茶」に見える「蜀茶」である。蜀茶のことは、『白氏文集』巻一四「蕭員外寄新蜀茶」（0774　元和五年　三九歳　長安）に、

蜀茶寄到但驚新。渭水煎来始覚珍。満甌似乳堪持翫。況是春深酒渇人。

蜀茶寄せ到って但《た》だ新なるに驚く、渭水煎じ来って始めて珍なるを覚ゆ。甌《わん》に満ち乳に似て持《も》て翫《あそ》ぶに堪えたり、況んや是れ春深く酒に渇せる人をや。

この詩は白居易が長安にいた時の作であるが、当時、蜀の新茶が長安まで送られてきているのに驚かされる。また渭水の水で茶を煎じていることも珍しい。この詩の後半部は後に取上げることになる。

もう一首蜀茶に触れた詩をあげてみよう。『白氏文集』巻六六「楊六尚書（汝士）新授東川節度使代妻戯賀兄嫂二絶」の第二首（3302　開成元年　六五歳　洛陽）に、

金花銀椀饒君用。罨画羅衣尽嫂裁。覓得黔婁為妹壻。可能空寄蜀茶来。

金花の銀椀は君が用うるを饒《ゆる》す、罨画《えんかく》の羅衣は嫂《あによめ》が裁つにまかす。黔婁《きんろう》（春秋時代斉の大臣、貧乏で有名）を覓《もと》め得て妹婿と為す、能く空しく蜀茶を寄せ来る可けんや。

この詩は白居易の妻の兄の楊汝士が蜀の南部方面を管轄する剣南東川節度使に開成元年（八三六）に任命されたので、[9]妻に代わって兄嫂に祝意を表した詩である。[10]この詩の大意は、兄嫂は節度使婦人だから、さぞかしぜいたくな生活をなされよう。しかし妹婿の白居易は貧乏だから、蜀茶ぐらいではすみませんよという意味である。蜀茶ぐらいとは言いながら、蜀茶は確実に送ってもらえる期待がうかがわれる。

また白詩には、「蒙茶」という語が見える。『白氏文集』巻一九「新昌新居書事四十韻因寄元郎中張博士」（1259　長慶元年　五〇歳　長安）に、

蛮榼来方瀉。蒙茶到始煎。

蛮榼《こう》（蛮地の酒）来りて方に瀉《まさ》ぎ《そそ》、蒙茶到りて始めて煎ず。

の句がある。この詩は忠川（四川省）刺史から召還されて長安に帰り、司門員外郎・主客郎中知制誥となり、新昌里に新居を構えた時、元郎中（未詳）と張籍博士に贈った詩で、新昌里の新居の様子が詳細に述べられてあり、その最後に、来訪の時のもてなしとして以上の句がある。また『白氏文集』巻五五「琴茶」（2518　宝暦二年　五五歳　蘇州）に、

琴裏知聞唯淥水。茶中故旧是蒙山。

琴裏の知聞は唯だ淥水《りょく》（曲名）、茶中の故旧は是れ蒙山。

とある。白居易は長安でも蘇州でも蒙茶すなわち蒙山茶を好んだことがわかる。この蒙茶・蒙山茶は前記の蜀茶と同じである。蒙山は現在の四川省雅安地区雅安・名山・蘆山三県界にある一四五〇メートルの山で、唐末の楊曄の『膳

夫経』に、「蒙頂。始蜀茶得名蒙頂。」とあり、蒙山の頂上に産する茶を蒙頂茶と言い、蜀茶の代表であった。しかしこの蒙頂茶は七世紀中ごろ著作の『茶経』八之出にはいまだ見えず、長慶年間（八二一－八二四）までのことを記載した李肇の『唐国史補』巻下、叙諸茶品目の条や、ほぼ同時期の『元和郡県志』巻三二、西川下、雅州の条に初めて見える当時急速にその名の高まった名茶である。[12] それ以来現在に至るまで引続き名茶の代表となっている。[13]

なお蜀茶は『膳夫経』によれば、蜀以外に流通しておらず、[14] 白居易が長安・蘇州にて入手した蜀茶・蒙山茶は友人より特別便にて送られたまことに珍重すべき名茶であったと言えよう。

また『白氏文集』巻六四「晩春閑居楊工部寄詩楊常州寄茶同到因以長句答之」（3128　大和八年　六三歳　洛陽）に、

悶吟工部新来句。渇飲毗陵遠到茶。

悶えて工部の新来の句を吟じ、渇して毗陵の遠到の茶を飲む。

とある。これは楊工部、すなわち楊汝士が白居易に詩を贈り、楊常州すなわち楊虞卿が白居易に毗陵の茶をはるばる送り、それが同時に到着したことに答えた詩の中の句にある。毗陵は毘陵とも書き、唐代の常州毘陵郡、今の江蘇省常州市である。毗陵の茶は、『茶経』八之出では、浙西の条に、「常州次」とあり、産地として、義興県を挙げている。義興は今の江蘇省宜興県で、陶器の産地としても名高く、昭和五十九年八月この地を訪れた。義興の茶は、『唐国史補』に、「義興之紫笋」とあり、『膳夫経』に「宜興茶」として見えるもので、これはまた「陽羨茶《ようせん》」とも言い、浙江省長興県より連なる山系に産し、「紫笋茶[15]」「紫筍茶」「顧渚茶」も同一山系の特産茶の名称である。この白詩により、常州から洛陽まで毗陵茶、すなわち当時の「義興之紫笋」が特別に送られたことが判明する。

白居易は名茶とは別に、新茶を好んだことは当然とは言え、いくつかの詩に見える。『白氏文集』巻一六「北亭招客」（0923　元和十一年　四五歳　江州）に、「小盞吹醅嘗冷酒。深炉敲火炙新茶。」とあり、また同巻一七「清明日送韋侍御貶虔州」（1012　元和十三年　四七歳　江州）に、「留錫和冷粥。出火煮新茶。」とあり、また同巻五六「不出」（2686　大和六年　六一歳　洛陽）に、「簷前新葉覆残花。席上尓盃対早茶。」も、先に新葉とあるので、新茶を早茶と言ったのであろう。さらに同巻一六「遊宝称寺」（0925　元和十一年　四五歳　江州）に、「酒嫩傾金液。茶新碾玉塵。」とあるのも新茶を好んだ資料としてよかろう。これらのうち二例は江州（江西省九江市）の作で、江州は茶の産地としては唐代の文献には直接は見えないが、付近に洪州・浮梁などの産地があり、[16]新茶を早く手に入れるにはことかかない。また六一歳のとき、茶の生産地からは遠い洛陽にても依然として新茶をたしなんでいたことは注目される。

また白居易は江州司馬在任中（元和十年―十三年、四四―四七歳）にはみずから茶園を営んでいた。『白氏文集』巻七「香鑪峯下新置草堂即事詠懐題於石上」（0303　元和十一年　四六歳　江州）に、「架巖結茅宇。斸壑開茶園。」とあり、同巻一六「香炉峯下新卜山居草堂初成偶題東壁五首」の第三首（0977　元和十二年　江州）に、「薬圃茶園為産業。野麋林鶴是交遊。」とあり、白居易は江州司馬在任中の三年目に江州の近くの盧山に草堂が落成し、[17]この五首は完成に際しての感想を詩に作り、石に題した。白居易がこの盧山草堂に付設して薬圃と共に茶園を開いたことは上記二句によって明らかである。

文人の茶園として有名なのは、白居易より約五〇年後の陸亀蒙（八八一年ころ没）のもので、陸亀蒙の『甫里先生文集』（四部叢刊）巻一六、「甫里先生伝」に、

先生嗜茶荈。置小園於顧渚山下。歳入茶租十許。薄為甌檥之費。自為品第。

とあり、陸亀蒙は白居易と異なってまったくの野人であるが、顧渚山下（浙江省長興県）に茶園を営み、収入を得ていた。白居易はこれほど大規模なものではなく、草堂付設の小茶園であろう。陸羽の『茶経』一之源には、「野者上。園者次。」とし、野生の茶を上等としているが、江州では野生茶の採取が困難で、白居易みずから小規模の茶園を薬

圃と共に作り、いずれも少々は生計の助けとしていたことがこの詩によって判明する。

四　白居易の喫茶法

白居易はどのように茶を喫していたか。それをよく示しているのが先に引用した「謝李六郎中寄新蜀茶」（0994　元和十二年　四六歳　江州）の後半部分の次の句である。

湯添勺水煎魚眼。末下刀圭攪麴塵。

湯は勺《しゃく》水を添えて魚眼を煎じ、末は刀圭《とうけい》を下し麴塵を攪《こう》す。

これは茶を点てる時のことを詠じている。これは『茶経』五之煮に、

初沸則水合量。調之以塩味。……第二沸出水一瓢。以竹筴環激湯心。則量末当中心而下。有頃勢若奔涛濺沫。以所出水止之。而育其華也。

初沸になれば則ち水を量に合せ、これを調うるに塩味を以てす。……第二沸、水一瓢《しゃく》を出し、竹筴《たけばし》を以て湯心を環激し、則ち末を量りて中心に当てて下す。頃《しば》らく有りて勢いが奔涛《おおなみ》が濺《そそ》ぎ沫《しぶ》く若《ごと》くなれば、出す所の水を以てこれを止めて、その華を育つなり。

とあり、五之煮のこの直前に「其沸如魚目。微有声為一沸。」とあり、「魚眼」とは、湯の沸騰の第一段階で、かすかに湯が音を立て、魚の目のような小さな泡が上る状態をいう。この魚目もしくは魚眼という表現は陸羽の発明ではなく、すでに北魏の賈思勰の『斉民要術』第七九、葅・緑の条に「魚眼湯」という語が見えることは前稿において指摘した。[18]したがって「煎魚眼」は湯の一沸の段階からさらに煮えたたせることを現わし、つまり二沸・三沸と進んでい

く。「湯添勺水」は、『茶経』で言えば、二沸（湧泉連珠）の段階でくみ出しておいた一瓢《しゃく》を、三沸（騰波鼓浪）の段階でいれて、沸騰を少しく止め、華を育てる、すなわち茶をよく点てることをいうのである。この「湯添勺水煎魚眼」はこの七字で、陸羽の『茶経』五之煮記載通りの煮たて方を表現していると見てよいと思う。「末下刀圭攪麹塵」の、「末」は、先に述べたように、白居易は陸羽同様の餅茶を用いて、それを粉末にした末《こな》である。その末にする器具は『茶経』四之器によれば、「碾《てん》」である。碾については『白氏文集』巻五六「酬夢得秋夕不寐見寄」（2703　大和六年六一歳　洛陽）に、

病聞和薬気。渇聴碾茶声。

病みて薬を和するの気を聞き、渇して茶を碾するの声を聴く。

とあり、これは餅茶を粉末にする碾の音の描写にほかならない。「刀圭」は粉末の茶をすくう「さじ」であるが、『茶経』四之器では、「則」がこれに当たり、海貝蠣蛤か銅鉄製のさじである。白詩では「則」を詩語として刀圭としたのであろう。「末下刀圭攪麹塵」は、碾で粉末にした茶を刀圭《さじ》にすくい、湯の中に投じてこれをかきまわすのであって、『茶経』の「量末当中心而下」の部分に当たる。「麹塵」は黄色の粉末のことであろうが、『茶経』五之煮にこれに当たる個所はない。ただ五之煮に「其色緗也」とある緗は浅黄色であるが、私はこれは茶が点った時の色と解している。私が以前に行った『茶経』に見える製茶法実験の結果では、(19) 粉末は緑色に近く、点てた時の色は、今の煎茶をだした時の色に近い黄色であった。

以上は白居易の茶の点て方であるが、次に飲み方までを現わした詩をあげてみよう。『白氏文集』巻六三「睡後茶興憶楊同州（汝士）」（3023　大和九年　六四歳　洛陽）に、

婆娑緑陰樹。斑駁青苔地。此処置縄牀。傍辺洗茶器。白瓷甌甚潔。紅炉炭方熾。沫下麹塵香。花浮魚眼沸。盛来

有佳色。嚥罷余芳気。不見楊慕巣。誰人知此味。

婆娑《ばさ》たる緑陰の樹、斑駁《はんばく》たる青苔の地。此処に縄牀《じょうしょう》（縄を張った腰掛）を置き、傍辺に茶器を洗う。白瓷《じ》（＝磁）の甌《おう》は甚だ潔く、紅炉の炭は方《まさ》に熾《さか》んなり。沫《まつ》下りて麴塵香り、花浮びて魚眼沸く。盛来して佳色有り、嚥《の》み罷《おわ》って芳気を余《のこ》す。楊慕巣（汝士）に見《まみ》えずして、誰か此の味を知らん。

この詩の喫茶の場所は屋外である。陸羽の『茶経』においては、正規の飲茶は屋内を設定していた。しかし『茶経』九之略においては、「野寺山園」「松間石上」「瞰泉臨澗」などの場合は略式として認め、正規の茶器二十四器の一部の省略を認めているが、白居易にはそのような意識はなく、屋外のおそらく庭園に縄製の腰掛を置いて喫茶をしている。まず茶器を洗うことから始まる。茶器としては、この詩では「甌」と「炉」が登場する。炉は『茶経』四之器に「風炉」とあるのに当たる。茶碗のことは、『茶経』四之器では、「盌」という字を用い、その文中で「甌」字も使用している。しかし、白居易は茶碗に甌字だけを用いているのではない。

白居易が茶碗に「盌」字を使用した用例としては、『白氏文集』巻二〇「山泉煎茶有懐」（1317　長慶二年　五一歳　旅途）に、「坐酌冷冷水。看煎瑟瑟塵。無由持一盌。寄与愛茶人。」とある。茶碗に「盞」字を使用した用例としては、同巻五二「偶作二首之二」（2284　大和三年　五八歳　洛陽）に、「或飲茶一盞。或吟詩一章。」とある。しかし同巻一六「北亭招客」（0923　元和十一年　四五歳　江州）に、「小盞吹醅嘗冷酒。深炉敲火炙新茶。」とある「小盞」は酒器である。茶碗に「椀」字を使用した用例としては、同巻六四「早服雲母散」（3130　大和八年　六三歳　洛陽）に、「薬銷日晏三匙飯。酒渇春深一椀茶。」とあり、また同巻五六「自題新昌居止因招楊郎中小飲」（2649　大和三年　五八歳　長安）に、「春風小榼三升酒。寒食深炉一椀茶。」とあり、さらに同巻五六「病仮中龐少尹携魚酒相過」（2643　大和二年　五七歳　長安）に、「閑停茶椀従容語。酔把花枝取次吟。」とあって、茶椀の語も用いられ、同巻七一「閑眠」（3635　会昌

五年　七四歳　洛陽）に、「尽日一飧茶両椀。更無所要到明朝。」とある。椀とあるからこの場合は木椀を用いたのであろう。

茶碗に関する文字で、白居易にもっとも多くの用例があるのはやはり「甌」字である。『白氏文集』巻一四「蕭員外寄新蜀茶」（0774　先掲）に「満甌似乳堪持翫」とあり、同巻八「山路偶興」（0351　長慶二年　五一歳　旅途）に、「泉憩茶数甌。嵐行酒一酌。」とあり、同巻五七「想東遊五十韻并序」（2717　大和三年　五八歳　長安）に、「客迎携酒榼。僧待置茶甌。」とあり、同巻六四「重修香山寺畢題二十二韻以紀之」（3084　大和六年　六一歳　洛陽香山寺）に、「烟香封薬竈。泉冷洗茶甌。」とあり、同巻六四「営閑事」（3116　大和八年　六三歳　洛陽）に、「桃根知酒渇。晩送一甌茶。」とある。この甌字を「水がめ」の意に解する向もあるが、私はすべて茶碗と解したく思う。

この詩の甌が白磁であることは注目される。『茶経』四之器では、越の青磁で茶を点てた時の茶の色合いから越磁を最高とし「越瓷類玉」「越瓷類氷」とか、越磁に最高の賛辞を与えている。しかしこの『茶経』に見える色合いは私によく呑みこめない。むしろ白磁の方が点った茶の色をそのままいかして鑑賞でき、私には好ましく思える。しかしこれも陸羽の言う越磁の色、点った茶の色を正確に知り得ないので、もう一歩進んだ考察は困難と思われる。しかし白詩に見える白磁がどのようなものであるかが、この「白瓷」の二字ではこれ以上知り得ないが、『茶経』の記述から見ると白磁は「邢瓷《けい》」を指すと考えられる。邢瓷は河北省内邱県の製品で、『唐国史補』巻下、「凡貨賄之物」の中に、「端渓紫石硯」と並んで、「内邱白甆（＝瓷＝磁）甌」を挙げている。文献で知り得る限りでは、「白瓷」は邢瓷ということになる。

「炭」については、『茶経』五之煮に、「其火用炭。次用勁薪。」とあり、燃料としては、木炭を最高とし、これは「紅炉炭方熾」と合う。次に「沫下麹塵香」については、先に挙げた「末下刀圭攪麹塵」と対比して考えるべきであるが、ここでは「末」が「沫」となっている。沫は泡《あわ》の意味が普通である。『茶経』五之煮では、「凡酌置諸盌。令沫餑均。沫餑湯之華也。華之薄者曰沫。厚者曰餑。細軽者曰花。」とある。しかしここでは、沫が泡の意味では解し得ない。また沫は『白氏文集』諸本に異同はない。竹内実氏もそうしておられるように、(20)沫を「末」（餅茶の粉末）と解するほかない。とすれば、この句は、茶末を湯に入れると、麴塵＝茶末はよい香りを発する、と解する。「花浮魚眼湧」については、「花」は先掲『茶経』の「細軽者曰花」に当たり、茶が点った時もっとも泡の上になっている部分を言う。この句は「いよいよ湯の沸騰するにつれ、きれいな泡がその表面に浮かんでくる。」という意味で、白居易は「魚眼」を『茶経』五之煮のように、一沸のみを魚眼と厳密に定義しているのではなく、湯の沸騰の一般的形容と見た方がよいと思う。

「盛来有佳色。咽罷余芳気。」「盛来」は茶が点ち終わること、この二句は「いよいよ茶が点ち終わると、まことに美しい色となり、咽《の》み終わると、香ぐわしいかおりが残る。」と解される。

要するに白居易の喫茶法は詩句の片々から推察するだけで、その全貌を明らかにすることはできないが、その詩句から見る限り、白磁の甌を用いていること以外、『茶経』四之器・五之煮に見えるものとくに矛盾するものはなく、白詩で不明の部分は、『茶経』で補って理解してよさそうである。

また白居易は客を招いての喫茶に際しては、女性を使っていたことはその詩に明証がある。『白氏文集』巻五四「春尽勧客酒」（2472　宝暦二年　五五歳　蘇州）に、「嘗酒留閑客。行茶使小娃。」（酒を嘗めて閑客を留め、茶を行《まわ》すに小娃《あい》を使う。）とある。「行茶」とは『茶経』六之飲に、「若坐客数至五行三盌。至七行五盌。」とある行で、茶碗をまわすことで、茶を点てることすべてを言うのではないと思う。ここは白居易がみずから茶を点て、小娘に茶碗を廻させたとすべきであろう。またこの詩については、後の項にて酒と茶に関して触れる。また同巻六六「池上逐涼二首之二」

（3265　開成元年　六五歳　洛陽）に、「棹遣禿頭奴子撥。茶教繊手侍児煎。」（棹は禿頭の奴子をして撥せしめ、茶は繊手の侍児をして煎ぜしむ。）とあるのは、茶を若い娘に船上において点てさせている情景である。さらに同巻五三「履道新居二十韻」（2379　長慶四年　五三歳　洛陽）に、「移榻臨平岸。携茶上小舟。」（榻《いす》を移して平岸に臨み、茶を携《たず》さえて小舟に上る。）とあるのも、前首と同様に、池に小舟を浮かべて茶を楽しんでいる。後者は白居易自身の洛陽履道里邸宅内の池においてである。

五　白居易における茶と酒

茶と酒の関係を示す最初の文献は『三国志』巻六五　呉書二〇、韋曜伝に、

（孫）皓毎饗宴。無不竟日。坐席無能否率以七升為限。雖不悉入口。皆澆灌取尽。曜素飲酒不過二升。初見礼異時。常為裁減。或密賜茶荈以当酒。

とある。これは呉の第四代皇帝孫皓が終日宴会をし、酒七升（一升は約〇・二リットル）のノルマを与えた。韋曜は酒が二升しか飲めなかったが、寵愛の衰えなかった時は、ノルマをまけてもらい、こっそり茶を頂戴して酒の代用としてもらったという逸話である。酒類はいつの時代にも飲めない人があり、これは酒を茶で代用した話であるが、これには当時茶と酒がかなり近い色であったと見なければなるまい。

唐代においては、敦煌文献中に晩唐のころの撰述と目せられる「茶酒論」がある。[21] この俗文学作品は、茶と酒の優劣を争わせ、最後に水が登場して円満に解決する筋となっている。

白居易の場合、茶と酒の関係はどのようになっていたか。白詩における特色は、茶と酒を対立的に見るのではなく、

両者がそれぞれ特色を生かされて、矛盾なく共存していることにある。とくに詩の一聯で茶と酒が対《つい》になって取上げられている例がかなり見られる。『白氏文集』巻一六「北亭招客」（0923　前掲）に、「小盞吹醅嘗冷酒。深炉敲火炙新茶。」とあり、これは（濁酒の）冷酒と新茶が対になっている。同巻一六「遊宝称寺」（0925　前掲）に、「酒嫩傾金液。茶新碾玉塵。」とあり、酒嫩と、茶新が対となっている。同巻八「山路偶興」（0351　前掲）に、「泉憩茶数甌。嵐行酒一酌。」とあり、茶数甌と酒一酌が対になっている。同巻五四「春尽勧客酒」（2472　前掲）に、「嘗酒留閑客。行茶使小娃。」とあり、嘗酒と行茶とが対になっている。同巻五七「想東遊五十韻幷序」（2717　前掲）に、「客迎携酒榼。僧待置茶甌。」とあり、酒榼《さけだる》と茶甌が対になっている。同巻五六「自題新昌居止因招楊郎中小飲」（2649　前掲）に、「春風小榼三升酒。寒食深炉一椀茶。」とあり、三升酒と一椀茶が対になっている。また同巻一九「新昌新居書事四十韻因寄元郎中張博士」（1259　前掲）に、「蛮榼来方瀉。蒙茶到始煎。」と、蛮榼（蛮地の酒）と蒙茶（蜀の蒙頂茶）とが対となっている。

白居易において、実際に茶と酒はどのように飲み分けられていたか。『白氏文集』巻五八「府西池北新葺水斎即事招賓偶題十六韻」（2879　大和五年　六〇歳　洛陽）に、

　　午茶能散睡。卯酒善銷愁。

午茶は能く睡を散じ、卯酒（朝酒）は善く愁いを銷《け》す。

とあり、昼の茶と朝酒の使い分けがあった。また同巻五五「贈東鄰王十三」（2553　大和二年　五七歳　洛陽）に、「駆愁知酒力。破睡見茶功。」とあり、この場合も愁いを消すのに酒を用い、睡気をさますのに茶の力を借りている。しかし実際には同巻六四「早服雲母散」（3130　前掲）に、「酒渇春深一椀茶」とあるのは、酒後の渇きをいやすために一椀の茶を求めている。また同巻六五「和楊同州寒食乾坑会後聞楊工部欲到知予与工部有宿醒」（3207　大和九年　六

四歳　旅途）に、「夜飲帰常晩。朝眠起更遅。挙頭中酒後。引手索茶時。」とあるは、二日酔いの後の朝に茶を索《もと》めていることを詠じた詩である。しかし深酔した翌朝にだけ茶を飲んだのではなく、酒席にも茶は置かれていた。そのことを示すのが、同巻五六「不出」（2686　前掲）に、「簷前新葉覆残花。席上余盃対早茶。」とあり、これは酒盃と茶が並べておかれている。

しかし白居易にとって、酒よりは茶の方がふさわしい場合は勿論あった。それを示しているのが、同巻八「宿藍橋対月」（0339　長慶二年　五一歳　旅途）に、「清影不宜昏。聊将茶代酒。」とあり、この二句は、酒に酔って月の清い光を鑑賞できないのはまずいというので、酒の代わりに茶を用いている。月光の下では、酒よりは茶がふさわしいと考えて、酒を止めた場合もあったのである。また同巻五七「蕭庶子相過」（2727　大和三年　五八歳　洛陽）に、「慇懃蕭庶子。愛酒不嫌茶。」とあって、酒と茶を共に好む人を慇懃《いんぎん》な人物として高い評価を与えていることは、白居易の茶と酒についての見解を知る有力な手がかりとなろう。

最後に白居易の茶と酒の優劣についての考えを見てみよう。同巻五六「鏡換盃」（2631　大和二年　五七歳　長安）に、

欲将珠匣青銅鏡。換取金樽白玉巵。鏡裏老来無避処。樽前愁至有消時。茶能散悶為功浅。萱縦忘憂得力遅。不似杜康神用速。十分一盞便開眉。

珠匣青銅の鏡を将《も》って、金樽と白玉の巵《し》（円形の酒器）に換取せんと欲す。鏡裏は老い来って避くる処無く、樽前は愁至れば消ゆる時有り。茶は能く悶を散ずるも功を為すこと浅く、萱《せん》（忘憂草）は縦《たと》い憂いを忘るるも力を得ること遅し。杜康（周代の酒作りの名人）の神用速かなるに似ず、纔《わず》かに盞を分ち便《すなわ》ち眉を開く。

とあり、これは白居易五七歳の円熟期の作であるが、茶はよく悶えを解いてくれるが功が浅く、それに対して酒は効能が迅速で、たちまち愁眉を開き、憂いを解消してくれると述べ、人生の憂悶を解消するには酒が第一だとしている。

これは白居易にとっては率直な気持ちであろう。しかし前述のように、茶と酒を多く対比し、茶を決して退けず、茶と酒の長所を生かして、矛盾なく両者を共存せしめたことは、白居易の喫茶の特色というべきであろう。

六　あとがき

以上で白詩の中で茶のことに触れた詩および詩の句から、白居易の喫茶についてのだいたいを述べたが、いまだ挙げ得なかった二、三の詩を述べてむすびとしよう。

『白氏文集』巻六「麹生訪宿」（0241　元和七年　四一歳　下邽）に、「村家何所有。茶果迎来客。」とあり、これは麹生とよばれた人が白居易を訪問して、ついに泊りこんでしまった時の詩で、何のもてなしもできないがと言って、まず茶果を供している。この時に白居易は制挙合格後、任官してほどなくの時のこと、母の喪に服するため、下邽《かけい》（陝西省渭南県）に一字隠退していたころの作であるが、まず来客を茶果でもてなしたことがわかる。また同巻一二「琵琶引」（0603　元和十一年　四五歳　江州）に有名な「商人重利軽別離。前月浮梁買茶去。」の句がある。これは浮梁（江西省景徳鎮）の茶商人のことに触れているが、これについては前稿で少々述べたので、ここでは省略する。[22]

最後に、「茶山境会」の詩をあげておく。同巻五四「夜聞賈常州崔湖州茶山境会想羨歓宴因寄此詩」（2460　宝暦二年　五五歳　蘇州）に、

遥聞境会茶山夜。珠翠歌鍾倶遶身。盤下中分両州界。灯前合作一家春。青娥遞舞応争妙。紫笋斉嘗各闘新。自歎花時北窓下。蒲黄酒対病眠人。

遥かに聞く茶山に境会するの夜、珠翠歌鍾は倶に身を遶《めぐ》る。盤下に両州の界を中分し、灯前に一家の春を合作す。

青娥（美妓）逓《たが》いに舞いてまさに妙を争うべく、紫笋《しじゅん》（湖州・常州の紫笋茶）斉しく嘗《な》めて各々新を闘わす。自ら
歎ず花時の北窓の下、蒲黄酒（時に白居易は落馬して腰をいため治療中で、それにきく酒）は病眠の人に対す。

この詩は白居易が蘇州刺史在任中の作で、この時落馬してこの茶山の会に出席できなかったことを残念がった詩である。ここに言う「茶山」は顧渚山のことで、(23) 昭和五十九年八月にこの地を筆者は訪れることができたがここで詳しく触れる紙数がない。浙江省長興県の北部から西部一帯の山地が顧渚山で、そこから産する茶を顧渚の紫笋（＝筍）茶とよんでいる。ここが安史の乱後、皇帝への進貢茶の産地であった。(24) そのことは『全唐詩』巻三六六に見える張文規（長慶四年、六五歳で逝去した張弘靖の子、『旧唐書』巻一二九）の「湖州貢焙新茶」に、「鳳輦尋春半酔回。仙娥進水御簾開。牡丹花笑金鈿動。伝奏呉興（湖州）紫筍来。」とあるによっても確かめることができる。また顧渚山は、義興（唐の常州義興県、現在の江蘇省鎮江地区宜興県）にも連なり、そこは『唐国史補』巻下、叙諸茶品目に「常州有義興之紫笋」とある名茶の産地であった。(25) したがって白詩に見える賈常州刺史と崔湖州刺史は共に義興茶（＝陽羨茶ともいう）と顧渚茶の産地がその管轄下にあり、この詩に見える「茶山境会」は両州の刺史が境界で会合して制茶修貢するための協議をしたとする解釈もある。(26) しかしこの詩からそこまで結論づけるのは少々行き過ぎではないかと思う。この詩だけからは、一番茶ができ上った機会に、それを祝して一席を設け、新茶を競う会をもった。当時、白居易は蘇州刺史であったが、落馬のため負傷し、そのためこの会合に参加できないことを嘆いているから、もし健康が許せば当然参加したようであり、その点からもこの「茶山の境会」を湖州・常州両刺史の貢茶のための正規の会合とすることは当たらないであろう。

以上述べてきたことを簡単にまとめると、(1)白居易の詩に見える茶の製法は、陸羽の『茶経』に見える餅茶と同様のものである。(2)白居易のもっとも好んだ茶の銘柄は「蜀茶」すなわち「蒙頂茶」で、それは長安・洛陽・蘇州を問

わず、友人から特別に送られたものらしく、市販のものではなさそうである。蒙頂茶は生産額が少なく、私見によれば、商業ルートで、長安や洛陽などにもちこまれるものではなかった。蜀茶のほかに、白居易はとくに新茶を好んだことがその詩にかなり見える。(3)白居易は江州司馬在任中に、廬山の草堂に付設して茶園をもっていた。(4)白居易の喫茶法は、『茶経』五之煮・六之飲に見えるものととくに異なった点はなく、ただ『茶経』では、四之器の盌《わん》の項に、越の青磁を最高とし、邢の白磁を次等のものとしているのに対して、白居易は白磁を好んでいる点は異なる。また『茶経』では、屋内の茶を正規としているのに対して、白居易は『茶経』九之略に見える屋外の略式の茶を好み、時には女性に点てさせたり、運ばせたり、また邸園内の池に小舟を浮かべて、茶を楽しんでいた。(5)白居易喫茶の特色は、茶と酒を対立させることなく、共存させているのが、他に見えない特色で、その詩の一聯に茶のことと酒のことを対にして並べるのも他にほとんど見られないものである。(6)白居易の場合では、茶は睡気さましに、酒は愁いを消すのに用いられ、茶と酒を共に愛する人を好ましい人物とする反面、忘憂のものとしては、酒の速効性を第一とするのが白居易の結論と考えたい。

また白居易は先掲の「謝李六郎中寄新蜀茶」（0994）の最後の一聯に、

不寄他人先寄我。応縁我是別茶人。

とあり、「応《まさ》に我は是れ茶を別《し》る人なるに縁《よ》るべし。」と言いきり、白居易が茶の真価がわかるのは、自分を除いては他にないと自負していたことも付言しておきたい。

（一九八四年八月三一日）

註

（1）『新唐書』巻五四、食貨志「初徳宗納戸部侍郎趙賛議。税天下茶・漆・竹・木。十取一。以為常平本銭。及出奉天（建中四年、七八三）。乃悼悔。下詔亟罷之。及朱泚平。佞臣希意興利者益進。貞元八年（七九二）。以水災減税。明年。諸道塩鉄使張滂奏。出茶州県若山及商人要路。以三等定估。十税其一。自是歳得銭四十万緡。然水旱亦未嘗拯之也。」

（2）拙稿「茶経著作年代考」（『立命館大学文学部創設三〇周年記念論集』立命館大学人文学会、一九五七）参照。

（3）『茶経』についての詳細は、拙稿「茶経」（淡交社『茶道古典全集』第一巻、一九五七年所収、および平凡社、東洋文庫『中国の茶書』一九七六年所収）を参看されたい。

（4）拙稿「唐代の名茶とその流通」（『小野勝年博士頌寿記念東方学論集』一九八二）。

（5）『白氏文集』の底本には、『那波本』（四部叢刊初編集部所収）を用い、『宋本』（文学古籍刊行社、一九五五）、『馬本』（万暦三十四年馬元調校本、和刻本）、『白居易集』（中華書局、一九七九年活字印行本）を必要に応じて参照した。

（6）「0994」の数字は、花房英樹『白氏文集の批判的研究』（彙文堂、一九六〇）に基づく番号であり、「元和十二年　四六歳江州」は同上書に依る制作年代・制作時の白居易の年齢および制作地である。

（7）岑仲勉『唐人行第録』（中華書局、一九六二）三七－四〇頁参照。

（8）前掲の竹内実『喫茶詩話』三二頁参照。

（9）呉廷燮『唐方鎮年表』（中華書局、一九八〇）一〇〇四頁参照。

（10）楊汝士および以下に出てくる楊虞卿と白居易の関係については平岡武夫「白居易とその妻」（『東方学報』三六、一九六四）参照。

（11）前掲拙稿「茶経著作年代考」参照。

（12）唐代の蒙頂茶については、前掲拙稿「唐代の名茶とその流通」二五九－二六〇頁参照。

（13）現在の蒙頂茶については、『四川茶葉』（四川人民出版社、一九七七）第一七章一、蒙頂名茶的制造、『中国名茶』（浙江人民出版社、一九七九）蒙頂茶、『中国名茶志』（北京、農業出版社、一九八二）蒙頂甘露茶参照。

（14）前掲拙稿「唐代の名茶とその流通」二七一頁参照。
（15）前掲『中国名茶』一〇六頁、紫笋茶参照。
（16）前掲拙稿「唐代の名茶とその流通」二六七・二六八頁参照。
（17）白居易の江州司馬在任中のことについては、拙稿「白楽天の官吏生活――江州司馬時代」（『橋本博士古稀記念東洋学論叢』立命館文学第一八〇号）にて若干の考察を試みたことがある。
（18）拙稿「茶経」（平凡社、東洋文庫『中国の茶書』）八三―八四頁参照。
（19）拙稿「『茶経』の茶――製茶法の復元」（茶道誌『淡交』三三―十一）参照。
（20）竹内実『中国喫茶詩話』六六頁。
（21）那波利貞「敦煌発見古写録本　唐の郷貢進士王敷撰の茶酒論の研究」（『甲南大学文学会論集』第八号）参照。
（22）前掲拙稿「唐代の名茶とその流通」二六八―二六九頁参照。
（23）前掲拙稿「茶経」（『中国の茶書』東洋文庫）一三六頁註四参照。また註（22）拙稿二六一頁参照。
（24）註（13）『中国名茶』一〇六頁、紫笋茶参照。
（25）註（4）拙稿「唐代の名茶とその流通」二六五頁参照。
（26）前掲『中国名茶』一〇九頁。また兪寿康編『中国名茶志』（農業出版社、一九八二）六頁には、『呉興記』および『呉興掌故録』を引用して、呉興・毘陵二郡守が毎年両地の境会の「境会亭」に集まり、茶の品質を比べ、技術交流をし、それを「茶宴」と称したとしている。

（『三上次男博士喜寿記念論文集　歴史編』平凡社　一九八五）

杏雨書屋蔵明嘉靖竟陵本『茶経』について

――和刻本『茶経』の系譜――

一　はじめに

幕末以来、現在までわが国で通行している『茶経』[1]の和刻本は、天保十五年（一八四四）九月、京都書肆の佐々木惣四郎・辻本仁兵衛刊行の上下二冊本である（天保本と略称）。しかしこれ以前にわが国ではすでに二度にわたって『茶経』が刊行されている。わが国における『茶経』の初刻は、元禄五年（一六九二）以前の刊行と考えられる[2]「春秋館新校刊　二条通鶴屋町　田原仁左衛門」と刊記のあるものである（元禄本と略称、筆者所蔵）。上記のものに続いて、「茶経・再刻」と題簽のある「宝暦八年（一七五八）戊寅八月　佐佐木平八　小川久兵衛　小川源兵衛板行」と刊記があり（宝暦本と略称）、封面に「唐陸鴻漸　茶経　日本平安　竹苞楼　雲松軒　興文閣」とあるのが再刻本である（筆者所蔵）。以上の和刻本の元禄本・宝暦本・天保本の三種はいずれも改版されている。また附刻の部分においては、宝暦本に新しく「兎道《うじ》の斉震伯起」の序が加えられるなど若干の異同はあるが、『茶経』の原文はだいたい踏襲されている。この和刻三本間の異同についても述べなければならないが、これは他日を期したい。

『茶経』の和刻本として、どうしても問題にしなければならないのは、この和刻本、すなわち元禄本の祖本のことである。元禄本（宝暦本・天保本も同様）には、その第一葉に、「茶経巻上　唐　竟《けい》陵陸羽鴻漸著」とあり、その次行に「明　晋安鄭熜允栄校」とある。これまでこの鄭熜本の明版が、日・中のいずれの書目にも登載されず、また万国鼎氏の「茶書二十九種題記」（『図書館学季刊』五―二）にも見えず、幻の本であった。しかし筆者が先年購入したのは、まさしく明版の鄭熜本で、元禄本はこの明版の翻刻本であることは一見して明瞭である。これで和刻本『茶経』の祖本の実在は確認された。

この鄭熜本は、封面に『鏤陸鴻漸茶経　瑯嬛斉蔵板』[3]とあり、ほかに刊記はなく、鄭熜の伝記も未詳である。封面の次には、陳師道の序があり、茶経の本文巻上・巻中となる。そして茶経の巻中、四之器の次に、宋の審安老人の「茶具図賛」と明の朱存理の題が入る。その後に茶経の巻下がくる。茶経の後に、「伝」として『新唐書』陸羽伝、童承叙の陸羽伝の跋、「茶経水弁」として、張又新の「煎茶水記」、欧陽脩の「大明水記」、「浮槎山水記」が入り、次に「明、新都　孫大綬編次、鄭熜　校梓」とある『茶経外集』、次に「鄭熜校」とある『茶譜』、次に孫大綬編次、鄭熜校梓の『茶譜外集』を附刻して終わっている。これらの附刻は、茶経理解のための参考資料とはなるものの、本来の茶経とは無関係なものである。このような附刻を伴う鄭熜本のような明版茶経の祖本が何であるかが次の課題となった。

鄭熜本のような茶経、四之器の後に「茶具図賛」を挿入した形式は、明の万暦二十一年（一五九三）序のある汪士賢の『山居雑志』（静嘉堂文庫・内閣文庫所蔵）所収本に見られ、この山居雑志本は、版刻の形式が鄭熜本とまったく同じで、鄭熜本はこれに基づいたものにほぼ相違ないと考える。

また茶経の版本で、その第一葉に「明　玉茗堂主人閲」とある明版茶経があり（筆者所蔵、玉茗堂本と略称）、これもほぼ鄭熜本に等しい。この版本についてはかつて一文を草したことがある。[4]「玉茗堂主人」とは湯顕祖（一五五〇―一六一六）のことであるが、この刊本は湯顕祖の名にふさわしくない蕪雑な版本で、『四庫提要』子部、譜録類、存目、別本茶経の条にも言うように、湯氏の名を借りた坊刻本であろうが[5]、その刊年は湯氏没後、すなわち万暦四十四年（一六一六）以後とみた方がよいであろう。また『四庫提要』が『別本茶経』として、この版本のみを挙げ、これよりすぐれた以下に掲げる万暦刊本の他のものにまったく言及しないのは、『四庫提要』の版本調査の疏漏と言ってよい。

さらに、万暦三十一年（一六〇三）序の胡文煥の『百家名書』、および万暦四十一年（一六一三）序の喩政の『茶書』という二つの叢書所収の『茶経』は、その後に「茶具図賛」「茶譜」等を収め、『山居雑志』のように、四之器の後に「茶具図賛」を挿入する形式ではないが、内容としては、同一系統のものであり、そのことは『茶経』の原文および注の入れ方からも言える。また注の入れ方から、『五朝小説』、『重較説郛』所収の『茶経』も、『山居雑志』、『百家名書』、『茶書』とは少々異なるが、だいたい同一方向と見なしてよい。

これら明の万暦年間に続々と刊行された『茶経』の祖本が、本論文で取上げる武田振興科学財団、杏雨書屋蔵の明嘉靖二十一年（一五四二）序刊本で、『茶経』の著者の陸羽の故郷である竟陵、すなわち現在の湖北省荊州地区天門県刊行の『茶経』（嘉靖竟陵本と略称）であると考え、以下にそのことを述べてみたいと思う。

二　明嘉靖竟陵本『茶経』の魯彭の叙について

嘉靖竟陵本の特徴の一つは、刊年と考えられる嘉靖二十一年（一五四二）秋九月九日の景陵（＝竟陵）の魯彭の叙、同年の呉旦の識語、および同年十月の汪可立の後序があることである。魯彭・呉旦・汪可立ともにその伝記の詳細は未詳であるが、魯彭は『嘉靖沔陽州志』巻四、人物表によれば、景陵の人で、魯鐸（『明史』巻一六三に列伝あり）の子で、字は寿卿と言い、正徳戊寅（十三年、一五一八）の挙人とあるが、『万暦承天府志』には、丙子（正徳十一年）の挙人で、広東楽会県知県に任ぜられたことが見え、いずれが是か明らかにできない。嘉靖竟陵本茶経に附載の『茶経外集』に、「夢野魯彭」の作として、詩を残しているから、号が夢野であることがわかる。魯彭の叙はすでに諸岡存氏によって、民国二十二年（一九三三）天門県刊の『陸子茶経』（甲本と略称）に基づいて引用され(6)、また喩政の『茶書』の茶経の条にも「茶経叙」（乙本と略称）として引用されているが、甲本・乙本共に上記の叙の撰年を欠き、乙本は節略文で、その上に刊行の経過と撰年を欠き、また共に文字にも若干の異同がある。以下には、乙本では、とくに竟陵において本書が版刻された経過を述べた最初の部分を欠いているので、その部分を中心にして、嘉靖竟陵本に基づいて、訳出してみよう。

粤昔《かつて》、己亥（嘉靖十八年、一五三九）、上《しょう》（世宗嘉靖帝）南のかた郢《えい》（明では安陸州、嘉靖帝の出身地のため、嘉靖十年、承天府と改称、今の湖北省荊州地区鍾祥県、陸羽の故郷竟陵、すなわち今の天門県の西北約八〇キロ）に狩し、荊西道を寘《お》く。幾くも無くして、上《しょう》、監察御史の青陽（安徽省貴池県）の柯公（諱は喬）を以て、来りて厥《そ》の職に涖《のぞ》ましむ。越えて明年、百廃修挙し、迺《すなわ》ち風を竟陵に観、唐の処士の陸羽の故処の竜蓋寺を訪ぬ。公、喟然《きぜん》として曰く、「昔、桑苧翁（陸羽）唐に名あり。足跡天下に遍く、誰か其の茲《こ》の土に産まるるを謂《おも》わんや。」と。因りて茶井の所在を失うを慨《なげ》き、迺ち今の井亭に即《つ》きて、其の故《ふる》きを存し、已《すで》に復た亭を其の北に構え、茶亭と曰う。他日、公（柯公）再び往き、（陸）羽の著わす所の茶経三篇を索《もと》む。僧真清は業録し、梓を謀りて献ず。公曰く「嗟《ああ》、井は亭せり。而して経の刻す無かる可けんや。」と。遂に命じてこれを寺に刻せしむ。夫れ茶の経要たる、世に行われ、千古に膾炙す。迺ち今これを『百川学海』集中に見る。茲《ここ》に復刻するは覧《み》るに便なるのみ。これを竟陵に刻するは、羽の竟陵の人たるを表わすなり。按ずるに（以下、陸羽および茶経のこと省略）……羽の器業顚末、具《つぶ》さに伝（『新唐書』隠逸、陸羽伝）に見ゆ。其の水味品鑑、優劣の弁、また互いに張（張又新の煎茶水記）・欧（陽脩）の浮槎《ふさ》（浮槎山水記、『欧陽文忠公全集』巻五）等の記に見ゆ。則ち並びにこれを経に附す。故に贅《ぜい》せず。僧真清は新安の歙《しょう》（安徽省徽州地区歙県）の人。嘗つて其の寺を新しうし、以て茶を嗜《たしな》む。故に茶経を業すと云う。皇明、嘉靖二十一年（一五四二）、歳壬寅に在り。秋、重九（九月九日）の日、景陵の後学、魯彭叙す。

この魯彭の叙によれば、嘉靖竟陵本の特徴は、㈠陸羽の故郷の景陵、すなわち今の湖北省天門県で刊行されたこと。㈡それが嘉靖二十一年の刊行で、『百川学海』を除いて、他の茶経の版本がおおむね万暦以後の刊行であるのに対して、数十年も先行していること。㈢『百川学海』よりの復刻であることを明記している。このために嘉靖竟陵本茶経の底本は『百川学海』であることがわかる。魯彭の叙は、諸岡存氏によりすでに取上げられているが、そのテキスト（民国二十二年刊の『陸子茶経』）には撰年の記載を欠いていたため、その刊年が判明しなかったのである。またこの嘉靖竟陵本は百余部印刷されたことが、嘉靖竟陵本の末尾の「童内方与夢野（魯彭）論茶経書[7]」という文に、「令人持紙来。印百余部。」とあるのによって判明する。この 本が杏雨書屋に残ったことになるが、これに疑点もあることは後に述べる。

また竟陵では、嘉靖竟陵本以外にも、民国時代に至るまでしばしば茶経が刊行されていることもこれまで指摘されていない。そのことは民国二十二年刊の『陸子茶経』に旧序として、李維楨の序を登載していることなどによって判明する。李維楨は、『万暦湖広総志』巻三九、選挙表二、国朝の条に、「京山（天門県の北五〇キロ）人。隆慶戊辰（二年、一五六八）羅万化榜進士。」とあり、その集が『槐野先生存笥稿』三八巻である。魯彭が挙人となってから約七〇年後の進士である。李維楨の序に、

井泉恙が無く、而して茶経は湮滅して読むべからず。善本を取り、復び校し、これを梓に鍥《ほ》る。而して佞せずし

てこれが序をつくる。

とある。この文の撰年は明記なく、また喩政の『茶書』にもこの序を引用しているが、上記の部分は削去されている。この文によって、魯彭の茶経刊行後、おそらく数十年後に、すでに竟陵附近でも、茶経を求めることができなかったようで、その時に採用された善本とはおそらく嘉靖竟陵本と思われる。なお李維楨は、民国二十二年の『陸子茶経』末尾の「県志攷」に、万暦癸巳（二十一年、一五九三）に「陸羽祠記」を撰したことが見えるから、この序の撰もその頃であろうか。なお現在、李維楨序の茶経の刊本は伝存していない。

さらに陳文燭の茶経序が喩政の『茶書』に見える。字は玉叔といい、『万暦湖広総志』巻三九、選挙表二に、「嘉靖乙丑（四十四年、一五六五）范応期榜進士」とあり、その集が『二酉園詩文集』二六巻（内閣文庫蔵）で、その序に、万暦戊子（十六年）に、程孟孺が版下を書き、王孫貞吉（明の皇族朱氏か）の茶具の図を附載して陳文燭が刊行した茶経があったことが見えるが、これも伝存を聞かない。陳文燭も郡の後学とあり、序の中に、「吾沔人物。首陸鴻漸。」とあるから、竟陵近傍の沔陽県の人であろう。

また民国二十二年の『陸子茶経』に明の徐同気（未詳）にも茶経序があり、その文に、

余かつて屈（屈原）陸（陸羽）二子の書を以て、これを梓に付す。而して燹《せん》に燬《や》かれ、再び事有るを計る。而して屈は郡人、陸は里人なり。故に先ず茶経を鐫る。

とあり、徐同気にも、何時ごろのことか不明であるが、二度にわたって茶経を版刻し、徐氏も竟陵の人であることがわかる。以上のように、竟陵における茶経の版刻は、嘉靖竟陵本を初刻として、明版として、以後の刊本は伝存を知らないが、残存した序により、李維楨、陳文燭、徐同気（再度版刻）といずれも竟陵もしくはその近傍において、四度の刊行が判明するのは、従前には指摘されていない茶経刊刻史上の見逃せない事実である。

またこの竟陵において、茶経版刻の風潮は清朝に至っても続いたようで、そのことは、民国二十二年の『陸子茶経』に、清の曾元邁の序を登載していることによって判明するが、紙数の関係上今はその文の掲載を省略する。

以上縷々と述べてきたように、陸羽の故郷の竟陵において、嘉靖二十一年（一五四二）より、突如として茶経の刊行が頻繁に行われるようになった理由は何であろうか。これを解く鍵は上述の魯彭の茶経序に、「粤昔己亥。上南狩郢。……」という記述に留意しなければならない。世宗嘉靖帝の父は憲宗成化帝の孫の興王祐杬で、竟陵の近くの安陸州（鍾祥県）に王府があった。武宗正徳帝には後嗣がなく、遺詔として興王祐杬の子の厚熜が大統を継いで世宗嘉靖帝となった。(8) そして嘉靖十年に、嘉靖帝の出身地である安陸州は承天府と改称された。郢はこの承天府を指している。嘉靖十八年、嘉靖帝は前年に父に睿宗の廟号がおくられたため、承天府に完成した父の顕陵にそれを報告するために承天府に行幸した。「上、南のかた郢《えい》に狩す」というのはこのことを指す。「荊西道を寘《お》く」というのは、『明実録』には見えないが、『万暦承天府志』（万暦三十年序刊本、尊経閣文庫蔵）巻二、竜飛紀下に、「嘉靖十九年七月。命戸部員外郎柯喬。分巡荊西道僉事。従吏部請也。」とあるのに当たり、この柯喬が、魯彭序の「柯公」で、同上書巻八によれば、柯喬は字を遷之と言い、直隷青陽の人で進士である。しかしこの承天府から嘉靖帝が出自したため、竟陵（景陵）もその傘下にあるこの方面一帯の承天府はこの慶事に湧き、それを記念するために取上げられたのが、この地出身の茶神陸羽顕彰の動きではあるまいか。ここにこの地の出身でありながら、陸羽の遺跡も荒廃していたのを柯喬が復興し、茶経復刻のことを企てたのであり、そのことは、『万暦承天府志』巻一七に、「景陵の竜蓋寺、西湖の中洲に在り。成化丙申（十二年、一四七六）、県令張継宗重建す。中に陸羽茶井あり。嘉靖壬寅（二十一年、一五四二）、僉憲の柯公は陸羽の茶亭を作り、并せて茶経を刻す。」と見える。以後の明代、ひいては清代に及ぶまで、この地に幾度にもわたって、茶経の刊行が行われたことはすでに述べた。しかしその痕跡は、杏雨書屋にようやく残った嘉靖竟陵本と、道光元年（一八二一）の『天門県志』附刻『陸子茶経』と、それに基づく民国二十二年の『陸子茶経』であるが、その間のことは諸書に収載されて残るこの地出身者の茶経序の遺文に基づいて、本稿ではその跡を推し測ってみた次第である。なおこの杏雨書屋の嘉靖竟陵本の茶経の本文には、二葉にわたる補刻が観取され、版も初印本とは考えられないので、「童内方与夢野（＝魯彭）論茶経書」にいう初版の「百余部」ではなく、若干、時代の遅れる補刻であろう。

三　嘉靖竟陵本茶経と『百川学海』および万暦諸刊本茶経との関係

『茶経』の刊行は万暦時代になると未曾有の盛行を示し、数多くの版本が現存しているが、それらと、宋代以来の『百川学海』所収茶経との関係、また万暦諸刊本相互の関係はどのようになっているかについては、筆者もかつて若干の考察を試みたが[9]、これらを基本的に系統だてるには至らなかった。

しかし前掲の嘉靖竟陵本茶経の魯彭の叙に、「今見之（茶経）百川学海中。茲復刻者便覧爾。」とあり、嘉靖竟陵本は『百川学海』を底本としたことは明らかである。この嘉靖竟陵本は万暦諸刊本に較べて数十年先行して刊行され、しかも以下に述べるように、万暦刊行の諸版本は、『百川学海』よりは、この嘉靖竟陵本を底本としたか、少なくとも必ず参照したと考える。このことも考えながら、まず嘉靖竟陵本と『百川学海』との関係から考察してみよう。

しかし『百川学海』と一口に言ったが、各種の百川学海の版本のうち筆者が取上げたのは次の三種である。

①宋咸淳本景刊本（民国十六年武進陶氏渉園、闕巻用弘治中華氏翻宋本重校摸補）

②明弘治本景刊本（民国十年上海博古斎用弘治中無錫華氏本）

③宮内庁書陵部蔵本

①について、筆者は、『茶道古典全集』第一巻（淡交社、一九五七）において、茶経の底本として用い、各種の茶経版本との異同を調べたが、景刊の経過に疑点があり、今は底本とはなし難いという見解に至った。②については、日本各所に原本が所在し、それを調べた結果、信頼し得る景印本である。③については、その刊年等明らかになっていないが、弘治本とは異なる一つの信頼できる百川学海本と考えるので、以下の論においては、②と③の百川学海を併せ参照しながら論をすすめることとしたい。

まず版刻の形式についてであるが、百川学海本は、②③共に、一二行、毎行二〇字である。嘉靖竟陵本は、九行、毎行二〇字である。しかし嘉靖竟陵本は、後述のように、百川学海本より注を増加しているが、その部分の注は。印をいれて、増注部分を明らかにし、その分だけ行が送られている。この点から、嘉靖竟陵本は②③形式の百川学海を底本としたとみなし得るのである。

次に茶経本文の第一葉は、②③百川学海本共に、第一行目に、「茶経巻上」とあり、第二行目に、「竟陵陸羽撰」とあり、第三行目に、「一之源　二之具　三之造」とあり、第四行目に、「一之源」とあり、第五行目から茶経の本文が始まる。嘉靖竟陵本は百川学海と形式はまったく同様である。またこの形式は巻中、巻下も②③および嘉靖竟陵本は同様である。また巻中の第三行目には②③共に「四之器」とあり、第四行目以下に、器の名称二三が列挙され、この点も嘉靖竟陵本は同様である。それが、万暦刊の多くの版本、例えば汪士賢の『山居雑志本』茶経（明万暦二十一年序刊、静嘉堂文庫、内閣文庫蔵、和刻本茶経の祖本である鄭熜本も同一形式[10]）では、第一行目の「茶経巻上」は同様であるが、第二行目が「唐竟陵陸羽鴻漸著」、第三行目が「明　新安汪士賢校」（鄭熜本は「明　晋安鄭熜允栄校」）、第四行目が「一之源」とあり、百川学海本②③や嘉靖竟陵本のように「一之源　二之具　三之造」がなく、この点において、巻中・巻下も同様であり、また巻中に、器の名称二三個の列記はない。以上のことから、嘉靖竟陵本は各葉の行数は異なるが、明らかに百川学海の版刻形式を踏襲しており、その点からも魯彭が叙において百川学海より嘉靖竟陵本を復刻したと言っていることを証明できる。

次に注についてである。茶経の現存の最古の姿を伝えているとみなされる百川学海本にも注がある。これが陸羽の自注か後人のものかは定め難い。しかしこれまで知られていた万暦諸刊本は、百川学海本の注のほかに増注がある。これがどのような経過で挿入されたかはこれまで明らかにできなかった。嘉靖竟陵本には次のような一二箇条にわたる百川学海本にない増注がある。

(1)一之源　。櫟当従石為礫　(2)二之具　。亜当作椏木椏枝也　(3)二之具　。篣音崩筤音郎篣筤籃籠也　(4)三之造　。犎音朋野牛也　(5)四之器　。楦古箱字　(6)四之器　。音冑木名也　(7)四之器　。合即今盒字　(8)六之飲　。兪当作渝巴渝也　(9)七之事　。育長任瞻字元□遺長字今増之　(10)七之事　。潰当作憒　(11)七之事　。下飲□設茶也　(12)七之事　。懸車喩日入之候指人垂老時也淮南子曰日至悲泉爰息其馬亦此意也

これらの増注をいずれも嘉靖竟陵本は、。印を入れて、百川学海本の注と区別し、万暦以後の諸刊本でこの。印は取り去っているものが多いが、この注を上廻るものはない。但し注(1)について、その表現が「櫟字当従石為礫」と「字」を加えているのが、山居雑志本・鄭熜本（和刻本の祖本）・胡文煥の百家名書本（万暦二十一年序刊本）・喩政の茶書本（万暦四十年序刊本）であり、また唐宋叢書本（筆者所蔵）・重較説郛本[11]（清順治三年刊本）は「按櫟当従石為礫」とあって表現が少々異なる。また(5)「楦古箱字」について、山居雑志本・茶書本・百家名書本は「古箱字」と「楦」字がない。またこの個所を唐宋叢書本・重較説郛本は「○楦古筥字」とするなど表現が少々異なる。これは万暦およびそれ以後の刊本の中で、山居雑志本・鄭熜本・百川家名書本・茶書本の一つのグループと、もう一つの別の重較説郛

本系統のものとに分かれるが、いずれも嘉靖竟陵本の増注を受けついだと考えてよい。説郛系の諸本は嘉靖竟陵本より古いのではないかと考えられるかもしれないが、嘉靖竟陵本が説郛系のものを参照した記述は無く、筆者は嘉靖竟陵本が百川学海を底本としたという魯彭の叙を重視し、百川学海の注を増加したのは、嘉靖竟陵本刊行の時と考えたい。

また茶経九之略の原文に、「乃蒸乃舂乃□以火乾之」と一字欠字のあることは、百川学海②③、嘉靖竟陵本共にそうなっているが、この欠字の個所を、山居雑志本・鄭熜本・百家名書本・茶書本は「煬」字とし、重較説郛本系統は「復」字としているのは、山居雑志系統本と重較説郛系統本の相違をまた示していると考えられる。

さらに茶経七之事の原文の「其器具□又売餅於市」について、百川学海本②③、嘉靖竟陵本共に一字欠字があるが、山居雑志本・鄭熜本・百家名書本は欠字を「後」字とし、茶書本は欠字のままであり、重較説郛系統本も同様に欠字としているのも茶経のテキストの系統決定の一つの材料となる。

最後に、茶経八之出の原文「其恩播費夷鄂袁吉福建泉韶象十一州」の「泉」字が、百川学海本②③、嘉靖竟陵本、重較説郛系諸本にあり、山居雑志本・鄭熜本・百家名書本・茶書本には「泉」字がないのも茶経テキストの系統決定の一つの材料となる。なおこれは「泉」字を削去して、十一州の数字合わせをしたと考えられる。

以上を総合して、「茶経」各版本系譜図の現段階の私案を示すと次のようになる。ただ刊行された版本のうち残存するものが少数と思われるので、現存、また調査したいものについてのみの系譜図であるので不備をまぬがれないことはご諒承いただきたい[12]。

なお嘉靖竟陵本は、その底本にいずれの百川学海本を用いたかは目下のところではきめられないが、百川学海本②③と嘉靖竟陵本とを比較校合してみると、百川学海本の誤りを訂正したと考えられる個所がかなりある。茶経、四之器の碾の条の百川学海本②③に、「以梨桑桐柘為曰（臼?）」とある「曰」字を「之」と改め、四之器の具列の条の百川学海本②③の「或木法竹」の法を嘉靖竟陵本は「或」と改め、また同条の「其到者」を嘉靖竟陵本では「具列者」と改め、六之飲の「間於魯周公」の「間」を嘉靖竟陵本では「聞」と改め、また同じく六之飲の「毛而走。去而言」の「去」字を嘉靖竟陵本では「呿」に改め、七之事の「王皇炎帝神農氏」の「王」字を嘉靖竟陵本は「三」に改め、同じく七之事の「江洗馬充」の「充」字を嘉靖竟陵本では「統」と正し、同じく七之事の「責山君」を嘉靖竟陵本で、「黄山君」と正している。

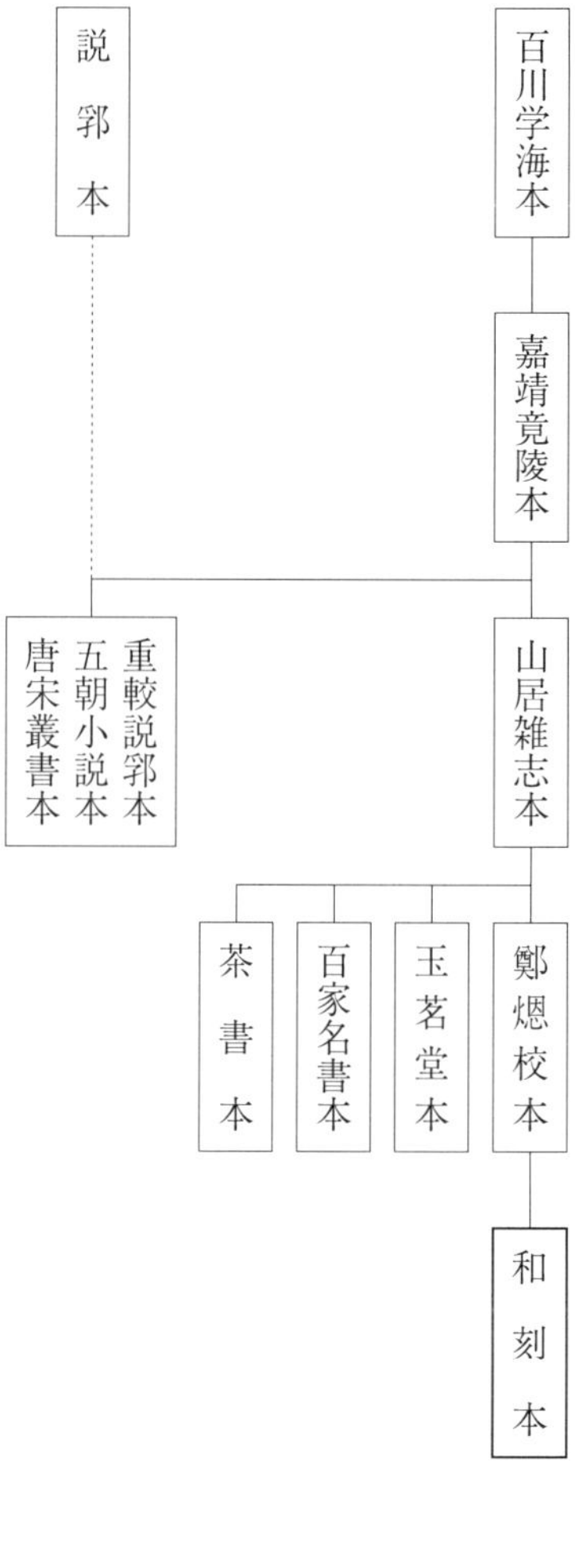

茶経各版本系譜図私案

嘉靖竟陵本茶経はその底本とした百川学海本を明らかにすることができないので、その真価を定め難い点もあるが、とくに茶経の注を増加させたことは一つの功績である。また竟陵は両都より遠隔の地にありながら、近傍出身の嘉靖帝の即位と、その故郷重視の風潮に乗じた承天府の文運興隆の波に、竟陵のかつて生んだ茶神陸羽の遺跡の復興と茶経の普及を柯喬が企てたことは、茶経研究者に見逃せない明代における茶経復興の先縦を開いた。万暦時代におけるおびただしい茶経刊行の風潮は嘉靖竟陵本の刊行がその先鞭をつけたのであった。万暦時代における茶経各種版本の盛行は、今日残存しているものに叢書の所収本が多く、茶経の単行本の残存しているものが、刊行されたものに比較して少数であることは、序のみ残って刊本の残っていないものがとくに竟陵刊行本に相当数あることによって知ることができる。このような中で嘉靖竟陵本が武田振興科学財団杏雨書屋に伝えられていることは、茶経研究者にとって、きわめて貴重な資料を提供されることとなった。

四　『茶経外集』について

和刻の元禄本茶経においては、茶経本文の次に、「伝」として、(1)『新唐書』陸羽伝、(2)明の童承叙の語、「茶経水弁」として、(3)唐の張又新の「煎茶水記」、(4)宋の欧陽脩の「大明水記」、および(5)「浮槎山水記」を載せ、その次に、『茶経外集』を置き、「明　新都　孫大綬編次、明　晋安　鄭熜校梓」とあり、その内容として、唐、(1)陸羽の六羨歌、(2)盧仝の茶歌、(3)皇甫曾の送羽採茶、(4)皇甫冉の送羽赴越、(5)僧皎然の尋陸羽不遇、(6)裴拾遺の西塔院、宋、(7)范希文の闘茶歌、(8)王禹偁の観陸羽茶井を掲げている。

これに対して、嘉靖竟陵本においては、『茶経外集』として、編者・校刊者名は記載されず、唐の(1)から(6)はまったく同じであるが、宋の(7)闘茶歌を欠き、その後に、「国朝」（=明）として、次の三四首を掲げている。

(1)秋日読書西禅湖張弥月小舟夜泛偶成　蓮北　魯鐸（魯鐸は景陵の人で、弘治十五年会試第一の進士。その伝は『明史』

巻一六三に見え、号が蓮北。その集が『魯文恪公文集』一〇巻、崇雅堂叢書所収。しかし文集巻四では、この篇目、詩句共に多少の異同がある。[13]）(2)過西塔懐蓮北（＝魯鐸）先生　一山　張崗（未詳）。(3)遊西禅寺漫興　東浜　徐咸　海塩人。（正統の進士で、その集に『宦遊稿一巻　帰田稿一巻　続稿一巻』（静嘉堂文庫蔵）があるが、その中に、上掲の詩は見えない。）(4)聞清公従新安来大新竜蓋寺春日同夢野（＝魯彭）過訪　陸泉　張本潔（『万暦承天府志』巻一〇、制科に、正徳丙午〈丙子の誤りとすれば、十一年、一五一六〉の景陵県の挙人とある。）(5)尋清上人因懐可公（柯喬のこと？）次韻　夢野　魯彭（嘉靖竟陵本茶経の叙の撰者、上述）。(6)過西禅次陸泉韻　蔣山　程鍵　休寧人（未詳）。(7)訪西禅有作　瑞坡　楊応　長楽人（未詳）。(8)遊西塔院逢清禅師次韻　観復　魯嘉。（『万暦承天府志』巻一〇によれば、魯鐸の子、魯彭の弟、正徳十四年の挙人。）(9)西塔院訪古　芝山　汪可立。（嘉靖竟陵本茶経の後序の撰者。）(10)遊竜蓋寺　雪江　程墭（未詳）。(11)宿竜蓋寺　心泉　程大忠（未詳）。(12)過竜蓋寺　北厓　程璐（未詳）。(13)茶亭懐古　陸洲　張一中[14]（『尺牘争奇』四巻の著者か。）(14)過竜蓋寺清禅師　少岳　何暁（未詳）。(15)篇目なし。西泉　真清。（嘉靖竟陵本茶経の魯彭の叙に見えるこの書物の校訂者、竜蓋寺（＝西塔院＝西禅院）の住持。叙によれば、新安、歙《しょう》（安徽省）の人で、竜蓋寺を新栄した。）(16)春日遊西禅茶亭憩息　前川　鄒穀（未詳）。(17)懐陸篇　夢野（＝魯彭、上述）。(18)登西禅訪陸羽故居　定渓　方新　侍御。（方新のことは、『明史』巻二〇七、楊思忠の附伝として見え、嘉靖四十五年に、御史としての上言が、帝の怒りに触れ、民とされ、穆宗隆慶帝の嗣位によって復官された。また『万暦承天府志』巻八、秩官には、字は徳新、嘉靖丙辰（三十五年）の進士で、隆慶二年（一五六八）に、分巡荊西道として着任しているから、この詩はこの時の作と考えられ、嘉靖竟陵本刊行より二六年後のことである。なおこの詩は、方新の『方侍御集』『盛明百家詩』後篇所収には見えない。）(19)過景陵宿西禅寺　少泉　王格。（隆慶五年序『少泉詩集』一〇巻〈北平図書館蔵〉はその詩集であるが、この詩はその中に見えない。）(20)遊西禅寺　梧崖　蕭録（未詳）。(21)又次方定渓（＝方新、上述）韻　蕭録（前出　未詳）。(22)秋日過西禅寺　星野　方梁。（『万暦承天府志』巻八、秩官によれば、景陵の知県で、江西の人、挙人で、隆慶年任とある。）(23)過西禅寺訪陸羽　蓋吾　張惟翰（未詳）。(24)遊西禅寺　生員　蕭選（未詳）。(25)又登観音閣　蕭選（未詳　前出）(26)冬起過訪西禅　芝南　江楚　浮梁人（未詳）。(27)弔陸羽先生有感而題　槐皐　任高（未詳）。(28)過西禅寺　程彬（未詳）。(29)書西禅寺陸羽亭　新安　余一竜。（『万暦承天府志』巻八、秩官に、字は汝化と言い、直隷婺源の人、進士で、隆慶六年に分巡荊西道に任ぜられたとあるので、その時の作と考える。嘉靖竟陵本茶経の刊行より、三〇年後のことである。）(30)遊西禅寺　分巡荊西道　蘇　諱雨。（『万暦承天府志』巻八、秩官に、「分巡荊西道蘇雨。字以時。四川巴県人。由進士。万暦十三年任。」とあり、この詩は蘇雨の分巡荊西道に万暦十三年より在任中の作と考えられる。とすれば、この『茶経外集』は、方新、余一竜、蘇雨の詩を含むことによって、嘉靖竟陵本刊行以後の著作となり、嘉靖竟陵本茶経とこの『茶経外集』とは同時のものではなく、万暦十三年以後に『茶経外集』が竟陵で刊行され、杏雨書屋の嘉靖竟陵本に附載されたと考えたい。）(31)西禅寺飲陸羽泉　又（＝蘇雨。上述）。(32)題西禅茶井　新安　程了諫（未詳）。(33)篇目なし　庠生　江有元（『万暦承天府志』巻一〇、制科、景陵、貢士、万暦の条に江有源とあるのは、江有元のことであろう。）(34)篇目なし　庠生　延鶴（江有元と同様、『万暦承天府志』、景陵の万暦の貢士に延鶴の名が見える。）

以上の三四首が杏雨書屋蔵嘉靖竟陵本『茶経外集』に収められているが、これは和刻本『茶経外集』、およびその祖本となった明の鄭熜本、その他の『茶経外集』に見えず、嘉靖竟陵本茶経独自のものである。これらの各詩を一々紹介する余裕はなかったが、その篇目に、「西禅」「西塔」「西禅寺」「竜蓋寺」「西塔院」とあるのは、いずれも陸羽が捨子より養育された竜蓋寺のことであり、「清公」「清上人」「清禅師」「真清」はいずれも嘉靖竟陵本の実際の校刊者である竜蓋寺の住持の真清であり、この三四首の詩はいずれも竜蓋寺関係のものと言ってよい。したがって、この三四首は竜蓋寺に残されていた記録から編集されたものと言ってよいであろう。しかし隆慶二年（一五六八）に分巡荊西道に任ぜられた方新、同じく隆慶六年に同官に任ぜられた余一竜の詩を収め、また万暦十三年（一五八五）に分巡荊西道に任ぜられた蘇雨の二首の詩を含み、さらに万暦の貢士に江有元、延鶴の名が見えることによって、嘉靖竟陵本茶経（嘉靖二十一年、一五四二年序刊本）とこの『茶経外集』は同時刊行のものでなく、杏雨書屋蔵の嘉靖竟陵本茶経に、後世において附載されたか、或は、杏雨蔵本が、万暦十三年以後それほど遅くない時期に、嘉靖竟陵本を補修して刊行したものかと思う。このことは嘉靖竟陵本茶経の茶経原文の二葉の補刊と、『茶経外集』の字体の相似によっても推定されるが、また『茶経外集』の中にも補刻と思われる部分もあり、断定はなお保留したい。

五　あとがき

以上の考察によって、茶経和刻本の系譜をほぼ明らかにし、その系譜図の私案も作製することができた。それは嘉靖竟陵本茶経に魯彭の叙があり、この文は茶書本茶経・民国二十二年天門県刊行の『陸子茶経』によってもこれまで知ることができたが、前者は刊行の経過の部分と叙の撰年を欠き、後者は撰年を欠くことによって不備を免れなかった。嘉靖竟陵本は、その魯彭の叙に、刊行経過と撰年を備え、撰年は嘉靖二十一年（一五四二）で、また嘉靖竟陵本の呉旦の識語と汪可立の後序も同年の撰であることによって、ほぼこの年が刊行年と推定することを強化することができる。これはこれまで我々の見ることのできた茶経の各版本が『百川学海』本を除いて、ほとんど万暦年間のものであることと比較して、この嘉靖竟陵本の重要性を物語るものである。

また嘉靖竟陵本の魯彭の叙が、この版本が『百川学海』本に依ったことを明記していることは注目される。これまでの茶経各版本本文の校勘によって、各版本は多元的ではないと筆者も考えてきたが、そのことが早期に刊行された嘉靖竟陵本が『百川学海』に基づくものであることの記述によって、茶経各版本の『百川学海』底本説が補強された。

さらに、百川学海本茶経には注があり、これまで知られている万暦時代諸刊本に百川学海本より若干の増注があることに筆者もかねて注意してきた。しかしこの増注が何時から始まったかはこれまで不明であった。嘉靖竟陵本茶経の版刻形式は百川学海本に基づいていることは一見して明らかである。しかし嘉靖竟陵本の注が百川学海本より増注している部分は、その注の初めに。印を入れて、百川学海本本来の注と明瞭に区別できることは他の版本にない特色で、これは増注の起源が嘉靖竟陵本にあることを推測させる重要な資料と考える。またこの増注の文章に多少の相違があり、これによって万暦諸刊本の系統立てが可能となった。すなわち『説郛』系諸本とそれ以外の万暦諸刊本とである。『説郛』は起源は古いが、『重較説郛』系の諸本（『五朝小説』『唐宋叢書』『重編百川学海』）は刊行にあたって、説郛系以外の他の版本を取入れていると考えている。また増注のほかに、百川学海本の欠字の補い方によっても、茶経版本の系統立てができ、これらを組合せて、上掲の「茶経各版本系譜図私案」の作製を一応試みることが可能となった。

また『茶経外集』は、和刻本茶経を始め、その祖本の鄭熜本・汪士賢の『山居雑志』にも見られるが、嘉靖竟陵本茶経は、他に見られない国朝（＝明）の項目があり、詩三四首を収め、それは陸羽が生育した竟陵の竜蓋寺に関するものである。しかしその詩の作者は、著名な詩人の作もあるが、むしろ無名の詩人の作品の方が多い。この三四首は竜蓋寺に関して詠まれたものであるから、その意味では、『茶経外集』の名にそむかないが、これを以て当時全国に普及するには、作者の点で難があった。そこで結局『茶経外集』は嘉靖竟陵本には、その編者名がないが、万暦時代には孫大綬（未詳）の編次と称して、嘉靖竟陵本の唐・宋の部分に、宋の范希文の闘茶歌を加えて刊行されたのではあるまいか。始めから、『茶経外集』という一書の名をもちながら、わずか八人の作者の作品八篇だけで一書を構成したと見るのは、量の点から見ても考えにくい。筆者は嘉靖竟陵本附載の『茶経外集』が、『茶経外集』の起源で、万暦時代に、その国朝、明の三四首を削去し、孫大綬の名のもとに、わずか八篇だけの『茶経外集』が、茶経に附載して刊行されたのではないかと考える。

なお嘉靖二十一年に、竟陵のような片田舎で茶経が刊行されたのは、そこが陸羽の生育地であったことのほかに、世宗嘉靖帝が竟陵の近くの安陸、のちの承天府（湖北省鍾祥県）にあった興王府から出て帝位を継承し、その実父の興王祐杬が睿宗と称され、この地にその顕陵が置かれ、さらに嘉靖十九年に分巡荊西道が置かれ、僉事として柯喬が赴任し、嘉靖二十一年に、陸羽茶亭を復興し、茶経の刊行を勧め、それが嘉靖竟陵本刊行の契機となった。実際に刊行の任にあたった竜蓋寺の住持の真清が『百川学海』本の誤りを訂正したり、注を増加するなどこの任に充分耐える人であったことは、このような片田舎の竟陵に始まった嘉靖竟陵本が、万暦時代に茶経の普及する先縦となり得たのである。

本稿は嘉靖竟陵本茶経の紹介としてはいまだ紙数の関係もあって、充分意を尽していない点も多いが、博雅の方の示教も得、また資料を博捜して、修正したく思っている。また本稿の作製にあたって、畏友山根幸夫氏の明代資料に関する諸工具の恩恵に与り、また田中謙二氏にも種々示教を得た。特記して謝意を表したい。

註

（1）『茶経』については、『茶道古典全集』第一巻（淡交社、一九五七）所収の神田喜一郎氏の「茶経解題」、および拙稿の訳註、原文を参照されたい。また『中国の茶書』（平凡社、東洋文庫、一九七六年）にも筆者の『茶経』の訳註および「中国の茶書」解題が収められている。

（2）元禄五年の『広益書籍目録』に登載されている「陸羽　茶経　二冊」を「田原仁左衛門」の刊記により、このように考えた。

（3）「瑯嬛斉」については未詳であるが、明末の張岱（一五九七―一六八九）の文集を『瑯嬛文集』と称していることは、これは張岱の書斎で刊行したものかもしれない。張岱については、松枝茂夫『陶庵夢憶』（岩波文庫）に詳しい。

（4）拙稿「四庫提要の別本茶経について」（『岩井大慧博士古稀記念典籍論集』、一九六三）。

（5）徐朔方の『湯顕祖年譜』（上海古籍出版社、一九七九年再版）の附録乙、詩賦文集考略、六、玉茗堂選集の末尾（二二〇頁）に、この茶経の刊本などのあることを挙げ、「真偽莫弁。類此者尚有。不煩一一尽挙。」と言っている。

（6）諸岡存『茶経評釈外篇』（一九四一年、茶業組合中央会議所、出版科学総合研究所再刊）二六―二七頁。しかしこの文は諸岡氏が昭和十五年七月に、天門県の陸羽遺跡を訪問された時、現地で寄贈を受けられた『陸子茶経』（民国二十二年、一九三三年刊本）によるもので、本書は諸岡氏の御遺族諸岡妙子氏（東京女子医科大学教授）より拝借して閲覧することができた。御厚意に謝意を表したい。なお本書には、西塔寺（陸羽のいた竜蓋寺）の僧常楽の序があり、その文に、「時去道光辛巳（元年、一八二一）九十九年。歳星在己未（民国八年、一九一九）仲秋吉日。竟陵西塔寺住持僧常楽序。」とあるが、ここに道光元年とあるのは、この年に『天門県志』三六巻が刊行され、それに『陸子茶経』が附刻されていることは、『東洋文庫地方志目録』（一九三五年）一四三頁に見え、この『天門県志』附刻の『陸子茶経』の重刻本が、民国八年（一九一九）刊の『陸子茶経』で、諸岡氏の将来されたのはその「癸酉歳（一九三三）重刊本」である。これは陸羽の故郷竟陵、今の天門県にて刊行されている。

（7）「童内方」は、童承叙のことで、その伝記は、『万暦湖広総志』巻五五、献徴九、国朝に見え、沔陽（天門県に近い今の湖北省荆州地区沔陽県）出身の正徳辛巳（十六年、一五二一）の進士で、左庶子兼侍読に至り、宝訓・実録・会典の編修にも参画した。彼の編纂した故郷の『沔陽志』一八巻は、わが国の尊経閣文庫にも伝存している。彼の別集が『内方先生集』八巻、附一巻である。

（8）嘉靖帝が父の興王夫妻の礼遇についておこした議論を「大礼の議」と言い、その議論をまとめたのが『大礼集議』『明倫大典』である。中山八郎「明の嘉靖朝の大礼問題の発端」（『人文研究』八―九）および同「再び嘉靖朝の大礼問題の発端に就

いて」（『清水博士追悼記念明代史論叢』、一九六二年六月）参照。

（9）拙稿「茶経の版本における三種の百川学海本と明鈔説郛本」（『神田喜一郎博士還暦記念書誌学論集』、平凡社、一九五七）、および註（4）前掲論文。

（10）この『山居雑志本』とまったく同一形式、むしろ同一板木とみなしてよいものに、東京大学東洋文化研究所蔵本の「明新安程栄伯仁校」本がある。

（11）『唐宋叢書』『重較説郛』および『五朝小説』『重編百川学海』については、倉田淳之助「説郛版本諸説と私見」（『京都大学人文科学研究所創立二十五周年記念論文集』）参照。

（12）所在を知悉しながら未調査の茶経の版本に、「茶経三巻附外集一巻一冊　唐陸羽撰　明嘉靖壬寅（二十一年）新安呉旦刊本」（台湾　国立中央図書館善本書目　増訂本㈡　子部譜録類　五五〇頁所収）がある。本書は嘉靖二十一年刊と嘉靖竟陵本と同一刊年なので、茶経版本研究には大きな意味のあるものであり、将来この版本の調査ができれば、筆者の茶経版本研究にはおそらく大きく影響を及ぼすものであろう。

（13）『魯文恪公文集』巻四では、この詩の篇目は「秋日読書西湖張久未出新霽月明浩然放舟偶成短吟」とあり、詩の句にもかなり異同がある。竟陵にて作った初稿が『茶経外集』に残り、文集のは後日の改稿であろう。

（14）「張一中」については、山根幸夫『日本現存明代地方志伝記索引稿』二六頁に見える「張一中」は、永楽時代の道士で、同一人ではあるまい。

〔補記〕本稿執筆後、註（12）所掲の台湾の国立中央図書館本について、故宮博物院の魏美月女史に調査を依頼したところ、国立中央図書館の御厚意により、そのコピーが将来された。深甚の謝意を表したい。そのコピーによると、この『茶経』附載の『茶経外集』には、万暦時代の詩は含まれておらず、そのほかは杏雨本と同様であったので、国立中央図書館本が原刊の「嘉靖竟陵本」であることが判明した。

なお杏雨本は、当館の御厚意により、筆者編の『中国茶書集成』（汲古書院、一九八七）に、影印されて登載の予定である。

（一九八五・一・一三）

（『中田勇次郎先生頌寿記念論集　東洋芸林論叢』平凡社　一九八五）

和刻本『茶経』の附刻について

一　はじめに

唐の陸羽の『茶経』の和刻本と言えば、一般に、

天保十五年甲辰（一八四四）九月補刻　京都書肆　佐々木惣四郎　辻本仁兵衛

と奥附のあるものが通行している。これを「天保版」と略称する。この天保版が依拠し、版刻形式もほとんど同一の祖本は、

宝暦八年戊寅（一七五八）八月　佐佐木平八　小川久兵衛　小川源兵衛　板行

と奥附のあるもので、これを「宝暦版」と略称する。この宝暦版の刊行経過については、宗政五十緒氏等の「共同研究　近世出版文化研究」に詳しい[1]。それによれば、小川久兵衛が当時『茶経』の蔵板者であったが、その板木は焼失していた。しかし焼株として版権は所有していた。一方、小川源兵衛の得意先に、『茶経』の唐本の所蔵者があり、これを底本にして、宝暦本が刊行された。

この小川久兵衛が版権を所有していた『茶経』とは、

春秋館新校刊　二条通鶴屋町　田原仁左衛門

と奥附のあるものに相違なく、筆者はその一本を所蔵している。これを「田原版」と略称する。田原は、前記の宗政氏等の研究によれば、近世前期の大書肆で、寛永から享保（一六二四－一七三六年）頃まで続いていたとある。また「春秋館」については、松永尺五（一五九三－一六五七）の館号とされ、尺五の嗣の松永昌易（一六八〇年没）を、田原版の校訂か蔵板者に充てておられる。しかしこの田原版の祖本となる明版の「鄭熜本」（後述、筆者所蔵）と田原版の相違は、唐の皮日休の「茶中雑詠序」を田原版が「茶経序」として巻頭に入れただけで、その他は完全な覆刻本に、句読訓点を入れて作ったことがわかる。「新校刊」の意味は、句読訓点を入れたことにあると思われるが、これはしかしわが国の『茶経』の本格的理解を示す嚆矢となったもので、その点に松永家の大きな功績を認めるべきであろう。

以上によって、わが国の江戸時代に、㈠田原版、㈡宝暦版、㈢天保版の三版があり、共に明版の鄭熜本の翻刻であることは明記されているが、田原版の板木の焼失のため、宝暦本はふたたび明版の鄭熜本に依って版刻したことになっているが、句読訓点は田原版にまったく依拠しているから、実際は田原版の翻刻と言っても大差はないと思う。

この三種の和刻本『茶経』には、『茶経』の本文のほかに種々の附刻がついている。三種共に大差はないが、天保版によって示すと、次の通りである。

(1)兎道《うじ》の斉震伯起の「茶経序」　(2)唐、皮日休の「茶経序」（実は「茶中雑詠序」）　(3)宋、陳師道の「茶経序」　(4)宋、審安老人の咸淳己巳（五年、一二六九）の年号のある「茶具図賛」　(5)明、朱存理の『茶具図賛』の題　(6)伝（『新唐書』陸羽伝）　(7)童承叙曰　(8)明、孫大綬の『茶経外集』　(9)『茶経水弁』　(10)明、顧元慶の「茶譜序」　(11)明、顧元慶の『茶譜』　(12)明、孫大綬の『茶譜外集』　(13)明、茅一相の「茶譜後序」

以上、一三種の附刻のうち、天保版にあって、宝暦版にないのが、(10)「茶譜序」と(13)「茶譜後序」であり、天保版にあって、田原版にないのが、(1)兎道の斉震伯起の「茶経序」と、(10)「茶譜序」と(13)「茶譜後序」である。従って、宝暦版の時に、(1)兎道の斉震伯起の「茶経序」（宝暦戊寅、八年、一七五八）が入り、天保版の時に、(10)「茶譜序」と(13)「茶譜後序」が入ったということになる。

本稿では、これらの一三種にのぼる補刻が、どのようにして『茶経』に加えられたのかが主題である。

二　和刻本『茶経』の祖本としての明の鄭熜校本

和刻本『茶経』の田原版・宝暦版・天保版いずれも上、中、下各巻の初めの第一行目に「茶経巻上（中）（下）」とあり、第二行目に「唐　竟陵陸羽鴻漸著」（巻下は「著」が「撰」とある）とあり、第三行目に、

明　晋安鄭熜允栄校

とある。したがって和刻本の祖本は、明の鄭熜本であることがわかる。しかるにこの鄭熜本は、中国・日本のいずれの蔵書目録にも私がこれまで見たものに登載されておらず、謎の明版と考えていた。しかし先年私が購入したものは、この明版の鄭熜本で、これと田原版とを比較して見ると、句読訓点の部分を除いて、匡郭・行格・版心共に同じで、匡郭は上下が一九・七センチ、左右が一三・五センチ、行格は九行、毎行二〇字となっている。田原版は、鄭熜本の覆刻本とみなしてよい。鄭熜本・田原版共に、附刻を含めて、七二葉ある。ただし五七葉は「苦節君行省」の図であるが、田原版の依拠した鄭熜本は欠葉であったらしく、これを欠き、田原版の版心に「五十六　七」として、五七葉を欠いている。これ以外はまったく同じである。なお中国においても、現在この鄭熜本は重視されていて、最近刊行された『茶業通史』にも、『茶経』附刻の『茶経水弁』、『茶経外集』の版本例として掲げられているのは、わが天保

版である。[2]

また筆者所蔵の「明　新安程栄伯仁校」と題する明版『茶経』も、前記の鄭熜本と版刻形式も附刻もまったく同一で、全体の葉数も七二葉と同じであるが、同一版木を用いたものでないことは字体から見て明らかである。[3] 程栄は、『漢魏叢書』（三十八種本）の刊行者として知られている人と同一人であろうと思われる。程栄の『漢魏叢書』には、「万暦壬辰」（二十年、一五九二）の屠隆（一五四二―一六〇五）の序があるから、この程栄校本『茶経』も、万暦二十年前後の刊行と考えてよいであろう。

以上のようであれば、和刻本『茶経』の附刻がどのようにして附けられたかについては、鄭熜本や、それと同一形式の程栄校本の起源を探求すればだいたいよいということになる。

三　「茶経序」と『茶具図賛』

本邦初刊の田原版とその祖本の鄭熜本との相違は、唐の皮日休の「茶経序」が田原本にあり、鄭熜本にないことである。この「茶経序」は、皮日休の『松陵集』巻四に見える「茶中雑詠」の序であって、「茶経序」ではない。しかしこの序には、唐人として珍しく『茶経』三巻や、陸羽の「顧渚山記」のことにも触れ、また太原の温従雲や、武威の段碣之の茶書という逸書のことにも言及する唐代の茶についての貴重な一文である。この「茶中雑詠序」が、「茶経序」とされた初見は、嘉靖二十一年（一五四二）序の竟陵（陸羽の故郷、湖北省天門県）本である。この原本と目せられる台湾の国立中央図書館本[4]にはこの序を欠く。しかし大阪の武田科学振興財団杏雨書屋蔵本[5]は、この後修本ではあるが、嘉靖二十一年の魯彭の序があり、竟陵本が嘉靖二十一年を去ること遠くないころの刊本であることがわかる。

この嘉靖竟陵本には「茶経序」が、「附茶中雑詠序」として登載されている。これまで私の眼に触れた『茶経』各版本の内では、これがもっとも古く「茶中雑詠序」を『茶経』と合刻しているが、しかし嘉靖竟陵本では、「茶経序」とはせず、いまだ「茶中雑詠序」と篇名を正しく記載していることには注目しなればならない。鄭熜本にない皮日休の「茶中雑詠序」が、どのようにして田原本に入ったのか。「茶経序」と田原版に言っているところから見て、皮日休の『松陵集』から直接取って田原本に入れた可能性は少ないと思う。玉茗堂主人（湯顕祖）閲の明版『茶経』[6]の巻頭に、「茶経序」として、皮日休の「茶中雑詠序」を入れており、これと田原本とは、匡郭・行格共に一致し、また字体もまったく同一で、田原版は玉茗堂本より「茶経序」（＝茶中雑詠序）を取ったと見てよいようである。なお『重較説郛本』弓第九三所収の『茶経』にも、「茶経序」として、皮日休の「茶中雑詠序」が附せられているが、文字の異同などより見て、到底、田原版が『重較説郛本』に依拠したとは見られない。

次に、『茶具図賛』についてであるが、これは、茶具（＝茶器）十二について、これを一つ一つに擬人化して、韋鴻臚＝茶の保存籠に、字《あざな》や号をつけ、図を画き賛を書いたものである。宋の咸淳己巳（一二六九）の審安老人の序があり、審安老人は未詳である。[7]そして田原版・鄭熜本共に明の朱存理（正統九年―正徳八年、一四四四―一五一三）の題が末尾にある。朱存理、字は性甫、性父と称し、野航と号し、長洲（江蘇省蘇州市呉県）の人で、蔵書家としても有名であったが、一生布衣で終わった。朱存理には、文徴明（一四七〇―一五五九）の『甫田集』巻二五に「朱性甫先生墓誌銘」がある。朱存理が題を書いているからには、明の弘治から正徳にかけてのころに、蔵書家朱存理が宋刊本を持っていて、これを再刊したのであろう。しかし単行して現存することを聞かない。『茶経』の中巻、四之器の次に『茶具図賛』をはさんだ刊本で、刊行年のはっきりする最古のものは、万暦二十一年（一五九三）序刊本の汪士賢の『山居雑志』である。本書に入れられた『茶経』の本文も、刊行形式はまったく鄭熜本と同一で、後述のように、おそらく鄭熜本は、『山居雑志』を踏襲したものと思われる。また万暦三十一年序刊本の胡文煥の『百家名書』も同一形式をとっているが、刊行形式から見れば、汪士賢本を踏襲したものと見られる。しかし、鄭熜本と汪士賢の前後を明確に決定する資料は今のところ見当たらない。

四　「伝」と「童史氏承叙曰」

「伝」とは『新唐書』巻一九六、隠逸伝中の陸羽の条である。しかし田原版、および嘉靖竟陵本（杏雨本・台湾本）・明版『茶経』のすべてに附載の「伝」と、現行の『新唐書』陸羽伝、例えば百衲本・中華書局標点本（五六一一頁）共に、次の二個所にわたって大きな異同がある。その㈠は、現行の『新唐書』では、

　或言有僧得諸水浜畜之。

とあるのが、明版『茶経』ではすべて、

　或言有僧。晨起。聞湖傍群鴈喧集。以翼覆一嬰児。遂収畜之。

とあり、その㈡は、現行『新唐書』では、

　自称桑苧翁。

とあるのが、明版『茶経』ではすべて、

　自称桑苧翁。又号竟陵子・東園先生・東岡子。

とある。[8] これは和刻本『茶経』の祖本の鄭熜本も含めて、現在判明している万暦時刊行の明版『茶経』（百川学海本は除く）は、すべて嘉靖竟陵本を祖本とした証拠としてよいであろう。

「童史氏承叙曰……」も、『百川学海』所収の『茶経』を除いて、万暦時に刊行の各種明版『茶経』にこの文がある。それは、先に述べたように、嘉靖竟陵本が万暦時刊行の明版『茶経』の祖本であったためと考えられる。童史氏承叙、すなわち童承叙の伝は、焦竑の『国朝献徴録』巻一九、銭謙益の『列朝詩集小伝』丁上などに見え、また明の陳文燭の『二酉園文集』巻一一に「内方童先生伝」（未見）がある。童承叙は陸羽の故郷の近くの沔陽（湖北省荊州地区沔陽県、天門県の東南、漢水に臨む）の人で、正徳辛巳（十六年、一五二一）の進士で、庶吉士・編修をへて、『実録』『宝訓』等の編集にも参画し、春坊庶子・侍読を歴任した文学の士であったので、郷土出身の秀才の文を嘉靖竟陵本が登載し、それを万暦時刊行の多くの『茶経』が踏襲したのであろう。なおこの嘉靖竟陵本発刊の主旨は、竟陵すなわち天門県近くの安陸州（鍾祥県）にあった興王府出身の世宗嘉靖帝の即位に伴い、安陸州が承天府となり、嘉靖十八年に、嘉靖帝は郷里に完成した父の顕陵に謁するために承天府に行幸したことにあると前稿(9)では考察した。この慶事顕彰の一つに、郷土出身の陸羽の『茶経』の刊行を位置づけた。そこに郷土出身で首都で活躍する童承叙の文を登載した意味もあったろうと思われる。しかしこの童承叙の文は、以前に竟陵の陸羽遺蹟訪問の短い感想を述べるだけで、とくに注目すべき記述内容はない。

五　『茶経水弁』について

田原版（宝暦版・天保版同じ）・鄭熜本・山居雑志本・玉茗堂本すべて、『茶経水弁』として、唐の張又新の『煎茶水記』・宋の欧陽脩の「大明水記」と「浮槎山水記」とをその内容としている。『煎茶水記』は、『百川学海』にその全文が見えるが、先に挙げた『茶経水弁』に見えるものは節略文である。劉伯芻の挙げた「揚子江南零水第一」から、

「淮水最下第七」までの天下茶水の七等がなく、また陸羽の口授と称する二十等の水も省略されている。しかしこれは次の欧陽脩の「大明水記」に七等の水も二十等の水も記載されているから、それで判明はするわけではあるが、初めにある『煎茶水記』が節略されているのは解せない。この七等と二十等だけではなく、そのほかにも、前文と最後の文が省略されている。

「大明水記」は、欧陽脩の四部叢刊本『欧陽文忠公全集』巻六三に見える慶暦八年（一〇四八）の作であり、若干の文字の異同がある。「浮槎山水記」は同巻四〇に見える嘉祐二年（一〇五七）の作の節略文（前後を欠く）である。

嘉靖竟陵本（杏雨本・台湾本同じ）では、前記の「童史氏承叙曰……」に続いて、葉を改めないで、たんに「水弁」というタイトルで、『煎茶水記』（節略文）と「大明水記」「浮槎山水記」を続けて掲げている。それが『山居雑志』・鄭熜本・程栄本・玉茗堂本・和刻本三種は、『茶経水弁』の名を用いている。万暦ころになって、この名称が使用されるようになったが、『茶経水弁』の基礎は、嘉靖竟陵本の「水弁」にあると見てよい。なお玉茗堂本は、『茶経』の本文・『茶具図賛』・蔡襄の『茶録』（節略文）などを加えて、巻一とし、巻二が『茶経水弁』で、『煎茶水記』「大明水記」「浮槎山水記」のほかに、蘇廙の『十六湯品』など雑多なものも附加されており、おそらく前記の『煎茶水記』「大明水記」「浮槎山水記」を増補しようとしたのであろうが、玉茗堂本の雑駁さは、これを湯顕祖自身の刊行とは程遠いことをうかがわせ、『四庫提要』巻一一六に、『別本茶経』としてこの書を取上げ、「冗雑顚倒。毫無体例。顕祖似不至此。殆庸劣坊賈託名歟。」というのは、この『茶経水弁』の構成の雑駁さからも言うことができよう。(10)

六　『茶経外集』について

田原版『茶経外集』は、初めに、

明　新都孫大綬編次　明　晋安鄭熜校梓

とあり、鄭熜本はこれとまったく同様である。程栄本では、

明　新都　孫大綬編次　程栄校梓

となっていて、「明　新都」は、「孫大綬」と「程栄」の行間にあって、両人に繋っている。また程栄本の巻頭の「茶経巻上」の項には、「明　新安　程栄伯仁校」とあり、新都と新安は同一地名を指していることになるから、その新都・新安は、今の浙江省杭州市の淳安県に当たることがわかる。しかし孫大綬の伝記は詳らかにし得ない。

田原版の『茶経外集』には、次のような詩を収めている。

(1)唐　陸羽　六羨歌　(2)唐　盧仝　茶歌　(3)唐　皇甫曾　送羽採茶　(4)唐　皇甫冉　送羽赴越　(5)唐　僧皎然　尋陸羽不遇　(6)唐　裴拾遺　西塔院　(7)宋　范希文　闘茶歌　(8)宋　王禹偁　観陸羽茶井

これは、鄭熜本・程栄本も同様である。[11] (1)の陸羽の「六羨歌」は、唐の李肇の『唐国史補』巻中、「陸羽得姓氏」の条に見えるものである。(2)の盧仝の「茶歌」の原題は「走筆謝孟諫議寄新茶」といい、四部叢刊本『玉川子詩集』巻二に見えるものである。文字に少々の異同がある。(3)の皇甫曾の「送羽採茶」の原題は「送陸鴻漸山人採茶回」と言い、四部叢刊本『唐皇甫曾詩集』に見える。[12] (4)の皇甫冉の「送羽赴越」の原題は「送陸鴻漸赴越」とあり、四部叢刊本『唐皇甫冉詩集』巻九に見える。(5)僧皎然の「尋陸羽不遇」の原題は「尋陸鴻漸不遇」とあり、皎然の『杼山集』(唐三高僧詩集)巻一に見え、文字に少々の異同がある。(6)唐の裴拾遺の「西塔院」詩は『全唐詩』にも見えない。民国二十二年(一九三三)天門県刊行の『陸子茶経』雑詩には、この詩の作者を裴迪としているが、この裴迪が王維・杜甫と倡和している裴迪では、時代が少々早過ぎることを諸岡存氏が述べられ、また『新五代史』巻四三に見える裴

迪なるやもしれずとも言われているが[13]、この裴迪の伝に書かれている限りでは、このような「西塔院」詩を詠ずる人と思われず、この詩のことは今のところ作者未詳としておくほかない。(7)宋の范希文すなわち范仲淹の「闘茶歌」は『范文正公集』（四部叢刊本）巻二、古詩に見える「和章岷従事闘茶歌」に当たり、文字に若干の異同がある。(8)王禹偁の「観陸羽茶井」は、王禹偁の『小畜集』（四部叢刊本）巻七に見える「陸羽泉茶」詩に当たり、文字に若干の異同がある。この孫大綬の『茶経外集』は一書というには量が少なく、わずか三葉にしか過ぎない。

しかるに『明嘉靖竟陵本茶経』（後修本である杏雨本）には、同じく『茶経外集』と題して編者名は挙げず、(1)陸羽の「六羨歌」から、(6)裴拾遺の「西塔院」までは、まったく同じで、(7)范希文の「闘茶歌」を欠き、(8)王禹偁の「観陸羽茶井」も同じであるが、その次に「国朝」（明）として、蓮北魯鐸以下、明人の三四首の詩を登載していて、九葉にのぼっている。しかし先掲の台湾国立中央図書館所蔵の「明嘉靖壬寅（二十一年）新安呉旦刊本」には、「国朝」の項に一九首を登載しているだけで、その末尾に「晩生柳東謹録」とあり、恐らく竟陵の人の柳東謹の編集したものであることがわかる。ここで前述の三四首からこの一九首を除いた一五首には、『明嘉靖竟陵本茶経』が嘉靖二十一年に刊行された以降の作が多く含まれていることを前稿において指摘した[14]。すなわち嘉靖竟陵本「国朝」の条所載の

(1)蓮北魯鐸　(2)一山張崗　(3)東浜徐咸　(4)陸泉張本潔　(5)夢野魯彭　(6)蔣山程鍵　(7)瑞坡楊応　(8)観復魯嘉　(9)芝山汪可立　(10)雪江程壏　(11)心泉程太忠　(12)比厓程璐　(13)陸洲張一中　(14)少岳何暁　(15)西泉真清　(16)前川鄒穀　(17)夢野
(18)定渓方新　(19)少泉王格　(20)梧崖蕭録　(21)同上　(22)星野方梁　(23)盖吾張惟翰　(24)生員蕭選　(25)同上　(26)芝南江楚　(27)槐鼂任高　(28)程彬　(29)新安余一竜　(30)分巡荊西道蘇雨　(31)同上　(32)新安程子諫　(33)庠生江有元　(34)庠生延鶴

の詩のうち、(18)・(19)・(20)・(21)・(22)・(23)・(24)・(25)・(27)・(29)・(30)・(31)・(32)・(33)・(34)を嘉靖二十一年の呉旦刊本には登載していない。

このなかで、(18)方新は嘉靖三十五年の進士であり、(22)方梁は隆慶の竟陵知県であり、(29)余一竜は隆慶六年に分巡荊西

道に任ぜられており、(30)蘇雨は万暦十三年の分巡荊西道であり、これらによって、呉旦刊本に見えない一五首は、だいたい嘉靖二十一年呉旦刊本以後の作と推定してよいと思う。とすれば、杏雨書屋蔵の嘉靖竟陵本は、実は万暦十三年以降に出た後修本ということになる。それでも呉旦刊本の『茶経外集』は六葉あり、和刻本『茶経』や、鄭熜本・程栄本に見えるわずか三葉の『茶経外集』よりは、収載作品が多い。したがって、『茶経外集』は、嘉靖二十一年に刊行の時に柳東謹によって、唐・宋の人の若干の詩のほかに、その篇目から見て、陸羽が育った竜蓋寺（西塔院・西禅寺）に因む竟陵において詠ぜられ、竜蓋寺に伝わっていた詩を集めたものと考えられる。とすれば、和刻本のような『茶経外集』は、柳東謹の『茶経外集』から、国朝、すなわち明人の竟陵の所作を削去したものということができよう。なお後述の銭椿年の『製茶新譜』の末尾に、「附群賢雑著」として、盧仝の「茶歌」、范希文の「闘茶歌」、王元之（禹偁）の「陸羽茶井」を挙げていることは、『茶経外集』のようなものが出来上る一つの下地と見ることもできよう。しかしこのような試みは、喩政の『茶集』によって、大大的に編集されることになった。それは喩政による『茶書』（一般に言う『茶書全集』）が刊行された万暦四十年をさかのぼること遠くない時にこの『茶経外集』は編集されたものと考えてよいであろう。

七　『茶譜』について

和刻本三種共に『茶譜』を登載しているが、天保版には、「明　呉都顧元慶輯」とし、本文の前に、顧元慶の序があるが、田原版・宝暦版には、顧元慶の序はなく、また輯者名はなくて、それに当たる個所に、「明晋安鄭熜校」とあり、田原版・鄭熜本も同じである。天保版刊行の時に、『茶譜』は顧元慶の編輯になるものとし、その序と共に、編輯者名を入れ、「明晋安鄭熜校」を削去した。

顧元慶[15]（成化二十三－嘉靖四十四、一四八七－一五六五）は、長洲（浙江省蘇州市呉県）の人で、字は大有といい、大石先生と称され、蔵書家として著名で、その『顧氏文房小説』は名高い。その伝記は、王穉登の『青雀集』下に「顧大有先生墓表」があるが、未見である。

この『茶譜』は、青木正児博士が述べられ[16]、また顧元慶自身の序にも言うように、「頃《ちかごろ》、友蘭翁が集むる所の『茶譜』を見るに、……古今の篇什を収採すること太《あまり》に繁く、甚だ譜意を失す。余、暇日に刪校し、」とあり、友蘭翁とは銭椿年のことであり、民国二年編刊の『古今文芸叢書』に、『製茶新譜』と題し、「八十翁友蘭銭椿年集」とあるのが、この顧元慶の『茶譜』の原本である。『製茶新譜』の著作は、本書に見える弘治十三年（一五〇〇）という年代と、『茶譜』を収めた『顧氏四十家小説』の刊年である嘉靖十八年（一五三九）との間にある。

本書の構成は、(1)茶略、(2)茶品、(3)芸茶、(4)採茶、(5)蔵茶（『製茶新譜』は「蔵茶」の次に「炙茶」あり）、(6)制茶諸法、(7)煎茶四要（一択水、二洗茶、三候湯、四択品）、(8)点茶二要（一滌器、二熁盞、三茶効）よりなり、その次に(9)苦節君像（図）、苦節君銘、苦節君行省（図、宝暦版、田原版なし）、(10)茶具六事分封、(11)建城（図と銘）、(12)雲屯（図と銘）、(13)烏府（図と銘）、(14)水曹（図と銘）、(15)器局（図と銘）、(16)品司（図と銘）より成る。(8)点茶三要までは、前記の青木博士の書の訳注に詳しいが、『茶経』『茶録』・呉淑の「事類賦」よりの引用が多く、これらは明代のような葉茶とは異なった団茶時代の茶書であるのをそのまま引用している。(9)苦節君像以下は、喩政の『茶書全集』にも『茶譜』として引用されている。

八　『茶譜外集』について

『茶譜外集』の編者は、鄭熜本・和刻の田原版・宝暦版・天保版共に「明　新都孫大綬編次」とあり、次に鄭熜本・田原版・宝暦版には「明　晋安鄭熜校梓」とあるが、天保版は何故か「明　晋安鄭熜校梓」を削去し、一行空欄にしている。また程栄本には、「明　新安孫大綬編次　程栄校梓」とあり、「明　新安」は「孫大綬」と「程栄」の行間の上にあり、それが孫大綬と程栄の双方にかかるようになっているのは、『茶経外集』の巻頭と同じである。孫大綬の伝記は、先にも述べたように、未詳である。

『茶譜外集』は(1)「茶譜」(鄭熜本・程栄本・田原版・宝暦版は撰者名なく、天保版は宋の呉正儀＝呉淑と撰者名を挙げている)、(2)「煎茶譜」(宋の黄魯直＝黄庭堅の撰)、(3)「煎茶歌」(宋の蘇子瞻＝蘇軾、東坡の撰)、(4)「試茶歌」(唐の劉禹錫の撰)、(5)「茶壠」(宋の蔡君謨、蔡襄の撰)、(6)「採茶」(蔡襄の撰)、(7)「造茶」(蔡襄の撰)、(8)「試茶」(蔡襄の撰)、(9)「恵山泉」(宋の黄魯直＝黄庭堅の撰)、(10)「茶碾亭煎」(黄庭堅の撰)、(11)双井茶(黄庭堅の撰)となっている。しかしこれらはすべて、前述の銭椿年の『製茶新譜』に附載された「群賢雑著」の中に見え、『茶譜外集』は孫大綬の編としているが、実は、銭椿年の「群賢雑著」から抜萃したもので、孫大綬は編者の名に値しない。

なお天保版にだけは、『茶譜外集』の末尾に、帰安(浙江省湖州市)の茅一相の「茶譜後序」がある。茅一相の伝記は未詳である。なおこの「茶譜後序」は、喩政の『茶書全集』にも見え、『茶書全集』には、茅一相の「茶具図賛序」も登載している。

九　むすび

以上の考察によって、だいたい和刻本三種の『茶経』の十三種の附刻について以下のことが判明した。

(1)兎道の斉震伯起の「茶経序」は、宝暦戊寅（八年、一七五八）の作で、宝暦版刊行の時の序である。

(2)唐の皮日休の「茶経序」（茶中雑詠序）は、田原版の祖本の鄭熜本になく、明の玉茗堂主人閲の『茶経』と版刻形式が同一であるから、これに依ったものであり、田原版刊行当時にわが国に玉茗堂本が舶載されていたことがわかる。またこの皮日休の「茶中雑詠序」を『茶経』の序とする起源は、嘉靖竟陵本がもっとも古いが、そこでは、「茶経序」とはなっておらず、なお「茶中雑詠序」となっている。それがいつの間にか、「茶経序」となり、玉茗堂本から、田原版に入った。

(3)宋の陳師道の「茶経序」は、鄭熜本の踏襲であり、以下、顧元慶の「茶譜序」と、茅一相の「茶譜後序」が天保版に新しく登載されたのを除いて、鄭熜本・田原版・宝暦版はまったく同一である。陳師道の「茶経序」が『茶経』と共に刊行されるようになった最古のものは嘉靖竟陵本（台湾国立図書館蔵、呉旦刊本、その後修本である杏雨書屋蔵本）である。

(4)宋の審安老人の「茶具図賛」は、(5)に明の朱存理の題のあるところから見て、明の正徳ころに、朱存理の蔵書に、おそらく宋刊本があり、それが再刊されたものが基礎となっていると考えられ、「茶具図賛」を『茶経』四之器の次に入れる形式で、刊行のだいたい判明する最古のものは、万暦二十一年（一五九三）序刊本の汪士賢の『山居雑志』である。

(6)伝（『新唐書』陸羽伝）(7)童承叙曰、この二つは、『百川学海』を除く万暦時刊行の明版『茶経』すべてに見えるが、これらを収めた最古の版本は、嘉靖竟陵本であり、童承叙が竟陵近傍出身の文学の士であることは、この形式が竟陵本に起こったことの裏づけと見られよう。また『新唐書』陸羽伝の明版『茶経』附刻の文は、現行の『新唐書』と同一の異同のあることは、(6)の伝がすべて嘉靖竟陵本に出ていることの証左と見てよかろう。

(8)明の孫大綬の『茶経外集』、これは嘉靖竟陵本に、范希文（仲淹）の「闘茶歌」を除いて、すべて見え、さらにその後に、「国朝」と題して、台湾国立中央図書館蔵本の嘉靖壬寅呉旦刊本には、竟陵の竜蓋寺に関する詩を一九首登載し、その万暦時の後修本である杏雨本には、二四首の竜蓋寺に関する詩を登載しているが、孫大綬の『茶経外集』には、「国朝」の項をすべて削去し、范希文の「闘茶歌」を入れただけで、これはおよそ孫大綬の編などと言えたものではない。『茶経外集』が一書というには、あまりにも分量が貧弱なのは、上記の「国朝」の部分を削去した結果であろう。この削去の理由は、「国朝」と言っても、竟陵の竜蓋寺関係の詩ばかりであったためであろうか。

(9)『茶経水弁』、この中に収められた唐の張又新の『煎茶水記』は、節略文であり、その起源は、嘉靖竟陵本の「水弁」にあり、のちこれに、「茶経水弁」の名を冠したに過ぎない。

(10)明の顧元慶の「茶譜序」と(13)明の茅一相の「茶譜後序」は、天保版にだけあり、鄭熜本・田原版・宝暦版に見えないが、これはあるいは喩政の『茶書全集』からの転載であろうか。

(11)明の顧元慶の『茶譜』は、自序にも、明の銭椿年の『製茶新譜』を删校したものというが、ほとんどそのままで、顧元慶の輯というのにも値しない。また銭椿年の著自体も、唐・宋の茶書の引用がほとんどで、唐・宋の団茶から、明の葉茶への飲茶の変化さえも考慮にいれていない内容である。

(12)明の孫大綬の『茶譜外集』、これも、前述の銭椿年の『製茶新譜』に附せられた「群賢雑著」の中に見え、これも孫大綬の編次とは到底言えないものである。

以上が和刻本『茶経』の附刻についての所見である。回想すれば、私が初めて、和刻本『茶経』に接したのは、昭和三十年ころのことか、淡交社が『茶道古典全集』の刊行に際して、監修者のお一人の故神田喜一郎先生から、『茶経』の訳注を担当しないかとお話しがあった時のことである。当時私は『茶経』については未知であったが、この和刻本と大典禅師の『茶経詳説』を頼りに着手してはとのことであった。当時は私も若かったので、この未知の書物についてがむしゃらに取組み、ともかく指定の期日に原稿をお届けした。それ以来、いろいろの附刻を伴う和刻本『茶経』はどのように成立したのか、そこに出てくる校定者の明の鄭熜とはいかなる人かの疑問が消えなかった。しかし後にこの和刻本『茶経』の祖本の明版鄭熜本を購入することによって、一応の解決はし、また鄭熜本と同様な附刻をもつ明万暦版『茶経』の存在も明らかにはなったが、そうなるとこのような明万暦版『茶経』はどのように成立したかに取組まねばならなかった。

昭和三十年代の末ころか、小川環樹博士に伴われて、大阪十三の武田製薬の立派な漢籍の収集を見学した。その時に、明嘉靖版『茶経』を所蔵されていることを見たが、当時はこの収集は公開されておらず、気になるまま時は流れた。昭和五十七年に至り、この武田製薬の蔵書の書目が『杏雨書屋蔵書目録』として公刊され、その五八二頁に、

茶経三巻坿茶経外集　明　汪可立輯　嘉靖二十一（一五四二）監察御史拠景陵西禅寺僧真清所録本重刊　一帙二冊

とあるのは、まさしくかつて見た嘉靖版『茶経』に違いない。書目刊行と同時に、この武田薬品の蔵書は「武田科学振興財団杏雨書屋」として公開された。早速閲覧して見ると、これこそ附刻を伴う明万暦版『茶経』の祖型であった。その研究報告が註（5）所掲の「杏雨書屋蔵明嘉靖竟陵本『茶経』について――和刻本『茶経』の系譜」であり、本

稿はその附刻の成立経過についての所見である。いずれも神田先生の御生前に献呈して、温顔の中からちくりと御叱正を戴くことができなかったことをまことに残念に思い、今は本稿を先生の御霊前にお供えして、先生のご冥福を祈りたい。

註

（1）宗政五十緒等「共同研究　近世出版文化研究」（『仏教文化研究所紀要』第二二集、一九八三年九月）。

（2）陳椽編著『茶業通史』（中国農書叢刊茶葉之部、農業出版社、一九八四）一五五頁。また『中国茶葉歴史資料選輯』（中国農史専題資料彙編、農業出版社、一九八一）一一一八頁に、「編者按」として引用されている「鄭熜本」は、筆者所蔵の鄭熜本と合わない。またこの『中国茶葉歴史資料選輯』は、底本を明示しないで、按語を入れ、『茶経』についてみると、よい底本を用いているとは考えられない。

（3）『東京大学東洋文化研究所漢籍分類目録』五五〇頁に、「茶経三巻　明新安程栄校刊本」とあるのは、筆者所蔵本と同一版本であることを、池田温教授の御厚意により確かめることができた。謝意を表したい。

（4）台湾国立中央図書館編印『善本書目　増訂本』二の五五一頁所収。本書は、台湾故宮博物院の魏美月女史の尽力により、コピーを頂戴し、これによって知ることができた。

（5）『嘉靖竟陵本茶経』については、拙稿「杏雨書屋蔵明嘉靖竟陵本『茶経』について――和刻本『茶経』の系譜」（『中田勇次郎先生頌寿記念論集　東洋芸林論叢』平凡社、一九八五）参照。

（6）玉茗堂主人閲『茶経』については、拙稿「四庫提要の別本茶経について」（『岩井博士古稀記念典籍論集』、一九六三）参照。

（7）陳乃乾『室名別号索引』（中華書局、一九五七）二八〇頁に、元の董真卿の斎号を審安書室と言ったことが見え、『中国人名大辞典』（商務印書館）一三二五頁に、董真卿は鼎の子とあり、一三一七頁に、董鼎は夢程の族弟とあり、夢程は開禧（一二〇五－七年）の進士とあるから、審安老人を董真卿に比定しても、年代的には矛盾しない。

（8）最新刊の傅樹勤・欧陽勲『陸羽茶経訳註』（湖北人民出版社、一九八三）七五頁註③、および七九頁註④では、『天門県志』人物引の『新唐書』に、同様の異同のあることを註記している。

（9）註（5）拙稿中の「二、明嘉靖竟陵本『茶経』の魯彭の叙について」を参照されたい。

（10）註（6）拙稿参照。

（11）汪士賢の『山居雑志』本も同様であろうが、未調査である。

（12）『四庫提要』巻一一六、子部、譜録類存目の「別本茶経三巻」の条に、「如皇甫冉送陸鴻漸山人採茶詩。誤為皇甫曾。」というのは誤りである。

（13）諸岡存『茶経評釈　外篇』（茶業組合中央会議所、一九四三）二〇一頁。

（14）註（5）拙稿「杏雨書屋蔵明嘉靖竟陵本『茶経』について」。

（15）台湾国立中央図書館編『明人伝記資料索引』九四九頁参照。

（16）青木正児『中華茶書』（春秋社、一九六二）一七六頁、「製茶新譜」、また『青木正児全集』第八巻（春秋社）三一六頁。

（『神田喜一郎博士追悼中国学論集』二玄社、一九八六）

皮日休の「茶中雑詠」について

一　はじめに

唐代に至って、喫茶の風習が急速に庶民にまで普及したことは、前稿でも述べたように[1]、封演の『封氏聞見記』、楊曄の『膳夫経』、或いは李肇の『唐国史補』により知ることができる[2]。またこのような喫茶の急速な普及過程中に、安史の乱が起こり、そのさなかに陸羽によって『茶経』という最高の茶の聖典が著作されたことは注目される。『茶経』は、一之源・二之具・三之造・四之器・五之煮・六之飲・七之事・八之出・九之略・十之図の十部構成をもち、茶の植物的説明、茶を現わす文字、生育の方法から、製茶法・茶器・飲み方から茶の歴史・産地などに至るまで、当時のオール・アバウト・ティーと言ってよい不朽の内容を備えている[3]。

しかしこの『茶経』は印刷術の発達していない時の著作で、また陸羽の足跡が生地の復州竟陵（湖北省天門県）から太湖（江蘇・浙江両省にわたる大湖）周辺に及ぶ間のみで、長安にも行っていないと思われるので、『茶経』の普及過程については研究してみなければならない。

先に筆者は「白居易の喫茶」という一文を草した[4]。そこでは、白居易が直接『茶経』を見たという痕跡はないが、茶の製法・茶の飲み方については『茶経』の記述ととくに大きく矛盾している個所はない。ただし白居易は茶と酒を対立的に考えるのではなく、両者をそれぞれ特色を生かして矛盾なく共存させていることが特色である。

本稿で取上げる皮日休は、明らかに『茶経』を踏まえて、「茶中雑詠序」と茶中雑詠十首を残し、さらにこの茶中雑詠についての陸亀蒙の唱和詩十首も共に皮日休編の『松陵集』によって今に伝えられている。そこで本稿は『松陵集』に見えるこの序と十首を主な資料として、皮日休の茶はどのような特色があるかを述べてみることとする。

二　皮日休と陸亀蒙の伝説

皮日休の列伝は新旧唐書にはなく、簡伝は『郡斎読書志』巻四中、『直斎書録解題』巻一六、『唐詩紀事』巻六四などに見える。それらをまとめた伝記は元の辛文房の『唐才子伝』巻八にある。また皮氏の家系については、皮日休自著の『皮子文藪』巻一〇に附載された「皮子世録」に見える。また皮日休については、蕭滌非の『皮子文藪』（中華書局上海編輯所、一九五九）の前言に詳細な考証がある。蕭氏によれば、その生年は八三四年（唐の文宗の大和八年）から八三八年（開成三年）の間、没年は八八三年（僖宗の中和三年）もしくは八八四年（中和四年）、黄巣が長安より敗走した時のことである。

『唐才子伝』により[5]、伝記の大要を述べれば、字は襲美といい、襄陽（湖北省）の人である。しかし「皮子世録」によれば、襄陽の竟陵に家したと見え、陸羽と同郷であり、皮日休の『茶経』顕彰は同郷意識の発露と見られる。初め襄陽の南東の鹿門山に隠棲し、酒と詩を好み、酔吟先生・酔士・間気布衣と号した。八六七年（懿宗の咸通八年）進士に及第し、著作郎となり、太常博士に遷った。もうこの頃は唐末の騒乱期に入っていた。そこで「鹿門隠書」六十篇

（『皮子文藪』巻九）を作った。その中に「古の吏を置くや、将に以て盗を逐わんとす。今の吏を置くや、将に以て盗を為さんとす。」など、痛烈に当時の世をそしった。八七五年（僖宗の乾符二年）、王仙芝・黄巣の乱が起こると、当時、毗陵（江蘇省常州）副使となっていたが、黄巣の軍に捕えられ、黄巣の翰林学士となった。黄巣より讖文《しん》（予言書）の作成を依頼された時、黄巣をそしる文を作り、殺された。その著作に『皮子鹿門家鈔』九〇巻のあったことは『新唐書』芸文志に見えるが、今日は伝わらず、現在は『皮日休文集』（『皮子文藪』）一〇巻と、陸亀蒙らとの唱和を収めた『松陵集』（『湖北先生遺書』所収）一〇巻がある。

陸亀蒙の列伝は、『新唐書』巻一九六、隠逸伝に見え、また自伝の「甫里先生伝」が、その別集『甫里先生文集』（四部叢刊所収）巻一六に見える。字は魯望といい、姑蘇（江蘇省蘇州呉県）の人で、進士には及第せず、甫里（呉県の東南）に住み、数百畝の田をもったが、低地に苦しみ、また顧渚山（浙江省長興県）に茶園をもっていたことは名高い。太湖の中を舟で往来し、風雅な生活を楽しみ、江湖散人・天随子・甫里先生と号し、僖宗の中和の初め（八八一年）に卒した。皮日休と深交を結び、その唱和詩は『松陵集』に収められている。

三　皮日休の「茶中雑詠序」

「茶中雑詠」の序は『松陵集』巻四、『全唐詩』巻六一一に見える。その文は次の通りである。

案周礼酒正之職。弁四飲之物。其三曰漿。又漿人之職。共王之六飲。水・漿・醴・涼・医・酏。入于酒府。鄭司農云。以水和酒也。蓋当時人。率以酒醴為飲。謂乎六漿酒之醨者也。何得姫公製爾雅云檟苦茶（荼）。即不擷而飲之。豈聖人純於用乎。抑草木之済人。取捨有時也。自周已降。及于国朝茶事。竟陵子陸季疵言之詳矣。然季疵以前。称茗飲者。必渾以烹之。与夫瀹蔬而啜者無異也。季疵之始為経三巻。繇是分其源。制其具。教其造。設其器。命其煮。俾飲之者。除痟而去癘。雖疾醫之不若也。其為利也。於人豈小哉。余始得季疵書。以為備矣。後又獲其顧渚山記二篇。其中多茶事。後又太原温従雲・武威段碣之。各補茶事十数節。並存於方冊。茶之事。繇周至于今。竟無纖遺矣。昔晋杜育有荈賦。季疵有茶歌。余欠然於懐者。謂有其具而不形於詩。亦季疵之余恨也。遂為十詠。寄天随子。

『周礼』「酒正の職」を案ずるに、「四飲の物を弁ず。」と。其の三を「漿《しょう》」と曰う。また「漿人の職」に、「王の六飲、水・漿・醴《れい》・涼・医・酏《い》を共（供）し、酒府に入る。」と。鄭司農（後漢の鄭衆、『周礼』の注家）云う、「（涼は）水を以て酒に和するなり。」と。蓋し当時の人、率《おおむ》ね酒醴を以て飲と為し、六漿は酒の醨《うす》きものを謂えるか。何ぞ姫公（周公旦）の『爾雅』（釈木）を製り、「檟《か》は苦茶《くと》」と云うを得んや。即ち擷《つ》みてこれを飲まず。豈に聖人の用に純なるか。抑《そもそ》も草木の人を済《すく》うに、取捨時有るなり。

周より已降、国朝に及ぶの茶事、竟陵子《けいりょうし》・陸季疵《きし》（陸羽）、これを言うこと詳《つまびら》かなり。然れども季疵以前、茗飲と称するは、必ず渾《まじ》えて以てこれを烹《に》る。かの蔬《そ》を瀹《に》て啜《すす》るものと異なる無きなり。季疵の始めて『（茶）経』三巻を為る。是により其の源を分ち（一之源）、其の具を制し（二之具）、其の造を教え（三之造）、其の器を設け（四之器）、其の煮を命じ（五之煮）、これを飲ましむるは、痟《しょう》（頭痛）を除きて癘《れい》（疾疫）を去ること、疾醫《しつい》（＝医）と雖もこれ若《し》かざるなり。其れ利為《た》るや、人に於て豈に小ならんや。余始め季疵の書を得て、以て備われりと為す。後ちまた其の「顧渚山記《こちょざんき》」（散逸）[6]二篇を獲たり。其の中に茶の事多し。後また太原の温従雲、武威の段碣之《せきし》（共に未詳）、各々茶事十数節を補い、並びに方冊に存す（散逸）。茶の事、周より今に至るまで、竟《つい》に纖遺無し。昔、晋の杜育に「荈賦《せんぷ》」有り。季疵に「茶歌」（六羨歌を指すか）有り。余懐いに欠然たるは、謂えらく其の具われる有りて、詩に形《あら》わさざるも、亦た季疵の余恨なり、遂に十詠を為り、天随子（陸亀蒙）に寄す。

この文の第一段はまず『周礼』の酒正の職の中から、漿を取上げている。漿とは、篠田統氏によれば、「穀物を水に漬けて五〜七日もおくと乳酸発酵して酸っぱくなる。これを清涼飲料として飲む(7)」とある。その他ここに引用された醴・涼・医・酏については種々の解釈があり、一々これを問題にしないが、皮日休は「六漿は酒の醨《うす》きものなり」と言っているから、周代の飲料は酒を水でうすめた飲物が飲料の主流と解したのであろうか。そして周公の『爾雅』に「檟は苦茶」というが、これは飲茶のように、採んで飲むのではなく、煮て色々なものと混じて羹にして食べている。草木は人の為になるものであるが、聖人はすべて取上げているのではなく、書かれていない場合もあると言って、『周礼』や『爾雅』に、飲茶のことが直接見えないことを述べたのであろうか（この個所未詳）。

第二段は、茶の歴史について、周代以降、唐朝に至るまで、陸羽が『茶経』で詳述したとする。皮日休は茶は周代より飲まれていたと考えているようだが、これは『茶経』も同様である。しかし現在では前漢時代より四川省の成都付近で、「茶を買った」とあるのが飲茶を示す最古の資料と考えられている(8)。唐代に至って、飲茶が一般に普及したのは最初に述べた通りである。しかしここで皮日休の注目すべき見解は、『茶経』以前の飲茶は、周より始まるとしながら、陸羽の以前の飲茶と、以後の飲茶の相違をはっきり指摘して、「季疵以前、茗飲と称するは、必ず渾《まじ》えて以てこれを烹《に》る。かの蔬《そ》を瀹《に》て啜《すす》るものと異なる無きなり。」と明言している。これは『茶経』六之飲に、

或用葱・薑・棗・橘皮・茱萸・薄荷之等。煮之百沸。或揚令滑。或煮去沫。斯溝渠間棄水耳。而習俗不已。

或いは葱《ねぎ》・薑《しょうが》・棗《なつめ》・橘皮《みかん》・茱萸《ごしゅゆ》・薄荷《はっか》の類をまぜ、これらを煮て百沸し、或いは浮きあがらせて滑らかにしたり、或いは煮て沫《あわ》を取り除くようなことをするが、これらは溝渠《みぞかわ》の間の棄て水になるだけなのに、このような習俗は止まない。

とあり、これは茶と共は、ねぎ・しょうがなどをいれて、ごたごた煮立てる百沸の法というのが陸羽の当時に習俗として行われていたのを、陸羽は茶を単独の飲料として提唱したのであるが、この点を皮日休は顕彰して、以上のように述べたのである。このことは陸羽の『茶経』の意義を皮日休がこの点を中心に評価したのであって、陸羽以前と以後の飲茶はたしかにこのように茶を単独飲料とするか否かによって考えるべきであろう。以下この段では、『茶経』構成の大要を述べ、さらに飲茶は薬用としても効果があり、人に益することが多いと述べて第二段を終えている。

第三段は、皮日休が『茶経』の読後、また陸羽の「顧渚山記」を読み、また『茶経』を補った太原の温従雲や武威の段碣之の文を得たといい注目されるが、これらは散逸して残念ながら今は知ることができない。また晋の杜育（毓とも書く）の「荈賦」は、現在『芸文類聚』巻八二、茗の条によって、その全文を知ることができる。陸羽の「茶歌」というのは、『唐国史補』巻中、陸羽得姓氏の条に見える「不羨白玉盞。不羨黄金罍。（亦）不羨朝入省。（亦）不羨暮入台。千羨万羨西江水。曾向竟陵城下来。」を指すのであろう。しかし皮日休は、『茶経』という立派な文はあるが、詩については、これに匹敵するものがいまだないので、ここに「茶中十詠」を作り、陸亀蒙に寄せたというのである。

この「茶中雑詠序」は、和刻本『茶経』（天保十五年）に、「茶経序」として登載されており、どうしてそのようになっているかについては前稿に述べたので、ここでは重ねて述べない。(9)

四　皮日休の茶中雑詠十首

①　茶塢《う》（括弧内は原注）

閒尋堯氏山。遂入深深塢。種荈已成園。栽葭寧記畝。石窪泉似掬。岩罅雲如縷。好是夏初時。白花満煙雨。（茶

経云。其花白如薔薇）
　闍《しき》りに堯氏山を尋ね、遂に深深の塢に入る。荈を種《う》え已に園を成し、葭を栽《かう》え寧《むし》ろ畝を記せんや。石窪《くぼ》みて泉を掬するに似、岩罅《さ》けて雲は縷《いと》の如し。好し是れ夏初の時、白花煙雨に満つ。

「塢」は「隖」とも書き、山に囲まれた所、その丘に茶が植えられていたのであろう。「堯氏山」については、皎然の『昼上人集』巻七、「顧渚行寄裴方舟」に、「堯市人稀紫筍多。紫筍青芽誰得識。」とあり、皮日休より数十年前の皎然の顧渚行に「堯市」とあり、これは山名で、『大清一統志』巻二二二、湖州府、山川に「堯氏山　在長興県西北四十里。……唐皎然詩。堯市人稀紫筍多。皮日休詩。来尋堯市山。遂入深深塢即此。」とあり、堯氏山は顧渚山（浙江省長興県）中の一山で、陸亀蒙の顧渚山の茶園がそこにあったのであろう。その堯氏（市）山を皮日休は訪れて、奥深い山間に入った。『茶経』一之源には、「野者上。園者次。」とあり、陸羽は野生の茶を上等としているが、陸亀蒙は茶園をもっていて、皮日休はそこを訪ねた。この茶園は荈（＝茶）の種子を蒔いて育てて茶園としたことが第三句によって判明する。『茶経』一之源には、「凡芸而不実。植而罕茂。法如種瓜。三歳可採。」と茶種の育て方を述べている。「種荈」と対《つい》にして「栽葭」とあるが、葭は「葦之未秀者」とあり、水草で、どうして荈と対になるのか私にはわからず、何かの誤りではあるまいか。「石窪……岩罅……」の二句は堯氏山の岩石の描写である。最後の二句は、この絶好期は初夏で、茶の白い花が煙雨の中にいっぱい咲いているというのである。「白花」は原注に『茶経』を引用して茶の花としているが、『茶経』一之源には、「花如白薔薇」とあるのがこれに当たる。ただ茶の花は九～一〇月に咲く。筆者が先年、雲南省の茶園を八月末から九月初めに訪れた時、茶の花が一面咲き乱れていた。この詩のように初夏（旧暦四月）では、ようやく茶の芽が出た時で、いまだ花は咲かず、事実と合わないように思う。この皮日休の詩は『茶経』に、茶園の描写を欠いているための作と考えられる。この皮日休の詩に応酬した陸亀蒙の「茶塢」（『松陵集』巻四また『甫里先生文集』巻六）に、「茗地曲隈回。野行多繚繞。向陽就中密。背澗差還少。遙盤雲髻慢。乱簇香篝小。何処好幽期。満巖春露暁。」とあり、これは堯山氏の陸亀蒙の茶園の描写であるが、春の詩である。

②　茶　人

生於顧渚山。老在漫石塢。語気為茶荈。衣香是煙霧。庭従櫰子遮（女耿反。其木如玉色。渚人以為杖）。果任獳師虜。日晩相笑帰。腰間佩軽簍。

顧渚山に生まれ、老いて漫石塢に在り。語気茶荈の為にし、衣香は是れ煙霧なり。庭は櫰子《じょうし》の遮ぎるに従い、果は獳師《じゅし》の虜《と》るに任す。日晩《く》れて相い笑いて帰り、腰間に軽簍《ろう》を佩ぶ。

この詩は顧渚山生まれの茶採みの老農を詠じたものである。「語気為茶荈」は、『茶経』七之事にも引用されている左思の「嬌女詩」（『玉台新詠』巻二）に見える「心為茶荈劇。吹嘘対鼎鑩。」を用いて、その茶採みに心をくだいた様子を述べ、またその茶人の衣の香りに山の煙霧がしみついていることをあわせて述べている。

「庭従櫰子遮。果任獳師虜。」については、「櫰子」は原注に、顧渚の人の杖とする。「獳師」については諸岡存氏は、『茶経』八之出の浙西、湖州の条の原注に見える「儒師塢」に当て(10)、この句を「果たして獳師を虜に任ず」と読み、『茶経』の儒師は獳獅が正しいとしておられるのは如何であろうか。筆者は「果は獳師の虜《と》るに任《まか》す」と読み、獳師は猟師の意とし、庭の果物は猟師のとりほうだいの意としたい。なお「獳師」を地名で音通の「儒師」を踏まえたとすることは妨げない。最後の二句は、そのような茶採みの老農は、日が暮れてから、にこにこ笑いながら茶園から帰ってくる。その腰間には小さい茶採み籠がかかっていると解したい。簍《ろう》は竹製の茶採み籠、『茶経』二之具において、茶採み籠は、籯《かい》・籃・籠・筥とも書かれているが、この『茶経』の用語のみに限定しなくてもよかろう。

この詩についての陸亀蒙の唱和詩は、「天賦識霊草。自然鍾野姿。閒来北山下。似与東風期。雨後探芳去。雲間幽路危。唯応報春鳥。得共斯人知。（顧渚山有報春鳥）」とあり、顧渚山のすぐれた茶採みの人は、春と共にこの地に来て、雲間の幽路もかまわず、雨後でもよい茶を採み、顧渚山にいる報春鳥とこの人とが春を知ることのできるものであるという意味であろうか。

③　茶　筍

褎然三五寸。生必依岩洞。寒恐結紅鉛。曖疑銷紫汞。円如玉軸光。脆似瓊英凍。毎為遇之疏。南山挂幽夢。

褎《こう》然たる三五寸、生じては必ず岩洞に依る。寒くしては紅鉛を結ぶを恐れ、暖くしては紫汞《しこう》を銷《と》かすを疑う。円きこと玉軸の光の如く、脆きこと瓊英の凍れるに似たり。毎《つね》にこれに遇うこと疎《そ》なるが為に、南山に幽夢を挂ぐ。

「茶筍」の筍は茶芽のことだが、唐代以来、顧渚山の茶は「紫筍茶」として著名になる。『元和郡県志』巻二五、江南道・湖州・長城県の条に、「顧山紫筍茶」とある。この詩は、茶芽を詠じたものだが、『茶経』三之造では、「茶之笋（＝筍）者。生爛石沃土。長四五寸。若薇蕨始抽。凌露採焉。茶之牙者。発於叢薄之上。有三枝四枝五枝者。選其中枝穎抜者採焉。」とあるのと比較して考えるべきであろう。陸亀蒙の唱和詩は「所孕和気深。時抽玉苕短。軽煙漸結華。嫩蘂初成管。尋来青靄曙。欲去紅雲煖。秀色自難逢。傾筐不曾満。」とある。これも茶芽の描写である。

④　茶　籝

筤筹暁携去。驀個山桑塢。開時送紫茗。負処沾清露。歇把傍雲泉。帰将挂煙樹。満此是生涯。黄金何足数。

筤《りょう》筹《ぼう》を暁に携《も》ち去り、山桑塢に驀《ばく》個《こ》す。開く時に紫茗を送り、負う処に清露を沾《うるお》す。把《と》るを歇《や》めて雲泉に傍《ちか》づき、帰りて将に煙樹に挂《かか》げんとす。此れに満つるは是れ生涯、黄金何ぞ数うるに足らんや。

まず篇目の「茶籯《かい》」についてであるが、これは『茶経』二之具に、「籯……茶人負以採茶也。」とあって、茶採み籠のことである。「筤篣」は、ここでは「茶籯」と同じく、竹製の茶採み籠であることは、前後の関係から明らかであるが、『茶経』二之具では、篣筤は「芘莉《はり》」といい、竹製で、竹の皮を方眼に編み、「土羅」（土ふるい）のような形で、餅茶《へいちゃ》を並べて乾かす器具である。餅茶は『茶経』に製法が明記されている茶採みした茶葉を蒸して、杵臼《きねうす》で擣《つ》き、小さい型にはめ、乾燥するのであるが、この乾燥の時に用いる器具が芘莉で、その別名を「篣筤」といい(11)、文字は顚倒している。筤篣については皮日休は『茶経』を見ているから、あえて茶採み籠の意味に筤篣を用いたのであろう。なおこの篇目は「茶籯」と題して『茶経』の用語をそのまま用いている。また「山桑塢」という『茶経』八之出、湖州の条の原注に見える地名をそのまま用いているのも注目される。

陸亀蒙の唱和詩は次の通りである。「金刀劈翠筠。織似波文斜。製作自野老。携持伴山娃。昨日鬪煙粒。今朝貯緑華。争歌調笑曲。日暮方還家。」「金刀もて翠筠を劈《さ》き、織ること波文の斜なるに似たり。」と野老の作る茶採み籠がどのようなものかを描写している。また茶採みに「山娃《さんわ》」という女性が登場し、「調笑曲」という茶採み歌も出てくる。調笑曲については、『白居易集』巻二三、代書詩　百韻寄微之の「打嫌調笑易。飲訝巻波遅。」の自注に、「抛打曲有調笑。」とある。茶採み歌にも、調笑曲のあったことが判明する。

⑤　茶　舎

陽崖枕白屋。幾口嬉嬉活。棚上汲紅泉。焙前蒸紫蕨。乃翁研茗後。中婦拍茶歇。相向掩柴扉。清香満山月。

陽崖は白屋を枕とし、幾口か嬉嬉として活《はたら》く。棚上に紅泉を汲み、焙前に紫蕨を蒸す。乃翁は茗を研して後、中婦は茶を拍《う》ちて歌《いこ》う。相い向いて柴扉を掩《とざ》し、清香は山月に満つ。

「茶舎」とは、この詩の内容によっても、製茶小屋であることがわかる。それは陽崖に面した白屋である。「陽崖」は、『茶経』一之源に、「陽崖陰林紫者上」とあるのに基づく。この製茶小屋では何人かが嬉々として働き使われている。「紅泉」は花で色どられた水である。ここで製造される茶は、『茶経』に見える餅茶の製法通りである。すなわち「焙前蒸紫蕨。」とあり、焙（ほいろ）は製茶の最後の段階に使用される乾燥器であり、それ以前に、紫蕨、つまり紫筍茶を蒸す。蒸す器具は『茶経』二之具では「甑《ぞう》」という。この茶舎では、老翁と中年の婦人も働いている。乃翁が「研茗」とは、『茶経』で言えば、「杵臼」に入れて「擣」（＝搗）することにあたり、「中婦」の「拍茶」とは、「承」（うけ台）の上に、杵臼でついた茶葉を載せて、「規」（かた）にいれて拍《う》つのである。『茶経』通りの製茶法が巧に詠ぜられている。

陸亀蒙の唱和詩は次の通りである。「旋取山上材。架為山上屋。門因水勢斜。壁任岩隈曲。朝随鳥倶散。暮与雲同宿。不憚採掇労。秖憂官未足。」これも皮日休の詩とほぼ同様な茶舎の情景を詠じている。

⑥　茶　竈

南山茶事動。竈起岩根傍。水煮石髪気。薪然杉脂香。青瓊蒸後凝。緑髄炊来光。如何重辛苦。一一輸膏粱。

南山に茶事動き、竈は岩根の傍らに起る。水は石髪の気を煮、薪は杉脂の香りに燃《も》ゆ。青瓊は蒸して後に凝し、緑髄は炊し来りて光る。如何ぞ辛苦を重んぜん、一々膏粱を輸す。

「茶竈」は、『茶経』二之具に見える竈であり、これに甑（せいろう）を載せて、茶葉を蒸すのである。(12) この竈の置かれている情景が詠ぜられ、それは先の茶舎の所にあると思われる。用いられる燃料は杉である。蒸しにかけられる茶葉は、青瓊・緑髄と形容され、でき上った餅茶が膏粱と形容されている。
陸亀蒙の唱和詩は、「無突抱軽嵐。有煙映初旭。盈鍋玉泉沸。満甑雲牙熟。奇香襲春桂。嫩色凌秋菊。煬者若吾徒。年年看不足。」とある。篇目の原注に、「経云。茶竈無突。」とあり、『茶経』二之具には、「竈無用突者」とある。竈は奥深いものは用いないと私は解したが、陸亀蒙の見たテキストは「竈無用突」とあったようで、『明鈔説郛本』および『学津討原本』は、「突」となっていて、突とあれば、煙突のことである。「鍋」は『茶経』二之具では「釜」に当たり、甑《せいろう》は先に述べた通りで、竈の上に鍋（＝釜）を載せ、さらにその上に甑を置いて、茶葉を蒸すのである。

⑦　茶　焙

鑿彼碧岩下。恰応深二尺。泥易帯雲根。焼難礙石脈。初能燥金餅。漸見乾瓊液。九里共杉林（皆焙名）。相望在山側。

彼の碧岩の下を鑿ち、恰もまさに深さ二尺なるべし。泥しては雲根を帯び易く、焼きては石脈を礙し難し。初め能く金餅を燥し、漸く見る瓊液の乾くを。九里と杉林、相望みて山側に在り。

「茶焙」、一字で「焙《ばい》」とも言い、「ほいろ」であり、茶葉を蒸して、杵臼でつき、規《かた》に入れて、竹製の「芘莉」の上で天日にて乾燥した餅茶を、この焙でさらに乾燥する。『茶経』二之具には、「焙。鑿地深二尺。闊二尺五寸。長一丈。上作短墻。高二尺泥之。」とあり、深さの寸法まで同じで、まさに『茶経』の上記の焙の記述をそのまま詩にした感が深い。また餅茶を「金餅」と書いているのも注目される。さらに、「九里」と「杉林」が、原注に「皆焙名」とある。宋の徽宗の『大観茶論』の白茶の条に、「正焙」の語が見え、また「外焙」の条があり[13]、茶園または製茶場のことを「焙」というが、この原注によれば、こういう焙の用例は唐末にすでに見えることがわかる。

陸亀蒙の唱和詩は次の通りである。「左右擣凝膏。朝昏布煙縷。方円随様拍。次第依層取。山謡縦高下。火候還文武。見説焙前人。時時炙花脯（紫花焙人以花為脯）。」「方円様に随いて拍《う》つ」は、『茶経』二之具の「規……或円。或方。或花。」に基づく。「山謡高下を縦《ほしいま》まにし、火候還《ま》た文武」は、製茶の時にも歌謡が入り、火加減は、文武すなわち太鼓や金属楽器でなされたことがわかる。「文武」は、『礼記』楽記の「始奏以文。復乱以武。」とあり、注に、「文謂鼓也。武謂金也。」に基づく。

⑧　茶　鼎

竜舒有良匠。鋳此佳様成。立作菌蠢勢。煎為潺湲声。草堂暮雲陰。松窓残雪明。此時勺複茗。野語知逾清。

竜舒に良匠有り、此を鋳て佳様に成る。立てば菌蠢《きんしゅん》の勢を作し、煎じて潺湲《せんかん》の声を為す。草堂は暮雲陰り、松窓は残雪明らかなり。此の時に複茗を勺《く》み、野語して逾《いよい》よ清きを知る。

「茶鼎」は、『茶経』四之器の「鍑（或作釜）」に当たる。ここでは鍑は瓷（＝磁）製、或いは石製、或いは銀製であるが、皮日休は金属製の鼎を用いている。その生産地が竜舒である。竜舒は『元豊九域志』巻五、廬州（治合肥県）の条に、舒城県あり、そこに「竜舒水」のあることが見える。今の安徽省六安地区舒城県である。竜舒が当時著名な釜の産地であったのか、たまたまそこに良匠がいたのか明らかでないが、ともかく『茶経』の挙げない釜の産地とその良匠を挙げているのは注目される。その茶鼎で煮たてた湯を「菌蠢の勢」と形容し、茶を煎じて「潺湲の声」と形容しているのも珍重される。また茶を二杯飲むことを「複茗」と言っていると思う。

陸亀蒙の唱和詩は次の通りである。「新泉気味良。古鉄形状醜。那堪風雪夜。更値煙霞友。曾過頳石下。又住清渓口（頳石清渓皆江南出茶処）。且共薦皋盧（茶名）。何労傾斗酒。」この茶鼎は古鉄製で、形状は醜いが、風雪に耐えて陸亀蒙の所有となった。このような古物を珍重していることは、陸氏の茶器の見方として注目される。それは禎《てい》石と清渓を経ていることがわかる。禎石・清渓を何処に比定するか後考を待ちたい。(14)原注に「江南出茶処」とあるが、これを補強する資料を得ていない。「皋盧《こうろ》」については、議論が多いが、ここでは茶の別名と解してよいと思う。最後に、「何労傾斗酒」と言って、酒茶優劣論において、陸亀蒙は茶に軍配を挙げているようである。白居易が酒茶共存論であるのに比較される。(15)

⑨　茶　甌

邢客与越人。皆能造茲器。円似月魂堕。軽如雲魄起。棗花勢旋眼。蘋沫香沾歯。松下時一看。支公亦如此。

邢《けい》客と越人と、皆能《よ》く茲《こ》の器を造る。円きこと月魂の堕《お》つるに似、軽きこと雲魄の起るが如し。棗花は勢い眼を旋《ひるがえ》し、蘋《ひん》沫は香り歯を沾《うるお》す。松下時に一看すれば、支公も亦た此くの如し。

「茶甌」は茶碗のことで、『茶経』四之器では「盌《わん》」と書いている。盌の条に、「盌。越州上。鼎州次。……或者以邢州処越州上。殊為不然。若邢瓷（＝磁）類銀。越瓷類玉。邢不如越一也。若邢瓷類雪。則越瓷類氷。邢不如越二也。邢瓷白。而茶色丹。越瓷青。而茶色緑。邢不如越三也。」とあり、『茶経』は越磁と邢磁の優劣論を展開し、越磁のすぐれている点を三か条にわたり述べている。しかし皮日休は陸羽と異なって、越磁と邢磁を対等に考えている。「棗花……蘋沫……」の二句は甌の中の茶の形容であろうか。『茶経』五之煮では、「沫餑湯之華也。華之薄者曰沫。厚者曰餑。細軽者曰花。如棗花漂漂然於環池之上。又如廻潭曲渚青萍之始生。」とあるのに対する皮日休の描写である。「支公」は「支遁」（三一四－六六）、東晋の代表的仏教学者で、老荘思想と仏教思想を融合し、清談家の雄でもあった（『梁高僧伝』巻四）。『世説新語』にはその逸話が多い。

陸亀蒙の唱和詩は以下の通り。「昔人謝墟埞。徒為妍詞飾（劉孝威集有謝墟埞啓）。豈如珪璧姿。又有煙嵐色。光参筠席上。韻雅金罍側。直使于闐君。従来未嘗識。」「于闐《うてん》」は西域の国で、今の新疆維吾爾自治区の和田市、古来、玉の産地として名高い。『新唐書』巻二二一上、西域上、于闐に、「国人夜視月光盛処。必得美玉。」とある。この甌の美しさは、于闐王でも知らなかったものであるという意味である。

⑩　煮　茶

香泉一合乳。煎作連珠沸。時看蟹目濺。乍見魚鱗起。声疑帯松雨。餑恐生煙翠。儻把瀝中山。必無千日酔。

香泉は一合の乳、煎じて連珠の沸と作す。時に蟹目の濺《しぶ》くを看、乍《たちま》ち魚鱗の起こるを見る。声は松雨を帯ぶかと疑い、餑《ぼつ》は煙翠を生ぜんことを恐る。儻《も》し把《と》って中山に瀝《そそ》がば、必ず千日の酔無からん。

この条は湯を沸騰させ、そこへ餅茶を粉末にしたものを入れ、茶をたてるところで、『茶経』五之煮に詳しい。『茶経』では、「其沸如魚目。微有声。為一沸。縁辺如湧泉連珠。為二沸。騰波鼓浪。為三沸。」とあり、湯の沸き具合を一沸は魚目、二沸は湧泉連珠、三沸は騰波鼓浪としている。皮日休は、連珠・蟹目・魚鱗と沸き具合を形容している。蟹目、もしくは蟹眼は蘇軾の「試院煎茶詩」の「蟹眼已過魚目生」が有名であるが、皮日休はすでに蟹目を用いている。(16)なお湯の沸騰を「魚目」ということは陸羽の創始ではなく、すでに『斉民要術』第七九、葅緑の条に「魚眼湯」という語が見えることは前稿において指摘した。(17)「餑」については、『茶経』五之煮に、「凡酌置諸盌。令沫餑均。沫餑湯之華也。華之薄者曰沫。厚者曰餑。」とある。「千日酔」については、張華の『博物志』巻一〇、雑説下に「昔劉元石於中山酒家酤酒。酒家与千日酒。……俗云。元石飲酒。一酔千日。」とある。また晋の干宝の『捜神記』巻一九に、「狄希中山人也。能造千日酒。飲之亦千日酔。」とある。

陸亀蒙の唱和詩は、「間来松間坐。看煮松上雪。時於浪花裏。併下藍英末。傾余精爽健。忽似氛埃滅。不合別観書。但宜窺玉札。」とある。

五　むすび

これまで考察してきた皮日休の「茶中雑詠」について、『茶経』との関係を要約してみると次の如くなる。

㈠　皮日休の詩が『茶経』と直接関係のあるもの、

ⓐ④茶籝―籝（茶経二之具）　ⓑ⑥茶竈―竈（茶経二之具）　ⓒ⑦茶焙―焙（茶経二之具）　ⓓ⑧茶鼎―鍑（釜、茶経四之器）　ⓔ⑨茶甌―盌（茶経四之器）　ⓕ⑩煮茶―茶経五之煮

㈡　皮日休の詩が『茶経』の欠落を補ったもの、

ⓐ①茶塢　『茶経』には、茶園の叙述がないので、これを補った。

ⓑ②茶人　『茶経』には採茶人のことが詳しく出てこないので、それを補った。

ⓒ⑤茶舎　『茶経』には、製茶法の記述はあるが、製茶場のことがないのでこれを補った。

ⓓ③茶筍　『茶経』三之造には、先の「茶筍」の項で述べたように、茶芽のことが採茶の仕方として出ているが、茶芽そのものの描写は欠けているので、それをこの詩によって補った。

以上は篇目より見た「茶中雑詠」と『茶経』との関係である。

㈢　皮日休「茶中雑詠」の特色、

ⓐ陸羽の『茶経』四之器では、盌について、越磁（青磁）を邢磁（白磁）よりすぐれている点を三点あげたが、皮

日休は、越磁と邢磁を対等に考えている。

ⓑ陸羽の『茶経』五之煮では、湯の沸騰を、一沸は魚目、二沸は湧泉連珠、三沸を騰波鼓浪と表現したのに対して、皮日休は、⑩煮茶において、魚目を魚鱗としただけでなく、陸羽のいう一沸のさらに前の沸騰の段階に「蟹目」という新しい表現を創出して、のち宋代に頻用されるようになった。

ⓒ製茶地として、九里焙・杉林焙をあげている。「焙」が製茶地を示すことは、北宋時代よりのこととされているが、⑦茶焙の九里焙・杉林焙は唐末にすでにこのような呼称のあったことを示す。

ⓓ燃料としては、『茶経』五之煮には、風炉に用いるものに、「其火用炭。次用勁薪。」とあるが、皮日休は、⑥茶竈に、「薪然杉脂香」とあり、杉の薪を用いている。

ⓔ茶園の労働力としては、顧渚山について、『元和郡県志』巻二五、湖州、長城県の条に、「（唐、徳宗）貞元以後（元年は七八五年）。毎歳以進奉顧山紫筍茶。役工三万人。累月方畢。」とあり、季節労働力ではあるが、すでに膨大な労働力が使われている。⑤茶舎には、「乃翁」「中婦」とあり、女性の労働力も用いられたことが判明する。また陸亀蒙の「茶籝」にも、「野老」「山娃」とあり、女性労働力が茶園に用いられていたことは確実である。

ⓕ皮日休は、⑧茶鼎において、茶鼎（鍑＝釜）の産地として、「竜舒」（安徽省舒城県）をあげている。しかしこの鼎が、鉄・瓷・石・銀製のいずれかは判明しない。

㈣　陸亀蒙の唱和詩に見える特色、

陸亀蒙の唱和詩の中には、皮日休の詩と比較して、詩としての表現以外に、『茶経』と関連した特色としてあげることは少ない。

陸亀蒙の茶鼎は鉄製のものを用いてあり、これは『茶経』四之器、鍑の条に、生鉄を第一にあげているのと合う。

また陸亀蒙の「茶籝」に、「争歌調笑曲」とあり、茶採み歌に調笑曲のあったことがわかる。また「茶焙」に、「山謡縦高下。火候還文武。」とあり、これは製茶場で労働歌がうたわれ、それには太鼓や金属楽器も用いられていたことがわかる。

さらに陸亀蒙は「且つ共に皐盧《こうろ》（茶名）を薦む、何ぞ斗酒を傾くを労せんや。」と言っているから、酒茶優劣論において、陸亀蒙は酒より茶の方を優位においていると言ってよかろう。

註

（1）「白居易の喫茶」（『三上次男博士喜寿記念論文集』歴史編、中近東文化センター、一九八五年三月）。
（2）『膳夫経』と『唐国史補』については、「唐代の名茶とその流通」（『小野勝年博士頌寿記念東方学論集』同刊行会、一九八二）に論述した。
（3）『茶経』については、『茶道古典全集』（淡交社、一九五七）および『中国の茶書』（平凡社、東洋文庫、一九七六）所収の拙稿に訳註を収めている。以下『茶経』については原文の引用だけで、注解を加えないが、注解は上記の拙稿を参照されたい。
（4）註（1）参照。
（5）『唐才子伝』の皮日休については、布目潮渢・中村喬『唐才子伝の研究』（汲古書院、一九七二）四七六頁参照。
（6）「顧渚山記」の顧渚山は、浙江省長興県にあり、太湖の西岸に位置し、唐代以来、著名な紫筍茶の産地である。「顧渚山記」は、『唐文拾遺』巻二三に、わずかな逸文が集められただけで、全貌は判明しない。
（7）篠田統『中国食物史』（柴田書店、一九七四）二〇頁。また林巳奈夫「漢代の飲食」（『東方学報』京都、四八）参照。
（8）拙稿『中国の茶書』四－五頁。
（9）拙稿「和刻本茶経の附刻について」（『神田喜一郎博士追悼中国学論集』、二玄社、一九八六）。

（10）諸岡存『茶経評釈』巻二、一三八頁。
（11）前掲拙稿『中国の茶書』所収『茶経』四九頁参照。
（12）前掲拙稿、四七頁。
（13）『中国の茶書』所収、中村喬『大観茶論』二〇七頁「正焙」の註、および二二五頁「外焙」の註参照。
（14）「清渓」については、『元和郡県志』巻二五、江南道、睦州の条に、「清渓県」が見え、それは開元二年（七一四）に、還淳県の改称されたものであるが、これに比定してよいか、後考を待つ。
（15）白居易の喫茶観については、註（1）拙稿「白居易の喫茶」を参照せられたい。
（16）「蟹眼」については、中村喬『茶録』（『中国の茶書』）一八二頁、註三参照。
（17）「魚眼湯」については、拙稿『茶経』（『中国の茶書』）八三—八四頁参照。

（『中村治兵衛先生古稀記念東洋史論叢』刀水書房　一九八六年）

『中国茶書全集』解説

一　中国における喫茶の普及

喫茶はわが国においては、「日常茶飯事」という言葉が示しているように、きわめて日常的なもので、これなくては一日も過ごせない人が大多数であろう。またわが国で喫茶は千利休によって一つの芸道として大成され、今日においても盛行している。この喫茶がわが国起源のものでなく、中国より伝来したものであることも周知のことである。その喫茶は中国起源で、全世界に広まったものであることは、茶がティー（英語）・テー（ドイツ語）・テ（フランス語）・チャイ（ロシア語）などと各国語でよばれているのが等しく「茶」字の発音に由来していることによって示されている。したがって茶の歴史を探究しようと思う者は、中国の茶に関する文献がまず第一に必要となる。茶に関する中国の文字資料は膨大な中国の文献の中に多く出てくるが、その中で茶について一書をなしているものを「茶書」とよんでいる。本書は茶書の基本的なもののうち最善のテキストを集めて影印したものである。

いったい中国において喫茶はいつごろから始まったのか。中国は有史以来、喫茶があったように書いてある書物もあるが、私はそうは思わない。その理由として、実は「茶」の字は唐代（七－一〇世紀）にできたもので、それ以前は「荼《と(た)》」字が茶を示していて、しかも荼《と》は後世の茶だけを示すのではなく、菜類のにが菜の類を現わす文字でもあったという奇怪な事実がある。『詩経』に現われる荼字は苦菜などと注されている。荼字が茶を示す最古の文献は前漢の宣帝（在位前七四－前四九年）の時の王褒の「僮約」の中の「武陽買荼」の句であるとするのが大方の認めるところである。この記事は今の四川省の成都の近くの彭山県のことである。中国の古典文明は黄河の流域に発生したが、黄河の流域は茶樹の生育に適せず、茶樹は長江の流域とその南に生育する。したがって古い黄河文明に喫茶のことがないのは当然である。清初の顧炎武が「秦の人、蜀（四川省）を取りてより、始めて茗（＝茶）飲の事有り」（『日知録』第七、茶）というのはすぐれた洞察で、前漢以前に、秦が蜀を領土としてから、喫茶が普及したとするのは史料を明示した立論ではないが、大勢としてはそうであろう。漢代以後で、喫茶の普及が確認できるのは、三国時代、長江に臨む今の南京に都した呉の朝廷と、西晋時代の蜀についてである。五胡十六国時代と北朝は胡族政権であったことと、首都が黄河流域にあったため、喫茶は行われなかったが、北魏には南朝から、喫茶の浸透が認められる。

南北朝を統一した隋朝は、中国の南北を貫通する大運河を完成し、これと共に南方の物資の北方への輸送が容易になった。この波にのって、茶も北方へ輸送され、とくに隋を継承した唐朝の時、平和な時代の到来によって、喫茶は首都の長安を中心とする華北にも広まり、漸次、庶民にまで普及したことは、唐の中ごろ、八世紀後半に著作された陸羽の『茶経』六之飲に見える「比屋之飲《のきなみ》」という句によって確認できる。

二　最古の茶書『茶経』

中国茶書の嚆矢は、唐の陸羽の『茶経』である。陸羽は字《あざな》を鴻漸《こうぜん》といい、唐代の復州竟《けい》（景）陵、今の湖北省天門県の人、水浜の捨子で、その地の竜蓋寺の智積禅師に育てられた。陸羽の伝記は、壮年期までのことは「陸文学自伝」（『文苑英華』巻七五三）に見え、全体としての簡伝は、『新唐書』巻一九六（隠逸伝）、元の辛文房の『唐才子伝』巻三にあり、卒年は、『新唐書』列伝では「貞元末」（貞元二十年は八〇四年）、『仏祖歴代通載』巻一四では、貞元十九年（八〇三年）となっている。陸羽は安史の乱勃発（七五五）以前に、竟陵ですでに名を知られていたから、七〇歳くらいまで生きたことは確実であろう。なお『陸文学自伝』の末尾に「上元年辛丑（七六一）歳子陽秋二十有九日」とあるが、『全唐文』巻四三三に引く「陸文学自伝」には「上元辛丑歳子陽秋二十有九」とあるのに基づいて、上元二年に陸羽が二九歳であったとする説があるが、典拠が『全唐文』であり、このような個所に年齢を書くのは不自然なので、私はこれに従わない。この時に陸羽が二九歳で、『仏祖歴代通載』に従い、貞元十九年（八〇三）に死去したとすれば、陸羽は開元二十一年（七三三）に生まれ、七一歳で死去したことになる。陸羽の実際の生卒はこれと大差のないこともまた確実であるから、ひとまず陸羽の生卒は七三三－八〇三年としておく。

陸羽は智積禅師のもとでの仏道の修行には満足できず、寺を出て俳優の仲間に入った。天宝五載（七四六）、唐の皇族の李斉物が竟陵太守として竟陵に赴任してきて、陸羽は斉物に才能を認められた（一四歳）。また天宝十一載（七五二）、崔国輔が竟陵司馬に赴任し（二〇歳）、陸羽は国輔からも厚遇を受けた。天宝十四載（七五五）、安史の乱の勃発後、至徳元年（七五六、二四歳）、乱を避けて江南に移り、苕渓《ちょうけい》（浙江省湖州市附近）に住んだ。七六一年（二九歳）までに、「四悲詩」「天之未明賦」「君臣契」「呉興歴官記」「茶経」など多くの著作があったとは「陸文学自伝」に見えるが、このころまでの作品で現存するものは『茶経』だけである。

なお『茶経』の著作時期は、『茶経』四之器に「聖唐滅胡明年鋳」とあるのに基づいて、安史の乱が完全に平定された翌年、代宗の広徳二年（七六四）以降とする人もある。また「聖唐滅胡」とは、唐軍が首都長安を奪回したことで、その明年とは、乾元元年（七五八）であるとする人もある。私は『茶経』八之出に出てくる地名の記載方法から、『茶経』著作は、乾元元年（七五八）－上元元年（七六〇）間のこととした。したがって『茶経』の著作は陸羽の二八歳までのこととなる。しかしその後に加筆があったことは否定しない。

陸羽記念亭　湖北省天門県　1982年8月26日　筆者撮影

陸羽が苕渓に移住してから、その地で詩僧の皎《きょう》然《ねん》や玄真子の張志和らと清い交わりを続けていた。そこへ大暦八年（七七三、陸羽四一歳）、有名な顔真卿が湖州刺史として、湖州へ赴任してきた。陸羽は顔真卿の庇護を受け、その赴任の年にその地の妙喜（善）寺に三癸亭を建ててもらい、顔真卿の主催する『韻海鏡源』という膨大な語彙集の編纂に参画することになり、また顔真卿の下でその聯句（何人かで一句ずつ作った詩）にしばしば陸羽の名が登場する。顔真卿は大暦十三年（七七八、陸羽四六歳）湖州刺史の任を去った。なお陸羽は太子文学や太常寺太祝の官に任ぜられたが、いずれも就任していない。これはおそらく顔真卿の推薦によるものと思われる。陸羽のことを陸文学というのは、太子文学に任ぜられたことがあるからである。

顔真卿が湖州を去ってからの陸羽の二十有余年の生涯は、いろいろ交わった人々の詩の中に出てくるが、年代がはっきりできるものはほとんどない。ただ権徳輿の『権載之文集』巻三五の「蕭侍御喜陸太祝自信州移居洪州玉芝観詩序」に見える陸太祝は、その文中に「太祝陸君鴻漸。以詞芸卓異。為当時聞人。……先是嘗舎于道観。因復居之。」とあるにより、陸羽のことである。権徳輿は、貞元初めに、江西観察使李兼の判官となって、洪州（江西省南昌市）に赴任しているから、これは貞元元年（七八五）ころ（陸羽五三歳）のことで、この頃は道観を移り歩いていたと言ってよかろう。

陸羽によって書かれた『茶経』は、たんに中国茶書の最古のものであるだけではなく、以後の多くの茶書の上にそびえたち、『茶経』をしのぐ茶書はついに現われなかったといっても過言ではなかろう。その理由としては、『茶経』以後の茶書は、或いは茶の飲み方を論じ、或いは茶器のことなど細かく述べるのに対して、『茶経』は当時におけるオール・アバウト・ティーを述べているからである。唐代の書物としては、史書や制度の書物を除けば、その他はエッセイ風のものがほとんどである時代に、次のような十部より構成される整然とした体系をもった茶書を完成した。

一之源　二之具　三之造　四之器　五之煮　六之飲　七之事　八之出　九之略　十之図

「一之源」、一之、二之……という表現も他書に見えない独特のものである。「一之源」では、茶樹の植物的説明に始まる。つづいて当時、茶を表現する茶・檟《か》・蔎《せつ》・茗《めい》・荈《せん》などの文字、茶樹の生育する土壌、茶の種子の播き方、茶葉の善悪の弁別、飲茶の効用、高麗人参との比較を述べている。「二之具」では、製茶器具を列挙し、「三之造」では、その製茶器具を用いた製茶法を述べ、製茶の結果の善悪に言及している。製茶法の漢文による叙述は一般にわかりにくいが、『茶経』の場合は、製茶器具を列挙しておいて、製茶法が述べられているのでわかり易く、陸羽の頭脳の明晰なことがわかる。ここに叙述された製茶法は、今の葉茶ではなく、固形茶で餅茶《へいちゃ》とよばれるものである。その製茶法の大要は以下の通りである。茶採みをしてから、蒸籠《せいろう》（甑《そう》、括弧内『茶経』内の用語）で蒸し、臼にいれて杵《きね》でつき（杵臼《しょきゅう》）、型（規《き》）にいれて小さく固め、ならべて天日で乾燥し、錐《きり》（棨《けい》）で穴をあけ、焙炉《ほいろ》（焙《ばい》）でさらに乾燥し、くし（穿《せん》）にさし、貯蔵器（育《いく》）で貯えておく。以上のようにしてでき上った餅茶を飲む方法としては、飲む直前に、一度炙《あぶ》り、薬研《やげん》（碾《てん》）にかけて粉末にし、熱湯の中へいれ、沸騰によって点《た》てて飲む。

「四之器」は、飲茶道具、すなわち茶器が列挙され、説明されている。二之具と同じく、器具を列挙して説明する方式が採用されている。その内容としては、まず第一に、今もわが国の茶道で用いられている風炉《ふろ》（『茶経』も同名）に始まる。ついで炭取り（筥《きょ》）、炭割り（炭檛《たんた》）、火箸（火筴《かきょう》）、釜（鍑《ふ》）、釜敷（交床）と続き、以下、上述の薬研（碾《てん》）を含めて、茶器が連なる。茶碗（盌《わん》）は、越州《えっしゅう》（浙江省紹興市）の青磁を最高としている。現在のわが国の抹茶道の茶器は、茶筅《ちゃせん》を除いて（茶筅は北宋時代の『大観茶論』に初見）ほとんど出揃い、これを「二十四器」という。

「五之煮」には、餅茶の粉末を、湯の沸騰を利用した点《た》て方を述べている。その時に用いる火や水は微細な吟味をへたものである。沸騰はその度合いによって一沸・二沸・三沸と分け、一沸の時に塩を少しいれ、二沸の時には、水一酌《しゃく》をくみ出し、竹筴《たけばし》で沸騰の中心をかき廻しながら、茶の粉末を湯の中心にいれる。三沸になると、くみ出した一酌をいれて沸騰を止めると、茶が点《た》つ。「六之飲」では、茶の九か条のむつかしい点（九難）を述べた上で、飲む人数に応じた茶碗の数をあげている。

「七之事」には『茶経』著作以前の茶の史料を列挙し、その中には、現在は原書が散逸して伝わっていないものも含まれている貴重なものである。例えば、漢の司馬相如の『凡将篇』という初学の者に文字を教える書物とか、東晋の史書『晋中興書』、三国魏の華佗の『食論』、壺居士の『食忌』など多くある。また唐代官定の薬学書である『新修本草《ほんぞう》』の茶に関する記事の引用もある。『新修本草』（唐の高宗の顕慶四年、六五九年勅修）は、中国では宋代以降に散逸したが、わが国の京都の仁和寺や、敦煌文献などに全体の半分程が残った。なお『茶経』の『新修本草』木部引用の条について、『茶経』にはないが、清の傅雲竜が一八八九年に日本の古鈔本を影印した『籑《せん》喜廬叢書』本にはその末尾に「新附」とある。「新附」とは、梁の陶弘景の『神農本草経集注』になく、『新修本草』の新附品であることを示している。これは茶が初めは薬用で、後に一般の飲料となったとする説に一考を求めるものである。また『新修本草』の茶についての記述に混乱が観取されるのは、当時は茶の知識が整理されておらず、茶が『新修本草』編纂のころ急激に一般の飲用として普及し、その茶に薬物的効果もあることから、急拠、本草書に取上げられることになったのではあるまいか。またこの「七之事」に引用されている五〇種にものぼる特殊な書物を陸羽がどのようにして閲読が可能であったのか。とくに『茶経』の初稿が竟陵という今の湖北省の辺鄙な処で完成されたと考えられるので、疑問が残る。また唐代までは印刷術がなく、書物は筆写により伝えられていたことを、書物の未普及と等置することの誤りなのであろうか。或は陸羽は『茶経』の初稿完成後に、湖州において、顔真卿の下で、『佩文韻府』のような『韻海鏡原』三六〇巻の編集に参与するので、その機会に「七之事」を増補したことも考えられる。しかし陸羽は、「七之事」という一項目を立てているから、初めからかなりの量に上る文献は見ていたのであろう。また唐初の欧陽詢らの『芸文類聚』巻八二に「茗」の条がすでにあり、ここに茶の記事が六種引用されているが、これはいずれも『茶経』に引用されている。また類書（事項別に書物の記事を分類したもの）である北斉の祖孝徴の『修文殿御覧』三六〇巻は宋の『太平御覧』一千巻の祖本と称せられ、『修文殿御覧』は今は散逸しているが、唐代に盛行していたから、これからの引用とも考えられる。しかしこれは確認することはできない。しかし『太平御覧』巻八六七、茗の条と「七之事」との類似は、『修文殿御覧』からの引用説を強める。しかし逆に、『太平御覧』が『茶経』「七之事」から引用した可能性も否定はできない。今はしばらく「七之事」は陸羽が『韻海鏡原』の編纂に参画した時の増補説を取ることとする。

「八之出」には、当時の茶の産地を各道に分けて記述し、その管轄下の州の産茶地について、上・次・下・又下（下の下）と品質に等級づけを行い、さらに州の属県別の産地を注において示している。茶の産地について、このような大観的にまとまった記述は、これ以後にもない。当時、首都の長安にいなかった陸羽がどうしてこのようなデータを入手したのか、驚くべきことである。私は以前にこの八之出記載の地名がいつごろのものか調べたことがある（「茶経著作年代考」『立命館大学文学部創設三十周年記念論集』）。その結果では、ここに記述された地名は、だいたい乾元元年（七五八）三月から、上元元年（七六〇）九月までの間の二年六ヵ月の幅があることが判明した。これは地名の改廃がしばしばあるためである。ここに若干の幅があることは陸羽が苦心してこのデータを集めた結果として考え、またこの時期こそ『茶経』著作の年代を決定する重要な証左ともした。「九之略」においては、四之器にて述べられた茶器について、省略してもよい場合、すなわち略式の茶のことを述べている。そして最後に、「城邑の中、王公の門、二十四器、一を闕《か》けば、則ち茶は廃す。」と述べて、野点《のだて》ではなく、正式の茶会では、陸羽の設定した茶器二十四器を必ず全部揃えて茶会を催すべきことを述べ、このような形で、陸羽がみずからの茶道の宣言をしたと解される。「十之図」には、この『茶経』を絹などに書いて掛けておくべきことを述べているだけである。

なお陸羽の茶について、陸羽と同時の人、封演の『封氏聞見記』巻六、飲茶の条に、「常伯熊なる者有り。また鴻漸（陸羽）の論に因り、広くこれを潤色し、ここにおいて茶道大いに行われ、王公朝士、飲まざる者無し。」とあり、これが茶道の語源となる。この茶道が現在のわが国で用いられている茶道と同義とは言えないが、陸羽の茶が茶道とも称せられたことは否定できない。また陸羽はたんに喫茶の方法のみ述べたのではなく、その茶道の精神として、「飲たること最も精行倹徳の人に宜《よろ》しい。」（一之源）とか、「茶の性は倹、広に宜しからず。」（五之煮）とも述べて、倹の精神を説いている。「倹」をわが国茶道の祖である千利休の「わび茶」の起源とみなすことも、それほど牽強附会の説ではないと思う。このほか『茶経』についての詳細は拙稿「茶経」（平凡社、東洋文庫『中国の茶書』所収）を参照されたい。なお『茶経』の各版本については、以下の『茶書』所収本解題の項にて述べる。

三　『茶経』以後の茶書とその集成——明代における『茶書』（『茶書全集』）の刊行

『茶経』の著作以後、茶書は歴代いろいろと著作された。唐代において、まず張又新は『煎茶水記』を著し、茶水についての品第を試み、蘇廙《そい》は、湯について『湯品』（『十六湯品』ともいう）を書いた。宋代になると、蔡襄の『茶録』、朱子安（宋子安とも言われる）の『東渓試茶録』、熊蕃の『宣和北苑貢茶録』、趙如礪（熊克の著とも言われる）の『北苑別録』、黄儒の『品茶要録』、徽宗皇帝の『大観茶論』、審安老人の『茶具図賛』が著作された。明代になると、銭椿年の『製茶新譜』、顧元慶の『茶譜』、陸樹声の『茶寮記』以下多くの茶書が著作された。

これらの茶書を一つの叢書に収めることが、明の万暦壬子（四十年、一六一六）の序をもって喩政によって刊行され、『茶書』と名づけられた。『茶書』が原名であるが、たんに『茶書』とよぶと、一般の茶書とまぎらわしいので、これは普通『茶書全集』とよばれている。以下本書でもそのように呼称する。この『茶書全集』には、万暦壬子序の初刊本のほかに、翌万暦癸丑（四十一年、一六一七）の序をもつ後集本が増補版として刊行された。万暦壬子序刊本を『甲本』、万暦癸丑序刊本を『乙本』とよぶこととしたい。この刊行者である喩政の伝記は未詳であるが、陣椽教授編の『茶業通史』（北京、農業出版社、一九八四）一五八頁では、「喩政。江西南昌人。万暦二十三年（一五九五）進士。出知福州府。」とし、また万暦四十一年刊の『福州府志』の編者としても名が残っている。

この『甲本』・『乙本』共にわが国の国立公文書館内閣文庫に所蔵され、本書は当館の特別の配慮によって、甲本・乙本共に影印を許可され、本書を飾ることができ、感謝にたえない。なおこの『茶書全集』は中国においても伝存すること稀で、わずかに南京図書館に旧八千巻楼蔵本を有するだけである（『茶業通史』一五八頁）。しかしこれは上記の『乙本』に当たり、初刊本ではない。なおわが国には、内閣文庫のほか、静嘉堂文庫に甲本、国立国会図書館（同漢籍目録、四三三頁）に乙本が所蔵されている。『甲本』については、『改訂内閣文庫漢籍分類目録』二五七頁に、「楓」とあるから、旧紅葉山文庫本である。蔵書印に「大学蔵書」とあるが、この印は『内閣文庫蔵書印譜』九五頁によれば、明治二―四年の間に押印されたとのことである。『乙本』については、上記の内閣文庫目録二五七頁に、「江」とある。「江」とは、林羅山本であり、『乙本』に見える「江雲渭樹」という蔵書印がこれを示している。また「林氏蔵書」の印もあるが、これは林述斎の蔵書印であるから、この『乙本』は、林羅山以来の林家蔵書であったことが判明する。また表紙右上と末葉左上に「昌平坂学問所」の印があり、昌平坂学問所の蔵書となっていたことがわかる。このほか「大学蔵書」「日本政府図書」「浅草文庫」の蔵書印は明治初期の印である。

『甲本』には、前述のように、万暦壬子（四十年）の序があり、それは謝肇淛の自筆によるものである。謝肇淛は『明史』巻二八六の鄭善夫の附伝中に、「閩中詩文。……迨万暦中年。曹学佺・徐𤊹輩継起。謝肇淛和之。風雅復振焉。……肇淛。字在杭。万暦三十年進士。官工部郎中。……終広西布政使。」とあり、著書も多いが、わが国では翻刻本のある『五雑組』の著者として名高い。謝序に、「吾郡侯喩正之（正之は喩政の字）先生」とあるから、喩政の福州知府時の刊行であることが判明し、また「自桑苧翁（陸羽）作経以来。高人墨客。転相紹述。互有拓充。至於今日。十有七種。」とある。『甲本』の「茶書目録」（1 2 3…の番号は筆者の附加）には

元部　1茶経　2茶録　3東渓試茶録　4（宣和）北苑貢茶録　5北苑別録　6品茶要録
亨部　7茶譜　8茶具図賛　9茶寮記　10蕣茗録　11煎茶水記　12水品　13湯品　14茶話
利部　15茗笈上下　16茗笈品藻　17煮泉小品
貞部　18茶集　附烹茶図集

となっている。17煮泉小品までが上記の「十有七種」に当たる。貞部の『茶集』は喩政の輯録であるから、附録として入れたのであろう。またその附録の『亨茶図集』は、何故か『甲本』には無くて、『乙本』に見える。『甲本』の欠葉であろう。しかし『乙本』により補えるのは幸いである。

『乙本』には、序として『甲本』と同様に、謝肇淛の序がある以外に、万暦壬子（四十年）の周之夫の序と、万暦癸丑（四十一年）の喩政の自序がある。周序には、「（喩政）今来福州。復取古人談茶十七種。合為茶書。」とあり、『乙本』は後述のように『甲本』の十七種の上に、さらに八種を加えており、また周序は万暦壬子となっているから、周序は本来は『甲本』の序であるべきだが、何故か『乙本』に登載されている。『乙本』は『甲本』の17煮泉小品までは同一版木を使用している。ただ『甲本』の2茶録の次に、明の張源の『張伯淵茶録』を挿入していて、それに顧大典の「茶録引」が前にあり、末尾に宋の欧陽脩の「茶録後序」が附加されている。そして17煮泉小品の次に、明の陳師の『茶考』を含めて七種が追加増補されている。『乙本』の目録は次のようになっている（番号は筆者の附加）。

仁部　甲本の元部と同じ
義部　甲本の亨部と同じ

礼部　甲本の利部と同じ
智部　19茶録　20茶考　21茶説　22茶疏　23茶解　24蒙史上　蒙史下　25（蔡端明）別紀　26茶（茗）譚
信部　18茶集　附　28烹茶図集

智部は『乙本』が『甲本』の上の増補した部分に当たる。19茶録は上述の張源の「張伯淵茶録」であり、20茶考は明の陳師の『茶考』、21茶説は、明の屠竜の『茶説』、22茶疏は、明の許次紓の『茶疏』、23茶解は、明の羅廩の『茶解』、24蒙史上　蒙史下は、明の竜膺の『蒙史』、25別紀は、明の徐𤍠の『蔡端明（襄）別記摘録』、26茶譚は、明の徐𤍠の『茗譚』である。信部の18茶集は、『甲本』と同じであるが、『乙本』においては、『茶集』の葉数を続けて、四八葉から五三葉までを補い、27「茶事詠　有引」と題し、末尾に「温陵蔡復一」とある。その次に「附烹茶図集」と題して、『甲本』に脱落していた28『烹茶図集』がある。これらに、27茶事詠、28烹茶図集の番号を附けた。28烹茶図集には、末尾に喩政の跋と図二葉（烹茶図）がある。

喩政は、以上のように、『甲本』『乙本』と二次にわたり、万暦四十年と同四十一年に、『茶書』、いわゆる『茶書全集』を刊行し、『乙本』の増補部分は上記の通りである。

四　『茶書全集』所収の茶書について

(1)　甲　本（万暦四十年序刊本）

1　茶　経　　唐　陸羽

茶書の祖『茶経』の内容については上述した。ここでは『茶経』のテキストがどのようにして『茶書全集』に入れられたかを中心に、『茶経』の各版本について述べることとする。『茶書全集』の『茶経』についての特色は、まず『茶経』の「序」「跋」を多く登載していることで、次のように、序五篇、跋二篇がある。

①宋　陳師道　茶経序　②明　陳文燭　茶経序　③明　李維楨　茶経叙　④唐　皮日休　茶中雑詠序

⑤明　魯彭　茶経叙　⑥明　童承叙　茶経跋　⑦明　張睿卿　茶経跋

このほかに、②陳文燭の序と③李維楨の序との間に、⑧陸羽自伝（陸文学自伝）と⑨（新）唐書陸羽伝が入っている。また『甲本』では上記の序などが謝肇淛の序と「目録」の間に入っているのに対して、『乙本』では、「目録」の次に序などが入っている。これは『乙本』のようにあるべきで、『乙本』が『甲本』を修正したのであろう。なお「跋」はいずれも『茶経』の本文の後にある。以上のような多くの『茶経』の序跋の収集は、喩政がこのような序跋を持つ今では見られない多くの『茶経』の版本――そのほとんどは明の嘉靖から万暦にかけてのものであるが――を見ていたことになり、『茶経』の各版本研究の上で重要な資料を提供したことになる。

①宋　陳師道　茶経序

陳師道（一〇五三―一一〇一年）の「茶経序」はその文集『後山先生集』巻一三に見える。陳師道は蘇軾（東坡）の推薦で官に就いたが、官人としてよりは詩文の名手で、列伝は『宋史』巻四四四に見える。陳師道の序には、「陸羽茶経。家伝一巻。畢氏・王氏書三巻。張氏書四巻。内外書十有一巻。其文繁簡不同。畢氏書繁雑。意其旧文。張氏書簡明。与家書合而多脱誤。家書近古。可考正。曰（後山先生集作自）七之事其下文。乃合三書以成之。録為二篇。蔵於家。」とある。この文によれば、陳師道のころは、『茶経』の一巻本、三巻本、四巻本、十一巻本といろいろあり、その中から陳師道家蔵本を中心に作られたのが『茶経』で、しかも「七之事」以下は三書で合成されたもので、それらを「二篇」としたと言っている。現存の『茶経』は「三巻」であり、また拙見によれば「八之出」などは、とうてい宋代の偽作とは思えない唐代一時期の地名表記に基づいている。この陳師道の序についての拙見は以下の通りである。現存の『茶経』は、後述するように、南宋の咸淳九年（一二七三）にできた『百川学海』から出ていて、これ以外の異本はない。そこで私は現行の『茶経』は、陳師道家蔵本などとは異なった完本に基づいたものではないかと考えている。たまたま陳師道の『後山先生集』に残った「茶経序」をそのまま明版刊行の際に茶経序として登載したのではなかろうかというのが私の目下の見解である。この点、『四庫全書総目提要』巻一一五、譜録類『茶経三巻』の条は、現今の三巻本を畢氏王氏の三巻本か、「録為二篇」の「二」が「三」の誤写かと言っているのは、これだけでは私には承服できない。

②明　陳文燭　茶経序

陳文燭の序の末尾に、「明万暦戊子（十六年、五八八）夏日郡後学陳文燭玉叔撰」とあるから、この序は『茶書全集』刊行前二十四年の作である。陳文燭の伝記は銭謙益の『列朝詩集小伝』丁集上に見え、「文燭。字玉叔。沔陽人。嘉靖乙丑（四十四年、一五六五）進士。除大理評事。出守淮安。官終南京大理寺卿。」とあり、その集は『五岳山房集』といったことも見える。わが国にはその詩集『二酉園詩集』一二巻が内閣文庫に現存する。文燭は「郡後学」とみずから言い、沔陽の人であるから、陸羽の故郷の竟陵（湖北省天門県）近傍の出身である。文燭は故郷の先輩の陸羽を顕彰する為に『茶経』を刻したことが見えるが、その刻した『茶経』は現在その所在を聞かない。なお中華民国二十二年（一九三三）天門県重刊の『陸子茶経』（諸岡妙子氏所蔵）にはこの序が登載されているが、この序を撰した年次の部分は欠けている。

③明　李維楨　茶経叙

李維楨（一五四七－一六二六）の伝記は『明史』巻二八八、文苑四に見え、「李維楨。字本寧。京山（天門県の北約五〇キロ）人。父裕。福建布政使。維楨挙隆慶二年（一五六八）進士。由庶吉士授編修。……」とある。その墓誌銘は銭謙益の『牧斎初学集』巻五一に「南京礼部尚書贈太子太保李公墓誌銘」として見える。李維楨の別集は『大泌山房集』一三四巻で、内閣文庫に所蔵されている。この『茶書全集』登載の李維楨の序を読んでも、この序がどのような『茶経』の版本にこの序を書いたかを明らかにできる個所はない。しかし上掲の民国二十二年刊行の『陸子茶経』にもこの李維楨の序を「旧序」として登載し、その初に、次のような『茶書全集』には無い文がある。

温陵林明甫治邑之三年。政通人和。討求邑故実。而表章之於唐。得処士陸鴻漸。井泉無恙。而茶経漶滅。不可読。取善本復校。鍥諸梓而不佞。為之序。

以上のような陸羽の故郷で『茶経』が刊行されたことを記す個所を『茶書全集』登載の序が故意に削去したことは、

⑤明　魯彭の叙についても見られ、喩政の惜しまれる処置である。また前述の『大泌山房集』巻一四の「茶経序」は『茶書全集』所収の「茶経叙」とほとんど異なる文章で、どちらかが改稿されたのであろうか。今はその指摘にとどめる。

④唐　皮日休　茶中雑詠序

皮日休（八三四？―八八四年？）の伝記については、まとまったものは、元の辛文房の『唐才子伝』巻八に見える（中村喬と私の共著『唐才子伝の研究』汲古書院、四七六―四八〇頁参照）。このほか、簡伝は『郡斎読書志』巻四中、『直斎書録解題』巻一六、『唐詩紀事』巻六四に見え、また蕭滌非『皮子文藪』（中華書局上海編輯所、一九五九）の前言に伝記の詳細な考証がある。皮日休は襄陽（湖北省）の人で、襄陽は陸羽の故郷の竟陵に近く、またその祖先が竟陵にいたことがある関係からも陸羽に親近感をもった。唐の懿宗の咸通八年（八六七）進士に及第し、官に就いたが、その頃は唐末の騒乱期であったので、痛烈に時世をそしる文を作った。最後は黄巣の軍に捕われ、黄巣をそしる文を書いて殺された。今は『皮日休文集』（『皮子文藪』）一〇巻、陸亀蒙らとの唱和を収めた『松陵集』（『湖北先生遺書』所収）一〇巻がある。

「茶中雑詠序」は『松陵集』巻四（『全唐詩』巻六一一）に登載されている皮日休の「茶中雑詠」十首の序である。したがって「茶中雑詠序」は、その名の通り、『茶経』の本来の序ではない。また『茶書全集』所載の「茶中雑詠序」と『松陵集』所掲の文に大差はない。この「茶中雑詠序」が茶経序とされた理由として考えられることは、この文中において、皮日休がはっきりと唐人には珍しく陸羽の『茶経』に言及していることであり、また陸羽が茶のことを充分に詩において表現しなかったことを遺憾として、茶中雑詠を作ったとも言い、皮日休は『茶経』を顕彰する意図が明瞭であったことが挙げられる。多くの明版『茶経』に、この「茶中雑詠序」を茶経序としているので、喩政もこれを入れたのであろう。なお「茶中雑詠序」については、拙稿「皮日休の茶中雑詠について」（『中村治兵衛先生古稀記念東洋史論叢』）を参照されたい。

⑤明　魯彭　茶経叙

魯彭の伝記の詳細は判明しないが、『嘉靖沔陽州志』巻四、人物によれば、陸羽の故郷である竟陵の人で、父は魯鐸といい、『明史』巻一六三に列伝があり、弘治十五年（一五〇二）会試第一で、官は両京国子祭酒に至った。魯彭は字は寿卿といい、正徳戊寅（十三年、一五一八）の挙人とある。しかし『万暦承天府志』には、正徳丙子（十一年、一五一六）の挙人とある。魯彭の官は広東楽会県知県に至った。

この『茶書全集』所載の「茶経叙」は節略文で、全文でないことは、先の③李維楨の「茶経叙」と同様である。そのことが判明するのは、本書の36明嘉靖壬寅序竟陵刊本に全文が見えるからである。魯彭の叙を附けた竟陵刊本が大阪の武田科学振興財団杏雨書屋に所蔵されていて、同書屋の特別のご好意により、影印登載を許可され、本書を飾っている。杏雨書屋所蔵の36明嘉靖壬寅序竟陵刊本により、『茶書全集』所載の魯彭叙に節略されている個所を掲げるとまず次の文がある。

粤昔己亥。上南狩郢。寘荆西道。無何上以監察御史青陽柯公。来涖厥職。越明年。百廃修挙。迺観風?竟陵。訪唐処士陸羽故処竜蓋寺。公喟然曰。昔桑苧翁。名於唐。足跡遍天下。誰謂其産茲土耶。因慨茶井失所在。迺即今井亭。而存其故。已復構亭其北。曰茶亭焉。他日公再往。索羽所著茶経三篇。僧真清者業録。而謀梓也献焉。公曰。嗟井亭矣。而経可無刻乎。遂命刻諸寺。

この文以下は『茶書全集』の叙の初めに続いている。ここに「己亥」というのは、杏雨本の末尾に「皇明嘉靖二十一年歳在壬寅」とあるのから見て、嘉靖己亥、すなわち嘉靖十八年（一五三九）に当てられる。「上」というのは嘉靖帝のことである。「南狩郢」とある郢《えい》は嘉靖帝の出生地の明の安陸州、のち嘉靖帝の出身地であることによって、承天府と改められた今の湖北省鐘祥県で、陸羽の故郷の竟陵、今の天門県の西北約八〇キロにある。嘉靖帝は安陸州に王府のあった興王府の王であるが、武宗に後嗣がなかったので、迎えられて大統を継ぎ、嘉靖十七年に、父に睿宗の廟号を贈り、その翌年、承天府に完成した父の顕陵参拝のため、承天府に行幸したのである。この郢に荆西道が置かれ、柯公、すなわち柯喬がその長官に任命された。その翌年、柯喬は竟陵を訪れ、この地に生まれた有名な陸羽の茶井もその所在が失われているのを慨嘆して、茶亭を復興した。柯喬はまた他日に竟陵を再訪し、僧真清に命じて『茶経』を刊行せしめたことが述べてあり、以上が魯彭の叙をもつ嘉靖壬寅序竟陵刊本の出版経過であるが、喩政は何故かこの重要な部分を削去した。

さらに『茶書全集』所掲の魯彭叙の末尾に続けて、杏雨本には、

経故不贅。僧真清新安之歙人。嘗新其寺以嗜茶。故業茶経云。

皇明嘉靖二十一年。歳在壬寅。秋重九日。景（＝竟）陵後学魯彭叙。

とあり、この文によって、魯彭叙の書かれた時期である嘉靖二十一年（一五四二）が判明し、従ってまた杏雨本の刊行時期もだいたいが判明するのである。

この魯彭叙の中でもう一つの重要な点は、

夫茶之為経要矣。行於世。膾炙千古。廼今見之百川学海集中。茲復刻者。便覧爾。刻之竟陵者。表羽之為竟陵人也。（。字茶書全集本無し）

とあり、魯彭はこの『茶経』のテキストを『百川学海』から取ったと明言していることである。『百川学海』は南宋の左圭が咸淳九年（一二七三）に完成した中国最古の叢書で、その宋刊の影印本（民国十六年、武進陶氏渉園景刊）もあ

るが、原刊本の影印ではなく、『茶経』の部分も影印の際の補刊らしい。魯彭の依拠した『百川学海』は、その刊行時期から見て明の弘治中（一四八八―一五〇五）の無錫華氏刊本（その影印本が民国十年、上海博古斎刊本）であろう。明の万暦年間（一五七二―一六二〇）に、『茶経』が盛行した時、『百川学海』本のほかに、これまで述べてきた陳文燭・李維楨刊本ほか多くの万暦刊本が存在するが、それらの祖本が『百川学海』本なのか、それとも『百川学海』以外に宋代より伝わった別の『茶経』があったのかこれまで判明しなかった。それがこの魯彭叙により、『百川学海』に依拠していることが判明した。この魯彭叙刊本、すなわち今も杏雨書屋に残る嘉靖壬寅竟陵刊本は、万暦間に盛行した多くの明版『茶経』の祖本なので（このこと後に論証）、この魯彭叙によって、明代に行われた『茶経』はひとしくすべて『百川学海』本から出ていると断言できるようになった。またそのことは、私が以前に『茶道古典全集』第一巻（淡交社、昭和三十二年）において、現存する『茶経』各版本の異同を校合した時に感じたことだが、この魯彭叙は、現存の『茶経』各版本がすべて『百川学海』より出ていることをはっきりと示して貴重である。

⑥明　童承叙　茶経跋

童承叙の伝は、『列朝詩集小伝』丁集上に見え、字は漢臣といい、陸羽の故郷の竟陵の近くの沔陽《ベン》（湖北省）の人で、正徳辛巳（十六年、一五二一）の進士で、官は翰林庶吉士から、左春坊左庶子に至り、その集を『内方集』といい、李維楨の『大泌山房集』巻一二にその序が見え、陳文燭の『二酉園文集』巻一一に、「内方童先生伝」が見えるというが、二書共に未見である。童承叙の跋は、承叙が竟陵を訪れた時の陸羽回顧の文で、『茶経』の跋として書いたものではなかろう。この跋は嘉靖壬寅竟陵刊本の『茶経』本文の次に登載されていて、喩政はここから引用したのであろう。また嘉靖竟陵本が童承叙の竟陵訪問記を登載したのは、竟陵近傍出身の大官の文としてであろう。

⑦明　張睿卿　茶経跋

張睿卿の伝記は未詳である。

この張睿卿の跋に、「茶経中経旧刻入百川学海。竟陵竜蓋寺有茶井在焉。寺僧真清嗜茶。復掇張欧浮槎等記幷唐宋題詠。附刻于経。但学海刻非全本。而竟陵本更煩穢。余故刪次。雕于埒参軒。」とある。ここに見える真清は魯彭序に見え、嘉靖壬寅竟陵刊本を刊行した人で、『百川学海』を底本としたことは先述した。そしてこの竟陵刊本には、「張欧浮槎等記」すなわち張又新の『煎茶水記』、欧陽脩の「浮槎山水記」、さらに唐・宋時代の陸羽関係の詩を附刻していることも張睿卿の跋に言う通りである。ただ「学海刻非全本。而竟陵本更煩穢。」というのは、明弘治刊百川学海本と嘉靖壬寅竟陵刊本の版刻がよくないことを言っているのであろう。張睿卿の跋を書いた『茶経』は、このように言っていることから見て、版刻のよい善本であったと思われるが、その版本は伝わっておらず残念である。喩政はその版本を見たのであろう。

⑧陸羽自伝

陸羽自伝は、『文苑英華』巻七九三の「陸文学自伝」からの転載であろう。しかし現行の『文苑英華』（明隆慶刊本）とはかなり異同があり、この自伝は隆慶刊本に拠らず、当時の鈔本に基づいたものであろう。なお末尾の「上元辛丑歳子陽秋二十九日」について、『全唐文』巻四三三には、最後の「日」字がないので、これに従って、上元辛丑（二年、七六一）の年に陸羽は、二九歳であったとし、そこから陸羽の生卒を、七三三―八〇四年とする説が出ていることは上述の通りである。

⑨宋　宋祁　新唐書　陸羽伝

『新唐書』陸羽伝は、その巻一九六、隠逸伝よりの転載で、刊本に基づいたようで、異同は少ない。しかし文中の「又号竟陵子。東園先生・東岡子。」の一二字は現行の『新唐書』の各版本には見えない。

『茶書全集』本『茶経』の版本系統

私は以前に『茶経』の一二種の版本を校合した（『茶道古典全集』第一巻、淡交社、一九五七）。その版本は次の通りである。

①宋咸淳刊百川学海本（民国十六年武進陶氏渉園景刊宋本。有欠巻以明弘治華氏翻宋本重校摸補）
②明弘治刊百川学海本（民国十年上海博古斎無錫華氏刊本景印）
③明鈔説郛巻八十三所収本（民国十六年上海商務印書館校正排印）
④重較説郛弖九十三所収本（清順治三年両浙督学周南李際期宛委山堂刊本）
⑤五朝小説唐人百家小説瑣記家所収本
⑥山居雑志本（明万暦二十一年序汪士賢校刊）
⑦百家名書本（明万暦三十一年序胡文煥校刊）
⑧茶書全集本（明万暦四十年序喩政校刊）（『中国茶書全集』上巻1茶経、汲古書院、一九八七年）
⑨明鄭熜校本（日本宝暦八年翻刻）
⑩学津討原第十五集所収本（清嘉慶十年虞山張氏照曠閣刊）
⑪日本大典禅師著　茶経詳説本（安永三年佐々木惣四郎刊）（『中国茶書全集』下巻40茶経詳説）
⑫宮内庁書陵部蔵旧刊百川学海本（『中国茶書全集』下巻35旧刊百川学海本乙集下）

しかしその後の研究によって、(A)①宋咸淳刊百川学海を底本としたことは、それが摸補であり、必ずしも依拠できないことが判明した。(B)⑨明鄭熜校本は、日本翻刻本の再刊本で、その後に元禄以前刊本の初刊本が判明し（『中国茶書全集』下巻38明鄭熜校本）、さらに明鄭熜校本の明版原刊本を発見した（『中国茶書全集』下巻37明鄭熜校本）。(C)明の万暦諸刊本の祖本と見なしてよい『中国茶書全集』下巻36として掲載した嘉靖壬寅竟陵刊本が大阪の杏雨書屋に所蔵されていることが判明した。以上の(A)(B)(C)の三項目が、旧拙著『茶道古典全集』を修正しなければならない主要な点である。この三項目のうち、(A)については、底本を②明弘治刊百川学海本、或は⑫宮内庁書陵部蔵旧刊百川学海本に改めることによって解決する。(B)については、日本翻刻本の祖本の明版鄭熜校本の発見は問題となるが、調査の結果では、とくに新しく指摘しなければならない点はなく、日本翻刻本は明版の忠実な翻刻本であった。(C)については、拙稿「杏雨書屋蔵明嘉靖竟陵本茶経について」（中田勇次郎先生頌寿記念論集『東洋芸林論叢』平凡社、一九八五）において述べておいた。その結果、『茶書全集』本の『茶経』は、嘉靖竟陵本の系統に属することは明らかとなったが、『茶書全集』に、『茶経』の序跋として、魯彭や童承叙のものを掲載していることによって、そのことは補強される。また陳文燭や李維楨の序も『茶書全集』に掲載され、これらの序を持つ『茶経』の版本は現存しないので正確なことは言えないが、陳・李二氏はいずれも嘉靖竟陵刊本の影響下にあったことはその文によって確実である。

テキストの異同から『茶書全集』本の特長を見てみよう。まず『茶経』の本文について言えば、「七之事」の「傅咸司隷教」の中で、『茶書全集』本で「打破其器具□又売餅於市」と一字空欄があるが、これは百川学海本（宮内庁本・弘治本）・嘉靖竟陵本共に空欄になっている。しかるに、『茶書全集』本に先立って万暦時代に刊本された山居雑志本・百家名書本は、空欄に「後」字を補っている。これは『茶書全集』本が嘉靖竟陵本に拠った証拠の一つと見なされる。また「九之略」の中で、『茶書全集』本は「乃蒸乃春乃煬以火乾之」となっているが、この「煬」字が百川学海本（宮内庁本・弘治本）・嘉靖竟陵本は空欄になっており、山居雑志本・百家名書本は「煬」字となっている。これは茶書全集本が嘉靖竟陵本に盲従して復刊したのではなく、他書を参照もしくは喩政自身が校訂した結果と考えられる。

次に『茶経』の注について述べる。注については、嘉靖竟陵本は百川学海本の注の上に増注をし、増注は。印を附けて区別している。茶書全集はこの増注を受け継いでいるが、。印は削去している。この増注は全体で一二個条となる。例えば、一之源の「櫟字当従石為礫」、二之具の「亜字当作椏木椏枝也」がそれである。しかし嘉靖竟陵本ではこの二個所ともに「字」字が無い。「字」字があるのは、山居雑志・百家名書・茶書全集・鄭熜校本（日本翻刻本の祖本）である。従って以上の四書は親近関係にあると言うことができる。その中でも、茶書全集と百家名書本がとくに近い関係にあることは、六之飲の「觕茶散茶末茶餅茶」の「餅」の字を共に「飲」字に作り、七之事の劉琨の書の中の「乾薑」の「薑」字を「姜」に作り、郭璞の爾雅汼の「梔子」の「梔」字を「枝」字に作っていることなどが両者の親近関係を示している。『茶書全集』はその刊行に一年先立つ『百家名書』にかなり依拠したと見てよいのではないかと思うが、『茶書全集』編纂時に喩政の見たテキストのすべてを見ることができないので軽率な結論は下せない。また四之器の鍑の項の最後の句を『茶書全集』は「卒帰於鉄也」とし、茶書全集以外のテキストはすべて「鉄」を「銀」に作っているが、これは喩政の独自の見解で改めたのであれば、これは深い洞察の結果であろう。『茶書全集』本『茶経』には、ケアレス・ミステイクは少なく、『茶経』の多くの版本中において、無視できない重要な一つの版本であることは断言して差支えないと思う。

わが国における『茶経』の訳注書としては、すでに江戸時代に大典禅師の『茶経詳説』（『中国茶書全集』下巻40）があり、高い理解度を示し、その後の『茶経』研究の基礎となり、その影響下で春田永年『茶経中巻茶器図解』（『中国茶書全集』下巻42）も生まれた。また日華事変中から第二次大戦中に、諸岡存氏の『茶経評釈』二巻（茶業組合中央会議所、一九四一年）および『茶経評釈外篇』（同上、一九四二）が刊行された。それに収集された『茶経』関係の膨大な資料は、戦火の中を陸羽の故郷天門県訪問探査の成果と共に前人未踏のものである（昭和五十三年に以上の三冊は出版科学総合研究所より再刊されている）。戦後においては、盛田嘉徳氏の『茶経』（河原書店、一九四八）がまず発刊され、ついで筆者の『茶道古典全集』第一巻（淡交社、一九五七）があり、そこで初めてわが国に残る『茶経』の各版本を調査し、『茶経』を聖典視せず、唐代の一般的な文献として見る処に若干の進展を見せた。青木正児氏は、『中華茶書』（春秋社、一九六二年）の中において、その深い中国学の造詣に基づく『茶経』の釈注を完成され、今は『青木正児全集』第八巻に収められている。また林左馬衛氏の『茶経』（明徳出版社、一九七四）は、『茶経詳説』に基づく一方、前人の研究を集大成された。また福田宗位氏も『中国の茶書』（東京堂出版、一九七四）を刊行された。筆者も『中国の茶書』（平凡社、東洋文庫、一九七六）を刊行して、『茶道古典全集』第一巻の不備を補正したが、現在ではそれも補訂の必要に迫られている。

中国においても、近時、張芳賜等『茶経浅釈』（雲南人民出版社、一九八一）、傅樹勤・欧陽勲『陸羽茶経訳注』（湖北人民出版社、一九八三）、『茶経語釈』（北京、農業出版社、一九八四）が刊行され、現代語釈や注解が進展している。とくに傅・欧陽二氏の書は陸羽の故郷天門県の方によるものであり、天門県ではまた陸羽紀念館の建設も進捗しているらしく期待される。筆者の昭和五十七年の天門県訪問も一つの刺激となったようである。韓国においても、金明培訳『茶経』（ソウル、太平洋博物館、一九八二）も刊行され、拙訳も参考にされている。台湾にて刊行された張迅斉編訳『茶話与茶経』（台北、常春樹書房、民国六十七年）は筆者の『中国の茶書』所収『茶経』の中国訳である。

2　茶　録　　宋　蔡襄

蔡襄（一〇一二－六七）、字は君謨、端明殿学士になったので、蔡端明ともよばれる。天聖八年（一〇三〇）の進士。北宋の仁宗・英宗に仕えた著名な官人であるとともに、文章家・書家としても北宋を代表する人物である。興化仙游

（福建省莆田市仙游県）の人で、その伝記は『宋史』巻三二〇に見える。宋代になると、建安の北苑（福建省建甌県東）に宮廷専用の茶園が設けられた（北苑については後に掲げた4宣和北苑貢茶録、5北苑別録参照）。蔡襄は慶暦四年（一〇四四）に福建転運使在任中、仁宗に献上した北苑産の上品竜茶が御意にかなった。しかし陸羽の『茶経』にも、北苑茶の記述はなく、丁謂の『茶図』（散逸）にも茶の採《つ》み方造り方を論じているだけなので、この『茶録』二篇を書いて上進した。この次第は蔡襄自身の書いた『茶録』の序に見え、後序によれば、それは仁宗の皇祐中（一〇四九－五四）のことである。蔡襄はその時、三八－四三歳に当たる。しかし蔡襄自身の後序によると、この『茶録』はのち福州長官の時に稿本を盗まれてしまったが、懐安県長官の樊紀が買いもどして刊行し、世に行われるようになったが、誤謬が多かった。そこでこれを訂正し、刻石した。時に英宗の治平元年（一〇六四）五月二十六日とある。これは蔡襄没前四年のことである。なおこの『茶録』には、蔡襄と同時代人で有名な欧陽脩に「竜茶録後序」があり、『中国茶書全集』上巻の19張伯淵茶録の末尾に登載されている。『茶書全集』初刻の時の遺漏として、再刊の時に録したのであろう。この竜茶録後序は治平甲辰（元年、一〇六四）七月丁丑の日附があるから、蔡襄の茶録後序に遅れることわずか二か月のもので、この文は欧陽脩の『欧陽文忠公集』巻六五に登載されている。また欧陽脩には、「端明殿学士蔡公墓誌」（欧陽文忠公集巻三五）があり、そこに蔡襄の詳細な伝記が書かれてあり、さらに「祭蔡端明文」（同巻五〇）もある。なお『中国茶書全集』上巻25蔡端明別紀（明　徐𤊹）は、蔡襄についての資料集である。

『茶録』のテキストとしては、先述の治平元年の石刻が現存すれば問題はないが、それは無い。故神田喜一郎先生（『茶道古典全集』第一巻、茶録解題）は、清の憑登府の『閩中金石志』の著録が挙げられ、また清の孫承沢の『庚子銷夏記』巻七に基づいて「最初は宋の宮廷で刻されたもののごとく、その後また幾種かの石本が作られたもののようである。」と述べられている。蔡襄は宋の四大書家の一人であるから、その点からもどこかに蔡襄自筆刻石の拓本の出

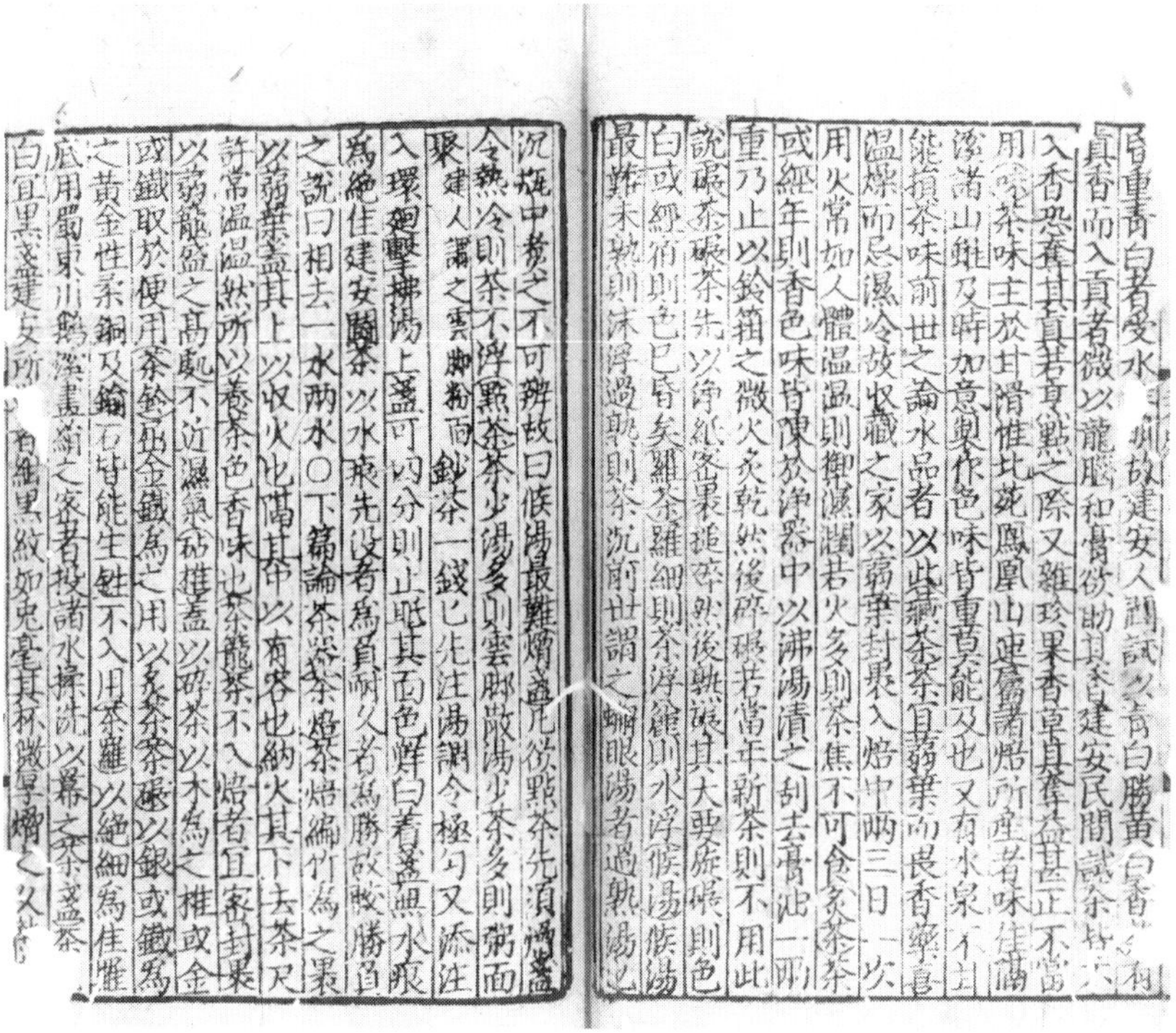

宋版『茶録』（宋　陳景沂『花果卉木全芳備祖』後集巻28　宮内庁書陵部蔵）

現が期待された。昭和五十九年、神田先生が逝去される前年に、本書編修についての助言を乞うため、神田先生のお宅を訪れた時、最近手に入れましたと言われてお貸しいただいたのが、『中国茶書全集』下巻44古香斎宝蔵蔡帖巻二で、その中に『茶録』の拓本が収められていた。この蔡帖については後に解説するが、この拓本は「絹本茶録」と題し、治平元年の刻石の拓本ではない。しかしともかく蔡襄自筆『茶録』の拓本に接することができるようになった。

『茶録』の刊本のテキストには、①『宋咸淳刊百川学海本』（民国十六年武進陶氏渉園宋咸淳本景刊有欠巻以明弘治華氏翻宋本重校摸補）、②明弘治刊百川学海本（民国十年上海博古斎用明弘治無錫華氏景印）、③明鈔説郛本（民国十六年上海商務印書館拠明鈔本校正排印本巻八一所収）、④重較説郛本（明陶珽重較

本　順治三年両浙督学周南李際期宛委山堂刊本号第九三所収）、⑤五朝小説本（五朝小説宋人百家小説瑣記家所収）、⑥重編百川学海本（同辛集所収）、⑦百家名書本（明万暦三十一年序胡文煥編）、⑧茶書全集本（『中国茶書全集』上巻2茶録）があり、これらについては、拙稿『茶道古典全集』第一巻、茶録の項にて各版本の異同を調査した。このほかに、林左馬衛氏より示教された宮内庁書陵部蔵、旧佐伯毛利家蔵、宋版麻沙本の『天台陳先生類編花果卉木全芳備祖』（陳景沂編輯祝穆訂正）後集巻二八、薬部、茶、雑著の項に登載されたものがある（三一三頁図版参照）。少々破損の部分もあるが、大体は読むことができる。但しこれに「後序」はない。そこで古香斎宝蔵蔡帖と宋本全芳備祖の新獲資料を中心に、茶書全集本との主な異同を挙げて見ると次のようになる。（初めの「　」内は茶書全集本）

①上篇　色「以肉理実潤者」「実」字、全芳備祖　百川学海は無く、蔡帖は有り。
②上篇　蔵茶「両三月」「月」字、蔡帖・全芳備祖・百川学海「日」。
③同上「則禦湿潤」「則」字、蔡帖「以」、全芳備祖・百川学海は「則」に作る。
④上篇　炙茶「茶色味皆陳」「茶」字、蔡帖・全芳備祖・百川学海「香」に作る。
⑤上篇　候湯「前世謂之蟹眼者過熟湯也」全芳備祖「蟹眼湯者」と「湯」字がある。蔡帖・百川学海は茶書全集本に同じ。
⑥上篇　点茶　割注「雲脚粥面」「粥」字、全芳備祖「粉」に作る。蔡帖・百川学海は茶書全集本に同じ。
⑦上篇　点茶「又添注入環廻」「入」字、蔡帖「之」字に作り、全芳備祖・百川学海は茶書全集本と同じ。
⑧同上「建安闘試」「試」字、全芳備祖は「茶」に作り、蔡帖・百川学海は茶書全集本に同じ。
⑨同上「以水痕先者」　全芳備祖「以水痕先没者」に作り、蔡帖・百川学海は茶書全集本に同じ。
⑩下篇　茶焙「常温温然」蔡帖この四字無し。全芳備祖・百川学海は茶書全集本に同じ。

⑪下篇　茶籠「以蒻籠盛之置高処」「置」字、全芳備祖は無く、蔡帖・百川学海は茶書全集本と同じ。

⑫下篇　砧椎「蓋以砕茶砧以木為之」蔡帖は茶書全集本と同じ。全芳備祖は「蓋以砕茶以木為之」として「砧」字無し。百川学海は「蓋以砧茶砧以木為之」とする。

各テキスト一長一短があり、蔡帖が蔡襄自筆石刻の拓本としても必ずしもよいとは言えない。しかし茶書全集本の「両三月」は「両三日」に、「茶色味皆陳」は「香色味皆陳」に改めるべきであろう。

『茶録』の内容としては、上篇、論茶には、①色、②香、③味、④蔵茶（茶の貯蔵法）、⑤炙茶（古い茶の炙《あぶ》り方）、⑥碾茶（茶のひき方）、⑦羅茶（茶のふるい方）、⑧候湯（湯加減）、⑨熁《きょう》盞《さん》（茶碗の温め方）、⑩点茶（茶の点《た》て方）と分かれる。ここで取上げられている茶は序に見える「上品竜茶」である。この製法は、後の4宣和北苑貢茶録、5北苑別録に詳しい。だいたい『茶経』に見える餅茶と同じ方向の固形茶を粉末にしたものであるが、固形茶の質が格段と緻密になっている。それに伴って茶の点て方も変ってきた。また人々の好みも唐人と宋人では変化した。茶の色では白茶が貴ばれる。貯蔵法では蒻《じゃく》葉《よう》（蒲の葉）が用いられるようになり、また点茶の時に盞《さん》（茶碗）をあらかじめ温めることも始まる。また点て方に、雲脚とか粥《しゅく》面《めん》などの用語が登場してくる。

下篇、茶器には、①茶焙（ほいろ）、②茶籠（茶箱）、③砧椎（打ち台と槌）、④茶鈐《けん》（茶挟み）、⑤茶碾（やげん）、⑥茶羅（ふるい）、⑦茶盞《さん》（茶碗）、⑧茶匙《ちゃし》（茶さじ）、⑨湯瓶（湯わかし）と分かれる。茶碾が銀製・鉄製となり、『茶経』の碾は木製であったから、粉末が一段と細かくなる。茶羅が蜀（四川省）の東川鵝《が》渓《けい》（塩亭県）産の画絹と指定される。茶盞は、黒盞が好まれ、兎《と》毫《ごう》盞《さん》が登場し、『茶経』の青磁から変化した。茶匙で撃払して点てているのは、茶盞の中で点てるようになった。しかし茶筅は、文献では北宋末の徽宗皇帝の『大観茶論』（『中国茶書全集』上巻29 30）に初めて現われる。茶盞の中で点てるようになったので、『茶経』の鍑《ふ》（釜）とは別に湯瓶（黄金・銀・鉄・磁器製）が入用になった。

わが国における『茶録』の訳解は、すでに江戸時代に『茶録和解』という著者不明の一書がある旨、神田喜一郎先生は述べておられるが、筆者は未見である。筆者に『茶道古典全集』第一巻（淡交社、一九五七）所収の旧稿があるが、未熟な点が多く、本格的なものと言えない。故青木正児氏の『中華茶書』（春秋社、一九六二）は初めての本格的な訳解で、大いに恩恵を受けた。今は『青木正児全集』（春秋社、一九七一）第八巻に収められている。また筆者編の『中国の茶書』（平凡社、東洋文庫）に収めた中村喬氏「茶録」の訳注もあり、また福田宗位氏の『中国の茶書』（東京堂出版、一九七四）所収のものもある。

3　東渓試茶録

宋　宋子安

『東渓試茶録』は『茶書全集』のほか、『百川学海』（弘治本・壬集）『重較説郛』弖九三に見える。『茶書全集』本はその著者を「朱子安」とする。『百川学海』は「宋子安」とするが、「宋」字は大きく「子安」は小さく、「宋」は王朝名とも解される。『重較説郛』も「宋　子安集」とし、その目録では「子安」としている。また『茶書全集』本の巻末に、「晁公武の題」を登載し、そこでは「朱子安」としている。しかし晁公武の『郡斎読書志』巻三上では、「東谿試茶録一巻　右皇朝宋子安集拾丁蔡之遺」としている。「丁蔡之遺」とは、蔡襄の『茶録』の序にいう「丁謂の茶図」（散逸）と蔡襄の『茶録』を指す。『四庫提要』巻一一五、子部、譜録類、東渓試茶録の条では、「原本題宋宋子安撰。載左圭百川学海中。而晁公武郡斎読書志又作朱子安。然百川学海為旧刻。且宋史芸文志亦作宋子安。則読書志為伝写之譌也。」とある。しかし上掲の『郡斎読書志』の文が「右皇朝宋子安」となっているのはどのように解したらよいのか。『宋史』芸文志子部、農家類では、確かに「宋子安東渓試茶録一巻」とあり、『宣和北苑貢茶録』原注

（45読画斎叢書本）に、「有宋子安者。作東渓試茶録。」とあるのは、宋子安が正しいとする説の有力な論拠となろう。『東渓試茶録』の「東渓」は『四庫提要』では、「曰東渓者。亦建安地名也。」と言っている。本書は自序によれば、丁謂の『茶図』や蔡襄の『茶録』が、建安北苑（福建省建甌県）の諸焙（茶工場）のことを詳しく記述していないのを遺憾として本書を著作し、①総論、②総叙焙名、③北苑、④壑《がく》源、⑤仏嶺、⑥沙渓、⑦茶名、⑧採茶、⑨茶病と分かれる。本書の著作時期は、文中に蔡襄の『茶録』のことを言い、また仁宗の「慶暦中」（一〇四一－四八）が三度でてくるから、それ以後、『茶録』著作後ということになる。本書の次の4宣和（一一一九－二五）北苑貢茶録の記述に先立つ北苑の茶場のことを述べたものとして貴重な資料であるが、これまでに本書をとくに研究したり、訳注したものはない。また本書の各版本間に大した異同はないようである。

4　宣和北苑貢茶録

宋　熊蕃

本書の著者は「宋建陽熊蕃叔茂著」とあるが、熊蕃の伝記の詳細は未詳である。熊蕃は建安北苑の近くの建陽（福建省建陽県）の人で、『四庫提要』子部、譜録類では「宗王安石之学。工於吟咏。見書録解題。」とあるが、『直斎書録解題』には見えない。また本書の『茶書全集』本の巻末に、明の徐𤊹の熊蕃の簡伝が見える。

本書の題名に見える宣和は北宋末、徽宗の年号（一一一九－二五）であり、本書の著作時期を示す。本書は福建路建安（福建省建甌県）にあった帝室用茶園である北苑の茶の歴史と製品の沿革を詳細に述べている。本書に附せられた熊蕃の子、熊克の南宋紹興戊寅（二十八年、一一五八）三月の跋に、「先人但著其名号。克今更写其形製。」とあり、克が図を補ったことがわかる。しかしこの図は『茶書全集』本にはなく、これが『中国茶書全集』下巻45宣和北苑貢茶録の『読画斎叢書』本に見える。『北苑別録』の読書斎叢書本の汪継壕の跋によれば、『四庫全書』本には図と自注があり、『説郛』本には図目とその目の下に大きさの寸法が記入され、これは『四庫全書』本には無いので、両者を併せて読画斎叢書本を作ったとある。『四庫全書』本は『四庫提要』によれば『永楽大典』本である。その点から見ると『茶書全集』本は『説郛』本と同系統である。しかし『茶書全集』本と『説郛』本ともに誤りが多く、『宣和北苑貢茶録』は、図があり、自注があり、さらに清の汪継壕の丁寧な校定と按語のある『読画斎叢書』に依って読まねばならない。また『読画斎叢書』には『茶書全集』『説郛』には無い熊蕃の「御苑採茶歌十首并序」も補われ、それが本来あったことは紹興戊寅（二十八年）の熊克の跋に見える。また本書および自注には、散逸した五代の毛文錫の『茶譜』（青木正児氏の輯佚されたものが『中華茶書』に見える）、北宋の丁謂の『茶録』（『茶図』か）、丘荷の『御泉亭記』、劉異の『北苑拾遺』、周絳の『補茶経』、范逵の『竜焙美成茶録』なども引用して貴重である。とくに、徽宗皇帝の『大観茶論』（『中国茶書全集』上巻29 30）は、北宋時代の重要な茶書であるにもかかわらず、その『茶書全集』にも採録されず、『説郛』によって今日に伝わっている。しかし『宣和北苑貢茶録』には、「至大観初。今上親製茶論二十篇。」とあって、大観茶論が偽書でないことを示している。

『宣和北苑貢茶録』は、著者蕃熊の子の熊克の南宋の淳熙九年（一一八二）の後記によると、それ以前に閩中漕台（福建路転運使）の刊本があったが、不備の点があったので、それを補って刊行したとある。また本書の『宣和北苑貢茶録』の次の5北苑別録の趙汝礪の跋によると、淳熙丙年（十三年、一一八六）に、福建路転運使で侍講の王公が復刻を企てたので、『北苑別録』を編輯して『宣和北苑貢茶録』の附録とし、共に刊行したことが見える。しかし南宋末の『直斎書録解題』には、「宣和北苑貢茶録一巻」とだけあって、『北苑別録』のことは挙げていないので、『宣和北苑貢茶録』の単行本も南宋末までは行われていたことがわかる。しかし現存の刊本はすべて『北苑別録』は『宣和北苑貢茶録』の附録の形式となっている。

『宣和北苑貢茶録』には、青木正児『中華茶書』所収の訳注があり、筆者編の『中国の茶書』にも、前記の『中華茶書』に基づいた中村喬の訳注があり、また福田宗位『中国の茶書』にも訳注がある。

5 北苑別録　宋　趙汝礪

『北苑別録』の著者は、『茶書全集』本では、「宋建陽熊克子復著」とあり、宋の建陽の人の熊克、字は子復の著となっている。熊克は、先にも述べたように、『宣和北苑貢茶録』の著者、熊蕃の子である。しかし、『説郛』本の『北苑別録』の著者は「宋　無名氏」とあり、著者名が失われている。しかるに『読画斎叢書』本には、先引のように、趙汝礪の跋があり、そこに汝礪が本書を撰述した経過が、「是書（宣和北苑貢茶録）紀貢事之源委与制作之更沿。固要且備矣。惟水数有贏縮。火候有淹亟。綱次有後先。品色有多寡。亦不可以或闕。」とあり、水数とは、茶を研する時に加える水の杯数であり、火候とは、過黄の項に見える煙焙に入れておく日数であり、綱次とは、皇帝献上茶の荷の順序であり、そこには、細色第一綱→五綱、麤色第一綱→七綱などに分け、品名ごとに水数・火候・片数が記されている。これによって『北苑別録』は、趙汝礪の著作とすべきことがわかる。趙汝礪の跋は、淳熙丙午（十三年、一一八六）孟夏（四月）望日の日附になっていて、これが本書の著作時期を示す。なお『宣和北苑貢茶録』が北宋時代の著作であるのに対して、本書は首都が開封から杭州に遷った後の南宋時代の著作である点に留意しなければならない。趙汝礪の官名は、「従政郎　福建路転運使主管帳司」となっている。汝礪の伝記の詳細は未詳であるが、『四庫提要』子部、譜録類、「宣和北苑貢茶録一巻。附北苑別録一巻。永楽大典本」の条では、『宋史』宗室世系表、漢王房下の漢東侯（趙）宗楷の曾孫の汝礪がその人かと言っている。

『北苑別録』のテキストには、すでに述べたように、『茶書全集』本のほか、『説郛』本にもあるが、『永楽大典』本に基づいた『四庫全書』に依った『読画斎叢書』本（『中国茶書全集』下巻46）に依らねばならない。本書のテキストはすべて『宣和北苑貢茶録』の附録の形式となっている。なお『茶書全集』本には、まま自注と目されるものが見えるが、『読画斎叢書』本には、その上に、按語（四庫本）と「継壕按」が加えられている。また『読画斎叢書』本の巻末には、汪継壕の識語があり、『読画斎叢書』本の系譜が要領よく説明されている。

『北苑別録』には、①原序、②御園（四六の御園名）、③開焙（製茶開始の時期）、④採茶（茶採みの細い注意）、⑤揀茶（茶芽の選び方）、⑥蒸茶（茶葉の蒸し方）、⑦榨茶（蒸し上った茶黄の搾《しぼ》り方）、⑧研茶（茶の研《す》り方、この時の水の杯数）、⑨造茶（団茶の製法）、⑩過黄（団茶の乾燥法）、⑪綱次（先述）、⑫細色五綱（細色五綱の説明と荷造りの仕方）、⑬麤色七綱（麤色七綱の荷造りの仕方）、⑭開畬《よ》（茶園の手入れ）、⑮外焙（北苑附属茶園）、⑯ⓐ明の徐𤊹の跋（茶書全集本）ⓑ趙汝礪の跋（読画斎叢書本）より成っている。明の徐𤊹の跋は熊克を本書の著者と見なした熊克の伝記が書かれている。

本書の訳注には、上記『宣和北苑貢茶録』と同様の青木正児・中村喬・福田宗位各氏のものがある。

6　品茶要録　　宋　黄儒

『品茶要録』の著者の黄儒については、『茶書全集』本には、「宋　建安　黄儒道父著」とあり、『明鈔説郛』本には、「宋　黄儒　字道輔　建安人」とある。『四庫提要』子部、譜録類には、北宋、神宗の「熙寧六年（一〇七三）進士」とあり、「明新安程百二始刊行之。有蘇軾書後一篇。称儒博学能文。不幸早亡。云其文見閣本東坡外集。上元焦竑。因録附其後。然東坡外集実偽本（説詳集部本条下）。則此文亦在疑信間也。」とある。程百二刊本は（程栄、字は伯仁、漢魏叢書の刊行者か）未見であるが、蘇軾（東坡）の「書後」があったが、それは偽であるという。蘇軾は仁宗の嘉祐二年（一〇五七）の進士であり、黄儒が熙寧六年の進士であるから、年代としては本書に「書後」を書く可能性はある。

黄儒は神宗朝の人であり、そのころ本書は著作されたのであろう。黄儒も建安の人とあるから、宋帝室茶園である北苑近傍の人である。

本書のテキストとしては、『茶書全集』のほか、明の周履靖の『夷門広牘』（明万暦二十五年序刊本、内閣文庫蔵）食品九種の中に『茶品要録』として見える。また『明鈔説郛』巻六〇、『重較説郛』弓九三に見え、それぞれ異同がある。

本書の内容としては、初めに「総論」があり、ついで①采造過時（製茶の時期）、②白合盗葉（悪い葉の例）、③入雑（茶以外の葉を入れないこと）、④蒸不熟（蒸す時の注意）、⑤過熟（蒸し過ぎの弊害）、⑥焦釜（釜を焦がして水をさしてはいけない）、⑦圧黄（古い葉を用いない）、⑧漬（茶書全集本の「清」は誤り）膏（漬膏の弊害）、⑨傷焙（煙臭の除去）、⑩弁壑源沙渓（壑源と沙渓の葉の優劣）と分かれ、最後に「後論」がある。『品茶要録』は、『東渓試茶録』が、「茶病」の項で、製茶についての戒むべきことを簡単に述べているのに対して、十項目に分けて、よい茶の製法よりは、製茶の際に起こる失敗についての注意の喚起に重点を置いて述べているのは、実際に役立つ適切な指導書であったと言える。『茶書全集』本の末尾に、明の徐𤊹の識語があり、そこで東坡の跋を認めているので、『四庫提要』はこれを批判したと考えられる。

7　茶　譜　　明　顧元慶

顧元慶の伝記については、『列朝詩集小伝』丁集中によれば、字は大有といい、長洲（江蘇省蘇州市呉県）の人で、商家の出身であるが、独り読書を楽しみ、著書も多く、また蔵書万巻とあり、刻本も多く、それに顧氏文房と署している。その『顧氏文房小説』は名高い。『明人伝記資料索引』（台湾、国立中央図書館、民国五十四年、九四九頁）では、生卒を一四八七－一五六五（嘉靖四十四年）とし、王穉登の『青雀集』下に、「顧大有先生墓表」があるとしている。

顧元慶は『茶譜』はまず自身の『顧氏四十家小説』（明嘉靖十八年、一五三九年刊、内閣文庫蔵）に収めた。しかし青木正児氏が述べられたように（『中華茶書』一七六頁、製茶新譜）、『茶譜』は、もともと銭椿年の『製茶新譜』そのもので、これは『古今文芸叢書』（民国二年編刊）第六集に収められ、そこでは、「八十翁友蘭銭椿年集」とある。しかし『茶書全集』所収の顧元慶の「茶譜序」には、「頃見友蘭翁所集茶譜。……但収古今篇什太繁。甚失譜意。余暇日刪校。仍附王友石竹炉幷分封六事於後。」とあり、銭椿年の著書を刪校して作ったように言っているが、『製茶新譜』と較べると、「炙茶」の条を削っただけで、他は同じであり、この『茶譜』の著者は銭椿年と改めるべきである。なお銭椿年の『製茶新譜』には、附録として、第一に、「群賢雅著」があり、宋の呉淑の「茶譜」、宋の黄魯直の「煎茶賦」などを収めているが、これは明の万暦時代に刊行された『茶経』、例えば『中国茶書全集』下巻37明鄭熜校本（38日本春秋館翻刻本の祖本）などに収められている「茶譜外集」と類似関係が見られる。附録の第二は、「竹炉新詠」である。これは盛顒《ぎょう》らの詩を収め、末尾に弘治十三年（一五〇〇）の盛顒の「茶具六事分封」の跋がある。したがって銭椿年の『製茶新譜』の著作は、弘治十三年と、『顧氏四十家小説』の刊年である嘉靖十八年（一五三八）との間にあるということができる。

『茶譜』の刊本には、『茶書全集』のほかに、先掲の『顧氏四十家小説』（嘉靖十八年刊）は顧元慶の家刻本であるから、オリジナル・テキストである。さらに万暦年間に刊行された『茶経』の附刻として多くの刊本がある。刊年の判明しているものとしては、汪士賢の『山居雜志』（万暦二十一年序刊、内閣文庫蔵）があり、また程栄校本（筆者蔵、刊年未詳）、さらに『中国茶書全集』下巻37明鄭熜校本（日本翻刻本の祖本）がある。

『茶書全集』本の『茶譜』は、次のように構成されている。各篇の内容については、青木正児氏が上掲の「製茶新譜」において一々考証された。①顧元慶自序（先に一部引用）、②茶略（茶経一之源より引用）。③茶品（主として宋の呉淑の事類賦の自註、自註は五代の毛文錫の茶譜よりの引用が多い）。④芸茶（茶経一之源より引用）。⑤採茶（毛文錫の茶譜、爾雅釈木の郭璞の註などから引用）。⑥蔵茶（蔡襄の茶録上篇、蔵茶の引用、この次に銭椿年の製茶新譜に「炙茶」の項があるが、茶譜は削除している）。⑦制茶諸法（橙《ゆず》茶・蓮花茶など、茶と茶以外のものを混ぜての飲み方、今のジャスミンに当たる茉莉《まつり》の花を入れて飲むこともここに見える）。⑧煎茶四要　一択水（茶経五之煮からの引用が多い）。二洗茶（茶を点てる前に一度熱湯で茶葉を洗うこと）。三候湯（唐の趙璘の因話録、蔡襄の茶録上篇、点茶よりの引用）。四択品（蔡襄の茶録下篇、湯瓶よりの引用）。⑨点茶三要　一滌器（茶器を使用前によく洗い清めること）。二熁盞（蔡襄の茶録上篇、熁盞よりの引用）。三択果（茶の色、香り、味を奪う果物などについての注意。この中に茶の味を奪うものとして牛乳をあげているのは、北族が乳類に茶をいれていることや、後にイギリスで紅茶に牛乳をいれるのとの関連で注目される）。⑩茶効（茶の効能、この条には原註があり、本草拾遺と蘇東坡の文をあげている。しかし蘇文にはなく、青木正児氏は宋の趙会時の侯鯖録巻四としている）。

以上の⑩茶効までは銭椿年の『製茶新譜』よりの引用である。以下には、①苦節君像として、竹製の台の上に、竹で覆われた炉と湯沸の図があり、盛顒《ぎょう》の銘がある。②苦節君行省として、茶器を収納する竹籠の図があり、「茶具六事分封」の盛顒の識語がある。その識語では、苦節君というのは、苦節君の侍従という意味で、『茶経』は十部に分け、茶器については四之器に見えるが、茶器が無ければ茶は成立しない。したがってこの苦節君行省が茶器を管摂し、一つも闕けないようにしなければならないなどと述べている。この識語は、銭椿年の『製茶新譜』附録の竹炉新咏の末尾にも見え、そこに「弘治十三年」（一五〇〇）の紀年があることは先にも述べた。以下に茶具六事分封として、次の茶器六器の図と銘をあげている。①建城　これは竹製の蓋のついた茶入れで、これを建城というのは、建は『茶録』に見える建安、城は城壁に封じこめる意味だとしている。②雲屯　これは水指しで、雲屯というのは、泉から汲んだ水の入れ物の意とし、水は無錫の恵山の水がよいとしている。③烏府《うふ》　これは炭取りで、烏府というのは、烏は炭を指し、府は入れ物の意としている。④水曹　これは洗い盥《おけ》で、茶の葉を飲む前に洗い、また茶器を洗うのに使う。⑤器局　これは茶器一式の携帯用の籠で、この中に入れる茶器として、(1)商象(炉)、(2)帰潔(竹製のささら)、(3)分盈《ぶんえい》(茶杓)、(4)遞火(銅製の火斗《じゅうのう》)、(5)降紅(銅製の火箸)、(6)執権(はかり)、(7)団風(竹製の扇)、(8)漉塵(茶を洗う籃《ざる》)、(9)静沸(釜敷き)、(10)注春(磁器製の茶壺《ちゃだし》)、(11)運鋒(果物用のナイフ)、(12)甘鈍(未詳)、(13)啜香(茶碗)、(14)撩雲《りょううん》(竹製の茶匙)、(15)納敬(竹製の茶托)、(16)受汚(茶巾)の一六器が掲げられている。⑥品司　これは茶請けを入れておく籠で、銘では、竜脳など香りが強いものはいけないが、瓜仁(瓜の種)などはよいとしている。また茶は陽羨《ようせん》茶がよいとしているのも注目される。『茶書全集』本では、最後に、明の茅一相の後序がある。茅一相の伝記は未詳であるが、後序に「帰安茅一相撰」とあるから、湖州(呉興)の人である。明の沈津の編した叢書『欣賞編』続編の編者となっている。後序には、顧元慶は王天雨の社中で、天雨が顧元慶・岳岱の二山人と交わっていたことが見える。

『茶譜』そのものを顧元慶の著書とすることは、上述のように、ほとんど意味のないことであるが、これを銭椿年の著書としても、上述したように、ほとんどそれ以前の茶書の引用ばかりで、独自の見識と見るべきものはない。とくに明代初期から、中国茶は、団茶が廃止され、葉茶中心となって現在に至る大きな変革があった(沈徳符『万暦野獲編』補遺巻一、供御茶の条)。したがって、団茶中心の唐・宋時代の茶書のいたずらな引用はあまり意味をなさなくなるのであるが、この点の認識が乏しいことは、銭椿年の著書でも意外とする所である。また顧元慶もわずかに銭椿年の著書から「炙茶」の一項を削るだけのことしかしていない。『製茶新譜』『茶譜』共に、茶書としてほとんど価値がなく、明代の茶の実態を踏まえた本格的な明代の茶書の出現は、後掲の陸樹声の『茶寮記』や許次紓の『茶疏』などを待たねばならなかった。

『茶譜』については、すでに『中国茶書全集』下巻38明鄭熜校本の日本翻刻本の訓点が附されている。青木正児氏は『製茶新譜』に基づかれて、すぐれた訳注を『中華茶書』に収められてあり、また福田宗位氏の『中国の茶書』にも国語訳が収められている。

8 茶具図賛　　宋　審安老人

本書の著者を、その序により明の茅一相（上述）とするのは誤りで、本書中に南宋、度宗の「咸淳己巳（五年、一二六九）五月夏至日後五日。審安老人書。」とあるのによって、著者は審安老人とすべきである。審安老人とは誰か。元、鄱陽の董真卿の書斎を「審安書室」と言った（陳乃乾『室名別号索引』二八〇頁）。董真卿は董鼎の子で、字を季真と言い、胡一桂の弟子で、『周易会通』を著した。董鼎の字は季亨といい、董夢程の族弟で、夢程は開禧（一二〇五－〇七）の進士とある（『中国人名大辞典』商務印書館、一三一七頁）とある。したがって、董真卿が咸淳五年に『茶具図賛』を著作したとしても、年代的には矛盾しない。董鼎のことは、清の陸心源の『宋史翼』（『潜園総集』所収）巻二五に見え、「董鼎字季亨。徳興人。受業於黄幹。得其端緒。著書伝纂疏。（『明一統志』）」とある。なお本書には、野航道人、朱存理の「茶具図賛後序」が巻末に見える。朱存理（一四四四－一五一三）は字を性甫といい、長洲の人で（顧元慶と同郷）、書物の熱心な収集家であったが、布衣で終わった。その墓誌銘は名筆家の文徴明が「朱性甫先生墓誌銘」を書き、伝記はそこに詳しい（『甫田集』巻二九）。『茶具図賛』は、朱存理が本書の宋版もしくは元版、或いは鈔本を持ち、これを朱存理が刊行して世に広まったのではあるまいか。茅一相の序は朱存理刊本を再刊した時のもので、『茶書全集』はそれを収めたのではなかろうか。

『茶具図賛』は、茶器一二について、姓・名・字号などをつけ、その図に賛を附して刊行されたもので、その図に各本異同がほとんどない処から見て、朱存理本一本から現行の各版本は出たのではないかと思う。このような器具に姓名などを附け、図と共に刊行することは、林洪の『文房図賛』と同一の手法である。林洪は宋初の隠栖詩人、林逋（和靖）の子孫と言われ、『山家清事』『山家清仙』の著書としても名高い。『文房図賛』については中田勇次郎氏の「文房清玩史考」（『中田勇次郎著作集』第七巻所収）を参看されたい。『茶具図賛』と『文房図賛』著作の前後関係を明らかにすることはできないが、『文房図賛』によって『茶具図賛』が著作されたとするのが穏当であろう。

初めにあるのは「韋鴻臚《いこうろ》」で、団茶を保存しておくかごである。「韋」は姓で、福田宗位氏（『中国の茶書』一四六頁）は、韋は囲に通じ、茶をこの中に囲っておく意とされている。しかし以下の「木待制」「金法曹」などは、姓をその材料品から取っているから、韋もそうだとすれば、韋は葦（あし・よし）とすべきではなかろうか。ただし茶の保存かごに葦製のものが果たしてあるのか後考を俟つ。「鴻臚」は蕃客を接待する官である。賛の文は、初めに火のことを述べておいて、「爾《なんじ》これに与《あずか》ること無し。山谷の英（茶を指す）をして、塗炭に堕《おと》さしめざるは、子《なんじ》ともに力有り。」と言っているのは、団茶を保存している際に、時々火で乾燥するが、その折に焦げるのを防止するのというのであろう。次の「木待制」、これは木製の槌と砧《ちん》（台）で、団茶を砧に載せ、槌で打ちくだく。「待制」は皇帝の御用係りである。「金濼曹」、「濼」は法の古字、これは金属性の薬研《やげん》で打ちくだかれた団茶をこれで粉末にする道具である。「法曹」は下級の司法官である。「石転運」は石臼で、これも団茶を粉末にする器具である。金法曹にかけてから、さらに石転運にかけるのか、どちらかを選んで使うのかは明らかでない。「転運」は転運使、唐代では水陸輸送の責任者、宋代では地方行政区画、路の長官である。「胡員外」、これは柄杓《ひしゃく》、「胡」は葫に通じ、瓠（ひょうたん）で、これで柄杓を作る。「員外」は員外郎、課長補佐である。「羅枢密」は「ふるい」、二つあるのは目に大小があるのであろうか。『茶経』四之器では「羅合」とあって、羅と合子《ごうす》（ふたもの）が一体になっているから、ここに二つ見えるのも羅合かもしれない。「枢密」は枢密使、中唐以後は宦官の枢密使が上奏文を取扱ったが、五代の時から一般の士人で宰相のことを行う官となり、宋代では軍権を掌握していた。「宗従事」は塵払い、「宗」は「椶」と音通、椶はしゅろで、塵払いにした。「従事」は州の補佐官である。「漆彫秘閣」はわが国でいう天目台である。「漆彫」は堆朱《ついしゅ》（漆を何回も塗って、その上に模様などを彫ったもの）である。「秘閣」は宮中の図書館、秘書はここの係りである。「陶宝文」は茶碗、「宝文」は、北宋、神宗の時に宝文閣学士が置かれた。「湯提点」は湯瓶（湯沸し）。「提点」は提挙点検の略、宋代には、提点刑獄など提点のつく官名は多い。なおこの湯瓶の図は、近時の唐以後の出土品と比較研究すべき好資料を提供する。「竺副帥」は竹製の茶筅である。茶筅は、文献上では、北宋末の『大観茶論』に初めて見え、ここに図として出現している。「竺」は『広雅』釈草に「竺竹也」とあり、茶筅の材料が竹であることを示す。「副帥」、『茶書全集』本以外「副師」に作るは誤り、副帥は副将である。「司職方」は茶巾。「司」は糸と音通で、絹製を示す。「職方」は『周礼』夏官、職方氏に見え、唐・宋時代では、兵部に職方郎中があり、地図・鎮戍、烽候などを司った。なお本書には、図と賛のほかに、巻頭に、「茶具十二先生姓名字号」として、韋鴻臚の場合では、「文鼎　景暘　四窓間叟」と字や号をあげ、以下も同様である。

『茶具図賛』の版本としては、『茶書全集』に見える以外は、『茶経』四之器の後に、その附図として置かれている。日本翻刻本『茶経』（『中国茶書全集』下巻38）の祖本、明鄭熜校本（『中国茶書全集』下巻37）、明新安程栄伯仁校本（筆者蔵）、明玉茗堂主人閲本（筆者蔵、これは『四庫提要』子部、譜録類存目、「別本茶経」に当たる）に登載されている。このような形式で刊行されたことの判明する最初のものは、明万暦二十一年序刊の汪士賢の『山居雑志』所収の『茶経』である。『山居雑志』がこのようなことを試み、それ以後に刊行された『茶経』がこれを踏襲したのであろうか。しかしこの『茶具図賛』は、著作時の南宋末の茶具の図であって、『茶経』四之器を図化したものではない。そこで『中国茶書全集』下巻には、『茶経』四之器の文からわが国で図化を試みた41茶経図考と、42茶経中巻茶器図解の二種を登載した。それらと『茶具図賛』を比較して見ていただけばその相違が判明しよう。とくに『茶具図賛』が竺副帥と称して、『茶経』には無い茶筅の図を掲出していることはその相違を明瞭に示している。

『茶具図賛』については、すでに『茶経』の日本翻刻本（『中国茶書全集』下巻38）が賛に訓点を附している。また福田宗位氏の『中国の茶書』には、その訳解が見られるが、賛と図の関係について、今後なお深化しなければならない点が残っている。

9　茶寮記　　明　陸樹声

陸樹声の列伝は『明史』巻二一六に見え、字は与吉といい、平泉と号した。松江華亭（上海市松江県）の人、嘉靖二十年（一五四一）会試第一となり、庶吉士・編修をへて、太常卿・南京祭酒事・吏部右侍郎に至り、神宗即位と共に、礼部尚書に至った。しかししばしば官を辞し、張居正の推薦を受けてもその党とならなかった硬骨の士であった。またきびしく門下生を指導した。『明人伝記資料索引』は、生卒を正徳四年（一五〇九）－万暦三十三年（一六〇五）とし、二七種にのぼる伝記資料を掲げている。諡は文定といい、その別集が『陸文定公集』二六巻、附録一巻（尊経閣文庫蔵）である。

『茶寮記』の内容は「煎茶七類」で、一　人品、二　品泉、三　烹点、四　嘗茶、五　茶候、六　茶侶、七　茶勲と分かれている。併せて二五〇字余で、一書とするに足りない量と言える。『四庫提要』子部、譜録類存目でも、「均寥寥数言。姑以寄意而已。不足以資考核也。」ときびしい評価を与えている。万国鼎氏の「茶書二十九種題記」（『図書学季刊』第五巻第二期）も「未足以当著述也。」と言っている。しかし例えば、三烹点では、①湯瓶《ゆわかし》による湯の沸かし方、②茶壺《ちゃだし》（急須）による茶の出し方、③茶の味の出し方を述べ、「古《いにしえ》茶は団餅を用い、碾屑して味は出易し。葉茶は騍《にわ》かなれば則ち味に乏しく、加熱すれば則ち味昏《くら》くして底滞す。」と言って、陸樹声は葉茶の時代になっていたにもかかわらず、団茶の粉末の方が味が出し易いと言っているのは注目される。この議論にも現われているように、陸樹声は時論に乗らず、自らの見解を持していたのである。「煎茶七類」すべて一類数十字に過ぎず、一書とするに足りないことは量的にはたしかにそうである。しかしそれぞれの数十字は、徒らに古書を引用せず、自己の見解を堂々と述べたのは『茶寮記』に先立つ『製茶新譜』（＝茶譜）よりはすぐれており、さすがに会試第一の陸樹声の著書だと言ってよいと思う。

なお本書の著作時期を陳椽編著『茶業通史』一四五頁は、陸樹声の「家居時」の著作として、一五七〇年（隆慶四年）としているが、その根拠は明らかでない。本書は陸樹声の『陸文定公集』（尊経閣文庫蔵）巻二〇、『適園雑著』に見える。しかし本書は万暦四十四年の刊本であるから、刊行は『茶書全集』の方が早い。その他の版本としては、明の周履靖の『夷門広牘』（万暦二十五年序刊）があるが、異同はない。このほか明の陳継儒の『宝顔堂秘笈』本がある。また『続説郛』弓第三七所収の『茶寮記』は、序に当たる「謾記」だけが陸樹声の原文で、他は『茶寮記』の文ではなく、また『古今図書集成』経済彙編、食貨典、茶部も『続説郛』よりの引用であるから注意を要する。また上記の『夷門広牘』本には、「附」として、「竜坡山子茶」以下の項目があるが、それが『茶書全集』では、次の10荈茗録となっている。『茶書全集』は『夷門広牘』を修正したのであろう。

10　荈茗録　　宋　陶穀

『荈茗録』は陶穀の『清異録』四巻中の第二巻の中から、後掲の唐の蘇廙の『湯品』（十六湯品）を除いた部分に当たり、元来は独立した一書でない。また前述の『夷門広牘』の『茶寮記』の附の部分がこれに当たる。

陶穀の列伝は『宋史』巻二六九に見え、列伝によれば、字は秀実とあるが、本書の巻頭の撰者名は「陶穀清臣著」とあり合わない。北宋の開宝三年（九七〇）に、六八歳で卒しているから、生卒は九〇三―九七〇年ということになる。陶氏はもと唐氏で、後晋の高祖石敬塘の諱のため、陶氏と改めた。北朝の北斉以来の名家で、穀の祖父は詩人としても有名な鹿門先生といわれた唐彦謙である。陶穀は十余歳から文を作り、五代の後晋・後漢・後周の大官を歴任して、北宋の太祖に仕え、礼・刑・戸部尚書に至ったが、人柄については毀誉いろいろあった。

本書の原本『清異録』は、天文・地理・草木など三七門に分かれ、隋・唐・五代の典故についての随筆を集め、その中の茗荈門中に本書は含まれている。

本書の内容については、例えば第一条の「竜坡山子茶」では、北宋の開宝中に竇儀（九一四―九六六、『宋史』巻二六三）から顧渚（浙江省長興県、太湖の西岸）の新茶を送られ、きわめて美味であったので、合子に「竜坡山子茶」と書いた。竜坡山は顧渚の中でとくにすぐれた茶の産地であったという文である。しかし竇儀はすでに乾徳四年（九六六）に逝去していて、これが開宝中（九六八―九七六）のこととするのと合わない。以下の項目も、茶に関して特別に命名されたことの由来を書いている。しかし本書は『夷門広牘』の附録の部分とも異同があり、『夷門広牘』の附録の部分をたんに「荈茗録」と改名して登載したものではない。また本書の第二条の「聖楊花」は「聖賜花」の誤りである。

「荈茗録」の各条については、中国烹飪古籍叢刊中の『清異録　飲食部分』（北京、中国商業出版社、一九八五年）に、李益民氏らの注釈があり、参考にすべきである。

『清異録』の版本には、陳継儒の『宝顔堂秘笈彙亟』（明版）以下『唐宋叢書』・『惜陰軒叢書』・『説郛』などに収められたものがあるが、内閣文庫蔵、明、隆慶六年（一五七二）刊本はおそらく最古版であろう。なお『清異録』については、『四庫提要』子部、小説家類三に解題がある。また『茶業通史』（北京、農業出版社、一九八四、一五二頁）にも、簡単な『荈茗録』の解題がある。

11 煎茶水記

唐 張又新 附 ①述煮茶泉品 宋 葉清臣 ②大明水記 宋 欧陽脩

③浮槎山水記 同上

張又新の列伝は『旧唐書』巻一四九、『新唐書』巻一七五に見える。新伝には「元和中及進士第」とあるが、本書の文中に「元和九年（八一四）春。予初成名。与同年生期于薦福寺。」とあるにより、元和九年の進士であることがわかる。また『唐摭言』巻九に、「張又新号張三頭。謂進士状頭。宏詞勅頭。京兆解頭。」とあり、進士科・宏詞科および京兆府の貢挙でいずれも首席であったので、張三頭とよばれる秀才であった。また又新の曾祖父の張鷟《さく》は『遊仙窟』『竜筋鳳髄判』の著者で、文名が高い。又新は左右補闕・祠部員外郎・刑部郎中・左司郎中を歴官したが、宰相李逢吉の手先となって悪名を残した。

『煎茶水記』という書名は、後人の改称で、初名は『水経』と言った。そのことは宋初編纂の『太平広記』巻三九九、陸鴻漸（羽）の条に、今の『煎茶水記』の文を引用し、末尾に『出水経』とし、また『煎茶水記』附録の「述煮茶泉品」末尾の割注にも「泉品二十。見張又新水経。」とあるのがこのことを示している。しかし後引の本書附録の欧陽脩の「大明水記」には、「又新為煎茶水記」とあり、北宋時代になり、いつの間にか『煎茶水記』と改められた。『水経』では、酈道元の『水経注』とまぎらわしいためであろう。

『煎茶水記』の内容については、まず張又新の先輩に当たる刑部侍郎の劉伯芻《りゅうはくすう》が茶水について次のような七等を挙げた。①揚子江南零水第一、②無錫恵山寺石水第二、③蘇州虎丘寺石水第三、④丹陽県観音寺水第四、⑤揚州大明寺水第五、⑥呉松江水第六、⑦淮水最下第七。これらは今でも中国各地で「天下第何泉」として喧伝され、この内で②

天下第二泉　江蘇省無錫市錫恵公園内
1984年８月４日、筆者撮影

無錫恵山寺石水は、今は無錫市（江蘇省）の錫恵公園内にあり、こんこんとよい水が湧き、先年ここを訪れて、おいしくお茶を飲むことができた。⑤揚州大明寺水は、鑑真和上がここから日本へ出発された寺として名高い揚州（江蘇省）大明寺境内にあり、ここも私は訪れたが、今は水が渇れて井戸だけ残っていた。張又新は、以上の七水以外の地に行って水を試してみると、なおよい水があることを知った。元和九年、張又新が進士に合格した祝賀会の時、そこにいた僧が持っていた「煮茶記」に、陸羽が代宗（在位七六二―七九年）朝、李季卿に口述したとする①盧山康王谷水簾水第一、②無錫県恵山寺石泉水第二、③蘄州蘭渓石下水第三以下、二十水が挙げられていたというのである。

この陸羽が口述したとする茶水二十等について、北宋の有名な欧陽脩（一〇〇七―七二）は、この後に附載する「大明水記」において疑点を述べている。その要点は、陸羽が『茶経』五之煮において、「山水上。江水中。井水下。」と言っているのに、上記のような二十等の格附けをするはずがなく、これは張又新のみだりな附益であろうとしている。また『直斎書録解題』巻一四、『煎茶水記』も「又新の説は妄なり」と言い、『四庫提要』子部、譜録類、『煎茶水記』の条も、李季卿と陸羽とは、『新唐書』陸羽伝では、茶についての考え方が大いに異なっていることが見え、陸羽が李季卿に品水の次第を口述するはずがないと言っているのももっともである。

『煎茶水記』の版本としては、本書のほか『百川学海』（宋咸淳刊および明弘治華氏刊本）があり、そこにはすでに「述煮茶泉品」「大明水記」「浮槎山水記」が附載されている。本書の底本は『百川学海』本とすべきである。『茶書全集』本は『百川学海』の系統であることはその附録が示している。また『説郛』弓九三所収本は「述煮茶泉品」を独立させて別書とし、『明鈔説郛』本には「大明水記」「浮槎山水記」の附載はない。なお万暦刊の『茶経』附載の「茶経水弁」、例えば『中国茶書全集』下巻37明鄭熜校本、およびその日本翻刻本（『中国茶書全集』下巻38）所収の「煎茶水記」は節略本であるので、注意が必要である。

附①述煮茶泉品

撰者の葉清臣の列伝は『宋史』巻二九五に見え、北宋、仁宗の天聖二年（一〇二四）の進士第二で、太常寺奉礼郎に起家し、翰林学士・権三司使に至り、文集一六〇巻あったというが、『宋史』芸文志、別集類では「葉清臣集十六巻」という。今は伝わらない。葉清臣は次の「大明水記」の撰者の欧陽脩よりは先輩で、この一文は欧陽脩の文のように、『煎茶水記』についての批判的内容はない。

附②大明水記

撰者の欧陽脩（一〇〇七―七二）は有名人であるので、とくに伝記は記さない。その列伝は『宋史』巻三一九に見える。この「大明水記」は欧陽脩の『欧陽文忠公文集』（四部叢刊本）巻六三に見え、文字に若干の異同がある。文集目録によればこの文は慶暦八年（一〇四八）の作である。

附③浮槎《ふさ》山水記

これも欧陽脩の撰。この文は『欧陽文忠公文集』巻四〇に見え、嘉祐三年（一〇五八）の作で、この文も文集とは文字に若干の異同がある。

この文の篇目の浮槎山は安徽省合肥市の東にある。この文も前文と同様に『煎茶水記』が道理に合わないことを述べている。この文では、『煎茶水記』に陸羽の口授と称する「廬州竜池山顚（頂）水第十」があり、廬州は今の合肥市で、浮槎山と近い。この顧水と浮槎山の二水とを比較してみると、浮槎山の方がすぐれていて、顧水を第十に列しているのはうなずけず、『茶経』の「山水上。江水中。井水下。」と述べているのがすぐれているという「大明水記」と同一方向の議論である。

『煎茶水記』および「大明水記」については青木正児（『中華茶書』）および布目（『中国の茶書』）に訳注があり、福田宗位（『中国の茶書』、東京堂出版）に、「浮槎山水記」も含めて訳注がある。

12 水品　明　徐献忠

徐献忠（一四八三―一五五九）は明の嘉靖中に活躍した人、『明史』巻二八七、文苑三に文徴明の附伝として簡伝があり、その伝記資料は『明人伝記資料索引』（四七三頁）に詳しい。その墓誌銘は王世貞の『弇州山人四部稿』巻八九に見える。その著書に『呉興掌故集』一七巻などある。本書の撰者名に「明雲間徐献忠著」とある雲間は今の上海市松江県の雅称である。

『水品』には、嘉靖甲寅（三十三年、一五五四）の田芸蘅の題が巻頭にあり、そのころは徐献忠の晩年である。田芸蘅は後掲17煮泉小品の撰者で、伝記はその項で述べる。巻末には余杭（杭州）の蒋灼の跋があるが、蒋灼の伝記は未詳である。

本書は上下二巻に分かれ、上巻は、①源、②清、③流、④甘、⑤寒、⑥品、⑦雑説からなる。①源では、例えば

「瀑水雖不可食。流至下潭。渟匯久者。復与瀑処不類。」とあって、『茶経』五之煮の「其瀑湧湍漱勿食之」についての反論であろうが、陸羽は瀑湧の下流の水まで飲むなと言っているのではなかろう。②清以下も、或いは『煎茶水記』や古典を引いて、その説を駁したりしているが、茶水は古今同じでなく、個人の好みもあり、とくに今注目すべき内容は少ない。下巻は、①上池水、②玉井水、③南陽酈県北潭水、④金陵八功徳水、⑤句曲山喜客泉、以下……㊲金山寒穴泉に及ぶ。③以下は当時各地の名水を論じていて、それを知るには好資料である。とくに⑦泰山諸泉、⑧華山涼水泉、⑨終南山徴源池、⑩京師西山玉泉など当時華北の名水にまで及んでいるのは注目される。本書とほとんど同時に刊行された田芸蘅の17煮泉小品上巻は同様の主題を取り上げているから併せて読むべきである。

『水品』の版本としては、本書のほかに、『続説郛』弓三七に収録されたものがあるが完本ではない。このほか明の周履靖の『夷門広牘』（万暦二十五年序刊）食品に見える。『夷門広牘』には、巻頭に蔣灼の跋があり、田芸蘅の題は無い。

なお『水品』については、『四庫提要』子部、譜録類存目に、かなりの字数の記述がある。『四庫提要』の依拠したのは浙江巡撫採進本で、それは『四庫採進書目』浙江省第一次呈送書目によれば、「水品全帙二巻　徐献忠著」とあり、ここに「水品全帙」とあるから、四庫本は『夷門広牘』本で（ただし『夷門広牘』では『水品全秩』となっている）、『四庫提要』は「旧本題曰水品全帙」といい、本書の原名は「水品」であるのに、「全帙」が附いているのは、蔵書家が題簽に水品の下に全帙と書いたのを、伝写の誤りで書名としたとあるのは従うべき意見である。また提要は、上巻では、瀑水は飲むべからずとし、下巻では、瀑水が煮茗に宜しいなどと矛盾した記述のあることを挙げているのは、参考にすべきである。

13　湯品　唐　蘇廙

『湯品』は本文の初めに「十六湯品」とあり、また『十六湯品』ともいう。著者は「唐蘇廙元明著」とあり、唐の蘇廙《そい》が撰者で、字が元明である。本書は先に10荈茗録の条で述べたように、宋の陶穀の『清異録』茗荈門からの摘出されたものである。『明鈔説郛』（商務印書館）巻六一『清異録』茗荈の条は、蘇廙を蘇虞としている。蘇廙・蘇虞ともに伝記は明らかにできない。

『清異録』によれば、『湯品』は蘇廙の『仙芽伝』第九に登載されていたものである。本書は、茶の湯の沸騰を十六に分類したもので、蘇廙の本書の序によれば、湯は茶の司命（生命を司るもの）で、名茶でも湯をみだりに用いれば、平凡な茶と同じになってしまう。そこで茶の湯を①老嫩《どん》（湯の沸き具合）三品、②緩急（湯の注ぎ方）三品、③茶器によるもの五品、④薪火によるもの五品と分けた。『四庫提要』子部、譜録類存目では「大抵飣餖成書。不足以資観覧。」と言い、文辞の遊びで実際に合わず、読む価値がないと酷評している。たしかにそのような点はあるが、唐代において本書のように、茶と湯の関係を詳細に論じたことは、一面では驚くべきことである。また本書には『茶経』の影響が感ぜられず、唐代では『茶経』的な茶とはまったく別個に、茶と湯の関係を論じているのも注目される。しかし後世、『湯品』を踏まえた展開が少ないのは、本書があまりにも舞文のきらいがあるからであろうか。

『湯品』の版本としては本書のほかに、『清異録』の各版本（宝顔堂秘笈・惜陰軒叢書・明鈔説郛）と、『説郛』『夷門広牘』所収本があり、それぞれ参考にすべきである。

本書の訳注としては、青木正児『中華茶書』、福田宗位『中国の茶書』、布目『中国の茶書』所収のものがある。

14 茶話　明　陳継儒

陳継儒（一五五八－一六三九年）の伝記は『明史』巻二九八、隠逸伝に見える。その伝記の詳細は『陳眉公先生全集』巻頭の「空青先生墓誌銘」「行略」「年譜」などに見える。松江華亭（上海市松江県）の人で、号は眉公という。幼少の時から能文として知られ、長じて董其昌と名を斉くし、王世貞もこの人を重しとしたというから、当時の在野の一大名士で、詩文書画を善くした。その著者に、『陳眉公先生全集』六〇巻、『陳眉公宝顔堂秘笈』など多数ある。

本書は一九則、約七五〇字の小品であるが、『茶業通史』（北京、農業出版社、一九八四、一五六頁）に言うように、そのうち一一則は『太平清話』、七則は『巖棲幽事』から取り、文字に多少の異同がある。『茶業通史』が陳継儒とは別人が両書から摘出編成したものとしているのに従うべきである。しかし陳継儒の生存中に『茶話』が『茶書全集』に入れられたことは『茶書全集』の刊行時から見て確実である。本書の中で、茶の開創の功は陸羽でなく、呉王また晋人であるとか、宋の徽宗の『大観茶論』（『中国茶書全集』上巻29 30）が『十六湯品』（＝13湯品）の韻美之極に及ばないなどと述べ、唐・宋の茶書の権威を否定する一方、『湯品』を持上げているのは、他に類を見ない議論である。

15 茗笈　明　屠本畯

16 茗笈品藻

屠本畯の伝記は『列朝詩集小伝』丁集下に屠運使本畯として見え、「本畯。宇田叔。鄞（鄞、浙江省寧波市）県人。大司馬大山之子。以父任官太常典簿。官至運使。」とある。また『四庫提要』史部、地理三、屠本畯撰『閩中海錯疏』三巻の条に、「本畯。宇田叔。鄞県人。以門蔭入仕。官至福建塩運司同知。」とある。父の屠大山（一五〇〇－七九）にについては、『明人伝記資料索引』（六四〇頁）に見え、その墓誌銘は王世貞の『弇州山人続稿』巻九四にある。本書の自序に、「明甬東屠本畯豳叜著」とあり、豳叜《ひんそう》と号した。「甬東《ゆう》」は鄞県を流れる甬江の東の意味で、鄞県人と言うのに同じ。

「庚戌」の社弟の薛岡の題が初めにある。庚戌は次の徐𤊹の序が「万暦辛亥」（三十九年、一六一一）となっているから、庚戌は万暦三十八年と見てよい。したがって、本書は『茶書全集』刊行前年の著作となる。薛岡は社弟とあるから、屠本畯の仲間の一人であろう。徐𤊹については、25蔡端明別記の条で述べる。徐𤊹の序の次に屠本畯の自序がある。末尾に范大遠の跋があり、その文中に「外舅屠漢翁」とあるから、范大遠は屠本畯の娘婿であろう。

本書は上下巻各八章に分かれ、各章毎に初めに「賛」があり、末尾に「評」がある。各章毎に『茶経』の一部を引用し、一字下げて、『茶経』以後の茶書を引用し、『茶経』の注解の形式となっている。しかし第九点瀹《やく》湯、第十一申忌章には『茶経』の引用がなく、体裁は首尾一貫はしていない。注解に引用の書物は自序の中に「品茶姓氏」として一覧表が掲げられている。『四庫提要』子部、譜録類存目においては、「核其体例。似疏解茶経。又不似疏解茶経。似増删茶経。又不似増删茶経。紛紜錯乱。殊不解其何意也。」と酷評を下している。しかし明代と唐代では、葉茶と餅茶と異なるとはいえ、『茶経』がオール・アバウト・ティー的な内容を持つだけに、茶史的な資料整理としては、これは一つの方法で、この形式を完成させたのが、後述の39続茶経で、本書はその先蹤ということができる。本書では、賛と評が屠本畯の自作ということになるが、第一遡源章の評の前半は先掲14茶話の「昔人以陸羽……」の条の無断引用である。

『茗笈』の他の版本としては、『群芳清玩』（明崇禎二年序東呉毛氏汲古閣本）があり、本書は初めに屠本畯の自序があり、次に『茗笈品藻』があり、ついで『茗笈』となっていて、薛岡の題、徐𤊹の序はないが、一行の字数は『茶書全集』と同じである。ほかに『美術叢書』（民国十七年神州国光社重排印本）所収本がある。

16茗笈品藻は、わずか三葉で一書とするには足りないが、茶書の目録が独立して一書としているため、そのまま一書としたに過ぎない。「品藻」とは文章の品定め、『漢書』揚雄伝の「称述品藻」に基づく。本書は王嗣奭・范汝梓・陳鉄・屠玉衡四人の『茗笈』についての四篇の文を掲載している。この四人の伝記も明らかでないし、その文にもとくに見るべきものはない。

17 煮泉小品　明　田芸蘅

田芸蘅は田汝成の子で、銭塘（浙江省杭州市）の人。汝成の列伝は『明史』巻二八七、文苑伝に見え、嘉靖五年（一五二六）の進士、官は福建提学副使に至り、『炎徼紀聞』『西湖游覧志』の著者として知られている。芸蘅は汝成の附伝として見え、「子芸蘅、字子芸九（芸の古字）。十歳従父過采石。賦詩有警句。性放誕不羈。嗜酒任俠。以歳貢生為徽州訓導。罷帰。作詩有才調。為人所称。」とある。『列朝詩集小伝』丁集中にも「田広文芸蘅」として伝が見え、『明史』の闕を補う。著書に『煮泉小品』のほか、『留青日札』など多くあるが、『四庫提要』では酷評されている点が多い。その別集の『香宇初集』（八冊、嘉靖刊）は尊経閣文庫にある。

本書には、嘉靖甲寅（三十三年、一五五四）の趙観（伝記未詳）の叙と、同年の自序の「引」がある。『宝顔堂秘笈』（百部叢書所収）本では、自序に当たる部分の撰者が「小小洞天居士」となっているが、これは田芸蘅の号であろう。両序ともに『宝顔堂秘笈』本との間に若干の異同がある。趙観の叙は茶水についての論を歴史的に回顧し、徐献忠の『水品』（『中国茶書全集』上巻12）にも触れている。前述のように、『水品』には、田芸蘅がこの序と同年の嘉靖甲寅に題を書き、両書はほとんど同時の刊行である。田芸蘅の自序は本書著作の心境を述べている。また末尾には余杭（杭州）の蔣灼の題がある。蔣灼の伝記は詳らかではないが、『水品』にも跋を書いている。本書も、杭州のことが主要舞台となっているから、蔣灼は当時の余杭の名士であろうか。

本書は①源泉、②石流、③清寒、④甘香、⑤宜茶、⑥霊水、⑦異泉、⑧江水、⑨井水、⑩緒談と分けて、茶の水について論じている。先の『水品』（『中国茶書全集』上巻12）の項で述べたように、本書は『水品』と同時の刊行で、『水品』には田芸蘅が題を書いていて、両書は比較参照しなければならない。本書について、『四庫提要』子部、譜録類存目『煮泉小品』一巻の条では、「大抵原本旧文。未能標異於水品茶経之外。」とあって、『水品』の方に軍配をあげている。また『茶業通史』（一四四頁）では、「評論兩雑考据。偏奇難懂。無異于文人游戯筆墨。但也有些観察記事。説得事実。知其然而不知其所以然。応該補充説理。」とあるが、これも明人の水準から見て高きを望み過ぎているように思う。「但也有些観察記事。説得事実。」があれば満足すべきではあるまいか。本書は確かに『茶経』や宋詩・古書を引用している。しかし徒らに古文献に耽溺せず、唐・宋の茶と明代の茶の相違する事実を踏まえている点は評価すべきである。また十項目に分類する理由も説得的に述べている。また⑤宜茶の項では、『茶経』五之煮にて茶に塩を入れていることを述べ、蘇東坡はこれを不可としていて、塩は水の厄いになることはあるが、山居の場合、塩を入れ嵐気を減ずるのも「或いは可なるのみ」と言っているなどは他に見ない議論である。また田芸蘅は杭州の人であって、杭州近辺の竜泓（今の竜井）の水や茶のことにかなり触れているのは信頼できる議論である。このほか当時の実情に即した意見は処々にあり、私は『水品』より、本書の方を評価したい。また⑤宜茶の中で、「芽茶以火作者為次。生曬者（天日で曬《さら》したもの）為上。」とあるのは、これだけで詳細は判明しないが、現在の紅茶の製法に近いものが当時すでにあったともとることができ、注目すべき記事である。

『煮泉小品』の版本としては、本書のほか先にもあげた陳継儒の『宝顔堂秘笈続函』を参照すべきであるが、さらに明、屠本畯の『山林経済籍』（明刊、内閣文庫蔵）、明、沈津の『欣賞編』（明刊、内閣文庫蔵）所収本なども参照すべきであろう。ただし『続説郛』弓三七所収本は不備である。

『煮泉小品』の訳注としては、青木正児『中華茶書』所収のものは抜萃である。中村喬『中国の茶書』（平凡社、東洋文庫）所収のものは全文の訳注である。

18 茶　集　　明　喩政

明の喩政は『茶書全集』の編者で、喩政の伝記の詳細が判明しないことは先に述べた。喩政はみずから、茶についての詩文を集めて二巻とし、『茶集』と名づけた。巻一は①文類、宋の蘇軾の「葉嘉伝」以下一二篇、②賦類、宋の呉淑の「茶賦」以下三篇、巻二は①詩類、唐の陸羽の「六羨歌」以下一百数十篇、②詞類、宋の黄庭堅の「阮郎帰」以下六篇を収めている。本書は唐・宋・元・明各時代の茶についての詩文などを一挹に大観できて重宝である。しかしこれを利用する場合は、別集にあたって校勘の必要があろう。

なお本書とは別に同名の胡文煥の『新刻茶集』一巻があり、胡文煥編の『百家名書』（明、万暦三十一年序）の中に収められている。その『新刻茶集』には万暦癸巳（二十一年、一五九三）の序がある。喩政の『茶集』は万暦四十年序の『茶書全集』に収められていることから見て、胡文煥の方が先に編集されたと考えられる。おそらく喩政は胡本を増補して『茶集』を編集したのであろう。喩本『茶集』に序はなく、その明証はない。しかし喩本の方が内容がはるかに豊富な点からもこのことが推定される。

喩政の『茶集』を時代別からジャンル別に編集し直したものが、後掲の47茶集（日本　文化元年、一八〇四年序刊本）である。

喩政の『茶集』には、『茶書全集』以外の中国刊本は未見である。

(2)　乙　本（万暦四十一年序刊本）

19　張伯淵茶録　　明　張源

『張伯淵茶録』は、『茶書全集』の乙本編集の時に、宋の蔡襄の『茶録』（『中国茶書全集』上巻2）の次に挿入されたものである。張源の伝記は明らかでない。字は伯淵と言う。本書には呉江（江蘇省蘇州市呉江県）の顧大典（張慧剣『明清文人年表』一一二二頁参照）の「茶録引」が巻頭にあり、そこに「洞庭張樵海山人」とあるから、「樵海山人」は張源の号であろう。また本書の著者名として、「包山張源伯淵著」とある。包山は太湖中の洞庭西山のことであるから、張源は太湖中の島、西洞庭山の人である。

本書は、①採茶、②造茶、③弁茶、④蔵茶、⑤火候、⑥湯弁、⑦湯用老嫩、⑧泡法、⑨投茶、⑩飲茶、⑪香、⑫色、⑬点染失真、⑭茶変不可用　⑮品泉、⑯井水不宜茶、⑰貯水、⑱茶具、⑲茶盞、⑳拭盞布、㉑分茶盒、㉒茶道と項目を立てている。本書は、『茶経』や蔡襄の『茶録』からの引用も少しはあるが、張源みずからの体験を項目毎に述べ、せいぜい一項目数十字に過ぎないが、明代茶書中では出色の書である。⑫色では、「茶以青翠為勝」とあるのは他書に見えず、⑲茶盞では、「盞以雪白者為上」とあり、㉒茶道という項目を立てているのも珍しく、そこでは、「造時精。蔵時燥。泡時潔。精燥潔。茶道尽。」と言いきっているのも注目される。

『張伯淵茶録』は、前述の屠本畯の15茗笈に多く引用され、その自序の中の「品茶姓氏」に「茶録張源著字伯淵」

とある。『茗笈』は万暦三十九年の刊行であるから、本書はそれ以前の著作であることは確かである。なお『茶業通史』（二四七頁）では、本書は「一五九五年（万暦二十三年）前後写成」としているが根拠は示されていない。また本書について、『茶業通史』は「頗為簡安。此書不是抄襲而成。反映出作者対于此道頗有心得体会。」と高い評価を与えている。

『張伯淵茶録』について『茶書全集』以外の版本は未見である。

20 茶考　明 陳師

『茶考』の著者は「銭唐陳師思貞著」とあるから、銭唐（杭州）の陳師、字は思貞の著である。『明人伝記資料索引』（五八九頁）には、「嘉靖間会試副榜。官至永昌知府。有『覧古評語』『禅寄筆談』。」とある。会試副榜とは別枠の科挙合格のことで、永昌は今の雲南省保山市に当たる。本書の末尾に衛承芳の万暦癸巳（二十一年、一五九三）の「題」がある。したがって本書はそれ以後の刊行である。その題に「永昌太守銭唐陳思貞」とある。衛承芳は『明史』巻二二一に列伝があり、字は君大といい、達県（四川省）の人、隆慶二年（一五六八）の進士で、官は南京吏部尚書に至り、清名があった。

本書は五則あり、四葉に過ぎない。その中で、第二則は山東蒙陰県の「蒙茶」は石蘚《せきせん》で、味はよいが茶ではないとし、併せて四川の蒙茶、すなわち蒙頂茶のことを述べている。また「杭俗烹茶。用細茗置茶甌。以沸湯点之。名為撮泡。北客多哂之。予亦不満。」と述べて、現在の中国でカップの中へ直接に茶葉を入れて熱湯をそそぐ飲み方を陳師の出身地杭州の風俗として伝え、これを「撮泡」と名づけた。しかしこれに陳師は不満で、これでは茶の味が出つくさず、また一煎しかできず、茶葉の無駄費いだと言っている。

『茶考』については、『茶書全集』以外の版本は未見である。

21　茶説　明　屠隆

『茶説』は「明東海屠隆著」とある。屠隆の列伝は『明史』巻二八八、文苑四、『列朝詩集小伝』丁集上に見える。後者の方が詳しい。鄞県（浙江省寧波市）の人。みずからは東海の人と称している。字は長卿、また緯真ともいう。万暦五年（一五七七）の進士で、潁上（安徽省）知県をへて、礼部主客主事・儀制郎中に至った。のち讒言に遇い、官を退き、郷里に帰り、売文の生活をした。『明人伝記資料索引』（六四一頁）には、生卒を一五四二―一六〇五年とし、資料として「祭屠緯真先生文」（虞淳熙の虞徳園先生集巻一六）を挙げている。屠隆の別集としては『由拳集』二三巻（万暦八年序）、『白楡集』二八巻（万暦二十八年序）、『栖真館集』三一巻（万暦二十六年序）が内閣文庫などにある。

『茶説』は屠隆の『考槃余事』の「茶箋」と同一のものである。しかし『考槃余事』のもっとも古い版本は陳継儒の『宝顔堂秘笈正函』（万暦三十四年刊）であるから、本書に先立つものである。『考槃余事』のもっとも完備したテキストは『竜威秘書』（乾隆五十九年、一七九四年刊本、京都大学人文科学研究所蔵本）とされている。これと本書の間には若干の異同がある。本書は、万暦四十一年の刊行であるから、『考槃余事』茶箋の原形についての一つの資料ということができる。

本書は、茶寮・茶品・採茶・蔵茶・花茶・択水・洗茶・候湯・注湯・択器・択薪・人品などの項目よりなり、茶寮はここ以外に見えない。本書のほとんどは高濂の『遵生八牋』飲饌服食牋、茶泉類に基づき、また『遵生八牋』は顧元慶の『茶譜』に基づき、『茶譜』は銭椿年の『製茶新譜』に基づくことは先に述べた通りである。従って本書には、ほとんど独創的な部分はない。

『考槃余事』については、中田勇次郎『文房清玩』二（二玄社、一九六一）、また『中田勇次郎著作集』第八巻（二玄社、一九八六）に、詳細な解題と訳注があり、その中の茶箋の部分は本書『茶説』の訳注となる。またその解題の中に、『考槃余事』の和刻本として、享和三年（一八〇三）、神谷謙の校定本があると記されている。

22　茶　疏　　明　許次紓

『許然明茶疏』すなわち『茶疏』は「明銭唐許次紓然明著」とあるから、許次紓《きょじしょ》は銭唐（杭州）の人で、諱が次紓、字が然明である。『明人伝記資料索引』（四八五頁）では、生卒を一五四九－一六〇四年とし、出典として、馮夢禎（一五四六－一六〇五年）の『快雪堂集』巻一三、「許次公然明墓誌銘」を掲げている。清の厲鶚の『東城雑記』（昭代叢書、戊集）、許然明に、「許次紓。字然明。号南華。方伯茗山公之幼子。跛而能文。好蓄奇石。好品泉。又好客。性不善飲。……家東城。近慈雲寺。並城対池。境甚瀟灑。所著詩文甚富。有小品室。蕩櫛斎二集。今失伝。予曾得其所著茶疏一巻。……深得茗柯至理。与陸羽茶経相表裏。」とあり、ほぼその伝記が判明する。

『茶疏』には、『茶書全集』に姚紹憲（未詳）の万暦丁未（三十五年、一六〇七）の序がある。また『宝顔堂秘笈普函』には、許世奇の万暦丁未の小引があり、そこには丙申の歳（万暦二十四年、一五九六）に、許世奇は次紓と竜泓（竜井）に遊び、数年してから、『茶疏』を見せてもらったとあるから、『茶疏』は万暦三十年ころには完成していたようで、また「越十年。而然明修文地下。」とあるから、万暦三十四年ころまでには逝去したようである。両序共に万暦丁未の序があるから、万暦三十五年ころの刊行である。『茶書全集』乙本所収の『茶疏』はおそらく原刊本に拠った現存の最古本と考えられる。

本書は①産茶、②今古製法、③採摘、④炒茶、⑤岕中製法、⑥収蔵、⑦置頓、⑧取用、⑨包裹、⑩日用頓置、⑪択

水、⑫貯水、⑬舀《とう》水（水甕からの汲み方）、⑭煮水器、⑮火候、⑯烹点、⑰秤量、⑱湯候、⑲甌注、⑳盪滌、㉑飲啜、㉒論客、㉓洗茶、㉔童子など三六項目に分けられている。『四庫提要』子部、譜録類存目では、本書について「中間択水一条。誤以金山頂上井為中冷泉。考証殊為疏舛。」といっているが、この瑕瑾をもってすべてを評価すべきでなく、『東城雑記』にも言うように、かなりな評価を与えてよい内容が多く、むしろ明代の茶書中の白眉と言ってもよいと思う。本書は徒らに古書を引用せず、みずからの体験を述べ、茶史に重要な資料を提供している。①産茶の項では、よく当時の名茶となった武夷雨前茶、長興羅岕茶をあげており、このほか当時の各地の名茶の記述も注目される。②今古製法の項では、宋代の水芽は水に浸しているから茶の真味が失われているのに対して、近時の製法の旋摘旋焙は香・色ともに完全で、もっとも茶の真味を保っているとするのも時宜に適した論である。⑤岕《かい》中製法では、「岕之茶不炒。甑中蒸熟。然後烘焙。」とあって、蒸し茶の製法が明代の羅岕《らかい》茶（浙江省長興県産、後掲の31岕茶牋、33洞山岕茶系参照）に残っていることもはっきりと書いている。また⑯烹点の項では、当時の茶のいれ方を丁寧に説明している。⑲甌注の項では、茶甌《わん》・茶壺《ちゃだし》の好みを述べ、茶壺では、宜興（江蘇省、太湖の西岸）の龔《きょう》春《しゅん》・時大彬《じだいひん》などの作者名もあげ、この人たちが当時から有名であったことを示している。また末尾の「攷本」の項において、結婚の時に茶を送って礼とすることをあげているのは、『清俗紀聞』と合い、注目される。

『茶疏』の版本としては、現存最古版の本書のほか、『宝顔堂秘笈普函』（秦昌元年、一六二〇）をまず参照すべきである。このほか『広百川学海』『続説郛』所収本もある。

『茶疏』の訳注には、青木正児『中華茶書』、中村喬『中国の茶書』所収のものがある。

23　茶　解　　明　羅廩

『茶解』は「明慈谿羅廩高君著」とあり、羅廩《りん》は慈谿（浙江省寧波市）の人で、字は高君という。その伝記は未詳である。

本書には、万暦己酉（三十七年、一六〇九）の屠本畯の「茶解叙」がある。屠本畯は『中国茶書全集』上巻15茗笈の著者で、その伝記は『茗笈』の項に述べてある。「茶解叙」に、「其の論、審にして確なり。其の詞、簡にして覈《かく》なり。」と言い、また「初め予、茶経・茶譜・茶疏・泉品（煮泉小品）等の書を得、今、茶解においてこれを合璧す。」というのは叙のたんなる賛辞ではなく、ある程度はこれを認めてよい。また巻頭に、竜膺の万暦壬子（四十年、一六一二）の「茶解跋」がある。竜膺は次の24蒙史の著者で、その伝記は『蒙史』の条で述べる。万暦四十年の跋があることから見ると、或いは本書は『茶書全集』において初めて刊本になったのかもしれない。

本書は初めに、総論があり、以下①原（産地）、②品（茶の色・香・味）、③芸（栽培方法）、④採（茶採み）、⑤製（製茶法）、⑥蔵（貯蔵法）、⑦烹（茶のだし方）、⑧水、⑨禁（禁止事項）、⑩器（茶器の列挙）に分かれる。本書は総論において、羅廩がみずから茶を栽培し、製茶も行っていることを述べており、みずからの体験から出ているので、有用の記事が多い。①原に置いては、現在の茶産地として、虎丘・羅岕・天池・顧渚・松蘿・竜井・雁蕩・武夷・霊山・大盤・日鋳の茶を挙げているところを見ると、唐・宋時代の産地とは異なり、霊草はどこにでもあり、ただ人々が培植の方法を知らなかっただけだとしている。③芸においては、茶地は斜坡を佳となすと言い、海風のよくないことを述べ、また茶園には悪木の雑植はいけないが、桂・梅・松・翠竹の類の間植は霜や雪や秋の日ざし覆いとなるからよいが、蘭や菊などの香草はよくないし、菜園と近いのもいけないとしている。⑨禁においては、茶と酒はあいいれないから、製茶の人は酒に酔って作業してはならないとしている。また「雲林点茶用糖。則大可笑。」とあって、当時、点茶に砂糖をいれることもあったことを伝えている。

本書の版本としては、『茶書全集』のほかに『説郛続』所収本があるが、節略本で参照の要はない。

24　蒙　史　　明　竜膺

『蒙史』の著者は「明武陵竜膺君御著」とあり、竜膺は武陵（湖南省常徳県）の人で、字を君御といった。『明人伝記資料索引』（八六三頁）には、竜徳孚（一五三二―一六〇二年、嘉靖三十七年、一五五八年の挙人）の子で、官は陝西参政に至ったとある。『茶業通史』（一五八頁）は万暦庚辰（八年、一五八〇）の進士としている。

本書の巻頭に「蒙史題辞」があり、それには「万暦壬子（四十年、一六一二）歳春正月江左門人朱之蕃書於七椀斎」とある。したがって本書は万暦四十年の刊行である。朱之蕃は、『明史』巻二〇、神宗紀、万暦二十三年（一五九五）三月乙未の条に、「賜朱之蕃等進士及第。出身有差。」とある朱之蕃に当たろうか。朱之蕃は竜膺の門人で、七椀斎という斎号をつけているから、茶がよほど好きであったろう。しかし朱之蕃は進士及第であるにもかかわらず、たんに門人とのみ記している。

『蒙史』は上巻が「泉品述」、下巻が「茶品述」と分かれているが、ほとんど古書の引用で、当時の茶の叙述は稀で、明代茶書としての価値は少ない。下巻の最後に、23茶解、品の条から一文の引用がある。『茶解』には、前述のように、万暦壬子（四十年）の竜膺の跋があり、『蒙史』にも、万暦四十年の題辞があるから、両者同時の刊行で、竜膺は『茶解』に跋を書くと同時に、自著に『茶会』の一条を引用したことになる。ちなみに『茶書全集』乙本の刊行はその翌年の万暦四十一年である。

『蒙史』については『茶書全集』以外の版本は未見である。

25 蔡端明別紀 摘録　明 徐𤇆

『蔡端明別紀摘録』は「明三山徐𤇆興公輯」とあり、徐𤇆、字は興公の輯である。「三山」は福建省福州の雅称である。徐𤇆のことは、「明史」巻二八六、文苑二に、「閩中詩文……迨万暦中年。曹学佺。徐𤇆輩継起。……𤇆字興公。閩県人。𤇆以布衣終。博聞多識。善草隷書。積書鼇峰書舎数万巻。」とある。閩県は福建省福州市閩侯県、三山と同じ。伝記は『明史』よりも『列朝詩集小伝』丁集下、徐挙人熥（𤇆の兄）・布衣𤇆の方が詳しい。

本書は『蔡端明別紀摘録』とあるが、その原本があって、「摘録」だけ刊行されたのであろう。「蔡端明」は蔡襄、『茶書全集』2茶録の著者で、その伝記は『中国茶書全集』上巻解題2茶録の項に述べておいた。

本書は初めに「茶癖」と題しているから、原本には「茶癖」以外の蔡端明についての項目があり、『茶書全集』には、そのうち「茶癖」の部分だけを登載刊行したと解される。

本書は三〇則から成り、蔡襄についての宋・元人の著作の抜き書きである。徐𤇆自身の語はまったく見えない。宋の葛立方の『韻語陽秋』、宋の欧陽脩の『帰田録』『欧陽文忠公集』、宋の葉夢得の『石林燕語』、宋の張舜民の『画墁録』、また『興化志』など地志からの引用もあり、元の方回の『瀛奎律髄《えいけいりつずい》』からの引用もある。本書については他の版本は未見である。

26 茗譚（茶譚）　明 徐𤇆

徐𤇆は25蔡端明別紀の編者と同様である。『茗譚』は『茶書全集』乙本の目録、智部では『茶譚』となっている。末尾に、万暦癸丑（四十一年、一六一三）の徐𤇆の自序があり、この年は『茶書全集』乙本の序と同年であるから、徐㶿は『茶書全集』乙本刊行に当たって本書を完成し、自序を附して喩政に入れてもらったのであろうか。

本書は徐㶿が古詩・古文を引用して喫茶趣味を述べた二八則よりなるが、とくに当時の喫茶状況について目を引く叙述は私には見当たらない。ただ「銭唐許然明著『茶疏』。四明屠豳叟著『茗笈』。聞隠鱗著『茶牋』。羅高君著『茶解』。南昌喩正之著『茶書』。数君子皆与予善真臭味也。」とあって、万暦三十年代に刊行された22茶疏、23茶解と、本書の甲本で一年前に刊行された『茶書』すなわち『茶書全集』まで挙げている。これは『茗譚』が『茶書全集』刊行直前に著作されたことを示している。また聞隠鱗の『茶牋』を挙げているが、これが聞竜の『茶箋』（続説郛写三十七所収）のことであるならば、すでに聞竜の『茶箋』がこの時に完成していたことになる。ちなみに『茶業通史』（一五〇頁）は聞竜の『茶箋』を崇禎三年（一六三〇）の編としている。

『茗譚』は本書以外に刊本は知られていない。

27　茶事詠　　明　蔡復一

『茶事詠』は一書として独立させたが、『茶書全集』乙本では喩政の『茶集』の末尾に「巻之二終」とあり、その次葉に版心は「茶集」とあり、葉数もつづけて附けているから、『茶集』の附録である。初めに「茶事詠有引」とあって、序があり、各二〇字の五言詩が三六首ある。末尾に「温陵蔡復一」とあり、作者が判明する。

蔡復一（一五七六－一六二五年）の列伝は、『明史』巻一四九に見え、字は敬夫、同安（福建省厦門市）の人、同安を温陵ということ詳らかでない。万暦乙未（二十三年、一五九五）の進士で、刑部主事から、湖広右布政使をへて、山西左布政使に至った。つづいて兵部右侍郎の時、貴州の反乱平定に活躍し、以後、軍事方面で活躍した。一方、好古博学で、文に長じた。蔡福一の『遯菴詩集』（内閣文庫蔵）巻九に「茶事詠有引」が収められているが、引にも異同があり、詩も二四首しかなく、その詩も重複しないものがある。『茶事詠』のうち二首（「煎水不煎茶水高」「酒徳泛然親茶風」）は、すでに徐𤊹の26茗譚に見えているから、この『茶事詠』はすでに『茶書全集』刊行前に世に知られていたことがわかる。なお『茶事詠』は『中国茶書全集』下巻47茶集（日本翻刻本）巻下、五言絶句の条に登載され、「引」と共に訓点が附せられている。

28　烹茶図集　　明　喩政

本書は巻頭に「附烹茶図集」とあるから、これも附録であるが、かなりの量があるから一書として独立させた。すでに『茶書全集』甲本の目録、貞部に「附烹茶図集」とあるが、甲本には見えず、乙本の巻末にある。

本書は明代きっての詩画の名手である唐寅（一四七〇－一五二三年、『明史』巻二八六）の画いた「陸羽烹茶図」を模刻し、それに唐寅の自賛、および文徴明（一四七〇－一五五九、『明史』巻二八七）・呉興の荘懋循（未詳）・李光祖（未詳）・山陰の王思任（万暦二十三年、一五九五年の進士）・謝肇淛（『茶書全集』の序の撰者、伝記は上述）・金沙の于玉徳（未詳）・西陵の周之夫（『茶書全集』乙本の序の撰者）・王穉登（一五三五－一六一二年、『明史』巻二八八）の辛亥（万暦三十九年、一六一一）の賛、上述の徐𤊹（『蔡端明別紀』・『茗譚』の著者）らの賛があり、末尾に喩政の万暦三十九年の跋があり、そこに『烹茶図集』の来歴も記されている。

五　『茶書全集』に未収載の茶書

(1)　大観茶論

29　大観茶論　　宋　徽宗皇帝　説郛弖九三

徽宗（一〇八二―一一三五、在位一一〇〇―二五）は北宋第八代の皇帝、趙佶《ちょうきつ》である。第七代哲宗の病没後にその弟として即位したが、政治には不熱心で、豪奢な生活をして国費を濫費した。女真族の金と結んで、遼の挟撃を計画して失敗し、金軍の攻撃を受けたので（宣和七年、一一二五）皇太子の欽宗に譲位した。翌々年、首都開封（河南省）陥落の時、欽宗と共に北方に送られ、五国城（黒竜江省）にて没した。しかし徽宗は文化人としては一流で、詩文書画にすぐれ、とくに書は帝王の書として後世に大きな影響を与え、画も院体画として第一流の大家で、「桃鳩図」（大観元年、一一〇七、二五歳の製作）はわが国に残って国宝となっている。

『大観茶論』の大観は徽宗の年号（一一〇七―一五）である。本書は、後述のように他書には見られないすぐれた内容を持つのにもかかわらず、明末刊の『説郛』にしか収められず、『茶書全集』にも集録されず、『四庫提要』にも著録されていないので、ここに登載した。しかしこのような事情から本書を偽書と見る見解もあるが、そうではないと思う。その理由は、①『宣和北苑貢茶録』に、「至大観初。今上親製茶論二十篇。以白茶与常茶不同。偶然生出。非人力可致。」（後掲45、読画斎叢書本）とあるのに対して、『大観茶論』白茶の項では、「白茶自為一種。与常茶不同。……崖林之間。偶然生出。雖非人力所可致。」とあり、「宣和」は徽宗の年号で、『宣和北苑貢茶録』は徽宗の時の事を記述し、そこに『茶論』（初めは茶論といい、後に大観が冠せられたのであろう）とあり、「二十篇」の篇数も合い、『宣和北苑貢茶録』以外の『大観茶論』からの引用も現存の『大観茶論』の文章に近く、これらは有力な『大観茶論』非偽書説の論拠となる。また『宣和北苑貢茶録』の自注に「今上聖製茶論曰。一旗一鎗為揀芽。」とあり、同文が『大観茶論』采択の項に見えるのも論拠となろう。②『郡斎読書志』後志巻二に、「聖宋茶論一巻　右徽宗御製。」とあり、後志には「淳祐庚戌」（十年、一二五〇）の趙希弁の蔵書を附しているから、大観から百余年後の著録である。以上の二点は『大観茶論』の非偽作説の有力な論拠となろう。

次に『大観茶論』の内容を見てみると、初めに序があり、つづいて①地産、②天時、③采択、④蒸圧、⑤製造、⑥鑑弁、⑦白茶、⑧羅碾、⑨盞、⑩筅、⑪缾、⑫杓、⑬水、⑭点、⑮味、⑯香、⑰色、⑱蔵焙、⑲品名、⑳外焙より成る。①―⑤までは茶樹の植え方から、製茶に至る段階をかなり詳細に述べている。⑦白茶では徽宗好みの白茶を叙述している。⑩筅においては、今わが国の茶道で用いられている茶筅《ちゃせん》が初めて登場する。蔡襄の『茶録』では、茶匙（黄金・銀・竹製）で撃払していた。この文章と、8茶具図賛に見える「竺副帥」の図が茶筅の起源についての最重要資料である。また⑭点には、茶を点《た》てる時、粉末の茶を長時間ねってから、湯を七回にも分けていれ、茶筅で点てるこりにこった点て方を微細に述べている。わが国の茶道の濃茶《こいちゃ》もこれには及ばない。以上簡単にしか述べていないが、本書は蔡襄『茶録』に較べてもきわめて特色のある内容である。したがって、本書は熊蕃の『宣和北苑貢茶録』から後世において偽作したとは考えられず、或いは徽宗の臣下の代作かもしれないが、茶史上から見ると、徽宗時代の著作としては矛盾がなく、宋代を代表する茶書の一つとしての価値は充分に持っていると見たい。

30　大観茶論　　明鈔説郛巻五二

『明鈔説郛』とは、民国十六年（一九二七）に、張宗柈氏が、通行の『説郛』に錯誤の多いのを嘆いて、明代の写本として伝わっている六種を集めて本書を作り、上海商務印書館から鉛印本として刊行されたものである。『大観茶論』のように、『説郛』本しか伝わらないものにあってはきわめて貴重な資料となる。

私はかつて『茶道古典全集』第一巻（淡交社、一九五七）において、この『明鈔説郛』を底本にして、『説郛』すなわち明末の『重較説郛本』との異同を調査したが、かなり相違があり、両者を併せて参照しなければならない。

『大観茶論』の訳注としては、戦前では、佐伯太氏の「大観茶論」（『茶道全集』巻の十二、文献篇、創元社、一九三六）がある。私も上述のように『茶道古典全集』第一巻において訳注を試みた。青木正児氏の『中華茶書』に訳注があり、それを受けて中村喬氏が『中国の茶書』（平凡社、東洋文庫）に収めたものがあり、また福田宗位氏の『中国の茶書』（東京堂出版）所収のものもある。

31　岕　茶　牋　　明　馮可賓

(2)

馮可賓は明末の人、『広百川学海』の編者として知られている。『四庫提要』子部、雑家類存目に、「可賓益都（山東省濰坊市益都県）人。天啓壬戌（二年、一六二二）進士」とある。万国鼎氏の「茶書二十九集題記」（『図書館学季刊』

五―二)には、「官湖郡司理。善画竹石。有名於時。好声妓。……入清隠居不仕。」とある。

本書は①序岕名、②論採茶、③論蒸茶、④論焙茶、⑤論蔵茶、⑥弁真贋、⑦論烹茶、⑧品泉水、⑨論茶具、⑩或問茶壺畢竟宜大宜小、⑪茶宜、⑫禁忌より成る。「岕茶」というのは、現在の浙江省長興県(太湖の西南岸)にある羅嶰・顧渚などの茶園をいう。顧渚は唐代以来の紫筍茶の産地、羅嶰は唐末の羅隠にちなんで称せられた。「岕」とは両山の間の意味であるが、もっぱらこの地方のこととして用いられる。私は一九八四年にこの地の吉祥郷(以前は水口人民公社顧渚生産大隊)を訪れ、歓迎を受けた。ここは地形と太湖から上る湿気とが茶の生産に適する。③論蒸茶では、当時他地方では釜炒り茶に変っているのに、この地にだけ、わが国と同じく蒸し茶の製法の残存していることを伝える(前掲の22茶疏の岕中製法にもこのことは見える)。⑧品泉水では、無錫の恵山泉(11煎茶水記の天下第二泉)と武林(杭州)の虎跑泉を上としている。また⑨⑩では茶壺(急須)について論じ、一客一壺がよいと論じている。本書は岕茶という一地方茶について論じている処に特色があり、明末茶書の特色でもある。表現が簡潔で冗長でなく、その中によく要点が述べられているので、本書に採択した。

本書のテキストには、『広百川学海』のほかに、『昭代叢書』

顧渚山の忘帰亭と金沙泉
亭の前面に唐代以来の名泉である金沙泉の石柱が見える。浙江省長興県水口鎮吉祥郷　昭和59年8月6日、筆者撮影

辛集別編所収があるが、とくに異同はない。

(3)　32　陽羨茗壺系　　明　周高起

『陽羨茗壺系《ようせんめいこけい》』は「江陰周高起伯高著」とあり、著者は周高起、字は伯高、江陰（江蘇省無錫市江陰県）の人である。『江陰県志』（康熙二十二年刊、内閣文庫蔵）巻一四、耒仕人物に、「周高起、字伯高、顕敏。尤好積書。……工為古文辞。早歳補諸生。列名第一。……纂修県志。又著読書志。行于世。乙酉（一六四五）閏六月。城変突作。避地由里山。値大兵勒重。篋中惟図書翰墨。無以勒者。肆加箠掠。高起亦抗声訶之。遂遇害。」とあり、明末の混乱の中で殺された。

本書は、陽羨茗壺、すなわち宜興（江蘇省無錫市宜興県、太湖の西岸）の砂壺、紫砂陶（日本では朱泥、常滑焼の祖）の茶壺《ちゃだし》（急須）作家の叙述である。①序、②創始、③正始、④大家、⑤名家、⑥雅流、⑦神品、⑧別派と分け、最後に、泥土等の雑記があり、さらに附録として、周法高の詩一首と、林茂之（古度）および愈彦（字は仲茅、万暦二十九年、一六〇一年の進士、光禄少卿）の詩一首ずつを附録としている。『中国茶書全集』は茶書の集成であるが、明末に至って、初めて茶壺の専書が出現したので、ここに狭義の茶書ではないがあえて収録した。序には、「名手の作る所に至りては、一壺重さ両を数えず、価の重さ毎《つね》に一二十金、能く土をして黄金と価を争う。」と当時すでに陽羨茗壺がこのように珍重されていたことを述べている。以下②創始では、金沙寺僧、③正始では、供春・時朋・李茂林ら、④大家では、時大彬（時朋の子）、⑤名家では、李中芳（茂林の子）・徐友泉などを述べている。

『陽羨茗壺系』のテキストについて、本書では、『檀几叢書』（清　王晫・張潮同輯）二集（康熙三十四年、一六九五年刊）

巻四六を最古版として採用した。このほか『翠琅玕叢書』（清　馮兆年輯　光緒中、一八七五―一九〇八年刊）、『粟香室叢書』（清　金武祥　光緒十四年、一八八八年刊、金武祥の序あり）、『常州先哲遺書』子類（清　盛宣懐、光緒二十三年、一八九七年刊）がある。

(4) 33 洞山岕茶系　明　周高起

『洞山岕茶系』と『陽羡茗壺系』は同一著者で、『洞山岕茶系』は『陽羡茗壺系』と併刊されている。「洞山」は『大清一統志』巻六〇、常州府、山川の条に、「穿石山。在宜興県東南二十里。又名洞山。産茶。」とある。本書は31岕茶牋と同じく岕茶を論じたものである。

本書の内容は、①総論、②第一品、③第二品、④第三品、⑤第四品、⑥不入品、⑦貢茶、⑧岕茶雑論から成る。①総論においては、岕茶の歴史を述べ、②第一品から、⑥不入品までは、それに該当する品名を列挙し、第二品まではその特長を述べている。一地方茶のこのような詳細な叙述は他に見えない。⑦貢茶においては、「万暦丙辰（四十四年、一六一六）、僧稠蔭は松蘿《しょうら》（安徽省休寧県）に游び、乃ち仿製して片を為《つく》る。」とある。したがって岕茶はこの地の唐代以来の伝統に基づく製茶ではなく、それは一旦中絶していたのが、松蘿の製法により再開されたものである。松蘿茶は明の隆慶年間（一五六七―七二年）に始まる（陳椽編『中国名茶研究選集』安徽農学院、一九八五年）。なお『茶業通史』一五一頁では、『洞山岕茶系』が崇禎十三年（明、一六四〇）に著作されたとあり、また『中国茶葉歴史資料選輯』（北京、農業出版社、一九八一年、一七頁）も同様であるが、何に基づかれたのであろうか。

『洞山岕茶系』のテキストは32陽羡茗壺系と同じ。

(5)　34　茶　史　清　劉源長　附　茶史補　清　余懐

劉源長については、『光緒淮安府志』巻二九に「源長字介祉。淮安人（江蘇省淮安県、旧山陽県）。明季諸生。以篤行為時所重。卒祀郷賢。」とある。

本書巻一の巻頭に、「八十老人劉源長介祉父著　男謙吉輯　曾孫乃大校　山陽陸求可密菴同訂」とあり、劉源長の子の劉謙吉（康熙三年、一六六四年の進士）が編輯し、曾孫の劉乃大が校し、陸求可が訂正している。陸求可は劉源長と同郷の人、順治十二年（一六五五）の進士で、官は刑部郎中に至り、『陸密菴詩』は魏憲の『皇清百名家詩』に収められている。陸求可には康熙乙卯（十四年、一六七五）の序がある。また李仙根の康熙丁巳（十六年、一六七七）の序があり、さらに張廷玉（一六七二―一七五五年、雍正から乾隆初期の大学士、『清史稿』巻二九四）の雍正六年（一七二八）の序があり、そこには、康熙乙酉（四十四年、一七〇五）、康熙帝の南巡の折に、本書を帝の御覧に供し、諸臣も本書を購入したことが見える。また『茶史』と合刊されている後掲の『茶史補』に、康熙戊午（十七年、一六七八）の劉謙吉の「題」がある。これらを整理してみると、『茶史』は康熙十七年に刊行され、それが康熙四十四年に康熙帝に献上され、雍正六年に張廷玉の序を得て再刊されたのが本書であると考えられる。

本書は、初めに「茶史」と題して、『茶経』以下の茶書や茶に関する文の篇目を掲げ、ついで「陸羽事蹟十一則」を掲げる。とくに目新しい資料はない。また本書は著者の見解はなくて、各種資料の収集配列であるにもかかわらず、以下も同様であるが、引用書名を掲げないものがあるのは遺憾である。以下は二巻に分かれ、巻一には、①茶之原始、②茶之名産、③茶之分産は江南・浙江・福建・四川・湖広・江西・山東・河南・広西・雲南・貴州と分けて、それぞれの地域毎の茶名と文献を挙げている労作であるが、出典名をあげないのが惜しまれる。④茶之近品として、当時の名茶として、虎丘・天池・陽羨・竜井・天目・六安・松蘿茶・英山茶・霍山茶・潜山茶をあげて説明しているのは注目される。その後に、品茶についての諸家の文集があり、つづいて、⑤採茶、⑥焙茶、⑦蔵茶、⑧製茶となっている。巻二は、品水・名泉・貯水・湯候・茶具などと分類して文献を配列している。本書を中国茶史の入門書として読むのはよいが、引用に疏雑な点があり、文献使用に当たっては、原典を求めて校合して使用しなければならない。

『茶史補』の巻頭には、「莆陽　余懐澹心父補　山陽　劉謙吉六皆父訂」とある。余懐は莆陽の人とあるが、莆陽は莆田（福建省莆田市）の雅称であろう。しかし劉謙吉の本書の題には、「使曼叟与先大人少同里」とあり、曼叟は余懐の号であり、余懐と劉源長とは近所でいっしょに育った同時代の人である。余懐には、『板橋雑記』など多くの著書がある。余懐には『茶苑』という劉源長の『茶史』と同種の著書があり、それを合して『茶史補』としたことが劉謙吉の本書の題に見えるから、『茶苑』の中の『茶史』と重複部分を削除したのが『茶史補』であろう。しかし本書もとくに『茶史』に較べて重要な資料が引用されているわけでもなく、また『茶史』と同様に引用書名の無いものが多い。『茶史補』には、末尾に「呉門後学韓䄉魏雲氏校」とあり、その後に劉源長の曾孫の乃大の跋がある。

『茶史』『茶史補』の版本としては、前述のような康熙十六年序刊本は未見で、現存の刊本は雍正六年序刊本で、本書の原本は武田科学振興財団杏雨書屋所蔵の珍本である。わが国では香祖軒内田蘭渚が享和元年（一八〇一）に木村蒹葭堂（一七三六－一八〇二）の蔵本を翻刻したものがあり、またそれに依り、「香祖軒蔵　享和三年癸亥（一八〇三）春　京都書林　娑々木摠四郎　小川源兵衛　尾府書舗　片野東四郎　長谷川孫助」と奥附のあるものが通行している。しかし翻刻本はいずれも句読訓点がないので、杏雨書屋の原刊本のみ登載した。翻刻本には、享和癸亥（三年）の梅匡居士（十時梅崖、長島藩文学、一八〇四年没）の序が末尾にある。『茶史補』には、『昭代叢書』（清　楊復吉続輯　道光中刊）辛集別編所収本があるが、とくに異同はない。

なお本書は原刊本を用いたが、不鮮明の個所があるので、翻刻本により、以下に補っておく。

巻一、十葉表四行目「李曰到郡」、五行目「輒献数斤李郎之明年」、六行目「替皇閲而受之曰此茶」、七行目「肉食以銀盒閉之」、八行目「其広識」。

巻一、十三葉表五行目「括蒼山有二一属処州府縉雲道」、六行目「一一属台州府城西南」

巻一、十六葉裏六行目「范希文仲淹和章岷従事」、七行目「嬉笑穿雲去露芽錯落一番新」

巻一、十九葉表二行目「麦顆　片甲　蝉翼」

巻一、二十八葉表七行目「近以岕山茶」、八行目「将者言」。十行目「蘇州虎丘」、十一行目「惟天池亦」

巻一、三十葉表十行目「味在竜井」

巻一、四十葉表四行目「忌紙裹作宿」

巻一、四十一葉裏八行目割注「之使養之義也……末之事今用」

巻二、四十六葉表六行目「年焼穿折脚鼎山下汲泉得甘冷山上」

巻二、四十七葉裏十一行目「佳人却恨等間分破縹緲双鸞影一甌」

茶史補、六葉表六行目「栄牡丹大叢雨前」、八行目「李石続博物云北人」

六　茶経の各版本と注解書

35　茶　経　宮内庁書陵部蔵旧刊百川学海本乙集下

本書は『宮内庁書陵部目録』一一五頁に

百川学海　一〇集一〇〇種　宋　左圭　明版（補写）　狩谷望之注　附　弘治重刊書目

とあるものの第六冊に収められている。この『百川学海』は明弘治十四年序無錫華氏刊本（民国十年上海博古斎景印本あり、ただし第九葉欠）とは異版であり、弘治版より書品すぐれ、この部分は或いは宋版ではないかとも思われる。狩谷望之すなわち棭斎（一七七五—一八三五）の注があるが、『茶経』の部分には無い。しかし『茶経』以外の部分に補写があって全体として完本ではないのは惜しまれる。甲乙等の集の分け方も弘治本とはまったく異なっている。

『百川学海』には、「民国十六年武進陶氏涉園以宋咸淳本景刊闕巻用弘治中華氏翻宋本重校摸補」と称する景印本が通行しているが、テキストとしては信が置けない。

本書をここに登載した理由は、本書は弘治本百川学海よりは古版で、現存の百川学海では信頼のおける最古版であるからである。また現行の『茶経』はすべて百川学海本から出自することは後に説く通りである。したがって本書をここに入れたのは、『茶経』研究の底本を本書に置くこととしたいためである。今後の『茶経』研究は本書を底本にしていただきたいというのが筆者の願望である。というのは、武進陶氏涉園の宋咸淳本景刊と称するテキストは、

『茶経』一之源の注の「開元文字音義」を宮内庁本・弘治本は「開元文字者義」とし、また同じく一之源の注の宋咸淳本景刊は「櫝苦茶」を宮内庁本・弘治本は共に「価古茶」とし、また「楊執戟」を「楊執戦」としている。以上の三個所は咸淳本景刊が摸補の時に意を以て改めたと考えられる。したがって今後の『茶経』研究は手の加わっていない最古版の百川学海として、この宮内庁書陵部本を底本とすべきと思うのである。しかし弘治本は宮内庁本に較べて書品が劣ることと、弘治本景刊本に欠葉のあることを除いては、文字の異同は見られない。

36　茶　経　明嘉靖壬寅（二十　年）序竟陵刊本

本書は大阪市淀川区十三の武田科学振興財団杏雨書屋所蔵のものである。筆者はかねてから、日本翻刻本『茶経』のルーツを求めてきたが、本書がその帰着点である。日本翻刻本『茶経』は、その初版が『中国茶書全集』下巻38明鄭熜校、日本春秋館翻刻本である。それには『茶経』の原文だけでなく、『茶具図賛』（『中国茶書全集』上巻8）、伝、『茶経水弁』『茶経外集』『茶譜』（『中国茶書全集』上巻7）『茶譜外集』を伴っている。その上に明の鄭熜校本が幻の本で、いずこの書目にも登載されていなかった。しかしこの問題は筆者が明版の鄭熜校本（『中国茶書全集』下巻37）を購入することによって解決した。明版鄭熜校本と日本翻刻本初版を比較してみると、日本翻刻本は明版鄭熜校本を忠実に翻刻した上で、句読訓点を加えたものであることが判明した。すると次の問題は明の鄭熜校本がどのようにして成立したかということである。鄭熜校本に近い形は明万暦二十一年（一五九三）序、汪士賢校刊『山居雑志』所収の『茶経』で、それは『茶具図賛』等の附刻が鄭熜校本と同一であった。そして鄭熜校本は『山居雑志』に基づいたものであることは版刻の形式からも言える。そこで『山居雑志』所収の『茶経』がどうしてそのような附刻を持つに至ったのかが問題となる。その問題を解決したのがここに取上げた明嘉靖壬寅（二十一年、一五四二）序の竟陵刊本で、

『山居雑志』に先立つこと約五〇年前の刊行である。

嘉靖壬寅序竟陵刊本は、①魯彭叙 ②『茶経』本文 ③伝（『新唐書』陸羽伝と童史氏承叙曰） ④水弁（『煎茶水記』の節略本・「大明水記」・「浮槎山水記」） ⑤『茶経外集』 ⑥陳師道、茶経序 ⑦皮日休、茶中雑詠序 ⑧童内方与夢野論茶経書 ⑨呉旦の跋 ⑩汪可立の嘉靖壬寅の後序から成っている。この①の魯彭の叙により、本書の刊行経過が次のように判明した。ⓐ本書は陸羽の故郷の竟陵（今の湖北省天門県）で、嘉靖二十一年に刊行されたこと、ⓑ本書の刊行は嘉靖十八年に嘉靖帝が竟陵の近くのその出身地である郢《えい》（今の湖北省鍾祥県、当時は承天府とよばれた）に行幸したことの記念であること、ⓒ本書の『茶経』の原文は『百川学海』に基づくこと、ⓓ陸羽の育った竜蓋寺の住持で歙《きゅう》の人、僧真清が実際の刊行者であることの四点が判明した。『百川学海』には『煎茶水記』「大明水記」「浮槎山水記」は入っているが、その他の附刻は無いので、附刻は僧真清が挿入したと考えられる。

次に問題となるのは⑤『茶経外集』である。これが『山居雑志』の『茶経外集』とは大いに異なっている。『山居雑志』の『茶経外集』は、陸羽の六羨歌を含めて唐人が七名、宋人二名の主として陸羽関係の詩を収めているに過ぎないのに対して、嘉靖壬寅竟陵刊本は、唐人は五名、宋人は一名であるが、その後に「国朝」（明）として、三四首の主として竜蓋寺（陸羽の育った寺、西禅寺ともいう）関係の詩を収めている。『山居雑志』の『茶経外集』は、嘉靖竟陵本の「国朝」の部分が竟陵関係の人ばかりなのでこれを削去し、唐・宋の人だけを残して若干の入れ換えをしただけなので、『山居雑志』の『茶経外集』はこのような少量な一書に値しないものになってしまったと考えられる。

しかし一方で、嘉靖竟陵本『茶経外集』の国朝の部の詩の三四首を精査してみると、ⓐ方新は隆慶二年（一五六八）に分巡荆西道として承天府に着任し、その詩はこの時の作と考えられる。ⓑ余一竜は、この人も隆慶六年（一五七二）の分巡荆西道で、その詩はこの時の作と考えられる。ⓒ蘇雨は万暦十三年（一五八五）に分巡荆西道に任ぜられ、その詩はこの時の作と考えられる。ⓓ『万暦承天府志』巻一〇、制科、貢士、万暦の条に見える江有元（府志には江有源とある）・延鶴の詩が見える。以上のⓐⓑⓒⓓはいずれも嘉靖竟陵本刊行の嘉靖二十一年（一五四二）よりはるか後の作詩がここに入っていることになる。これは嘉靖壬寅竟陵刊本が実はその年のものではなく、万暦十三年以後のものでなければならないということになった。

そこで台湾の『国立中央図書館善本書目』㈡子部、譜録類、飲饌之属、五五〇頁を見ると、

茶経三巻附外集一巻一冊　唐　陸羽撰　明嘉靖壬寅（二十一年）新安呉旦刊本

と著録された一書がある。呉旦は嘉靖壬寅竟陵刊本の⑨呉旦の跋の呉旦と一致する。そこで、台湾の国立故宮博物院の魏美月女史にこの書物のことを質問すると、魏女史の斡旋により、まもなくこの書物のコピーが送られてきた。そのコピーと、杏雨書屋蔵の嘉靖壬寅竟陵刊本を比較してみると、台湾本にはⓐ①魯彭叙がない。そのため呉旦刊本となっていることがわかった。ⓑ⑤『茶経外集』は、先に指摘した方新・余一竜・蘇雨など嘉靖二十一年以後の詩が無い。したがって、台湾本が嘉靖二十一年刊本で、杏雨本は万暦十三年以後の再刊本であることが判明した。台湾本が嘉靖二十一年刊本であるのに、何故に嘉靖二十一年の杏雨本の①魯彭叙を欠いているのかはわからないが、幸い呉旦の跋にも「嘉靖壬寅」と紀年があるので、これによっても嘉靖二十一年刊本と断定できたのである。また台湾本の『茶経外集』の末尾には、「晩生柳東謹録」とあり、『茶経外集』初版の撰者も判明するが、柳東謹の伝記は未詳である。以上の経過によって、杏雨書屋の嘉靖壬寅二十一年刊本は実に嘉靖二十一年刊ではなく、万暦十三年以後の補修本としなければならない。杏雨本の大部分は台湾本と同一の版木を用いているが、中に二葉の改版補刻があり、『茶経外集』は、嘉靖二十一年以後の詩を補って部分改版したものである。以上のことは拙稿の「杏雨書屋蔵明嘉靖竟陵本『茶経』について」（『中田勇次郎先生頌寿記念論集東洋芸林論叢』、平凡社、一九八五年）および「和刻本『茶経』の附刻

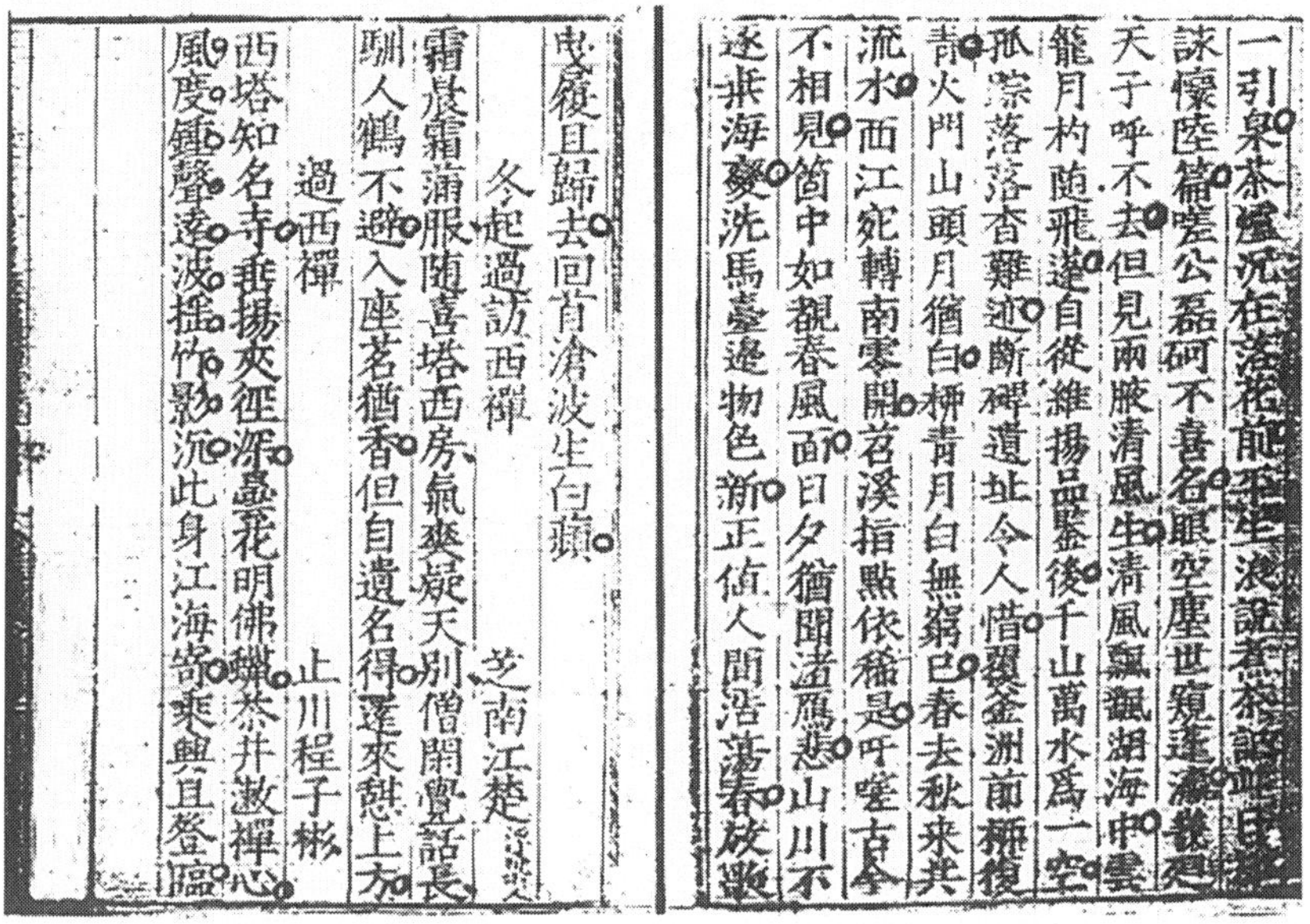

一引梟茶爐沉在落花前至生淚説煮茶詩[illegible]
詠懷陸羽嗟公磊砢不喜名眼空塵世窺蓬瀛鐵[illegible]
天子呼不去但見兩腋清風生清風飄颻湖海中雲
龍月杓随飛蓬自從維揚品鑒後千山萬水爲一空
孤[illegible]落落杳難迹斷碑遺址令人惜覆釜洲前[illegible]
青火門山頭月猶白梆青月白無窮已春去秋來共
流水西江宛轉南零開茗溪指點依稀是吁嗟古今
不相見箇中如覩春風面日夕猶聞渚鴈悲山川不
逐井海變洗馬臺邊物色漸正値人間浩蕩春放歌

曳履且歸去回首滄波生白蘋
冬起過訪西禪　芝南江楚
霜晨霜滿服随喜塔西房氣爽疑天別僧閑覺話長
馴人鶴不避入座茗猶香但自遺名得蓬萊慰上方
過西禪　止川程子彬
西塔知名寺吾揚夾徑深蟲花明佛蹟茶井激禪心
風度鍾聲遠波摇竹影沉此身江海寄乗興且登臨

『茶経』（嘉靖壬寅呉旦刊本　台湾国立中央図書館蔵）この図版と杏雨書屋蔵　嘉靖壬寅序竟陵刊本（『中国茶書全集』下巻36頁）とを比較すれば、両者が同一版本ではないことがわかる。

について」（『神田喜一郎博士追悼中国学論集』、二玄社、一九八七）に詳述しているので参看されたい。

37　茶　経　明　鄭熅校本

本書は日本翻刻本の祖本で、筆者が一本を所蔵し、他に著録を知らない。「明晋安鄭熅允栄校」とある。鄭熅《ていおん》、字は允栄の校本である。晋安は福建省の今の福州市、または泉州市南安県の雅称か。鄭熅の伝記は明らかでない。

本書は封面に、「鏤陸鴻漸茶経　琅嬛斎蔵板」とある。「琅嬛斎」は鄭熅の斎号か。また明末の張岱（一五九七－一六八九）の文集を『琅嬛文集』と称しているが、張岱では年代が下り過ぎるし、その伝記から見て、無理であろう（張岱については松枝茂夫訳『陶庵夢憶』岩波文庫参照）。

鄭熜校本の内容は次の通りである。①宋の陳師道の茶経序、②茶経巻上・巻中（一之源から四之器まで）、③宋の審安老人の茶具図賛、④茶経巻下（五之煮から十之図まで）、⑤伝（『新唐書』陸羽伝と童史氏承叙曰）、⑥茶経水弁（煎茶水記の節略文と宋の欧陽脩の大明水記・浮槎山水記）、⑦茶経外集（陸羽の六羨歌・盧仝の茶歌・皇甫曾の送羽採茶・皇甫冉の送羽赴越・皎然の尋陸羽不遇・裴拾遺の西塔院・宋の范希文の闘茶歌・工禹偁の観陸羽茶井）、⑧茶譜（撰者名無し、内容は顧元慶の茶譜）、⑨明の孫大綬編の茶譜外集。これを上掲の36明嘉靖壬寅序竟陵刊本茶経と比較し、序跋は除いて考えると、鄭熜校本には、ⓐ茶具図賛が茶経の中巻の後に挿入された。ⓑ茶経外集の国朝（明）の詩の部分が削除された。ⓒ茶譜・茶譜外集が新たに加えられた。この三点が大きく異なっている。しかし⑤伝、⑥茶経水弁、⑦茶経外集という附刻の入れ方が似ていることがわかる。

しかし鄭熜校本が嘉靖壬寅竟陵刊本を増補したとも直ちに言えない。その理由は鄭熜校本と同じ内容の刊本がほかにもいろいろあるからである。その第一は汪士賢の『山居雑志』で、これには万暦二十一年（一五九三）の序がある。汪士賢には、鄭熜本のすべてが含まれていて、その版式も鄭熜校本と同じである。第二に、胡文煥の『百家名書』には万暦三十一年（一六〇三）の序があり、この中に『茶経』「伝」（鄭熜本の⑤）『茶具図賛』『茶譜』が含まれ版式も似ている。第三に、「明　新安程栄伯仁校」とする『茶経』があり、これは東京大学東洋文化研究所（目録五五〇頁）の蔵本にあり、筆者も一部所蔵している。この程栄校本は版式・内容が鄭熜校本と同一である。しかし程栄校本には刊行年を知る手懸りがなく、その点は鄭熜校本も同様である。そこで筆者は一応次のように考えた。このような茶経に種々附刻のついた刊本は、嘉靖竟陵刊本が始まりで、これを基礎に汪士賢の『山居雑志』となった。その理由は鄭熜本の⑤伝の童史氏承叙曰という竟陵の近くの沔陽出身の進士、童承叙の言を汪士賢本が収載していることによって示されている。また附刻の主なものがすべて汪士賢にそろっていることによっても示される。そしてこの汪士賢の『山居雑志』に基づいて鄭熜校本が作られたとしたい。それならば、程栄本はいかにというに、鄭熜本と程栄本の関係をきめる資料はないが、汪士賢本・鄭熜本・程栄本の版刻形式・葉数が同一であることは、汪士賢本に基づいて鄭熜本と程栄本が作られたためとしておきたい。

なお程栄は『漢魏叢書』（三十八種本）刊行者の程栄であろう。また6品茶要録を初めて刊行した程百二も彼であろう。その伝記は明らかにし得ていないが、程栄の『漢魏叢書』には、屠隆（21茶説の撰者）の万暦壬辰（二十年、一五九二）の序があるから、この程栄本『茶経』もこの前後の刊行と見なしてよいであろう。

38 茶　経　明鄭熜校　日本春秋館翻刻本

本書は上記の37明鄭熜校本の忠実な日本翻刻本で、句読訓点が加えられてかなり正確である。ここに影印したのは、内閣文庫所蔵本（目録二五七頁）であり、筆者も一部所蔵している。本書の末尾には、「二条通□福町山形屋七兵□春秋館新校刊」とあるが筆者所蔵のものは「春秋館新校刊　二条通鶴屋町　田原仁左衛門」とあり、田原家は江戸時代前期、京都の書店である。両者は同一版木を用いているから、どちらかに版木が転売されたのであろう。「春秋館」は、宗政五十緒氏らの研究（近世出版文化研究、仏教文化研究所紀要第二二集）によれば、松永尺五の館号とされ、この校刊と蔵板は、尺五の嗣子の松永昌易（延宝八年、一六八〇年没）に当てておられる。

なお『茶経』の日本翻刻本には、以上の初版のほかに、再刻本と三刻本とがある。再刻本には、「宝暦八年（一七五八）戊寅八月　佐々木平八　小川久兵衛　小川源兵衛　板行」と奥附があり、これも忠実な再刻である。筆者は一本を所蔵している。この刊行経過については、上記の宗政氏の研究に詳しい。三刻には「天保十五年甲辰（一八四四）九月補刻　京都書肆　佐々木惣四郎　辻本仁兵衛」と奥附があり、通行しているのはこの版である。現在も京都寺町通の竹苞楼にはその版木が所蔵されているとのことである。この三回の刻本の内容は少差がある。再刻本の時に、禹《う》道《じ》の斉震伯起の宝暦戊寅（八年）の序が入り、三刻本の時に、顧元慶の「茶譜序」と茅一相の「茶譜後序」が入った。

39　続茶経　清　陸廷燦

陸廷燦は、『四庫提要』子部、譜録類に、「廷燦字秩昭。嘉定人。官崇安県知県。候補主事。自唐以来。茶品推武夷。武夷山即崇安境。故廷燦官是県。習知其説。創為草稿。帰田後訂輯成編。」とあり、嘉定（江蘇省）の人で、みずから知県となった崇安県（福建省）の県境に茶の名産地である武夷山があったので、知県在任中に本書の草稿を作り、隠退後、本書を完成した。なお本書の封面には、「嘉定陸幔亭手輯　続茶経　寿椿堂蔵板」とあり、巻頭には「嘉定陸廷燦　幔亭　輯」とあり、幔亭はその号であろう。各巻末には「男紹良較字」とあり、子の紹良が文字の校定に当たっている。

本書は内閣文庫（目録二五七頁）蔵本で、巻末に、「雍正十二年（一七三四）七月既望陸廷燦識」とあるから、これ以後の刊行である。『茶業通史』（一六一頁）には、同じく寿椿堂刊本をあげ、雍正乙卯（十三年）の黄叔琳の序があると言っているが、内閣文庫本には無い。

本書の原本には、初めに①「凡例」があり、②宋の陳師道の茶経序、③（新）唐書本伝（陸羽伝）、④原本茶経（ここまで①―④本書では省略）、⑤続茶経上下（一之源から十之図まで）、⑥附録　茶法よりなる。茶経の原文はすでに前に五度も掲げているので、⑤続茶経以下を本書では取上げた。『続茶経』は、『茶経』の一之源・二之具・三之造・四之器・五之煮・六之飲・七之事・八之出・九之略・十之図の区分に従って、歴代の文献を博捜して配列した。これはたんに『茶経』の注として文献を引用するのではなく、唐代以後、製茶法・産茶地などの変化にも留意して補足し、

『四庫提要』も「廷燦、一一訂定補輯し、頗る実用に切にして、徴引繁富……彼に補録し、其の捜採は勤なりと謂うべし。録して之を存し、亦た以て考訂に資するに足る。」と言っている。「九之略」では、歴代の茶事についての著述目録の一覧なども掲げており、「十之図」では、歴代の茶についての絵画目録も掲げている。筆者もこれまで本書が手元に無かったので利用していないが、今後は本書を十分に活用したいと考えている。附録の「茶法」は唐代以後、主に明代までの茶法変遷の資料集であるが、宋代については佐伯富氏の『宋代茶法研究資料』（東方文化研究所、一九四一）にははるかに及ばない。

40 茶経詳説　日本　大典禅師

大典禅師（一七一九―一八〇一）は諱《いみな》は顕常、号は大典、幼い時から京都で仏門に入り、五九歳で名刹、相国寺の住持となり、消失した相国寺の復興に努力した。大典はたんなる名僧ではなく、江戸時代の漢文学の第一級の学者で、詩文書画をよくし、著書もすこぶる多く、そのうち『文語解』『詩語解』『唐詩解頤』などは今も評価が高い。また老中の松平定信の依嘱により、朝鮮との修交の文を草したことも名高い。大典の伝記に小畠文鼎『大典禅師』（一九二七）があり、以上の記述も本書に基づいた。

『茶経詳説』は次のような構成となっている。①香海（高辻家長）の序、②茶経詳説附言（中国・日本の茶史）、③茶事品目（茶器の名称などの列挙）、④茶経巻上・中・下の訓点つき本文と仮名交り文による注解、⑤茶経外集（訓点附）、⑥伝（新唐書陸羽伝、童史氏承叙曰、訓点附）。封面には「唐陸羽撰　日本大典禅師詳説　茶経　附外集　平安書林　竹苞楼　友松堂　全梓」とあり、茶経巻下の巻尾の裏葉に「安永三甲午歳二月穀旦　浅井庄右衛門　佐々木惣四郎　小川久兵衛　小川源兵衛」と奥附があって、一七七四年の刊行であることがわかる。末尾の奥附は「京都　寺町通六角

下ル町　書林　友松堂　小川源兵衛」とある。

①香海の序には、安永甲午正月とある。その序によれば、『茶経詳説』は大典の茶経講義の聞き書きによっていることがわかる。大典五六歳の時の刊行である。本書は大典の高い学識に基づいた平易な講義であったので、難解な茶経を今日において日本人が理解する基礎がここにおいて確立したのである。私が若年のころ、『茶経』の現代語訳・注解ができたのも、本書があって初めてできたのである。今読みかえしてみて、弱年のころ本書より読みとり得なかった迂闊さに驚くことがある。しかし現在は大典のころより中国文献の入手度がはるかに増大しているので、その点においては、現在の訳注の有利さがあることも事実としてはあるが、⑤茶経外集、⑥伝は、前に掲げた38明鄭熜校日本翻刻本の再刻版（宝暦八年刊）の版木をそのまま用いたものである。

なお①香海の茶経詳説序、②茶経詳説附言などについては、林左馬衛氏の『茶経』（明徳出版社、一九七四）に訳注があり、参照されたい。

41　茶経図考　　筆者未詳

「茶経図考」は書肆から筆者が偶然に入手したもので、その作者・年代共に明らかでない。そのため本書に入れるのをためらったが、次の42茶経中巻茶器図解が『茶経』四之器だけの図解であるのに対して、「茶経図考」は、四之器のほか二之具の製茶道具の図化も行っていて、参考になる点もあるので、あえて本書に入れた。

『茶経』は、製茶法・喫茶法について、その器具を列挙して説明する方法を採用した。そのために、文章では表現の困難な製茶法・喫茶法をかなり理解できるように文章化することに成功した。しかしそうなってくると、製茶器具・喫茶用の茶器を文章から具体的に図化または製作してみないと理解できない点が多い。私は初めて『茶経』を訳出した時、出版社の要請もあって試みたが成功しなかった。諸岡存氏『茶経評釈』において、このことを努力して試みられたが、私とイメージの違う点も見られる。「茶経図考」もこのような一つの試みである。

「茶経図考」の右端上は、『茶経』二之具の初めにある「籝」の図で、これは茶採み籠で、『茶経』の文には、「竹を以て之を織る」「茶人負いて以て茶を採む」以外にその構造を示す文はない。今の中国の茶採み籠はもっと縦長で、較べると形が大分変っているし、負いひもは直接に籠についている。このように問題はいくらもでてくる。図の中央の上は、『茶経』四之器の「風炉《ふろ》」である。これは四之器の茶器の中心となるもので、風炉の形に疑点を持つが立派な出来栄である。「茶経図考」は、問題はいくらもでてくるが、『茶経』二之具・四之器のほとんどすべてにわたり一応図化したところに「茶経図考」の価値がある。

42　茶経中巻茶器図解　　日本　春田永年

春田《はるた》永年《ながとし》（一七五三―一八〇〇）は尾張の人で、江戸に居住し、清水浜臣の門に入り、故実に精通した。『延喜式工事解』などの著書がある（『日本人名大事典』、平凡社）。

本書は①茶器図解例言（仮名交り文）、②茶経巻中　四之器（茶経の原文に返点を付け、割注として、大典禅師の茶経詳説を［詳説］として引用し、次に［案］として春田永年の意見を述べている）、③茶経図解（四之器に見える茶器すべての図解と解説）から成る。

本書の書かれた動機は、①例言の中に、『茶経詳説』は、『茶経』の真面目の紹介だが、「工巧製作ノ事、元ト禅師ノ預ル所ニ非ス」として、浅説を加えたとしている。［案］の中には、時々、『茶経詳説』を是正した個所を見る。例えば、盌の「甌越也甌越（「州」字脱落）上」について、詳説は「此四字衍文ナラン。或ハ盌ノ一字アルヘシ」とあるのに対して、案は「甌ハ越也トハ地名ヲ云。甌ハ越州ヲ上ストハ甌ハ越州ヲ上トスト云コトナリ。字彙ニ、今ノ俗盌深キ者ヲ甌トストアレハ、此甌ハ盌ヲ云。衍文ニアラザルナリ」(句読は筆者が入れた)とあるのはそれである。図についても意見なきにしもあらずであるが、ここでは一々あげない。

本書は国立国会図書館所蔵の写本で、刊本はない。国立国会図書館の特別許可により、本書に影印して登載することができた。なお「茶経中巻茶器図解」は、福田宗位氏が『中国の茶書』において紹介され、筆者はそれによって本書の存在を知った。なお福田氏は図を書き直して入れられたが、今回は原書のまま影印した。なお二七一頁上欄最後に「夾」の前半が欠文し、二七九頁「三格之図」に「離翟」の図が欠落している。

七　蔡襄の茶録、宣和北苑貢茶録・北苑別録の各版本と茶集の日本翻刻本

43　茶　録　　百川学海弘治本

蔡襄の『茶録』についての解題は、すでに2茶録の条に述べてある。

43茶録として、明弘治十四年(一五〇一)序無錫華氏刊本をここに掲げたのは、本書を『茶録』の底本とせんが為である。その理由としては、『茶録』のテキストは『百川学海』から出たものが主流であり、『百川学海』の中では、本書が刊年の明瞭なテキストとして信頼でき、『茶書全集』はおそらく本書を底本としたと考えるからである。本書と『茶書全集』本『茶録』を校合してみると、上篇茶論の蔵茶の条で、『茶書全集』は「両三月。一次用火」とある

「茶色味皆陳」とある「茶」字を、『百川学海』は「香」に作り、これが正しい。また下篇論茶器の砧椎の条で、『茶書全集』は、「砧椎蓋以砕茶」の「砕」字を『百川学海』は「砧」字としているなど異同がある。したがって『茶録』テキスト中の信頼の置ける最古版である弘治序刊本『百川学海』を研究上の底本とすべく、本書をここに掲げた。本書は内閣文庫蔵で、景印本ではなく、原刊本に基づいていることも明言しておきたい。

44 茶　録　古香斎宝蔵蔡帖巻二

本帖は故神田喜一郎先生の御所蔵である。「古香斎」は明の宋珏《かく》（一五七六―一六三二年、列朝詩集小伝丁集下）で、宋珏が集めた蔡襄の書跡集である『古香斎宝蔵蔡帖』の巻二に収録されている。

すでに2茶録のところで述べたように、本帖は『茶録』後序に見える治平元年（一〇六四）の刻石ではない。それは本帖に「絹本茶録」と二行目に書かれているからである。本帖と『茶録』の他のテキストとの異同についても先に述べた。本帖には「紹興」（前後に二印）、「宣龢（＝和）」、「神品」の印がある。その次に「方孚若家蔵」とある。方孚若は方信孺（『宋史』巻三九五）である。次に「劉克荘観」とある。劉克荘（一一八七―一二六九）は『後村先生大全集』の著者であり、その巻一〇一に、「東園方氏帖　蔡端明茶録」の項があり、その文に「茶録、余凡そ数本を見る。此の本……このごろしばしば方孚若と借りて観る。主者は袖中の巻を出して舒《の》べて纔《わず》かに畢り、急にこれを袖にして去る。其のこれを秘惜すること此くの如し。後三十年、乃ち方君の得る所となる。」とあり、この茶録は持主が袖の中よりちらりと出して見せたのであるから、絹本に相違ない。また同書巻一〇五、又蔡公書四軸、絹本茶録の項にも、淳祐壬子（十二年、一二五二）六六歳の時に絹本茶録を見たとある。以上の記述は本帖の「方孚若家蔵　劉克荘観」とぴたりと合う。本帖の末尾には、元末明初の倪瓚《げいさん》の辛亥（一三七一年）の題がある。本帖は蔡襄自筆の『茶録』として珍重すべきものなので、とくに御生前に神田先生に乞うて本書を飾った。

45　宣和北苑貢茶録　　読画斎叢書本

46　北苑別録　　読画斎叢書本

『宣和北苑貢茶録』『北苑別録』は、汪継壕の校のある『読画斎叢書』（清　顧修　嘉慶四年、一七九九年刊）所収本に依らねばならないことは、すでに4宣和北苑貢茶録の項で述べておいた。すなわち①『茶書全集』本には、図がないが、『四庫全書』本には図があり、『読画斎叢書』は『四庫全書』本に依った図がある。②『説郛』本に、図はないが、図にあるべき寸法がある。『読画斎叢書』は図を入れた上で、『説郛』本の寸法も入れている。③『茶書全集』は無注本であるが、『四庫全書』本には自注があり、さらに按語がある。『読画斎叢書』はそれらも取入れ、さらに汪継壕の按語も加えられている。④『茶書全集』本のテキストは悪く、『四庫全書』本によった『読画斎叢書』のテキストの方がすぐれている。以上の理由によって、『宣和北苑貢茶録』『北苑別録』は『読画斎叢書』に依拠すべきであるから、ここに登載した。ただし『北苑別録』には本来から図はない。

47　茶　集　　明　喩政　日本文化甲子序刊本

18茶集の日本翻刻本である。巻上の文類は、喩政原本の巻一、文類の全文を収め、賦類（三首）は省略している。喩政原本の巻二の詩類・詞類（六首）のうち、詞類はすべて集録し、詩類は喩政の原本が唐・宋・元・明と時代別配列であるのに対して、翻刻本は、中巻を五言古詩一五首、七言古詩二五首、下巻を五言律詩二九首、五言排律一首、七言律詩二六首、五言絶句四三首・七言絶句六七首・詞類（七首）とジャンル別に配置換えをしている。

本書は各巻の巻頭に、「明　南昌　喩政選輯　日本和泉　源靖重訂」とある。源靖は未詳である。巻末に源靖の文化甲子（元年、一八〇四）の題がある。巻頭には皆川愿、すなわち皆川淇園（文化四年没）の享和癸亥（三年、一八〇三）の題辞と、阿波の藤原憲の序がある。封面には、「明南昌喩政選輯　茶集　平安　考槃亭蔵」とあり、奥附には、「茶集拾遺嗣出　皇都　書舗　林伊兵衛　木村吉右衛門　銭屋宗四郎　小川源兵衛」とある。『茶集拾遺』の刊行されたことは聞かない。

附録　茶　董

48　茶　董　　明　夏樹芳　日本宝暦八年刊本

夏樹芳は、字は茂卿といい、江陰（江蘇省無錫市江陰県）の人である（明人伝記資料索引四〇八頁）。別集が内閣文庫にあり、『消暍集』二八巻（明崇禎元年序刊）である。

本書に収録した日本翻刻本の祖本となる明刊本は尊経閣文庫にあり、陳継儒の『茶董補』と合刊になっている。残念ながら本書には収載することができなかった。また夏樹芳には『酒顛』という著書があり、これも陳継儒の補を附して刊行され、内閣文庫に明万暦四十年（一六一二）序刊本があり、『茶董』の陳継儒の序に「夏茂卿叙酒其言甚豪」とあり、『酒顛』の方が先に著作されたようであるから、『茶董』も万暦四十年を隔たること遠くない時期の刊行であろう。『茶董』には上述のように陳継儒の序がある。陳継儒は、14茶話の著者で、その伝記は『茶話』の項に述べた。また董其昌（一五五五—一六三六年、画家書家として名高く、また大官にも至った。『明史』巻二八八）の題詞があり、さらに馮時可（隆慶五年、一五七一年の進士、『明史』巻二〇九、文恩附伝）の序がある。日本翻刻に際して、播磨の清絢の宝暦戊寅（八年、一七五八）の序がある。清絢は清田儋叟（福井藩の儒官、天明五年、一七八五年没）である。

『茶董』は人毎に茶の故事を集めたものであるが、明人の通弊としてその引用が疏雑で、信をおくことができない。本書にわざわざ登載する必要がないとも言えるが、和刻本としてよく通行しているので、日本翻刻本の茶書をなるべく収録してみようという試みから本書も附録として登載した。『四庫提要』子部、譜録類存目、『茶董』二巻の条に、「不及採造煎試之法。但摭詩句故実。然疏漏特甚。舛誤亦多。」と酷評されている。陳継儒に『茶董補』があることは先に述べたが、『茶董補』は『海山仙館叢書』（清　潘仕成輯、道光二十七年刊）に収録されている。内容は『茶董』と同様で、徒らに唐・宋の記事を引用するだけで、唐・宋とは異なった明代の茶に触れることのない奇怪な書である。

本書の封面には「夏氏三種　酒顛　茶董　琴苑　茶董　賀府書肆　拾翠堂蔵」とあり、奥附に「酒顛　琴苑　嗣出　宝暦八戊寅（一七五八年）夏六月　書林　京都堀川高辻上ル町　日野屋源七　加州金沢安江町　能登屋次助　合刻」とあり、珍しく金沢の蔵板で出版されている。『酒顛』『琴苑』共に夏樹芳の著作であるが、その日本翻刻本は未出版であったと思う。

なお『茶董』の訳注はないが、『酒顛』には、『青木正児全集』第九巻にその訳注が収められている。

（『中国茶書全集』上巻　汲古書院　一九八七）

『中国茶書全集』補遺

本書を汲古書院から刊行いたしましたところ、大阪市立大学名誉教授の佐藤武敏氏から、早速、重要な示教を頂戴いたしましたので、お伝えいたします。

それは本書下巻二七一頁上欄、春田永年の『茶経中巻茶器図解』に欠けている部分があり、そのことは本書上巻、解説七二頁に指摘しておきました。ところが佐藤氏はその欠けている部分をメモしておられたのです。そのメモの由来は、佐藤氏からの書翰によれば、以下のようであります。

佐藤氏は漆工芸の書である明代の黄成の『髹飾録《きゅうしょくろく》』について、日本人の寿碌堂《しゅろくどう》主人の注釈を東京国立博物館で調べられ、その中に『髹飾録』とは無関係の紙片が挿入されていたのをメモしておられました。そのメモが『中国茶書全集』二七一頁の欠けている部分にぴたりと合うというわけであります。それがここに掲載した図版の部分でありま す。これを切りとって、下巻二七一頁上欄左の白紙の部分に貼りつけていただけば、『茶経中巻茶器図解』の欠けている部分が補っていただけることになります。

また佐藤氏は寿碌堂主人が春田永年であろうと見当はつけておられたようですが、『髹飾録』の寿碌堂主人の注釈の中に、春田永年の『茶経中巻茶器図解』の一部分がはさみこまれていたことによって、寿碌堂主人が春田永年であると確認する一つの資料となったようであります。この東京国立博物館所蔵の徳川本『髹飾録』は近年において東博で発見されたものだそうで、実に好運に恵まれたものと言えます。これも佐藤氏の丹念な学風のお蔭を蒙ったことになり、佐藤氏に深甚の感謝を捧げたいと思います。

この『茶経中巻茶器図解』の欠けていたのは「夾」の部分ですが、これは大典禅師の『茶経詳説』（下巻二五〇頁下欄）の夾の部分と同じで、この部分に春田永年の案語の無いことが判明しました。

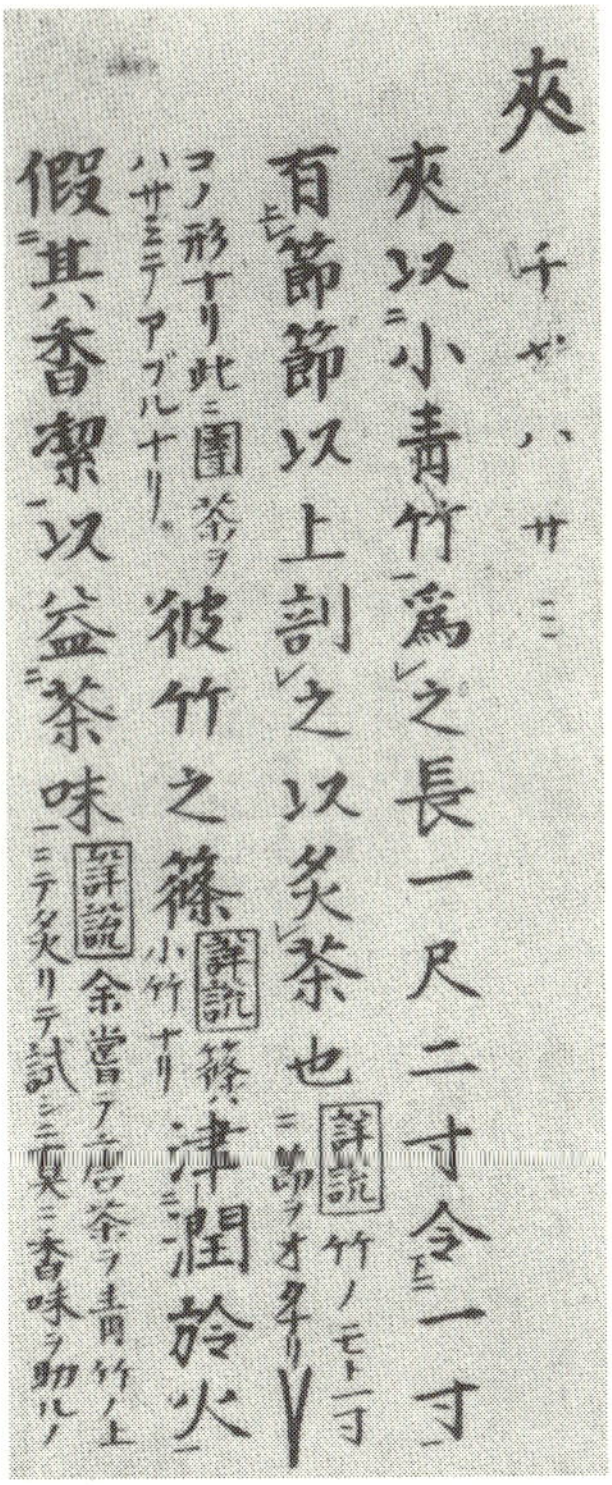
夾 チャハサミ
夾以小青竹爲之長一尺二寸令一寸有節節以上剖之以炙茶也 詳説 竹ノモト一寸ニ節ヲオクタリ
彼竹之篠津潤於火 詳説 篠ハ小竹ナリ
假其香潔以益茶味 詳説

右欠落部分の本誌への図版掲載については、東京国立博物館の許可をいただきました。ここに謝意を表する次第です。

以上のような経過で、『中国茶書全集』の補遺の文を書きました。本書の読者におかれましては、ここに掲げた図版で本書の欠を補っていただくことを重ねてお願いいたします。

（「汲古」第一三号　汲古書院　一九八八年六月）

『茶経』研究補遺

一　はじめに

私が『茶経』の研究を始めたのは、昭和三十年ころのことで、まず、『茶経』の訳注より始め、その成果は、『茶道古典全集』第一巻（淡交社、一九五七）として刊行された。しかし一つのテキストの訳注は、研究の端緒であると共に、研究の終着点でもあり、完備された訳注は永年の研究を基礎にして初めて可能であり、初め着手したころの私の学力では幾多の不備を残した。それでも訳注の進行と共に起こる疑点について、当時、二、三の論文を発表し、解決に向かった。そのころの問題点はだいたい三点に分けられる。

第一点は、『茶経』のテキスト・クリィティークである。『茶経』には、明の万暦年間（一五七三―一六二〇）より、明版として多数の版本が刊行され、その中には、刊年の明らかでないものもあり、それらについて、『茶経』の版本をどのように系統立てるかという難問があった。またわが国では、江戸時代の元禄以前から、三次にわたって、明版の翻刻本が訓点入りで刊行され、天保十五年（一八四四）に至る。しかしこの翻刻本は、明の鄭熜校本に基づくが、この鄭熜校本の祖本がいずこの書目にも登載されず、このため『茶経』の版本研究の一つのネックとなっていた。しかしこの問題は、後に私が鄭熜校本を発見購入することによって解決した。[1]結果として、わが国の翻刻本は明版鄭熜校本のほぼ忠実な翻刻本であることが判明した。『茶経』明版の他の版本については、『茶経』訳注を完成したころ、二点の論文を発表し、テキスト系統化に一歩を進めた[2]。そしてこれらの間に、『茶経』の訳注について、従前に刊行した『茶道古典全集』所収のものに補訂を加えたのが、『中国の茶書』（平凡社東洋文庫二八九、一九七六）に収めた『茶経』である。また本書には、「中国の茶書」と題して、『茶経』以外の中国茶書の概観と、それを通じた中国喫茶文化史の骨子を示した。その後、『茶経』のテキストについて、武田科学振興財団の杏雨書屋の公開と共に、『明嘉靖竟陵本茶経』を調査し、本書が各種の附刻をもつ明版茶経の祖本であることを考察し、[3]さらにこの附刻がどのように成立したかを考証した。[4]これらによって、だいたい『茶経』各版本の系統化を試みることができるようになった。これらを総括したのが、拙編『中国茶書全集』（汲古書院一九八七年）所収の「解説」であり、それには『茶経』のほか、明代およびそれ以前の中国茶書についても、一応の解説を試みると共に、『茶経』以下、中国茶書の原典を収集した。

本稿においては以上の補遺として次のことを考察した。附刻を伴う和刻本のような明版茶経を、『嘉靖竟陵本』から、そのような形に改変したのは、『山居雑志』所収の『茶経』であろうことは往来指摘してきたが、今回、『山居雑志』が、北京の中国書店から、帙入り線装本六冊として刊行されたので、それと国立公文書館内閣文庫所蔵の『山居雑志』を比較検討してみた。これは明版の叢書は、今日のように、一時期に一斉に刊行されるのではなく、むしろ求めに応じてその都度に印刷され、等しく同一書名の叢書であっても、内容が異なっているので、少なくとも同一名叢書の二種以上の版本を比較検討した上でないと、一つの叢書について発言できない場合が往々ある。そこで今回、北京、中国書店刊行のものと、内閣文庫の蔵本を比較した上で、『山居雑志』所収の『茶経』の性格を報告したいと思う。

第二点としては、陸羽伝記の研究がある。その中で第一の問題点は、『茶経』著作の時期である。これについては、『茶経』四之器の風炉の銘文に「聖唐滅胡明年鋳」とあるのが一つの重要な手掛りとなり、聖唐滅胡の年とは、安史の乱の平定の年、すなわち代宗の宝応二年（七六三）に史朝義が殺された年と見るのは一般的な見解で、『茶経』の著作時期はそれ以後となる。また陸羽の自伝である「陸文学自伝」（『文苑英華』巻七九三）の末尾に、「茶経三巻」と記載され、それは「上元辛丑」（二年、七六一）に書かれたものであるから、この記事を信頼すれば、七六一年以前に『茶経』は著作されたことになる。しかしこの自伝は、陸羽の推定年齢二九歳の時の作で、自伝には『茶経』のほか、七種もの著作を挙げているので、これは後年の著作までここに後に列挙したのではないかと疑われる。そこで私は別の観点から『茶経』の著作年代を考察した。それは『茶経』八之出に、産茶地について、州県名の記述があるのを手掛かりに、それら州県の建廃を考証し、だいたい、八之出に見える州県名は乾元元年（七五八）から上元元年（七六〇）に至るものであるとした[5]。これだと上記の聖唐滅胡の年を安史の乱が完全に平定された七六三年と矛盾することになるが、これは聖唐滅胡の年を粛宗と上皇の玄宗が長安に帰還した至徳二載（七五七）を滅胡の年とみなすことによって解決する。陸羽の伝記で問題になるのは、陸羽が呉興（湖州）で、顔真卿の幕下にいた時は、その事績が判明するが、顔真卿が大暦十三年（七七八）に湖州刺史を離任して以後と着任以前のことは闇につつまれている。その中から一齣を明らかにしてみたい。そこで本稿においては、石刻文の「唐義興県重修茶舎記」によって、陸羽伝記の一時期を解明してみたい。

第三点として、『茶経』を中国喫茶文学史上にどのように位置づけるかという問題がある。もっと具体的には、『茶経』に見える喫茶法が陸羽独特のものか、それとも当時一般的に行われていたものかという点である。この点において、陸羽と同時代人の封演は、その著の『封氏見聞記』巻六、飲茶の項において、『茶経』を賞讃する態度をとっている。また唐詩の中には茶に関係のある詩が多く現われるが、その中で白居易は陸羽より約四〇年遅れて生まれ、その膨大な詩作の中において、数十篇にわたって茶のことに触れている。しかしそこで詠ぜられている茶は、餅茶を用いて、鍑《かま》（＝釜）の中で湯の沸騰によって当てており、『茶経』と大きく違う点はない。しかし白居易の好みとして、『茶経』では越磁（青磁）をたっとぶのに対して、白居易は白磁を好み、また『茶経』では酒に触れることはほとんどないのに対して、白居易は酒と茶を対立的に見ないで、両者の共存を述べている。(6) また唐末の人、皮日休には、「茶中雑詠」十篇があり、それに対する陸亀蒙の唱和詩十篇も共に『松陵集』によって伝えられている。この茶中雑詠は皮日休の序によれば、『茶経』に基づき、陸羽が茶について充分に詩において表現していないのを憾みとして十詠を作ったとあり、『茶経』を敷衍する意図が大である。(7) これに対して、陸羽よりやや後の人である盧仝が「筆を走らせて孟諫議の新茶を寄せらるるを謝す」という詩に見える茶は、『茶経』とは異なったナルコティクス（陶酔剤）としての茶であり、わが国でも、五山の禅僧は陸羽と盧仝を「二子」とよんで、盧仝の境地も重視している。(8) また『茶経』とわが国の茶道との関係については、私はわが国茶道の端緒となるものが、すでに『茶経』に見られることを、私の『茶経』研究の初期に述べた。(9) 最近の見解は拙著『緑芽十片』（岩波書店、のち『中国喫茶文化史』岩波現代文庫）の「陸羽の茶道」の項に述べておいた。

そこで本稿においては、第三点として、これまで唐代の茶器と確実に認定できる遺物は皆無と言ってよかったが、一九八七年、西安の西の名刹である法門寺から、唐末の宮廷で使用されたことが確実な茶器が発見され、それぞれ『茶経』四之器に見える茶器二十四器に比定ができるので、これは『茶経』において重要な意味をもつ茶器と、宮廷用の茶器との比較が可能となり、宮廷用の茶器は銀製金めっきのもので、『茶経』の茶器よりはるかに豪華なものな

ので、その実態を現在判明する範囲においてここに報告し、『茶経』の位置づけの重要な資料としたいと考える。(10)

二　新刊『山居雑志』所収の『茶経』について

今回、新刊の『山居雑志』は、線装本一帙六冊より成り、第一冊の末尾に、「山居雑志一函六冊　北京市中国書店出版　北京市新華書店発行　定価六十二元」とあり、刊行の日付はない。

第一冊は『菌譜』四葉、『疏食譜』四葉、『野菜譜』三〇葉、『蟹譜上巻』一一葉、『蟹譜下巻』七葉より成る。第二冊は「山居襍志叙」（内第四葉白紙）、万暦癸巳（二十一年、一五九三）新都の謝陛の撰、五葉、「南方草木状目録」三葉、『南方草木状巻上』七葉、『南方草木状巻中』五葉、『南方草木状巻下』五葉、『竹譜』一二葉、『筍譜』四〇葉より成る。第三冊は、『茘枝譜』九葉、『橘譜巻上』四葉、『橘譜巻中』六葉、『橘譜巻下』四葉、『梅譜』五葉、『洛陽牡丹記』九葉、『天彭牡丹譜』六葉、『亳州牡丹志』八葉、「牡丹栄辱志目録」二葉、『牡丹栄辱志』一〇葉、『芍薬譜』一〇葉より成る。第四冊は、「海棠譜叙」一葉、『海棠譜巻上』八葉、『海棠譜巻中』一四葉、『海棠譜巻下』一三葉、「百菊集譜序」三葉、「百菊集譜目録」一葉、「諸菊品目」五葉、『百菊集譜巻第一』一六葉、『百菊集譜巻第二』一六葉、『百菊集譜巻第三』二一葉（内第一三葉白紙）より成る。第五冊は、『百菊集譜巻第四』二〇葉、『百菊集譜巻第五』五葉、『百菊集譜巻第六』二五葉、『菊史補遺』二一葉、『酒譜』一七葉より成る。第六冊は、『茶経』『茶譜』など七二葉より成り、この冊については後に詳細に検討する。

これを国立公文書館内閣文庫所蔵の『山居雑志』と比較して見ると、内閣文庫のほうは、『菊譜』『疏食譜』『野菜譜』『竹譜』『梅譜』『洛陽牡丹記』『海棠譜巻下』『酒譜』を欠いている。

また内閣文庫本には、『山居雑志』の目録がある。これと今回新刊の『山居雑志』の内容を較べてみると、『禽虫述』が欠けている。

『山居雑志』の内閣文庫本の目録と、内閣文庫本の内容を較べてみると、『菌譜』『蔬食譜』『野菜譜』『洛陽牡丹記』『酒経』（目録には『酒譜』とはない）『竹譜』が欠けている。

要するに、中国書店本も内閣文庫本も共に、不備な点があるが、内閣文庫本の方が欠落の部分が多く、中国書店本は『禽虫述』を欠いているだけだが、時々欠葉があり、その部分は内閣文庫本で補えるという関係にある。

また内閣文庫本・中国書店本ともに、万暦癸巳（一五九三年）、新都の謝陛（未詳）の序がある。その序には、『南方草木状』以下、二〇種を収めたという。その二〇種とは、その序によれば、⑴南方草木状、⑵竹譜、⑶筍譜、⑷茘枝譜、⑸橘譜、⑹梅譜、⑺洛陽牡丹譜、⑻天彭牡丹譜、⑼亳州牡丹志、⑽牡丹栄辱志、⑾芍薬譜、⑿海棠譜、⒀百菊集譜、⒁酒譜、⒂茶経・茶譜、⒃菌譜、⒄蟹譜、⒅蔬食譜、⒆野菜譜、⒇禽虫述である。ただし序文中では、書名が抽象的に書かれていて、「志南方草木状第一……志竹第二……志筍第三……志禽虫第二十」の如くであるから二〇種の数に誤りは無い。しかしここに挙げた書名は実際に収められたものに基づく。また中国書店本の謝陛の序には、一葉の欠葉があるが、それは内閣文庫本で補った。

また内閣文庫本には、謝陛の序の次に、「山居雑志日録」が一葉あり（中国書店本にはない）、その内容は序とは矛盾しないが、配列の順序は、謝陛の序とは合わず、また『酒譜』を『酒経』と誤っている。したがって私はこの目録は初刻の時のものでは無いと思う。

さらに中国書店本は六冊よりなるが、その第一冊は『菌譜』『野菜譜』『蟹譜』、第二冊が、「謝陛の序」『南方草木状』『竹譜』『筍譜』を収め、これは原本がそのようになっていたためと思われるが、理解に苦しむ配列である。

次に『山居雑志』本の『茶経』『茶譜』のことに入る。中国書店本によれば、その内容は次の通りである。⑴陳師道の茶経序、⑵茶経巻上（一之源・二之具・三之造）、⑶茶経巻中（四之器）、⑷附刻茶具図賛、⑸茶経巻下（五之煮・六之飲〔一葉欠〕・七之事・八之出・九之略・十之図）、⑹伝（新唐書陸羽伝）、⑺童史氏承叙日、⑻茶経水弁、⑼茶経外集、⑽茶譜（著者名なく、「明新安汪士賢校」とある）、⑾茶譜外集（明　新安　孫大綬編次汪士賢校梓）。そして、以上の版本には、一葉より、七二葉に至る通しの葉数が入っている。これと内閣文庫本を比較すると、内閣文庫本は⑷附刻茶具図賛が⑸茶経巻下の後に入っている点が異なっていた。今回内閣文庫に行き、中国書店本と比較した結果、内閣文庫本も一―七二葉に至る各葉は全く同一で、内閣文庫本は恐らく、⑷附刻茶具図賛が、『茶経』巻中と巻下の間に入っているのを体列の誤りと思い、『茶経』巻下の次に、『附刻茶具図賛』を葉数を無視して綴じなおしたものと思われる。これは内閣文庫本の葉数をよく調べれば判明したことであるのに、これまで気がつかなかった。また『山居雑志』本が⑶『茶経』巻中の次に、⑷附刻茶具図賛を置いたのは、茶具図賛を『茶経』四之器の図解の意識で取上げたからであろう。しかし内閣文庫本に綴じ誤りのあることに気がついたこと（その動機は中国書店本と内閣文庫本を比較した結果であるが）は、私の「茶経各版本系譜図私案」[11]に次のような補正を加えねばならなくなった。「茶経各版本系譜図私案」の関係部分は次の通りである。

百川学海本 ― 嘉靖竟陵本 ― 山居雑志本 ― 鄭熜校本 ― 和刻本

私はこの図を考える時、『山居雑志』は内閣文庫本を参照し、その綴じ違えに気がつかなかったため、鄭熜校本に至って初めて、『茶経』巻中（四之器）の次に『茶具図賛』をはさむ形式が成立したと考えた。しかしそれは誤りで、『山居雑志』本が実は『茶経』巻中の次に『茶具図賛』を置く形式であったことが判明した。鄭熜校本が山居雑志を継承したこと自体に変りはないが、もっとつめて言えば、鄭熜校本と山居雑志本とはもともと同一版本であり、版の磨耗度から見て、鄭熜校本は山居雑志の版木を買収したか、譲渡を受け、校刊者の名のみ、「明　新安汪士賢校」から「明　晋安鄭熜允栄校」と改めたものであると見なされる。

しかしここにもう一つ、先掲の私の作製した「茶経各版本系譜図私案」で取上げなかった問題がある。それは先に述べた『山居雑志』本や『鄭熜校本』と同一版木と見なされる版本に、校刊者名を「明　新安程栄伯仁校」とするものがあり、東京大学東洋文化研究所や私の所蔵本がある。これは印刷が鮮明で、版木の磨耗が少なく、おそらく『山居雑志』はこの程栄本の版木の譲渡を受け、校刊者の名だけ、「明新安汪士賢校」と改めたものと観察できる。そのことは「明新安汪士賢校」の文字の墨色が薄く印刷されていることによって推定することができる。その結果は、「茶経各版本系譜図私案」を次のように修正したい。

百川学海本 ― 嘉靖竟陵本 ― 程栄本 ― 山居雑志本 ― 鄭熜校本 ― 和刻本

この程栄は、『漢魏叢書』（三十八種本）の校刊者の程栄と同一人物と見なされ、この叢書には、万暦壬辰（二十年）の屠隆緯の序がある。またこの漢魏叢書と程栄校本の『茶経』とは版刻形式、とくに版心がよく似ていて、同一人物の校刊書と見なされるよい資料を提供する。また『山居雑志』の謝陛の序が万暦二十一年であるから、程栄の校刊本がそれ以前の刊本であるとしてもとくに矛盾することはないと思う。

中国書店から『山居雑志』の原寸大の景印本が最近刊行され、それを調査した結果、『茶経』の版本の系譜について、上記のような補正が可能となった。

三 「義興県重修茶舍記」について

陸羽伝記の欠を補う資料に「義興県重修茶舍記」があり、宋の趙明誠の『金石録』巻二九（中華書局景印、一九八三）にその文が収められている。[12] その文は次の通りである。

義興貢茶非旧也。前此故御史大夫李栖筠。実典是邦。山僧有献佳茗者。会客嘗之。野人陸羽以為芬香甘辣。冠於他境。可薦於上。栖筠従之。始進万両。此其濫觴也。厥後因之。徴献寖広。遂為任土之貢。与常賦之邦侔矣。每歳選匠徴夫至二千余人云。余嘗謂。後世士大夫区区以口腹玩好之献為愛君。此与宦官宮妾之見無異。而其貽患百姓。有不可勝言者。如貢茶至末事也。而調発之擾猶如此。況其甚者乎。羽蓋不足道。嗚呼孰謂栖筠之賢而為此乎。書之可為後来之戒。且以見唐世義興貢茶。自羽与栖筠始也。

ここに義興とあるのは、『新唐書』巻四一、地理五、江南道、常州晋陵郡の属県に見える義興県である。この義興県は、『元豊九域志』巻五、常州の条に、北宋の「太平興国元年（九七六）改為宜興。」とあり、今の紫砂陶の産地で名高い太湖西岸の宜興である。これは北宋の太宗匡義の諱を避けたものである。そしてこの義興県は『新唐書』地理志、常州の条の土貢に「紫筍茶」があり、この地の茶は途中断絶はあるが、今もこの名で名茶となっている。またこの紫筍茶は、義興県の南にある湖州長城県（浙江省長興県）にまで、太湖西岸に続いて産する。『元和郡県図志』巻二五、江南道、湖州、長城県の条に、「顧山県西北四十二里。貞元（元年は七八五年）已後。每歳以進奉顧山紫筍茶。役工三万人。累月方畢。」とあり、この顧山は顧渚山のことである。また義興は、『通典』巻一八二、州郡、常州に、「義興。漢陽羨県故城在南。」とあって、またこの地は陽羨ともよばれる。したがって、義興県の茶とは、この紫筍（笋）茶、また顧渚茶・陽羨茶と言っても、皆この一帯に産する名茶で、唐の徳宗の貞元以後、製茶の時期の二ヵ月は、三万人が動員されて、皇帝への進奉茶の製造に当たり、これは大変な負担であった。義興の茶舎とはこの皇帝へ進奉用の茶工場である。

次に「故御史大夫李栖筠」について考察してみよう。李栖筠の列伝は、『新唐書』巻一四六に見え、栖筠は憲宗時代宰相の李吉甫（七五八―八一四）の父、文宗時代宰相の李徳裕（七八六―八四九）の祖父に当たる。栖筠は、『登科記考』巻九によれば、天宝七載（七四八）の進士である。幼時に孤となったが、「有遠度。荘重寡言。体貌軒特。喜書。多所通暁。為文章勁迅有体要。不妄交游。」と新伝に見える。進士に及第後、冠氏県（山東省）主簿となった。また安西節度使の封常清の判官などとなり、安史の乱に際して、精卒七千とともに、粛宗の霊武の行在に赴き、殿中侍御史に抜擢された。ついで吏部員外郎・山南防禦観察使・太子中允・河南令・絳州刺史・給事中・工部侍郎となった。しかし代宗時代の実権者の元載に忌まれ、常州刺史となった。ここでも治績を挙げ、ついでこの方面一帯を観察する浙西都団練観察使に遷った。この観察使は潤州（江蘇省鎮江市）・蘇州（江蘇省蘇州市）・常州（江蘇省常州市）・杭州（浙江省杭州市）・湖州（浙江省湖州市）・睦州（浙江省杭州市建徳県）を領した。ついで御史大夫に遷った。しかし元載の専権止まず、憂憤して、五八歳で死去した。

栖筠の常州刺史在任の期間は、郁賢皓氏の『唐刺史考』（江蘇古籍出版社、一九八七年）第四冊によれば、永泰元年（七六五）から、大暦三年（七六八）までとなっている。また浙西都団練観察使在任の期間については、呉廷燮氏の『唐方鎮年表』（北京、中華書局、一九八〇年）第二冊、浙西の条に、大暦三年（七六八）から、大暦七年（七七二）二月までとしている。ついで御史大夫に遷っている。しかしすでに前年の七月、もしくは八月に御史大夫に転任の命が出ている。

そこで「義興県重修茶舎記」に見える義興県から、陸羽の献策を李栖筠が認めて皇帝用への貢茶の始まりはいつと見なすべきであろうか。この時期は茶舎記の文より見て、栖筠の常州刺史もしくは浙西都団練観察使に在任中のことでなければならない。とすれば、大暦六年以前と見るのが至当である。

北宋・銭易の『南部新書』戊に、

唐制湖州造茶最多。謂之顧渚貢焙。歳造一万八千四百八斤。焙在長城県西北。大歴《ママ》五年以降。始有進奉。

とある。この資料は、先に述べた李栖筠の浙西都団練観察使の在位期間とも矛盾しない。したがって、義興における貢茶の開始は、『南部新書』に見える大暦五年（七七〇）と認定して差支えないと思う。なお大暦五年は、陸羽の推定年齢[13]の三八歳である。そのころの居所は湖州（呉興）の苕渓であり、そこから、太湖周辺の各地を廻っており、義興の貢茶開始もその間のでき事であろう。

ここに始まった貢茶は、義興（江蘇省宜興県）と長興（浙江省長興県）にわたり、その新茶の督促と額の増大が民衆を悩ますことになり、そのことは上述の「義興県重修茶舎記」の文からもうかがわれる。

明の『成化湖州府志』巻八、土産の条に、

茶出長興顧渚。名紫筍茶。号為絶品。古有貢茶院。今水口茶山産茶尤多。……顧渚与宜興接境。代宗朝（七六二―七七九年）以宜興歳造数多。命長興均貢。貞元五年（七八九）。歳貢限清明（今暦四月四日頃）到京。謂之急程茶。……又按旧誌云。湖・常二州交境。争先赴期。以趨一時之沢。貞元八年（七九二）。刺史于頔始貽書毗陵（常州）。請各緩旬日。俾遂滋長。開成三年（八三八）。刺史楊漢公。表奏乞於旧限寛展日期。勅従之。毎造茶時。両州刺史。親至其処。大率以立春後四十五日入山。暨穀雨（今暦四月二十日頃）始還。

とあるのは、その後の変遷を要領よくまとめている。すなわち代宗の大暦五年（七七〇）、義興県の貢茶開始後、これと境を接する長興県の顧渚山にも貢茶が及び、義興と長興とが均等に貢茶を行うこととなった。そして徳宗の貞元五年（七八九）に、清明節（今の暦の四月四日頃）までに、長安に新茶をとどける「急程茶」が開始され、これが二州（常州・湖州）の競争となり、害が甚だしくなったので、貞元八年（七九二）に、湖州刺史の于頔から、常州刺史に書を送り、これを一〇日程延期することを提案した。そして文宗の開成三年（八三八）に至って、ようやく新茶の長安への到着日時が延期となった。しかし両州の刺史は、立春後の四五日目（春分、今の暦の三月二十一日頃）に入山し、穀雨（今の暦の四月二十日頃）まで、茶産地に滞在する有様であった。

なお陸羽が大暦五年に、義興県の貢茶の開始に参画したことは、上述の通りで、陸羽の大暦五年時の業績の一つが判明した。その後の陸羽の行動は、大暦八年（七七三）に、顔真卿が湖州刺史に着任すると、その幕下に入り、陸羽の伝記上において、もっとも花々しい時代に入る。そして顔真卿の湖州刺史赴任の年の大暦八年に、顔真卿は杼山の妙喜寺に陸羽のために三癸亭を建てた。この妙喜寺の跡は今のどこにあるのか。先年私が湖州を訪れた時、訊ねても不明であった。多田侑史氏（裏千家東京出張所長）は、昭和六十三年九月、湖州市より西南一二キロにある妙西郷を訪れられた。[14] 多田氏によれば、妙喜寺は後に宝積寺となり、その寺の跡は今は妙西小学校になっていることをつきとめられた。これは陸羽伝記の一齣の発見である。また多田氏が言われるように、妙西と妙喜は中国の発音では音通であるから、妙喜という仏教的な地名を嫌い、妙喜を妙西に改めたことはあり得ることだと思うが、そのために妙西鎮に妙喜寺があることに気がつかないこととなった。

四　懿宗朝の帝室用茶器——扶風法門寺出土

一九八七年六月ころから、『人民日報』『光明日報』また『中国画報』（一九八七年一〇月）に、陝西省扶風県（西安の西一二〇キロ）の法門鎮にある法門寺の塔の下から、仏舎利（四枚）・金銀器一二一件、銅器八件、瓷器一六件、琉璃《ガラス》器二〇件、石刻二碑、織物類などが多数出土したことが報道された。

そしてこれらの出土品は、同時に出土した一つの碑の「大唐咸通啓送岐陽真身誌文」に、唐の懿宗の咸通十五年（八七四）正月四日に仏舎利を塔下に収めたことが明記されてあり、もう一つの碑は「監送真身使随身供養道具及金銀宝器衣物帳」と名づけられ、それはここに収められている品々の名称・数量・重量を書いたリストであって、その日付も上述のものと同様である。そしてそのリストの中に、

茶槽子碾子茶羅匙子一副七事共重八十両。瑠璃茶椀柘子一副。

と、茶器と明記されているものが二セットあり、茶槽子、碾子、茶羅、匙子については、出土品中より実物が確認され、その実物には、製作年・製作場所・名称が銘文として刻まれていた。これは唐代の茶器が、製作年・名称・埋蔵年まで判明する稀有な例であって、中国喫茶文化史上注目されるものであることは論をまたない。さらに『茶経』四之器に記載された茶器について、これまでは文献の解釈をするだけで、唐代の実物と対照しようにも、はっきり茶器と認定される器物はほとんど皆無であった。今回、法門寺からの出土品はそれを可能にし、『茶経』研究上からも画期的な意味をもつものである。

最初に、この法門寺の塔下に供養の器物類と共に、どのような仏舎利が収められたかの状況を見てみよう。『旧唐書』巻一九上、懿宗紀、咸通十四年（八七三）四月八日の条に、

仏骨至京。自開遠門（長安城西側北より第一番目の門）達安福門（長安城宮城の西門）。綵棚（綵帛を張った桟敷）夾道。念仏之音震地。上登安福門迎礼之。迎入内道場三日。出於京城諸寺。士女雲合。威儀盛飾。古無其比。

とあり、以下にこの仏骨を宮中に迎えるのに際しての恩赦の制が記載され、その文はまた『唐大詔令集』巻一一三、道釈の条の「迎鳳翔真身徳音」にも掲げられている。「鳳翔」は鳳翔郡、法門寺のある扶風県は鳳翔郡に属する。「真身」は仏骨を指す。この恩赦については、天下の禁囚の徒（受刑者）のうち、十悪忤逆、故意殺人、官典犯贓、合造毒薬、放火持仗、開発墳墓の罪以外の者は刑一等が減ぜられている。昭和天皇の大喪の時の恩赦と較べても興味深い。

なお扶風の法門寺から仏骨を迎えた時の記事は、上記の『旧唐書』懿宗紀より、『資治通鑑』巻二五二、咸通十四年三月癸巳（二十九日）の方が詳しい。その文は次の通り。

上遣勅使詣法門寺。迎仏骨。群臣諫者甚衆。至有言憲宗迎仏骨尋晏駕者（事見憲宗紀元和十四年）。上曰。朕生得見之。死亦無恨。広造浮図宝帳香轝幡花幢蓋以迎之。皆飾以金玉錦繡珠翠。自京城至寺三百里間。道路車馬。昼夜不絶。

夏四月壬寅（八日）。仏骨至京師。導以禁軍兵仗。公私音楽。沸天燭地。綿瓦数十里。儀衛之盛。過於郊祀。元和之時不及遠矣。富室夾道為綵楼及無遮会。競為侈靡。上御安福門。降楼膜拝（膜拝。胡礼拝也）。流涕霑臆。賜僧及京城耆老嘗見元和事者金帛。迎仏骨入禁中。三日。出置安国・崇化寺。宰相已下競施金帛。不可勝紀。因下徳音。降中外繫因。

十二月己亥（八日）。詔送仏骨還法門寺。

とくに旧紀と矛盾する処はないが、懿宗が「朕生きてこれに見《まみ》ゆるを得ば、死すともまた恨み無し」と言ったことなど、『通鑑』の方が生々しい。しかし懿宗は群臣から、憲宗が仏骨を都に迎えてまもなく晏駕された例もあるからとまで諫められたのに決行し、その諫めが不幸にも適中し、仏骨を都に迎えていた期間内の咸通十四年七月辛巳（十九日）に崩御された。そして十二月八日に、仏骨は法門寺に返還されることになった。その法門寺に到着し、仏骨を塔下に納めた日付が、今回、法門寺の塔下出土の「大唐咸通啓送岐陽真身誌文」に見える咸通十五年正月四日である。なお『仏祖歴代通載』巻一七、咸通十四年の条にも、法門寺から仏骨を迎えた記事があるが、とくに目新しい史料はなく、また仏骨を法門寺に返還したのを咸通十五年四月としているのは誤りであろう。

また上記『通鑑』の文に見える憲宗の時に仏骨を迎えた時のこととは、『旧唐書』憲宗紀下の元和十四年（八一九）春正月丁亥（八日）の条に見え、この時も仏骨を禁中に三日間留めた上で、長安城内の寺に送り、これについて韓愈が「論仏骨表」を上奏し、潮州刺史に左遷されたことは名高い。そしてこの憲宗朝に仏骨を奉迎した僧や耆老に五四年目に金帛を賜っている。

咸通十四年に仏骨を長安に迎えた時、禁中の内道場に仏骨を三日間安置したのち、「安国・崇化寺」に安置したことが見える。小野勝年氏近刊労作の『中国隋唐長安寺院史料集成』史料篇にも、安国崇化寺という寺名は見えず、解説篇の長楽坊の大安国寺の条（七三頁）に、「咸通十四年（八七三）に法門寺から宮中に迎えた仏骨を安国・崇化の二寺に安置して士庶に礼拝せしめたりしている（『仏祖統紀』巻四二）。この安国寺とは清禅寺ではなく、恐らく旧来の安国寺であろう。」と書かれ、安国寺は大安国寺のこととしておられる。なお崇化寺は小野氏の上記史料にも見えない。なお上記『仏祖統紀』巻四二の咸通十四年の記事は「安国・崇化。二寺」としている以外、とくに目新しい記事はない。

法門寺の歴史については、唐の道宣の『集神州三宝感通録』（大正蔵経史伝部）巻上、「五。扶風岐山南古塔者」の条に見え、北周以前は育王寺また阿育王寺と言い、僧徒五百がいたが、北周の廃仏の時に、一堂だけとなり、隋の時に成実寺となったが、大業五年（六〇九）に廃寺となった。義寧二年（六一八）に法門寺となり、隋末唐初の反乱の際にまた戦火を蒙り、唐の貞観五年（六三一）、岐州刺史の張亮の上奏により、復興された。顕慶四年（六五九）、僧の智琮らが宮中へ阿育王塔のことを言って弘護を乞い、供養の費用が下賜されると、いろいろ瑞祥が現われ、そこで朝廷は阿育王像を作り、塔に収めた。顕慶五年に、舎利を東都洛陽の宮中に納めて供養した。竜朔二年（六六二）、仏舎利に金棺銀槨を造り、法門寺の塔に収めた。三宝感通録の文は長いが、要点だけ記すと以上のようである。

咸通期の法門寺から仏骨が長安に奉遷され、ふたたび法門寺に還った経過は以上の通りであるが、ここから法門寺塔下出土の茶器の問題に入る。そこに入っていた茶器は、上記のように、そのリストの碑文によれば、確実に茶器とあるのは、

茶槽子碾子茶羅匙子一副七事共重八十両　瑠璃茶椀柘子一副

と、茶器二セットがある。これらと『文物』一九八八年一〇期所載の陝西省法門寺考古隊の「扶風法門寺塔唐代地宮発掘簡報」（簡称A）および韓偉氏の「従飲茶風尚看法門寺等地出土的唐代金銀茶具」（簡称B）に見える器物を挙げてみよう。

㈠　茶　碾　子

Aの(3)茶具には、標本FD五：〇九六として「鎏金鴻雁流雲紋銀茶碾子」とあるのは、「茶槽子・碾子」に当たるものと思われる。図版六の5として、写真がある。通高七一ミリ、縦二七四ミリ、横の最も広い処で五六ミリ、槽の深さ三四ミリ、轄板（上の蓋《ふた》）の長さ二〇七ミリ、総重量一一六八グラムとある。Bの3、碾羅器には「茶碾子」として、Aと同様の「鎏金鴻雁流雲紋銀茶碾子」を挙げ、碾の底に、

咸通十年（八六九）文思院造銀金花茶碾子一枚共重二十九両

と銘文のあることを伝え、碾子は槽身・槽座・轄板から成り、槽身は槽座の中にはまり、その底は弧形で、碾の軸の反復運行に便なようになっている。槽座は長方形で、以下に彫りつけられた紋様の説明をしている。つづいて、Bに

は碾羅器として、「碾軸」を挙げ、これは碾子の上で使用する。そして碾軸は「鎏金団花紋銀碢《た》軸」と名づけ、銘文として、「碢軸重一十三両」とあり、軸長二一六ミリ、中径一一ミリ、末径六ミリ、輪径八九ミリ、中厚二二ミリ、辺厚六ミリ、重さ五二七・三グラムとしている。

これに対して、『茶経』四之器に見える「碾」の文は次の通りである。

碾以橘木為之。次以梨・桑・桐・柘為之。[15] 内円而外方。内円備於運行也。外方制其傾危也。内容堕。而外無余木。堕形如車輪。不輻而軸焉。長九寸。闊一寸七分。堕径三寸八分。中厚一寸。辺厚半寸。軸中方而執円。

碾は橘《みかん》の木で作る。これに次ぐものは梨《なし》・桑《くわ》・桐《あぶらぎり》[16]・柘《はりぐわ》で作る。内は円くし、外は四角にする。内が円いのはよく廻転するためであり、外が四角いのは傾かないためである。内に堕《だ》を容《い》れ、外に他の木は無い。堕の形は車輪のようで、輻《や》はなくて、軸がある。長さ九寸、幅は一寸七分、堕の直径は三寸八分、中の厚みは一寸、辺《ふち》の厚みは五分。軸の中央部は四角いが、執手《とって》の部分は円い。

以上の文を私は次のように理解する。碾は木製で、素材は橘の木がもっともよく、ついで梨・桑・桐・柘がよい。碾の外形は長方形、縦が九寸（二七九ミリ）、横が一寸七分（五二ミリ）、縦に船底形にえぐられ、その底に餅茶をいれ、堕を船底形の部分で回転し、餅茶の粉末をつくる。その堕の直径は三寸八分（一一八ミリ）、堕の中央部の厚みは一寸（三一ミリ）、堕の外側の厚みは五分（一五ミリ）、堕の中央から両側に執手が出ていて、執手の中央部は四角、執手の両端は握って廻し易いように円くしておく。

この『茶経』に見えるものと法門寺出土の茶碾子の相違点としては、①法門寺出土の茶碾子は、銀製金めっきで、紋様も彫りつけた金属製の豪華なものであるのに対して、『茶経』の方は木製で、紋様など装飾のことは一切書かず、むしろ実用一点張りの感じである。②碾の箱形の部分の寸法についての縦横はほぼ同じ。高さは法門寺の方が七一ミリ、『茶経』の方は書いていない。③堕は『茶経』でそう呼び、法門寺出土のものは「碢《た》」と呼ぶ。ここでは堕と言う。堕の執手の長さは、法門寺の方が二一六ミリ、執手の中央部の直径は一二ミリ、先の方の直径が六ミリに対して、『茶経』の方は寸法が書かれていない。堕の輪の方は、直径が法門寺出土が八九ミリ、『茶経』の方は一一八ミリで、輪が大きい。輪の中央部の厚みは、法門寺が二一ミリに対して、『茶経』は三一ミリ、輪の辺《ふち》の部分は、法門寺が六ミリ、『茶経』の方は一五ミリとなっている。これらは金属製と木製の違いからくる点が寸法が違ってくる重大な理由であろう。しかし輪の直径が『茶経』が三〇ミリほど大きいことを除いて、大差はないと言えよう。

次に『茶経』は木製の碾であるのに対して、法門寺出土の茶碾子が金属製である点についてである。これまで文献上で金属製の碾が見えるのは、北宋の蔡襄の『茶経』ト篇、論茶器に、「茶碾」の項があり、そこに「茶碾以銀或鉄為之。」とあり、銀製か或は鉄製の碾は文献上では北宋時代からと考えていたのに対し、法門寺から銀製の碾が出土したことは文献の欠を補うものである。

もう一つ重要な点は、茶碾子に、上述のように銘文があり、それによって、製作年代、製作場所、器物の正式名称が判明することである。製作時は地下に埋蔵される六年前であり、製作場所は「文思院」である。文思院は宋代では工部所属の金銀器、玉器を製造する官庁であることは往来判明していたが[17]、この銘文は文思院がすでに唐末には存在していたことを示し、文献の欠を補うものである。

(二)　茶　羅　子

次に「茶羅子」のことに入る。Bに、「鎏金飛天仙鶴紋壼《こん》門座銀茶羅子」としているので、これも銀製金めっきで、底に次のような銘文がある。

咸通十年文思院造銀金花茶羅子一副全共重三十七両

先に挙げた茶碾子とおそらく同時期に文思院で作られている。この茶羅子は、蓋《ふた》・身・座・羅・屜《たい》（ひき出し）の五部分より成る。外見は蓋が丸みを帯びた長方形の箱で、下の座は上の身より少し大きく、桃の形をした合計十個のすかし彫りがあり、これが壼門《こん》と表現され、蓋には飛天流雲紋がついている。Bに、約三分の一大の展開図がある。身の中は、上は二層にしきられ、底に絹が張られ、これが「ふるい」「とおし」の役目を果たす。羅とは、ふるい、とおしのことである。この羅の下が長方形の引き出しになっている。この茶羅子の高さ九五ミリ、身は縦一三四ミリ、横八四ミリ、高さ六〇ミリ、羅の張られている箱の縦は一一〇ミリ、横七四ミリ、高さ三一ミリ、引き出しの縦一二七ミリ、横七五ミリ、高さ二〇ミリとなっている。

これに対して、『茶経』四之器で、羅は「羅合」となっていって、羅と合子《ごうす》（蓋物）がセットになっている。その文は次の通り。

羅末以合蓋貯之。以則置合中。用巨竹剖而屈之。以紗絹衣之。其合以竹節為之。或屈杉以漆之。高三寸。蓋一寸。底二寸。口径四寸。

末を羅《とお》し、合蓋《ごうがい》（ふたものになった茶入れ）を以て粉末の茶を貯う。則《そく》（茶杓《ちゃしゃく》）を以て合《ごう》の中に置く。巨《おお》きな竹を用い、剖《わ》って屈げ、紗絹《うすぎぬ》を以てこれに衣《き》せる。その合は竹の節《ふし》を以て為《つく》り、或いは杉（こうようざん）を屈げて、これに漆す。高さ三寸、蓋は一寸、底は二寸。口径は四寸。

以上の文を整理して、次のよう理解する。この羅合は、一つの茶器で、上部に餅茶を碾で粉末にした粉をとおす羅が入っており、羅は紗絹で通すようになっていて、大きな竹を割って曲げて作っている。合の部分は竹の節を利用して作って「ふたもの」になっていて、その中に羅が入るようになっている。これが竹製でなく、杉（日本の杉は中国には無い）で作って漆を塗る場合もある。羅合の高さは九二ミリ、そのうち、蓋《ふた》の部分が三一ミリ、底（身）の部分が六二ミリ、口径は一二四ミリとなっている。

以上のような、『茶経』に見える羅合と、法門寺出土の茶羅子との相違点としては、①まず素材が法門寺出土の茶羅子は銀製金めっきで、外部に装飾も多く豪華なものであるのに対して、『茶経』の羅合は竹製もしくは杉製で、装飾のことは一切書いてなく、実用一点張りの感じである。②高さは法門寺出土の茶羅子が九五ミリに対して、『茶経』の方は九三ミリでほぼ同じ。③形は、法門寺出土の方が長方形なのに対して、『茶経』の方は円形である。これは素材の相違が原因と考えられる。④法門寺出土の茶羅子は、名称から見ても、餅茶の粉末をとおす羅専用のものであって、引き出しにとおした粉末はたまるが、これは引き出しを出して、他の合《ごう》（ふたもの）に移したものと思われる。これに対して、『茶経』の方は、名称も羅合であるから、羅と合がセットになっていた。

㈢　匙　子

Aには、標本FD：〇九七として「鎏金流雲紋長柄銀匙」があり、Bにも見える（四九頁図五）。銀製金めっきで、匙の面は卵円形で少しくぼみ、柄は長く、柄の上部は太く、下部は細く、柄の端は弧形、縦に裂けて、二片になっていた。柄には三段に流雲紋がある。銘文は「重三両」の三字だけ。匙の全長は三五七ミリ、重さ八四・五グラムとある。

さらにBには、「鎏金飛鴻紋銀則」を挙げている。この則匙の面は卵円形で少しくぼみ、柄は長く、上が太く、下が細い。柄の端は三角形。柄の面に隆起させて、上下二段に模様が彫られている。この則の全長一九二ミリ、則匙の縦の直径四五ミリ、横の直径二六ミリとなっていて、轄偉氏は、これを「匙子」に当てている。銘文は報告されていないから無いようである。

『茶経』四之器に「則」がある。その文は次の通り。

則以海貝蠣蛤之属。或以銅鉄匕策之類。則者量也。准也。度也。凡煮水一升。用末方寸匕。若好薄者減之。嗜濃者増之。故云則也。

則《そく》は海の貝の蠣《かき》や蛤《こう》（「はまぐり」より広い貝の総称）の属《たぐい》を用い、或いは銅製鉄製の匕策《ひさく》（さじ）の類を用いる。則とは、量《ます》であり、標準であり、度《ものさし》である。およそ水一升（〇・六リットル）煮るのに、餅茶の粉末を一寸（三〇ミリ）四方の匕《さじ》を用う。もし薄きを好む者はこれを減じ、濃きを嗜《この》む者はこれを増す。故に則と云うなり。

これをまとめると、「則」は貝殻製が一般で、鉄製銅製竹製もある。則とは計量スプーンであって、餅茶の粉末の場合は、水一升に一寸四方の「さじ」一ぱいが標準となっている。

法門寺出土品の匙と則のどちらを碑文の「匙子」に当てたらよいか。一方は銀匙、もう一方は銀則と命名しているから、命名者は銀則を『茶経』の則に当てたのであろう。その根拠は不明だが、或いは銀則の方が「方寸匕」の量に近かったのであろうか。

法門寺出土の銀匙・銀則と『茶経』の則との関係については、『茶経』の方は貝殻製を主とし、金属製・竹製を従としている。また則（計量スプーン）と見るか、単なる「さじ」と見るかも見解の分かれるところであろう。

以上の㈠茶碾子、㈡茶羅子は、法門寺塔下の地下室が前・中・後の三室に分かれているうちの後室にある。後室の出土品は上下二層に分かれ、その下層の中の南西部に、茶碾子、茶羅子、銀匙が同一場所から出土している（A、一二頁、法門寺塔地宮後室器物分布図、第二層）。これは碑文のリストの「茶槽子碾子匙子一副七事」がセットで出土しているのではあるまいか。とすれば、前述の「鎏金流雲紋長柄銀匙」を碑文の匙子に当てるべきではあるまいか。紋様が似ていることもその根拠となろう。しかし銀匙の長さが、三五七ミリあり、茶碾子や茶羅子の大きさに較べて大きいのが気にかかるが。

㈣　瑠璃茶椀柘子一副

これは後室下層のやはり西南部から茶碗と茶托が少々離れて出土している。しかし『文物』所収の孫机氏の「法門出土文物中的茶具」の中で、「帯托的玻璃茶碗」とあるのみで、詳しい報道がなく、明らかにできない。茶碗について、『茶経』四之器では越磁を推奨し、瑠璃茶碗のことは見えない。また茶托は『茶経』四之器には見えない。しかし茶托のことは唐代の文献にも見え、実物は西安の和平門外などから、銀茶托が出土していることは、韓偉氏の文に詳しい。

以上述べてきた茶碾子・茶羅子・瑠璃茶椀柘子は、法門寺地下室出土品のうち、収蔵品リストの碑文に茶器として記載され、かつそれに当たる実物が発見されたものである。Aの茶具の条には、以上のほかに、籠子・塩台・盒・風炉などを挙げ、Bには、風炉・火筴・盒・貯塩器・籠子など挙げているが、これらには碑文や銘文には茶器であるという明証がないので、今回の考察はこれらにまで及ばなかった。

そこで、この茶碾子・茶羅子・瑠璃茶椀柘子を『茶経』四之器の碾・羅合・盌の記述と対比した結果、いかなる見解を懐くに至ったかを述べ、結論としたい。

法門寺出土の茶器は、その出土経過から見て、唐代の懿宗朝の宮廷使用の茶器と目せられ、その時代の宮廷の喫茶状況を茶器を通じて具体的に示されたことになる。すなわち茶碾子・茶羅子の出現によって、当時の宮廷の喫茶は『茶経』に見える餅茶を用いていたことが判明した。『茶経』に書かれていることと、当時一般の喫茶との関係については、これまで私の見たところでは、唐詩に見えるものも『茶経』と対立するほどのものはあまり無いという見通しであったが、宮廷の喫茶も餅茶中心であることは、この見通しを宮廷に適用してもよいことが判明した。

しかし懿宗朝の茶器の茶碾子・茶羅子が銀製金めっきで、紋様が入り、すこぶる豪華なものであることがとくに目を引く。また茶盌については、『茶経』が越磁を尊ぶのに対して、宮廷ではるかに高級な瑠璃器を使用している。これは宮廷だけでなく、上流階層にも及んでいたことを推測させる。とすれば、唐代に一般庶民にまで初めて普及した喫茶は、上流階層ではたんなる喫茶そのものの楽しみではなく、豪華な茶器を用いる上流階層のみに許される奢侈文化の一翼となっていたことが今回の法門寺出土の茶器によって判明した。

そこで私は陸羽の『茶経』において、「倹」の精神を説いていたことに思いを致す。すなわち、一之源に「為飲最宜精行倹徳之人」とあり、五之煮に「茶性倹。不宜広」とある。この倹について、私はこれまでいろいろ解釈してきたが、陸羽のいう倹の真の意味は、宮廷に見られるような豪華な茶器を用いることに対する警鐘と受けとれる。『茶経』四之器に見える茶器は、当時の日常家庭内で用いられる器具に若干の改善を加えるだけで、喫茶は十分に楽しめることを説いたと言えよう。

これはわが国において、室町時代の唐物尊重の書院の茶、また豊臣秀吉の黄金の茶に対する千利休のわび茶の精神は、陸羽の倹に通ずるものであると考える。これは陸羽が喫茶の普及は、一方では奢侈文化へ傾倒していく面のあることをいち早く見抜き、ここに『茶経』著作の意義を認め、倹の精神を説いた意義も認めねばならないというのが、今回の法門寺出土唐代宮廷用茶器を知っての私の感想である。

五　む す び

本稿は文字通り私の落穂拾い的論文である。初めに私のこれまでの『茶経』研究を概観した。

ついで『茶経』の版本として、明版の上で重要な位置を占める『山居雑志』について、最近、北京の中国書店より原寸大景印本が刊行されたので、それとわが国の内閣文庫所蔵の『山居雜志』とを対比して見た結果、内閣文庫本は『茶経』の部分に綴じ誤りがあることを発見した。そのことによって、山居雜志本・鄭熜本（和刻の祖本）・程栄本の三版は同一版木で、校訂者の名のみ改めたものであり、その先後は、程栄本——山居雜志——鄭熜本の順序ではないかと考えた。

次に石刻の「義興県重修茶舎記」に見える李栖筠が、陸羽の献策によって、義興貢茶を始めたのは、『南部新書』戊にもとづいて、大暦五年であることを考察し、陸羽伝記の一齣の時期を定めた。

最後に、最近、法門寺地下室出土の唐の懿宗朝の宮廷茶器を考察した。その結果、唐代の帝室においても、『茶経』に見える餅茶が行われている。そして『茶経』に見える茶器は倹素な日常家庭用器具とあまり違わないものであるのに対して、宮廷用茶器はその専属の工房で作られた豪華絢爛たるものであった。これを見ると、『茶経』に説く倹の精神は、喫茶文化が奢侈文化に向かう傾向に対しての一大警鐘と見ることが可能となった。

註

（1）布目編『中国茶書全集』（汲古書院、一九八七年）下巻、四五一－八二頁所収。
（2）「茶経版本における三種の百川学海本と明鈔説郛本」（『神田喜一郎博士還暦記念書誌学論集』、平凡社、一九五七）。「四庫提要の別本茶経について」（『岩井博士古稀記念典籍論集』刊行会、一九六三）。
（3）「杏雨書屋蔵明嘉靖竟陵本茶経について——和刻本茶経の系譜」（『中田勇次郎先生頌寿記念論集　東洋芸林論叢』、平凡社、一九八五）。
（4）「和刻本『茶経』の附刻について」（『神田喜一郎博士追悼中国学論集』、二玄社、一九八六）。
（5）「茶経著作年代考」（『立命館大学文学部創設三十周年記念論集』、一九五七）。

（6）「白居易の喫茶」（『三上次男博士喜寿記念論文集』歴史編、中近東文化センター、一九八五）。

（7）「皮日休の茶中雑詠について」（『中村治兵衛先生古稀記念東洋史論叢』、刀水書房、一九八六）。

（8）盧仝については拙著『緑芽十片——歴史にみる中国の喫茶文化』（岩波書店、一九八九年四月、のち『中国喫茶文化史』岩波現代文庫）中の「ナルコティクスの茶　盧仝の場合」の項に少々述べてある。

（9）「唐代における茶道の成立」（『立命館文学創刊第二百号記念論文集』、一九六二）。

（10）法門寺の塔地下室出土の茶器については、そのあらましは、「最近発見の唐代帝室用茶器」（『日本美術工芸』第六〇六号、一九八九年三月）において述べ、また註（8）所掲『緑芽十片』（岩波書店）の「最近出土の唐代帝室用茶器」の項においても、簡単に触れている。

（11）註（3）所掲「杏雨書屋蔵明靖竟陵本茶経について」七一一頁。

（12）この文については、すでに諸岡存氏の『茶経評釈』外篇、第六章陽羨茶（二一二頁）に、宋の胡仔の『苕渓漁隠叢話』より、一部が引用されている。

（13）陸羽の生卒については明らかでないが、中国では、七三三－八〇三年説が行われている。その根拠に同意し得ないが、その生卒はこれと大差がないことも事実であるので、今はこの七三三－八〇三年説に一応従い、これを推定年齢として用いている。詳細は註（8）所掲『緑芽十片』一〇七－一〇八頁（『中国喫茶文化史』一一三－一一四頁）を参照されたい。

（14）茶道誌『淡交』一九八九年三月号所載の「陸羽茶経の趾を尋ねて」参照。

（15）「為之」の「之」字を『宋咸淳刊百川学海』（民国十六年武進陶氏渉園景刊本）は「臼」に作るが従わない。

（16）「桐」、わが国の「きり」は軟い木で、碾の材料とはならない。「とうだいぐさ科」の「あぶらぎり」に当てた。

（17）『宋史』職官志、工部の条を参照されたい。

（『立命館文学』第五一一号　立命館大学文学会　一九八九年）

『茶経』解説

一　『茶経』の著者、陸羽の伝記

(一)　陸羽の生卒

陸羽の生卒については、中国では、七三三年（唐の玄宗の開元二十一年）－八〇四年（唐の徳宗の貞元二十年）としている。例えば『辞海』一九七九年縮印本（上海辞書出版社、四一五頁）ではそう書かれている。そこには勿論典拠は挙げられていない。しかしその基づくところは、『全唐文』（清代に勅命により、唐・五代の作家三千余人の散文、一万八千四百余篇を一千巻に集めた総集）巻四三三、「陸文学自伝」（陸羽の自伝）の末尾に、

上元辛丑（二年、七六一年）歳子陽秋二十有九。

とあるのにより、七六一年に陸羽は「二十九歳」であったとする。とすれば、陸羽は七三三年に生まれたことになる。しかしこの『全唐文』の基づいた『文苑英華』（宋代に編集され、『文選《もんぜん》』の後を継いで、南朝の梁末から、唐代までの詩文を一千巻に編集した）巻七九三、「陸文学自伝」では、「二十有九」が「二十有九日」とあって、年齢ではなく、日付となっている。したがって、私はこれまで、陸羽の生誕を七三三年とする説には従わなかった。

しかし「二十有九日」であれば、その上の「陽秋」が月を指さねばならない。秋は、七月、八月、九月を指すが、

陽秋に該当する月名はない。東晋の簡文帝（在位三七一―三七二）の母の鄭太后（『晋書』巻三二、后妃下、簡文宣鄭太后）の諱《いみな》が「阿春」であったので、以後、「春」字を諱《い》み、「春秋」を「陽秋」といった。従って晋代の孫盛の著した晋代の史書を『晋春秋』といわず、『晋陽秋』と称した。そこでこの「陸文学自伝」の「陽秋」は「春秋」の意と解する。春秋という語は、歳月、年齢の意味に用いられる。一例を挙げれば、『史記』巻五二、斉悼恵王家に「今高后（呂后、漢の高祖の皇后）崩。皇帝（恵帝）春秋富。」とある春秋は、年齢の若いことを示している。したがって「陸文学自伝」の「陽秋二十有九」は、歳二十九の意味に解したい。なお「歳子」は、通行の明刊の『文苑英華』にはそのようになっているが、東京の静嘉堂文庫蔵明鈔本は、「歳次」に作り、「上元辛丑」年のことと解する。以上述べた理由により、陸羽の生年は、七三三年とする中国側の説に私も賛成することとする。したがって、『文苑英華』本「陸文学自伝」の「二十有九日」の日字は衍字《えんじ》とし、日字のない『全唐文』に従うことにする。

陸羽の卒年は、『新唐書』巻一九六、隠逸の陸羽伝に「貞元末卒す」とある。貞元二十一年（八〇五）正月に徳宗が崩じている。また元《げん》代の念常の『仏祖歴代通載』（仏教の編年史）巻一四には、貞元十九年に陸羽が卒したとしている。貞元末としては、八〇三―八〇五年と幅があるが、一応、中国側の八〇四年説に従う。したがって、陸羽の生卒は、私も今回から、七三三―八〇四年とする中国の通説に従う。

(二)　陸羽在世中の歴史情勢

玄宗の初世

唐の玄宗《げんそう》（六八五―七六二年、在位七一二―七五六）の初めの年号は先天《せんてん》（七一二―七一三）、二番目の年号が開元《かいげん》（七一三―七四一）、三番目が天宝《てんぽう》（七四二―七五五）である。

玄宗は、七一二年（先天元年）、クーデターにより、伯父に当たる中宗《ちゅうそう》の韋《い》皇后およびその娘の安楽公主を倒し、父の睿宗《えいそう》から譲位され、帝位についた。時に二八歳。翌年、なお勢威を張っていた則天武后《そくてんぶこう》（武則天、六二四―七〇五、唐朝第三代の高宗の皇后、高宗の死後、即位し、六九〇―七〇五、武周政権樹立、中宗・睿宗の母）の娘の太平公主とその一派を打倒し、則天武后以来の女性専権に一応の終止符をうった。玄宗の在位前半は、政治はひきしまり、その年号により、「開元の治《ち》」といい、唐朝第二代皇帝の太宗《たいそう》（在位六二六―六四九）の「貞観《じょうがん》の治」とならぶ盛世となった。

玄宗の性格風貌については、『旧唐書《くとうじょ》』巻八、玄宗本紀に「性は英断にして多芸、ことに音律を知り、八分《はっぷん》の書（書体の一種）を善くし、儀範《ぎはん》（行為）は偉麗にして、非常の表《すがた》あり」とあり、とくに音楽など芸能諸方面に通じていたことは稀に見るところであるが、反面において、晩年に玄宗がこの方面に天分のある楊貴妃を溺愛する原因ともなる。「開元の治」の初めころ、玄宗を補佐した宰相に姚崇《ようすう》（六五〇―七二一）と宋璟《けい》（六六三―七三七）がある。二人は共に則天武后の専権時代に科挙に合格し、姚崇は立案に長じ、宋璟は姚崇の政策の執行に長じた。姚崇は玄宗に革新政治の大綱一〇条を上言した。①政治は酷法の施行より、仁恕《じんじょ》（おもいやり）を先とせよ。②武功を求めるな。③宦官《かんがん》（去勢されて宮中に仕える人）の政治介入の禁止。④国親（皇帝皇后の一族）の大官任命の中止、斜封官《しゃふうかん》（正規の任命によらない官職）・員外官（定員以外の官職）の停止。⑤皇帝周辺の官の犯法の酷《きび》しい取締り。⑥規定以外の献上品の禁止。⑦仏寺道観造営の中止。⑧皇帝は礼をもって臣下に接し、大臣に馴《な》れ親しまないこと。⑨諫言《かんげん》の道を積極的に開くこと。⑩外戚《がいせき》（皇后の一族）専権の防止。この一〇条には、則天武后時代以来の政治通弊の改革が集約して述べられている。しかし姚崇は開元九年（七二一）、惜しまれつつ七二歳でこの世を去った。

（未完）

〈付記〉以上は、本年（二〇〇二）一月十七日に他界された著者が、本書の「解説」として遺された未完の原稿であり、その前日にかけて執筆されたものである。「凡例・補」に記したように、内容構成上の諸条件を勘案した結果、著者が亡くなる直前まで校閲され、岩波書店から本年三月十六日付で刊行された岩波現代文庫『中国喫茶文化史』から「陸羽の伝記」と『茶経』のテキスト」、ならびに「陸羽の茶道論」に関する原稿を収載し、本稿の補完とした。
◎岩波現代文庫『中国喫茶文化史』から転載の個所は、第三章「陸羽の『茶経』」第一節「陸羽の伝記」（一一三―一三三頁）、第三章第二節「『茶経』の内容」（一三三―一四〇頁六行目迄と、一八八―一九四頁）。転載にあたっては、原文の尊重を原則とし、また図版を割愛したが、本書に収載するにあたり、文章の前後関係から不要となった個所については、著作権承継者の同意のもとに若干の訂正をほどこした。また必要に応じて〈付記〉（ママ）を加えた。

陸羽の伝記

陸羽の生誕　茶がようやく比屋《のきなみ》に飲まれるようになった唐の玄宗《げんそう》の開元年間（七一三―七四一）、茶についての不朽の聖典である『茶経《ちゃきょう》』の著者、陸羽が生まれた。陸羽はすでに、玄宗の天宝年間（七四二―七五五）に活躍を始めているから、開元年間に生まれていたことは確実である。その生年ははっきりしない。その没年について、『新唐書《しんとうじょ》』隠逸伝の陸羽の条では、「貞元末」（貞元末年は八〇四年）、『仏祖歴代通載《ぶっそれきだいつうさい》』巻一四では、貞元十九年（八〇三）となっている。陸羽は、後述のように七四六年にその故郷に赴任してきた大官に認められた。その時を一五歳とすれば、八〇三年には七二歳となる。八〇三年に七〇歳とすれば、七三四年、すなわち開元二十二年に生まれたことになる。中国では、陸羽の生年は、開元二十一年（七三三）としている。その根拠は、陸羽の自伝である。「陸文学自伝」の『全唐文』（唐代の散文をすべて集めた一千巻の書物）のテキストの末尾に、「上元辛丑《じょうげんしんちゅう》（七六一年）歳子陽秋《さいしようしゅう》二十有九」とあるのを、七六一年に二九歳であったと解したのである。しかし、『全唐文』のテキストが基づいている『文苑英華《ぶんえいえいが》』巻七九三のテキストでは「二十有九」の下に「日」字がある。これは「二十有九」が「陸文学自伝」著述の日付であることを示している。したがって、私はその数字からは上元辛丑年（七六一）に二九歳であったとする解釈には従い得ない。しかし陸羽の生没年が、これと大差がないことも確実であるから、ひとまず陸羽の生没年を、七三三―八〇三年とする説には従っておくこととする。

陸羽の生誕の時のことはよくわからない。陸羽の自伝の「陸文学自伝」（以後「自伝」と簡称する）では、「何許《いずこ》の人なるを知らず」と記している。『新唐書』の陸羽伝では、「或いは言う、僧ありてこれを水浜に得、これを畜《やしな》う」と記し、『新唐書』陸羽伝の異本では、「僧有り」の次に、「晨《はや》く起き、傍らに群《おお》くの雁《がん》が喧《かまびす》しく集り、翼を以て一嬰児を覆う。ついにこれを収養す」と記している。要するに水浜の捨て子である。この場所は、唐の復州竟《けい(ママ)》（景）陵《りょう》県、今の湖北省天門市（一九八七年に、県から市となった）、武漢《ぶかん》の西約二〇〇キロの所にある。ここは長江にそそぐ漢水の遊水地帯で、湖沼が多く、この水浜は西湖の岸であろう。今は多く埋めたてられているが、この陸羽の拾われた処は「雁橋《がんきょう》」或いは「古雁橋」として残っている。私は一九八二年八月に、武漢からバスで四時間かかって、ここを訪れた。

水浜の捨て子では、名もあるはずがない。陸羽の姓の陸は、陸羽を拾って育てた竜蓋寺《りょうがいじ》の智積《ちしゃく》禅師の姓が陸であることに基づく。これは唐代の律《りつ》においてきめられた方法である。中国では異姓の養子は法的には認められないが、捨て子の場合は、三歳以下であれば、収養が許され、その姓に入る。その名は羽《う》、字は鴻漸《こうぜん》という。この命名は、『易経』の漸の卦《け》䷴に、「鴻《おおとり》の陸《りく》に漸《すす》む。その羽は用いて儀《ぎ》（手本）と為すべし」によったとある。

陸羽の少年時代　自伝では「始め三歳、惸露《けいろ》、境《けい》（竟）陵《りょう》の太師積公《しゃくこう》の禅に育てられ、九歳より、文を属《つづ》ることを学ぶ」とある。惸露は孤露《ころ》ともいい、孤児を指す。自伝では、三歳で孤児となり、地元の智積禅師に育てられたと記している。『新唐書』陸羽伝に言う「水浜の捨て子」とは合わない。智積禅師の住院が竜蓋寺で、のち西塔寺《さいとうじ》と改められ、日中戦争中の一九四〇年に、『茶経評釈』の著者、諸岡存《もろおかたもつ》氏は日本軍占領下の天門県を訪問した。その時、西塔寺は水害後の仮本堂に本尊だけが安置されていたという。しかし一九八二年八月、私が当地を訪ねた時、西塔寺は跡形もなかったが、その後、陸羽遺跡の復興が進捗し、陸公祠などがすでに完成した。

陸羽の容貌・性格などは、自伝には、次のように書かれている。

陸羽の容貌は、前に述べた「成都の白菟楼《はくとろう》に登る」という詩の作者の張載《ちょうさい》のように陋《みにく》く、口は、これも前に挙げた『凡将篇《ぼんしょうへん》』の著者の司馬相如《しばしょうじょ》や、『方言《ほうげん》』の著者の揚雄《ようゆう》のように吃《ども》っていたという。しかしこれは陸羽がみずから容貌や吃りにおいて、それらの人に比定しながら、自分の文学的才能はそれらの人に比肩しているという自信の一端を示したとも理解できる。ところが、陸羽はこのように吃りだと言いながら、自伝の中で、「人となり才弁にして、性格は褊躁《せかせか》としている。また自我が強く、友達が規諫《いましめ》てくれても、ゆったりとしていて惑わない。およそ人とくつろいでいても、どこかに行きたいと思えば、だまって行ってしまう。だから人はこの性格を瞋《いか》りっぽいと思っている。また人といったん約束すれば、たとい氷雪千里の所でも、虎や狼が道にいても、愆《たが》えなかった」と言っている。さらにまた自伝の後段においては、「幼い時から文章を属《つづ》るのが好きで、諷諭《ふうゆ》（遠まわしにさとすこと）が多く、人の善をなすのを見れば、自分のことのように喜び、人の不善を見れば、自分のことのように恥とした。忠言は人の耳に逆《さか》らっても回避しなかった。そのため、俗人からは多く忌《い》まれた」と述べている。

陸羽の修業　陸羽は幼い時から、作文の練習をしたことは先に述べた。またその学問は、智積禅師の下では、当然まず仏典である。しかし陸羽は仏典を読み始めるとただちに悩んだ。そして、自分は孤独の身で、もし僧侶になれば、兄弟もなく、後嗣もないことになって、儒者が大切にしている孝道にそむくことになるから、孔子の文を教えていただきたい、と禅師に願った。そこで禅師は、「お前の孝行はよろしい。しかし仏典にある仏法の道も偉大なものであることをお前はよくわかっていない」と諭《さと》され、仏法の道を進むことをどこまでも勧めた。けれども陸羽は、孔子の儒学の道にどうしても進みたいという考えを変えなかった。そこで禅師は寺の作業に従事することを課し、寺内や便所の掃除から、土方作業、屋根ふきまでさせ、さらに牛三〇頭の飼育もさせた。

しかし陸羽はその間も学問に励んだ。だが、当地、復州竟陵県は紙が不足していたので、牛の背中に竹で字を書いて学んだ。またある時、学者から『文選《もんぜん》』（南朝の梁の時代に編纂された梁以前の詩文集）の「南都《なんと》の賦《ふ》」を学んだが、さっぱりわからず、牛の飼育の時に、他の子供の真似をして、口だけ動かしている有様であった。禅師は陸羽が外典《げてん》（仏教以外の書）に親しみ、仏教から日々遠ざかっていくのを心配した。そこで禅師は陸羽を寺中にとどめ、草刈りをさせ、弟子の年長者にそれを監督させた。しかし陸羽は文字を憶えることだけに一所懸命で、それ以外のことには気が入らなかった。監督者は陸羽が怠《なま》けているとして鞭でたたいた。陸羽は嘆いて、「歳月はどんどん過ぎてしまう。しかし書物のことはわからない。ああこれではこらえきれない」と言った。監督者は陸羽が怒《いか》っているのだとして、さらに背中を棒でたたき、棒が折れてやっと許された。陸羽はもう雑役が嫌になり、監督者から逃れて、寺を脱出し、伶党《れいとう》（役者仲間）に入った。そこで、「謔談《ぎゃくだん》」三篇を著した。謔談三篇とは、三本の参軍戯《さんぐんぎ》であり、参軍戯とは、歌曲の入った滑稽問答のことである。そして陸羽は「伶正《れいせい》」となった。伶正と言っても、官制上のものではなく、地方の演劇集団の脚本家・舞台監督と主役を兼ねたものであろうか。この面でも驚嘆すべき才能をもっていたことがわかる。しかし禅師は、陸羽が演劇仲間に入ってしまったことを嘆いて、「釈尊も、一時の外典の学は、外典を克服するためのものとしてお許しになる。私には弟子が多いから、お前のしたいようにするがよいが、演劇だけは止めなさい」と言われたと書かれている。

そのころ、この方面で酺《ほ》が行われた。酺とは何かと言えば、漢代では三人以上の群飲は法律で禁止されていたが、皇帝が特に許可した群飲を酺と言った。唐代では群飲の禁止はなく、酺とあるのは、一種の演劇祭のようなものであったらしい。この頃、陸羽は邑吏《ゆうり》から「伶正之師《れいせいのし》」とされたとあるから、演劇祭の総監督を命ぜられたのであろう。以上の地方演劇のことは、陸羽自伝以外に資料がないので、くわしいことはよくわからないが、要するに陸羽は智積禅師のもとを去って、役者仲間に入るや、たちまち地方演劇の指導者になったのである。異常な才能の持ち主と言わねばならない。またこのような陸羽の才能が、後に『茶経』という未曾有の書物の著作を完成するのに役立ったと考えられる。

陸羽の出世と安史の乱 天宝五載《さい》（七四六年。七四四年から七五七年まで、年は載で数える）、陸羽一四歳の時、李斉物《りせいぶつ》が竟陵太守に左遷されて、陸羽の故郷に赴任してきた。李斉物は唐の皇族で、唐朝創業の功臣である淮安《わいあん》王神通《じんづう》の曾孫に当たる。斉物はその列伝（『旧唐書』巻一一二）では、「学術無きも、官に在りては厳整」と評されている。斉物は自殺させられた宰相の李適之《りてきし》の一党であったことが禍して、この地に左遷されてきた。斉物は陸羽の才能を認め、手を提《と》り背を撫でて、自身の詩集を授けた。これを見て、この地方の人も陸羽に対する認識を改めた。この記事は、自伝では、陸羽が伶正之師となった後に置かれているが、この自伝が時代を追って書かれたとすると、一四歳以前に、伶正之師となったことになり、ちょっと不合理である。しかし自伝の叙述から見れば、斉物が陸羽を役者仲間から引き出したと解される。

李斉物に認められた結果、正式に勉学をすることになり、竟陵の近くの火門山にいた鄒夫子《すうふうし》を師とすることになった。火門山は一名を天門山と言い、竟陵が後に天門と改められるのは、この山名に由来する。私が天門市に行った時、その地の人に、どれが天門山ですかと質問したら、広い平野の西に低く見える山の中の一個所だけ突出して見える処、それが天門山だとのことであった。『大清一統志《だいしんいっとうし》』巻二六五では、「天門山は、天門県の西五十里にあり、一名は火門山、陸羽が鄒夫子から学んだのはここ」とある。鄒夫子についてはは未詳である。

　天宝十一載（七五二）、陸羽二〇歳の時、礼部郎中《れいぶろうちゅう》『新唐書』芸文志では、礼部員外郎《いんがいろう》）の崔国輔《さいこくほ》が竟陵の司馬に左遷されてきた。これは左遷の理由（悪事を行って自殺させられた王鉷《おうこう》に連坐《れんざ》）から、この年次が判明する。崔国輔の赴任中、陸羽は三年間にわたって、目をかけられた。崔国輔は、自分の秘蔵する文箱や、白馬・黒牛を陸羽に贈った。中央から赴任してきた大官の李斉物や崔国輔に陸羽は認められ、みずからの才能に自信を深め、また陸羽が世に出る端緒となった。

　天宝十四載（七五五）十一月、安禄山《あんろくざん》は一五万の兵を率い、楊貴妃の一族の楊国忠を除くことを名目として、今の北京で反乱を起こした。ここに玄宗の太平の夢はくだかれた。玄宗は安禄山討伐の大軍を続々とくりだすが、すべて用をなさない。翌至徳元載（七五六）六月、玄宗は楊貴妃・楊国忠らと共に、長安を逃げだしたが、まもなく馬嵬坡《ばかいは》で楊貴妃・楊国忠を殺し、蜀の桟道《さんどう》を通って、成都に向かった。

　陸羽は、安史の乱が起こると「四悲詩《しひ》」を作ったと自伝に見える。陸羽は、安史の乱を避けて避難する人々の群れに入り、江南に逃れ、太湖の南の呉興《ごこう》（浙江省湖州市《こしゅう》）に近い苕渓《ちょうけい》に到着した。上元元年（七六〇）十一月、楊州長史の劉展《りゅうてん》が反乱を起こしたことを聞き、「天の未明の賦」を作った。「四悲詩」「天の未明の賦」はいずれも、当時の人たちを感激させ、涙をはらはらと流させたと言っているから、すでに文才もあがっていたようであるが、作品はどちらも残っていない。この上元二年（七六一）のころに陸羽は、その自伝を書いた。その日付の「二十有九日」を

「日」字のないテキストから「二十九歳」と解する説を前に紹介し、大差ないであろうということから、一応それに従った。

湖州における陸羽　陸羽の自伝には、陸羽は上元の初め（元年は七六〇年、陸羽二八歳）に苕渓のほとりに盧《いおり》を結んだとある。安史の乱を江南に避けた結果、落ち着いた所が苕渓である。浙江省の天目山（標高約一五〇〇メートル）に発して北流する東苕渓と西苕渓とが湖州市で合流して苕渓となり、太湖にそそぐ。すなわち今の湖州市と太湖の間に、陸羽は居を定めたのである。湖州は陸羽の当時は呉興《ごこう》といっていた。

呉興において、陸羽がもっとも深い交わりをもったのが皎然《きょうねん》である。皎然は僧名で、名は昼《ちゅう》、また一名を清昼《せいちゅう》といい、昼上人《ちゅうしょうにん》ともよばれた。本姓は謝《しゃ》、南朝宋の山水詩人である謝霊運《しゃれいうん》の十世の孫にあたる。湖州の人で、出家して仏僧となり、湖州西南にある杼山《ちょざん》の妙喜寺《みょうきじ》にいた。皎然は仏僧としてよりは、詩人として有名で、詩僧とよばれる。その作品は『昼上人集』一〇巻として今に伝わっている。その詩には、送別・酬贈《しゅうぞう》・山水遊賞の詩が多い。また『詩式《しき》』という唐代の詩人には珍しい詩論の著作もある。

陸羽自伝においては、陸羽は皎然と、「緇素《しそ》忘年の交わりを為す」といっている。それは、僧侶と俗人がおたがいに年の隔りも忘れるような深い交際という意味である。皎然の生没年（七二〇―七九八?、華晋夏『皎然年譜』厦門大学出版社、一九九二年）は、皎然の方が一三歳年長者であった。皎然の詩の題名に陸羽のことが九度も出てくるが、それによって陸羽の湖州における年譜作成に必要な年次決定に寄与できないのは残念である。皎然の詩の代表作の一篇に「陸羽を尋ねて遇わず」がある。その中に、

門を扣《たた》いて犬の吠《ほ》ゆる無く、去らんと欲して西家に問う。報道《いえら》く、山中に出づれば、帰る時毎《つね》に日斜めなり。

とある。自伝には苕渓の生活ぶりを述べて、「関《かんぬき》を閉めて書を読み、非類を雑《まじ》えず。名僧高士と談《かた》り譊《の》むこと終日、

常に扁舟《こぶね》にて山寺に往来す。身に随えるはただ紗布《さきん》（日よけの頭巾）と藤䩨《ふじぐつ》、短褐《たんかつ》（粗服）と犢鼻《とくび》（下着）のみ。往々、独り野中を行き、仏経を誦《くちず》さみ、古詩を吟じ、杖にて林木を撃《う》ち、手に流水を弄《もてあそ》び、夷《たい》らかなればなお徘徊《はいかい》し、曙《あけぼの》より暮に達し、日の黒《くろ》ずみ興尽きるに至れば、号泣して帰る」とあるが、このような陸羽の生活の一端が皎然によって詠ぜられているのである。さらに皎然には「陸処士羽《りくしょしう》を訪《と》う」という一篇もあり、また「丹陽《たんよう》（今の江蘇省鎮江市《ちんこう》の南）に往き、陸処士を尋《たず》ねて遇わず」という一篇もあって、陸羽と皎然の往来が頻繁で、湖州から太湖を渡って、丹陽にいた陸羽に逢いに行ったことがわかる。皎然の「飲茶歌、鄭容《ていよう》を送る」という詩の中には「楚人《そひと》の茶経、虚《むな》しく名を得る」の句があり、それは『茶経』以外に、『茶経』という言葉の出てくる初見であって、皎然がその詩に『茶経』を詠《よ》みこんだことから、これに高い評価を与えていたことがわかる。

顔真卿の湖州刺史赴任　顔真卿《がんしんけい》（七〇九―七八六年）は、『顔氏家訓《がんしかくん》』の著者である顔之推《がんしすい》の五代の孫で、開元二十二年（七三四）進士に及第し、天宝元年（七四二）さらに文詞秀逸科に及第して、官界に入った。天宝十二載（七五三）、楊貴妃の一族で宰相の楊国忠に憎まれ、平原（山東省）の大守に転出させられた。天宝十四載、安史の乱が起こると、平原周辺は反乱側に降ったが、真卿は抵抗を続け、忠臣として後世高く評価されている。しかし結局は平原を脱出して、鳳翔《ほうしょう》（陝西省）にいて玄宗を継いだ粛宗《しゅくそう》（在位七五六―七六二）のもとに行き、憲（刑）部尚書に任命され、至徳二載（七五七）、粛宗に従って長安に帰った。しかし剛直な真卿は時流と合わず、地方官・中央官と遷転をくりかえした。真卿はまた官界生活のかたわら、これまで書道の主流であった王羲之《おうぎし》（三〇七?―三六五?）流のなよなよとした形式の美を追う書風をうち破る、厳粛な楷書を中心とした男性的な剛気にあふれた書法を創始したことによって、後世の人に高く評価されている。

顔真卿は、大暦七年（七七二）、湖州刺史《こしゅうしし》に任命され、翌年正月、湖州（呉興）に着任した。時に真卿は六五歳であった。この着任の年、真卿は皎然のいた杼山《ちょざん》の妙喜寺に、殿中侍御史《でんちゅうじぎょし》の袁高《えんこう》の巡視を記念して亭を建てた。陸羽は、この年は癸丑《きちゅう》に当たり、その十月の朔日は癸卯《きぼう》、建立の日の二十一日は癸亥《きがい》だったので、この亭を三癸亭《さんきてい》と名づけた。真卿が陸羽のためにこの亭を建てたことは、真卿の「三癸亭詩」に「欻《たちま》ち三癸亭を構う、実に惟《こ》れ陸生の故なり」とあるのにより判明する。真卿の湖州赴任とともに、陸羽はその幕下に入った。

顔真卿は『韻海鏡源《いんかいきょうげん》』という大部な辞書をかなり以前から編集していた。この書物は、『切韻《せついん》』という隋《ずい》の時にできた韻書《いんしょ》（漢字の発音の最後のひびきによって漢字を整理配列した字引）に基づいて、漢字を配列し、その字の熟語の出典を記載した書物である。真卿は湖州に赴任すると、さらに当地の多くの学者の協力を得て、五百巻の書物に仕上げようとし、陸羽も協力者の中に在野人として選ばれた。この機会に陸羽は、顔真卿の指導のもとに行われる編集事業のために集まったスタッフとして、多くの学者と交わり、陸羽の学識は深められた。『韻海鏡源』の編集には、あらゆる部門にわたる蔵書がなければならなかったから、陸羽はそれらを閲覧する機会にも恵まれることになった。陸羽がこの時までに『茶経』の初稿を完成していたことは後述の通りであるが、この機会に加筆・増補したことは当然あったろう。三癸亭のことや『韻海鏡源』のことは、顔真卿の「杼山妙喜寺碑《ちょざんみょうきじひ》」という文に詳しい。また顔真卿は湖州で聯句《れんく》（数人で一篇の詩を作ったもの）を盛んに作ったが、その作者の中に皎然と共に陸羽の名がしばしば登場する。

大暦十三年（七七八）、顔真卿は七〇歳となったので、慣例により、辞任を願い出たが許されず、刑部尚書《けいぶしょうしょ》（刑部の長官）に任ぜられ、長安に帰ることとなった。湖州刺史在任は六年間、この間、顔真卿幕下にあった陸羽は今に残る詩文にその名が多く登場したが、真卿の離任と共に、年代の判明する陸羽の行動は闇につつまれてしまう。真卿離任の時、陸羽は四六歳で、その後二十余年生きながらえた。

晩年の陸羽　陸羽が苕渓《ちょうけい》に移って後、皎然《きょうねん》と深い交わりをもち、また顔真卿の幕下に入り、『韻海鏡源』編集に参画した多くの学者たちと交わったことは上述の通りであるが、そのほかにも著名人士から詩を贈られていることが、それらの人士の詩集によって判明する。

皇甫冉《こうほぜん》（七一七?―七七〇?）と皇甫曾《そう》（?―七八五）兄弟は、丹陽（無錫の南）の人で、共に詩名が高く、今もその詩集が残っている。弟の曾は三年早く進士に合格した。冉は安史の乱中の天宝十五載（七五六）の進士で、直ちに無《む》錫《しゃく》県の尉《い》となっている。冉に「陸鴻漸（羽）棲霞寺《せいかじ》に茶を採るを送る」という詩がある。棲霞寺は栖霞寺とも書き、南京市の東北部にある中国四大名刹の一つである。これは陸羽が故郷の天門市から江南に移り、呉興に落ちつくまで棲霞寺の付近にいた時の作となるかもしれない。弟の曾は、詩画に長じた王維《おうい》（七〇一―七六一）の門に出で、「陸鴻漸山人、茶を採りて回《かえ》るを送る」という詩が残っている。また曾はどうして湖州にいたのかは不明だが、顔真卿や皎然の主催した聯句の中の作者としても登場し、そのうち一篇は顔真卿・皎然・陸羽と共に名を連ねている。

苦吟詩人の孟郊《もうこう》（七五一―八一四）は孟東野《もうとうや》とよばれることが多いが、湖州と杭州の中間にある武康《ぶこう》（徳清県）の人で、陸羽よりは二〇歳くらい若いから、その郷里で呉興にいた陸羽の名声を聞いたのであろうか、「陸鴻漸が上饒《じょうじょう》にて新たに山舎を開くに題す」という詩があり、陸羽の晩年のことになろうが、陸羽が上饒（江西省南昌市の東）に山舎を開いていたことがわかる。

権徳輿《けんとくよ》（七五九―八一八）は、徳宗《とくそう》・憲宗《けんそう》朝に宰相まで栄進した人である。彼に「蕭侍御《しょうじぎょ》、陸太祝《りくたいしゅく》の信州より洪《こう》州《しゅう》の玉芝観《ぎょくしかん》に移居するを喜ぶの詩の序」という一文がある。陸太祝とは陸羽を指す（このことは後述）。この文の題名から、陸羽が信州から、洪州の道観に移ったことがわかる。陸羽と道教の関係を重視する人があるが、陸羽と道教の関係をはっきりと示すのはこの文だけである。信州は孟郊のところに出てきた上饒の別名であり、洪州は今の江南省南昌市である。権徳輿が洪州にいたのは、江西観察使の李兼《りけん》の判官となっていた貞元元年（七八五）のことと考えられ、陸羽の五三歳ころである。そしてそれ以前に陸羽は、上饒＝信州にいたことがわかる。

陸羽が無錫《むしゃく》（江蘇省、太湖の北岸）に行ったことは、陸羽に「慧山寺《けいざんじ》に遊ぶの記」（『全唐文』巻四三三）があることによってわかる。慧山は恵山とも書き、無錫市の西郊にあり、主峰は三二八メートル、今は錫恵《しゃくけい》公園となっている。ここに慧山寺があった。またここには、唐の張又新《ちょうゆうしん》の『前茶水記』に見える天下第二泉がある。私は一九八四年八月にここを訪れ、今もこんこんと涌く「天下第二泉」のおいしい水でお茶を楽しんだ。また顧渚山《こちょざん》（浙江省長興県）は太湖の西岸にあり、唐代以来、宮廷御用の紫笋《しじゅん》茶の産地として名高い。陸羽には「顧渚山記」という一文があったが、今は伝わっていない。私はここも一九八四年八月に訪れ、唐代以来の名泉である金沙泉《きんさせん》の水で香り高い紫笋茶を楽しんだ。

陸羽は越《えつ》（浙江省紹興《しょうこう》市）にも足跡をのばしている。ここは王羲之の「蘭亭序《らんていじょ》」で名高い蘭亭が郊外にあり、あたり一帯は水郷であって、また越磁《えつじ》の産地であるが、今は紹興酒や魯迅の故郷として有名である。陸羽が越に赴いたことは、皇甫冉の「陸鴻漸の越に赴くを送る序」によって判明する。これが皇甫冉の文であることから、陸羽が苕渓に廬《いおり》を結んでまもなくのことかと思われる。また越には張志和《ちょうしわ》（七三〇？―八一〇？年）がいた。この人は一六歳で明経《めいけい》科に合格し、仕官していたが、まもなく隠退して「煙波《えんぱ》の釣徒」とか「玄真子《げんしんし》」と称した。性格は恬淡《てんたん》で、多才多芸、書画に巧みで、音楽をよくした。顔真卿も張志和を高く評価し、みずから「浪跡《ろうせき》先生玄真子張志和碑銘」を執筆した。張志和の伝記はその文に詳しく、陸羽と張志和との交際のこともその文中に見える。

要するに陸羽は、江南に移居して以後、まず苕渓に廬を定め、顔真卿に湖州の杼山妙喜寺内に三癸亭を建ててもらい、そこに住んでいたのだが、顔真卿が湖州を去ったのち、それがいつまで続いたのかはわからない。江南における陸羽の足跡は、太湖の北岸の無錫から、今の南京、太湖西岸の顧渚山、南は浙江の紹興に及び、西は江西省の上饒や南昌に及んだことは確実である。しかし陸羽の自伝は一九歳の苕渓への移居の時点で終わっており、その後のことは詩題などによるだけで、その伝記の年代を追うことはできない。

なお陸羽のことを陸文学というのは、陸羽が太子文学を拝したからで、また陸太祝《たいしゅく》というのは、太常寺《たいじょうじ》太祝《たいしゅく》を拝したからであるが、『新唐書』の本伝では、「職に就かず」とある。これがどういうことかよくわからない。また任官のために、長安に赴いたことも確実な史料には見えない。

陸羽の著作としては、『茶経』のほかに、『君臣渓《くんしんけい》』二巻、『源解《げんかい》』三〇巻、『江表四姓譜』八巻、『南北人物志』一〇巻、『呉興歴官記』三巻、『湖州刺史記』一巻、『占夢《せんぼう》』三巻があったことが自伝に見えるが、いずれも伝存しない。

『茶経』著作の時期　陸羽がいつ『茶経』を著作したかを明記した史料はない。しかしこれを考える史料はいろいろある。

①陸羽の自伝は上元辛丑、すなわち上元二年（七六一）に書かれ、そこに「茶経三巻」が陸羽の著作として挙げられているから、七六一年以前の著作となる。しかしそこには、『茶経』のほかに、七種の著作が挙げられていて、これは陸羽の全著作を後人がそこに列挙して挿入したと疑えないことはない。しかし記載通り理解すれば、七六一年以前となる。

②『茶経』四之器に見える風炉《ふろ》についている三足のうち一足の銘文に「聖唐が胡《こ》を滅《ほろぼ》した明年に鋳る」（聖唐滅胡明年鋳）とある。「胡を滅ぼす」というのは、胡人の安禄山が起こした安史の乱の平定を指すと何人も考えるであろう。安史の乱が平定されたのは、一般には史朝義《しちょうぎ》が殺された宝応二年（七六三）とされている。安史の乱が起こったとき（七五五年）、玄宗は長安から成都に逃れたが、その途中に粛宗《しゅくそう》が即位し、玄宗は上皇《じょうこう》となった。そして粛宗と上皇が長安に帰還したのは、至徳二載（七五七）のことである。元結《げんけつ》（七一九－七七二）はその時に「大唐中興頌《しょう》」を作っ

て、この年を唐が中興した年としており、七五七年を滅胡の年と見ることには根拠がある。その明年は乾元元年（七五八）である。そして七五八年は、風炉の足の銘文の書かれた年であって、『茶経』の著作はこの年より以後のことであればよいわけである。故に①と②をあわせて考えれば、『茶経』の著作は、七五八年と七六一年の間のこととなる。

③もう一つ、『茶経』の著作の時期についての史料がある。それは『茶経』八之出に、茶の産地としての州・県名の記載がある。州で言えば、荊州《けいしゅう》が出てくる。荊州は江陵《こうりょう》郡と言っていたのが、乾元元年（七五八）に荊州となり、上元元年（七六〇）に江陵府となっているから、このころで荊州と言うのは、七五八―七六〇年の間である。また唐代では、州と郡は同一地域で、同一地域に州名と郡名とがある。郡名から州名に改められたのは、乾元元年であり、『茶経』の地名は、「義陽郡」（州名は申州）の一例を除いて、州名で書かれているのが三六州ある。したがってほぼ乾元元年以降の記載方法と言ってよい。

また県名の中に、「安康県」が出てくるが、この県は至徳二載（七五七）以降なら漢陰《かんいん》県と書かれねばならない。さらに「江寧県」は、上元二年（七六一）に、上元県と改められている。また「始豊県」は、上元二年に、唐興《とうこう》県と改められている。

以上によって、『茶経』八之出は、漢陰県を安康県と旧名で書き誤ったとすれば、乾元元年（七五八）から上元二年（七六一）の間の地名の表記に従っていることになる。したがって『茶経』はこの時期の著作とすることができ、これは①②とも矛盾しない。

この説について、疑問を懐く人は、これでは、不朽の名著の『茶経』の著作が陸羽の推定年齢二九歳以前になることを問題にするのであろう。しかし私は後年に陸羽が加筆したことはありうると思っている。『茶経』の大綱はこの時期に完成したと考えたい（詳細は拙稿「茶経著作年代考」『立命館大学文学部創設二十周年記年論集』参照）。なお傅樹勤《ふじゅきん》氏は「茶経の成書年代」（『北京師範学院学報』、一九八三年第一期）において、私の考えが「聖唐滅胡」の年を無視しているように言っているけれども、私が「聖唐滅胡の明年」の年を七五八年としているのを読み落としているのである。

『茶経』の内容

『茶経』のテキスト　『茶経』のテキストについて、私は『茶道古典全集』第一巻（淡交社、一九五七年）に、「宋代の咸淳年間（一二六五―一二七四年）に刊行された百川学海本」（一九二七年、武進陶氏渉園景刊本）という南宋本を底本とし、その他の『茶経』の各種版本との異同を掲げた。しかしその後、武進陶氏渉園景刊本は、宋咸淳刊百川学海本の忠実な影印本ではなく、書肆が勝手に模刻した部分のあることが判明した。現在では、『茶経』の底本は日本の宮内庁書陵部蔵の『旧刊百川学海本』とすべきである。この影印本は、私の編集した『中国茶書全集』下巻（汲古書院、一九八七年）に収載している。

明代（一三六八―一六四四年）には、多くの『茶経』原本が刊行され、三〇種にも上り、わが国の国立公文書館の内閣文庫はその多くを所蔵している。明刊の『茶経』の中で、私が実見した最古本は、大阪市淀川区十三《じゅうそう》の武田科学振興財団の杏雨書屋所蔵のものである。

本書の景陵《けいりょう》（竟陵、陸羽の出生地の湖北省天門市）の魚彭《ろほう》の序文によれば、①本書は明の嘉靖《かせい》二十一年（一五四二）の刊行であり、②本書は嘉靖十八年に、嘉靖帝（在位一五二一―六六年）が景陵（陸羽の故郷）の近くの郢《えい》（湖北省鍾祥市）に行幸した記念の為の刊行であること、③本書の『茶経』の原文は『百川学海』に基づいたことがわかる。この『百川学海』は日本の宮内庁書陵部蔵の『旧刊百川学海本』と同一かどうかはわからないが、同系統のテキストとは言える。

そしてまた本書には、「茶経外集」が附刻され、そこには、陸羽の「六羨歌《ろくせんか》」と、唐代の皇甫曾《こうほそう》・皇甫冉《ぜん》・僧皎然《きょうねん》・裴拾遺《はいしゅうい》、宋代の王禹偁《おううしょう》と、明代の陸羽関係の三四篇の詩が登載されている。

この大阪の杏雨書屋蔵の嘉靖二十一年刊本は、私の編集した『中国茶書全集』下巻に、その全文を影印して収載している。しかし後に、台湾の『国立中央図書館善本書目』を見ると、「茶経三巻、附外集一巻一冊、唐陸羽撰、明嘉靖壬寅（二十一年）新安、呉旦《ごたん》刊本」があり、台湾当局の好意により、そのコピーを提供され、閲読してみると、杏雨書屋本と同一版本で、台湾本の方が版木が磨耗しておらず、初印である。そして台湾本が呉旦刊本とされたのは、台湾本には杏雨書屋本に見える魚彭の序文が欠落していたからである。呉旦の序文は嘉靖壬寅とは書かれていても、短文で、魚彭の序文のような刊行の次第は書かれていない。また台湾本の「茶経外集」は、明人の詩は、杏雨書屋本の三四篇に対して、一九篇しか登載しておらず、この一九篇は杏雨書屋本にはすべて登載されている。ということは、杏雨書屋本は台湾本より後代の補刻本ということになる。

また杏雨書屋本にみえる作詩者の蘇雨は、万暦十三年（一五八五）に、陸羽の故郷の景（竟）陵を管轄する「分巡荆西道」に任ぜられ、その時の詩を登載しているから、杏雨書屋本の刊行は万暦十三年以後ということになる。しかし『茶経』の原文の部分は、一葉を除いて同一版木を使用していると認められる。

明代の万暦年間（一五七三―一六二〇）になると『茶経』の多くの版本が刊行され、私はそれを中国茶文化のルネッサンスの一つの象徴とみる。その中の多くは、「茶経外集」を附刻していることからみて、嘉靖壬寅の竟陵刊本を祖本としているとみなす。しかもその「茶経外集」は、宋代の王禹偁の詩までを登載し、明人の詩をすべて消去している。これは、嘉靖壬寅の竟陵刊本に収める明人の詩が陸羽史跡懐古の詩がほとんどで、これは中国各地の人を対象とする『茶経』版本には不要と考えたからではなかろうか。杏雨書屋蔵の嘉靖竟陵本『茶経』についての詳細は、拙稿「杏雨書屋蔵明嘉靖竟陵本『茶経』について」（『中田勇次郎先生頌寿記念論集　東洋芸林論叢』平凡社、一九八五）を参照されたい。

ここまで『茶経』のテキストについて述べたことは、要するに多く残る明版の『茶経』のテキストは『百川学海』という宋代の咸淳年間に刊行された叢書に由来するとの考えを述べるためである。また明代にも弘治年間（一四八八―一五〇五）に無錫の華氏が『百川学海』を刊行し、一九二一年に、上海の博古斎はその影印本を刊行している。しかし明版の『茶経』には、北宋の陳師道（一〇五三―一一〇一）の「茶経序」を登載するものがある。この序は陳師道の『後山先生集』巻一三に収録され、そこには当時いろいろ異なる『茶経』のテキストがあったように書かれ、清代の乾隆帝の時に編纂された標準とされる解題書『四庫全書総目提要』巻一一五、譜録類の『茶経三巻』の項は、陳師道の序にいう「畢氏・王氏の書三巻」に現行の『茶経』は当たるなどといっているが、これは『四庫提要』の推定であって、基づくところがあるわけではない。

陳師道が「茶経序」を書いてから、約一五〇年後に『百川学海』に入った『茶経』が、後世に伝わった『茶経』の唯一の版本であるというのが私の明版『茶経』を調査した結論である。北宋の陳師道が見た『茶経』には、いろいろのテキスト（それは版本ではなく、鈔本であろう）があったろうが、南宋時代に『百川学海』にいれられたのは一つのテキストで、それは全体に矛盾のないよいテキストと思う。勿論、南宋の咸淳年間に『百川学海』に入ったテキストも完璧なものではなく、時には誤刻もある。しかし明版『茶経』は、南宋刊の誤刻を訂正した個処もあり、また誤刻した個処もある。しかし大本は南宋の咸淳年間に『百川学海』にいれられた『茶経』と考える。ということは、『茶経』

のテキストは多く現存する明版のいずれを用いても大差ないということである。

わが国では、江戸時代に、三回『茶経』が版刻出版された。第一回は「春秋館新校刊一条通（京都）鶴屋町　田原仁左衛門」と刊記があり、刊年はない。宗政五十緒氏（龍谷大学教授）の研究によれば、春秋館は松永尺五の嗣子の松永昌易（一六八〇年没）の館号と考証されているから、この『茶経』は徳川四代将軍家綱時代の刊行であろう。本書には「明　晋安　鄭熜允栄校」とあり、その明版も現存し（布目家蔵）、対校してみると、その忠実な翻刻本に、返点・送仮名を付けたものである。第二回は、「宝暦八年（一七五八）戊寅八月」の日附があり、これは上記の春秋館新校刊本の忠実な再刻である。第三回は、「天保十五年甲辰（一八四四）九月補刻」と刊記があり、現在、古書店に現われるのはこの本で、これも再刻本の忠実な翻刻本で、『茶経』のテキストとして使用しても差し支えない。この三回の刻本は序に多少の差がある。

『茶経』の構成　『茶経』は、中国において、茶についての最初に著作された専門書で、これを「茶書」と称している。またたんに最初に著作されただけでなく、その内容においても、『茶経』にまさる茶書はついにその後も現われなかった。というのは、『茶経』は『オール・アバウト・ティー』（一九三五年、ニューヨークで刊行された茶の百科事典）的に著作され、唐代の茶についての知識がすべて凝集されている。それだけでなく、その後の中国茶史の展開もここに予見されていて、くめども尽きない豊富な内容をもっている。わが国では、江戸時代に、『茶経』は訓点付きで、三度にわたって刊行され、また大典禅師（一七一九―一八〇一年、京都の相国寺の住持）の『茶経詳説』のようなすぐれた注解書も著作された。明治になってからは、岡倉天心の『茶の本』の中の『茶経』の引用によって、一般の人にも『茶経』の名が知られる程度になった。しかし『茶の本』の中の『茶経』は、岡倉独特の理解の下で引用され、『茶経』の真面目を伝えたものではない。

『茶経』は一之源《いちのげん》（茶のおこり）、二之具《にのぐ》（製茶器具）、三之造《さんのぞう》（製茶法）、四之器《しのき》（茶器）、五之煮《ごのしゃ》（茶の煮たて方）、六之《ろくの》飲《いん》（茶の飲み方）、七之事《しちのじ》（茶の史料集）、八之出《はちのしゅつ》（茶の産地）、九之略《くのりゃく》（略式の茶）、十之図《じゅうのず》（『茶経』を一幅に書いて掛けておくこと）の十部より構成されている。一之・二之・三之……という表現は先に類例のない独特のものである。唐代に編集された書物は、歴史書、制度の書を除くと、多くはエッセイ風のもので、全体が体系だっているものは少ない。その中にあって『茶経』の十部構成にあっては、まず一之源において、茶樹の植物的説明に始まり、茶を示す文字、茶の育成する土壌、茶の種子の播き方、茶の効用を述べ、高麗人参《こうらいにんじん》との比較に及んでいる。二之具、三之造においては、製茶器具を列挙しておいて、製茶法を述べている。製茶法は、後世においては、農書（農業技術書）を中心に散見するだけである。

四之器においては、喫茶器具、すなわち茶器を列挙し、五之煮・六之飲においては、その茶器を用いた、煮立て方、飲み方を述べている。七之事は、『茶経』以前の茶の史料を列挙している。その中には、今は散逸して伝わらない書物も多く含まれる。八之出においては、当時の各地の産茶状況を州・県別に述べている。茶の産地がこれほど包括的に簡明にまとめられたものは後世にも無い。九之略においては、略式の茶を述べて、反面において、陸羽の推奨する正式の茶の真髄を示し、これを陸羽の茶道の宣言と見るのは過言ではあるまい。十之図においては、『茶経』を絹地に書いて、掛けておくべきことを述べ、とくに注目すべき内容はない。

陸羽の茶道　陸羽と同時代の人である封演の『封氏聞見記』飲茶の条に、

楚《そ》の人、陸鴻漸《りくこうぜん》（羽）は茶論（ここでは茶経とは言っていない）をつくり、茶の功効《こうこう》ならびに煎茶・炙茶《しゃちゃ》の法を説き、茶具の二十四事を造り、都統籠《ととうろう》（茶器籠）を以て貯え、遠近傾慕し、好事の者、家に一副を蔵す。常伯熊《じょうはくゆう》なる者有り、また鴻漸の論に因り、広く潤色す。ここにおいて茶道大いに行われ、王公朝士飲まざる者無し。

とある。この記事は陸羽と同時代の人が『茶経』を世に紹介したものとして注目される。ここには『茶経』とはなっていないで、『茶論』となっているので、『茶経』の初名は『茶論』だという人もあるが、前述の陸羽と湖州で深交のあった皎然《きょうねん》は「楚人の『茶経』虚《むな》しく名を得る」と言っており、また『茶経』の本文中に、「是において、『茶経』の終始備われり」（十之図）ともあり、私は『茶経』は陸羽が自信をもってみずから命名したと考える。また茶器を陸羽は「二十四器」と言っているのに対して、「茶具の二十四事」と封演は言っているが、これもたんなる言い換えであろう。また『茶経』には、茶器籠を「都籃」と言っているのに対して、封演は「都統籠」と言っているのも同様である。『茶経』と称しても、初めから一語一語が経書的権威をもつものではない。

ここで「茶道」に移る。まず常伯熊という陸羽の茶道の宣伝家が現われた。その結果「茶道が大いに行われた」のである。この茶道は、今私たちが日本語で用いている茶道と同じ意味だとはただちに言えない。しかしこの封演の言う茶道の普及は、この文の前に、「人自ら懐挟《かいきょう》し、到る処煮飲す。これより転じてあい倣効《ほうこう》し、遂《つい》に風俗となる」とあり、また「道俗を問わず、銭を投じて取りて飲む」とあるのを較べてみればわかるように、飲茶・喫茶の流行だけを言っているのではない。やはり飲茶・喫茶よりは格段と重みのある次元の高い言葉として茶道という言葉を用いているのであり、私は、陸羽式の茶道が流行したと解したい。

わが国では、剣道・柔道・弓道・華道・香道・書道など道のつく字が多い。私の若いころは、中学校では剣道・柔道のどちらかを正科として修めねばならず、しかもそれを剣道・柔道と言っていた。一般の用語では剣術・柔術と言っていたのだが、戦争中に剣道・柔道に統一されてしまったように思う。中国では前漢時代（前二〇二—後八）に、『剣道三十八篇』という書物があるが（『漢書』芸文志）、書名だけで書物は散逸している。その内容はおそらく剣の使い方であったろう。「射道」という言葉もあるが、これも弓の射方の書であろう。また書道という言葉は、元の鄭杓《ていしゃく》の

『衍極《えんきょく》』造書篇に見えるが、書き方の意味で、中国語に書道という言葉はない。しかし封演の言う茶道が、単にお茶をおいしくいれるハウ・トゥの意味でないことは上述した通りである。

それならば、陸羽の茶道の内容が何であるかを述べよう。たんなる飲物を飲むより高次元の何があるのか。

㈠茶器二十四器の設定　『茶経』四之器は茶器の叙述である。その中心となるのが風炉《ふろ》で、形は古代の鼎《かなえ》にかたどり、三足のうちの一足には、銘として水・火・風・鼎を示す『易経』の卦《け》、一足には百疾を去る五行《ごぎょう》、一足には滅《めっ》胡《こ》の年に鋳たことを記す。三格《ごとく》は、水・風・火を象徴する動物を画き、また腹の部分に「伊公の羹、陸氏の茶」と銘を彫り、料理についての殷の伊尹《いいん》に対して、みずから陸氏の茶と自信を以て書いている。盌《わん》については、当時の産地を比較して、茶の色との関係から越《えつ》の青磁を推賞する鋭い審美眼を示す。その他の茶器についても、日常用品の中から採用しても、風雅な命名と素材・寸法を指定している。そして二十四器を使用してのお手前にはまったく触れていない。お手前は各自の工夫によるのであろう。ここがわが国の茶道と異なる。またわが国の茶道が曲芸のようなお手前中心であることには少々反省を求めたくなる。しかし陸羽は、城邑の中、王公の門においては、「二十四器、一を闕《か》けば、則ち茶は廃す」と言って、二十四器中心の茶道を提唱したのである。

㈡略式の茶　陸羽はしかし二十四器の茶だけに拘泥はしない。山野・松間石上・谷間・泉に臨んだとき、また洞穴の中で茶を点《た》てるときに、二十四器のうちで欠いて差支えない茶器を一々指定している。野点《のだて》にも価値を認め、あるいはここにも茶の本領があると認めているのであろう。九之略として一項を立てていることは、このように解するのが正しいであろう。

㈢炙茶《しゃちゃ》・火・水の厳密な吟味　これらについては五之煮に詳しい。火については「労れた薪の味《つか》」を感得せよと言う。水については、山水は上、江水は中、井水は下と大勢論を述べ、地域・時代で異なる水の性質に深入りしないのは、後世の各地の名水論よりかえって勝れている。

㈣点茶の慎重な手続き　一沸・二沸・三沸と湯の沸騰を微細に分析し、段階ごとに慎重な手続きで、茶を見事に点てる方法を述べている。

㈤茶の九難　ここに陸羽式茶道の個々の心得がまとめられている。

㈥盌数を奇数で定めている。

㈦陸羽式茶道の精神としての倹　茶は「最も精行倹徳の人に宜《よろ》し」と言い、また「茶の性は倹」と言う。茶は行いの精《すぐ》れた人の飲料にふさわしいと言う。またこれは最近に考えるようになったことだが、法門寺から発見された宮廷用の豪華な茶器を見ると、陸羽の茶道は、庶民でも日常家庭内で用いている飲食器類に少し手を加えれば、茶器として成立することを説いているのであり、ここに倹の意味が生きてくる。これは千利休の侘《わ》び茶の精神に通ずるものである。

㈧茶の歴史的回顧　七之事において、『茶経』以前の歴史的史料を列挙し、その中から『茶経』を位置づける手法は、茶道の成立の提唱にふさわしい。

㈨茶の産地の調査　八之出において、中国全般にわたる当時の茶産地を詳細に調査し、その格付けを行うという、後世にも類を見ない茶産地に対する関心の強烈さは、茶道の提唱にふさわしい。

㈩掛け軸としての『茶経』　十之図には、『茶経』の本文を書いて、座隅に掛けておけば、「茶経の終始備われり」と言って、『茶経』こそ陸羽茶道の本髄であると自信を持って述べている。

以上、私が陸羽の茶道の内容となるものを十項目にわたって挙げたが、『茶経』全体がその内容であると言う方がむしろ適切であろう。『茶経』はまた当時のオール･アバウト･ティーであり、これを上廻る茶書は後世においてはついに現われなかった。その位置は、例えば歴史書において、中国歴代の正史である二十四史の第一位に、司馬遷の『史記』がそびえているのに匹敵している。『茶経』以降の中国の茶書は、『茶経』の各論的展開と言っても、過言ではなかろう。

しかしまた陸羽は、わが国の茶道における千利休とは異なった位置にあることも留意すべきであろう。陸羽にはお手前の様式化がないし、また彼は家元でもない。その地位の世襲者・後継者もいない。あるのは『茶経』である。ここがまた陸羽の茶道とわが国の茶道と根本的に異なるところである。

陸羽の「毀茶論《きちゃろん》」　ここまでは『茶経』の明るい面だけを述べてきた。陸羽の在世時代にあった暗い面にも触れておかねばならない。それは封演の『封氏聞見記』飲茶の条の記事で、『茶経』を潤色した常伯熊もこれに関係している。ここに登場する李季卿《りきけい》は、唐の太宗《たいそう》の廃太子であった恒山王承乾《こうざんおうしょうけん》の末裔《まつえい》で、父の李適之《りてきし》は玄宗《げんそう》の末年に宰相の李林甫《りりんぽ》のために左遷され、ついに自殺した人物である。李季卿は、若い時、明経科《めいけいか》に合格し、文章が巧みで、博学宏詞《はくがくこうし》科にも合格し、玄宗の子の粛宗《しゅくそう》朝に、中書舎人《ちゅうしょしゃじん》（詔勅を起草する中書省で、長官の令《れい》、次官の侍郎《じろう》に次ぐ実力者の就任する官）にまで至った。次の代宗《だいそう》朝に御史大夫《ぎょしたいふ》（監察を司る御史台の長官）となり、江南を宣慰《せんい》した時の出来事である。李季卿は大暦二年（七六七）に死去しているから（『旧唐書』巻九九、李適之伝）、その時陸羽は三五歳で、『茶経』著作後のことである。その記事は以下の通りである。

御史大夫の李季卿が江南に行った時、常伯熊が茶をうまく点てるというので、李公は点ててもらうことになった。伯熊は黄被衫《こうひさん》に烏紗帽《うさぼう》というきちんとした服装をして、手に茶器を執り、茶名をぴたりと言いあて、見別けて点てたので、左右は熟視した。茶が点ち、李公は二杯も飲んだ。また李公は、陸羽が茶をうまく点てると聞き、陸羽に茶を点ててもらうことになった。陸羽は野人の服を着け、茶器を持って入ってきて、坐席につくと、点て方は伯熊と同じであったので、李公は陸羽を軽蔑した。茶が終わると、下僕に命じて、銭三〇文で煎茶博士の報酬とした。このころ陸羽は長江のほとりを旅行し、名流の人たちに馴れ親しんでいたが、李公からこの恥辱を受けると、「毀茶論」を著わした。伯熊は茶を飲み過ぎて、ついに風疾《ふうしつ》にかかり、晩年は人に茶の多飲をすすめなかった。

この事件は私にはわかりにくい。陸羽の茶を潤色した常伯熊の茶は李季卿から評価されたが、陸羽の茶は逆に軽蔑された。それが陸羽の服装に原因があり、点て方も常伯熊と同じであったことに原因があったようだが、よくわからない。あるいは陸羽の性格が李公と合わなかったのかもしれない。陸羽はともかくこの李公からの恥辱を受け、その結果『茶経』とは反対の「毀茶論」を著わし、また伯熊も茶の過飲で病気にかかり、人に茶をすすめなくなったというのである。陸羽が必ずしも一般からすべて大歓迎を受けたのではないことがわかる。しかし「毀茶論」は残らず、『茶経』がその後の中国茶のバイブルとなった。それはそれとして、陸羽にも当時暗い面もあったことをこの記事は示しているように思う。

（了）

（『茶経詳解』淡交社、二〇〇一年）

布目潮渢博士略年譜

大正　八年　五月一三日　アメリカ合衆国ハワイ州ホノルル市に生まれる
昭和一六年　三月　第八高等学校文科乙類卒業
　一八年　三月　東京帝国大学文学部東洋史学科卒業
　一八年一〇月　海軍予備学生として江田島海軍兵学校に入隊（二〇年一一月まで）
　二〇年　九月　叙従七位
　二一年　七月　東方文化研究所助手
　二三年　四月　京都府立鴨沂高等学校教諭
　二五年一二月　京都府立西京大学助教授（学生主事）
　三二年　四月　立命館大学助教授（文学部）
　三四年　四月　立命館大学教授（文学部）
　四二年　四月　大阪大学教授（教養部）
　四六年　四月　文学博士（東京大学、学位論文『隋唐史研究　唐朝政権の形成』）
　五八年　四月　大阪大学教授停年退官、大阪大学名誉教授

五八年　四月　摂南大学教授（国際言語文化学部、図書館長）
平成　四年　四月　摂南大学教授退職、仏教大学非常勤講師（文学部）
一一月　叙勲三等旭日中綬章
一三年　一月一七日　芦屋市民センターにおいて逝去
一三年　一月　追叙従四位
一三年一一月二六日　財団法人裏千家淡交会より第三六回淡々斎茶道文化賞受賞

布目潮渢博士著作目録（抄）

一　著　書

隋唐史研究——唐朝政権の形成　京都大学内東洋史研究会　六八年一〇月
（訂正再版）同朋舎出版　八〇年一一月

隋の煬帝と唐の太宗（人と歴史　東洋七）　清水書院　七五年七月

つくられた暴君と明君　隋の煬帝と唐の太宗　清水書院　清水新書　八四年一〇月

緑芽十片——歴史にみる中国の喫茶文化　岩波書店　八九年四月

中国名茶紀行　新潮社　九一年四月

貞観政要に学ぶ道義の経営学　マネジメント社　九一年一〇月

中国喫茶文化史（『緑芽十片』の改題再版）　岩波書店　同時代ライブラリー　九五年五月

貞観政要の政治学　岩波書店　同時代ライブラリー　九七年一二月

中国茶文化と日本　汲古書院　汲古選書　九八年四月

中国喫茶文化史　岩波書店　岩波現代文庫　二〇〇一年三月

中国茶の文化史　研文出版　研文選書　二〇〇一年六月
茶経詳解　淡交社　二〇〇一年八月

二　共　著

花ひらく長安（世界の歴史四）　山口修と共著　集英社　六八年八月
唐才子伝の研究　中村喬と共著　大阪大学アジア史研究会　七二年八月
　のち訂正再版　汲古書院　八二年
六朝と隋唐帝国（世界の歴史四）　山口修と共著　社会思想社　現代教養文庫　七四年七月
隋唐帝国（中国の歴史四）　栗原益男と共著　講談社　七四年九月
　のち講談社学術文庫　九七年一〇月に再収
基範世界史――時代相の変遷　山田信夫等と共著　帝国書院　八七年四月
図解世界史　岡部健彦等と共著　帝国書院　八九年四月
中国茶と茶館の旅　平野久美子と共著　新潮社　九五年　月

三　訳　註　書

茶経　茶録　大観茶論　淡交社　五七年五月
中国の茶書（叢説　茶経　煎茶水記　湯品）　平凡社　東洋文庫　七六年五月
アーサー・ライト著　隋代史　中川努と共訳　法律文化社　八二年一一月

帝国書院＝タイムズ同時代的図解世界史（第三・四・一二・一三・一九章）　大野仁・杉井一臣と共訳　帝国書院　八八年四月

四　編　書

唐律索引稿　京都大学人文科学研究所　唐律研究会　五八年一〇月

叢書集成書名著者名索引　立命館大学東洋史研究室　六三年三月

唐律疏議校勘表　京都大学人文科学研究所　唐律研究会　六三年九月

唐律疏議校勘表補遺　京都大学人文科学研究所　唐律研究会　六四年三月（以上二書は、訳註日本律令四（東京堂出版　七六年九月に再録））

大学ゼミナール東洋史　佐伯富・羽田明・山田信夫と共編　法律文化社　七〇年六月　七八年六月新訂版

五山版影印唐才子伝　汲古書院　七二年九月

東アジア史入門　山田信夫と共編　法律文化社　七五年四月

中国本土地図目録——東大総合研究資料館所蔵資料　本田治と共編　大阪大学アジア史研究会　七六年三月

荊楚歳時記　守屋美都雄訳注　中村裕一と補訂　平凡社　東洋文庫　七八年二月

研究成果報告書「唐・宋時代の行政・経済地図の作製」　大阪大学教養部　八一年三月

四川・湖北・湖南の旅——茶の源流をたずねて　豊茗会　八二年一二月

江蘇・浙江の旅——茶の源流をたずねて　豊茗会　八五年三月

安徽・江西の旅――茶の源流をたずねて　豊茗会　八六年一二月
中国本土地図目録（増補版）　松田孝一と共編　東方書店　八七年三月
中国茶書全集（上下二巻）　汲古書院　八七年一二月
人と人――山田信夫先生追悼文集　山田信夫紀念事業会　八九年四月
清風――読茶会百回記念文集　読茶会　八九年八月

五　論　文

頭注の記号は以下の書目に所収されていることを示す。

上　本著作集上巻　下　本著作集下巻　A　隋唐史研究　B　唐才子伝の研究

A　明朝の諸王政策とその影響　史学雑誌　五五―三・四・五　四四年五月
A　唐初の貴族　東洋史研究　一〇―三　四八年七月
上　呉楚七国の乱の背景　和田博士還暦記念東洋史論叢（講談社　五一年一月）
上　前漢の諸侯王に関する二三の考察　京都府立西京大学人文学報　三　五三年三月
B　唐才子伝注(一)　同右　四　五四年三月
上　前漢侯国考　東洋史研究　一三―五　五五年一月
B　唐才子伝注（二）・(三)　京都府立西京大学人文学報　六、八　五五年八月　五六年一二月
上　漢律体系化の試論　東方学報　京都　二七　五七年三月

上　半銭半穀論　立命館文学　一四八　五七年九月
下　茶経の版本における三種の百川学海本と明鈔説郛本　神田博士還暦記念書誌学論集（平凡社　五七年一一月）
下　茶経著作年代考　立命館大学文学部創設三十周年記念論集（立命館大学人文学会　五七年一二月）
上　唐律研究（一）　立命館文学　一六三　五八年一二月
B　唐才子伝注（四）・（五）　立命館文学　一六七、一七八　五九年四月　六〇年三月
下　白楽天の官吏生活――江州司馬時代　橋本博士古稀記念東洋学論集（立命館大学人文学会　六〇年六月）
B　唐才子伝注（六）　立命館文学　一八六　六〇年六月
上　漢代の爵減について　和田博士古稀記念東洋史論叢（講談社　六一年二月）
B　唐才子伝注（七）、（八）、（九）　立命館文学　一八九、一九二、一九六　六一年三月、四月、一〇月
下　唐代における茶道の成立　立命館文学創刊第二百号記念論文集　六二年二月
B　唐才子伝注（十）　立命館文学　二〇三　六二年五月
上　唐代符制考――唐律研究（二）　同右　二〇七　六二年九月
下　四庫提要の「別本茶経」について　岩井博士古稀記念典籍論集（岩井博士古稀記念事業会　六三年六月）
A　楊玄感の叛乱　立命館文学　二三六　六五年二月
A　李淵集団の構造　同右　二四三　六五年九月
A　隋末の叛乱期における李密の動向　史学雑誌　七四―一〇　六五年一〇月

A　唐朝創業期の一考察　東洋史研究　二五－一　六六年六月

A　唐宋時代における喫茶の普及　歴史教育　一四－八　六六年八月

A　天策上将陝東道大行台尚書令秦王世民　立命館文学　二五五　六六年九月

A　唐高祖の十九女について　橋本博士喜寿記念東洋文化論叢（立命館大学人文学会　六七年六月）

A　Crrent Opinions on the History of the Early T ang　Proceeding of XX Ⅶ International Congress of Orientalists, The University of Michigan, U.S.A., August, 1967

A　玄武門の変　大阪大学研究集録人文社会科学　一六　六八年九月

上　隋唐革命管見　鎌田博士還暦記念歴史学論叢（鎌田博士還暦記念歴史学論叢刊行会　六九年九月）

唐文化圏の拡大――東アジア世界の成立　日本と世界の歴史　四　六・七世紀（学習研究社　七〇年一月）

上　隋唐帝国の成立　岩波講座　世界歴史　五（岩波書店　七〇年九月）

唐と西域　ペルシアと唐　東西文明の交流　二（平凡社　七〇年一〇月）

上　唐代衛士番上の負担　山本博士還暦記念東洋史論叢（山川出版社　七二年一〇月）

上　隋開皇律と仏教　橋本博士退官記念仏教研究論集（清文堂　七五年一二月）

上　白居易の判を通してみた唐代の蔭　中国哲学史の展望と模索（創文社　七六年一一月）

上　隋唐史研究の歩み　東洋史苑（龍谷大学）　一〇　七六年一二月

隋唐世界帝国の構造——羈縻政策を中心として　東アジア文化圏の成立をめぐって　七八年三月

隋唐時代の穴倉と帝陵——洛陽から西安へ　東洋学術研究　一八—一　七九年一月

上　隋の大義公主について　隋唐帝国と東アジア世界（汲古書院　七九年八月）

上　白居易の判を通してみた唐代の復讐　森三樹三郎博士頌寿記念東洋学論集（朋友書店　七九年一二月）

上　唐代衛士番上の負担再論　三田村博士古稀記念東洋史論叢（立命館大学人文学会　八〇年七月）

白居易百道判釈義（一）、（二）、（三）　大野仁と共著　大阪大学教養部研究集録人文社会科学二八、二九、三〇　一九八〇年二月、八一年二月、八二年二月

唐開元末府州県図作成の試み——敦煌所出天宝初年書写地志残巻を中心に　大野仁と共著　唐・宋時代の行政・経済地図の作製研究成果報告書　大阪大学教養部　八一年三月

唐代長安の都市形態　妹尾達彦と共著　同右

中国茶の研究をめぐって　茶の文化　その総合的研究　第一部（淡交社　八一年六月）

下　唐代の名茶とその流通　小野勝年博士頌寿記念東方学論集（龍谷大学東洋史研究会　八二年一二月）

白居易百道判釈義（四）　大野仁と共著　大阪大学教養部研究集録人文社会科学三一　八三年一月

下　抹茶の源流　懐徳　五一　八三年一月

明治十一年の長崎華僑試論——清民人名戸籍簿を中心として　日本華僑の文化摩擦（巖南堂　八三年二月）

白居易百道判釈義（五）、（六）、（七）、（八）　大野仁と共著　摂大学術人文科学社会科学編　二、三、四、五　八四年一月、八五年三月、八六年二月、八七年二月

上　機密漏洩罪を通じてみた中国律令制の展開　中国律令制の展開とその国家・社会との関係（刀水書房　八四年三月）

上　唐職制律の「漏洩大事の条」について——機密漏洩罪の系譜　瀧川政次郎博士米寿記念論集　律令制の諸問題（汲古書院　八四年五月）

唐風文化と茶　茶道聚錦　第二巻　茶の湯の成立（小学館　八四年六月）

下　白居易の喫茶　三上次男博士喜寿記念論文集　歴史編（中近東文化センター　八四年六月）

下　杏雨書屋蔵明嘉靖竟陵本『茶経』について——和刻本『茶経』の系譜　東洋芸林論叢　中田勇次郎先生頌寿記念論集（平凡社　八五年五月）

上　唐職制律の「上書奏事犯諱の条」について——避諱の系譜　律令制——中国朝鮮の法と国家（汲古書院　八六年二月）

下　皮日休の「茶中雑詠」について　中村治兵衛先生古稀記念東洋史論叢（刀水書房　八六年三月）

下　和刻本『茶経』の附刻について　神田喜一郎博士追悼中国学論叢（二玄社　八六年一二月）

中国における喫茶の歴史　茶道聚錦　第一巻　茶の文化（小学館　八七年三月）

最近日本之唐代史研究——以律令為中心　中国唐史学会会刊　第六期　一九八七年三月

下　中国茶書全集解説　中国茶書全集（汲古書院　八七年一二月）

唐代の長安城　平城宮朝堂院検討会記録（Ｖ）（奈良国立文化財研究所平城宮跡発掘調査部　八七年）

茶の種類
——緑茶・紅茶・烏龍茶　喫茶の起源と発展一　日本美術工芸　五九二　八八年一月

茶の薬用起源説批判　喫茶の起源と発展二　同右　五九三　八八年二月

下　唐代長安における王府・王宅について　中国都市の歴史的研究（刀水書房　八八年三月）

茶樹の起源と食べるお茶　喫茶の起源と発展三　日本美術工芸　五九四　八八年三月

喫茶は中国の少数民族起源か　喫茶の起源と発展四　同右　五九五　八八年四月

茶と茶
——中国における喫茶の開始　喫茶の起源と発展五　同右　五九六　八八年五月

茶荈と茶菓
——三国・晋時代の喫茶　喫茶の起源と発展六　同右　五九七　八八年六月

下　中国茶書全集補遺　汲古　一三　八八年六月

漏巵・酪奴・水厄
——南北朝時代の喫茶　喫茶の起源と発展七　日本美術工芸　五九八　八八年七月

比屋の飲
——唐代における喫茶の普及　喫茶の起源と発展八　同右　五九九　八八年八月

陸羽——『茶経』の著者　喫茶の起源と発展九　同右　六〇〇　八八年九月

『茶経』その（一）
——一之源　喫茶の起源と発展一〇　同右　六〇一　八八年一〇月

日本における『茶経』の普及と天門市との関係　日中茶経研究交流会記録　八八年一〇月

『茶経』その（二）
——二之具・三之造　喫茶の起源と発展一一　日本美術工芸　六〇二　八八年一一月

『茶経』その（三）——四之器　喫茶の起源と発展一二　日本美術工芸　六〇三　八八年一二月
『茶経』その（四）——五之煮・六之飲　喫茶の起源と発展一三　同右　六〇四　八九年一月
『茶経』その（五）——七之事～十之図　喫茶の起源と発展一四　同右　六〇五　八九年二月
最近発見の唐代帝室用茶器　喫茶の起源と発展一五　同右　六〇六　八九年三月
唐詩と茶——白居易　喫茶の起源と発展一六　日本美術工芸　六〇七　八九年四月
緑芽十片——中国喫茶文化小史　東洋史苑（龍谷大学）　三三　八九年三月
唐詩と茶——皮日休と盧仝　喫茶の起源と発展一七　日本美術工芸　六〇八　八九年五月
喫茶の伝播——ウィグル・チベット・新羅・日本　喫茶の起源と発展一八　同右　六〇九　八九年六月

下

『茶経』研究補遺　立命館文学　五一一　橋本循先生追悼記念論集　八九年六月
龍団鳳餅——餅茶の発展　喫茶の起源と発展一九　日本美術工芸　六一〇　八九年七月
宋代の茶器——茶具図賛　喫茶の起源と発展二〇　同右　六一一　八九年八月
元代の喫茶　喫茶の起源と発展二一　同右　六一二　八九年九月
明代の喫茶（一）——龍団・末茶の消滅　喫茶の起源と発展二二　同右　六一三　八九年一〇月
明代の喫茶（二）——わが国煎茶道の起源　喫茶の起源と発展二三　同右　六一四　八九年一一月

世界史のなかの喫茶　喫茶の起源と発展二四　同右　六一五　八九年一二月

『中国茶書全集』再補遺　汲古　一六　九〇年二月

「貞観政要」に学ぶ経営学（1）創業と守成　月刊総務　二八－五（現代経営研究会　九〇年五月）

「貞観政要」に学ぶ経営学（2）社長は舟、社員は水　同右　二八－六　九〇年六月

「貞観政要」に学ぶ経営学（3）人事管理の要件（1）　同右　二八－七　九〇年七月

「貞観政要」に学ぶ経営学（4）六正六邪
――人事管理の要件（2）　同右　二八－八　九〇年八月

「貞観政要」に学ぶ経営学（5）殷鑑遠からず
――会社をつぶさない方法　同右　二八－九　九〇年九月

「貞観政要」に学ぶ経営学（6）公平な人事①　同右　二八－一〇　九〇年一〇月

「貞観政要」に学ぶ経営学（7）公平な人事②
――ミスを犯した者とそれを見逃した者　同右　二八－一一　九〇年一一月

「貞観政要」に学ぶ経営学（8）内助の功
――文徳皇后　同右　二八－一二　九〇年一二月

「貞観政要」に学ぶ経営学（9）倹約　同右　二九－一　九一年一月

「貞観政要」に学ぶ経営学（10）後嗣の選定　同右　二九－二　九一年二月

「貞観政要」に学ぶ経営学（11）孝と忠
――儒教的経営の基礎　同右　二九－三　九一年三月

「貞観政要」に学ぶ経営学（12）兼聴と偏信　同右　二九－四　九一年四月

唐代前半期長安における公主宅の道観化　中国の都市と農村（汲古書院　九二年七月）

下

中国茶のルネサンス——明代文人茶と日本煎茶道の起源　月刊しにか　三—八（大修館書店　九二年八月）

下　白居易の官人としての経歴　白居易研究講座　第一巻　白居易の文学と人生Ⅰ（勉誠社　九三年六月）

ウーロン茶　中国省別ガイド『福建省』（弘文堂　九四年）

法門寺　中国省別ガイド『陝西省』（弘文堂　九四年）

茶は南方の嘉木なり　ジオ　三—一一（同朋舎　九六年一一月）

宋代の茶器　茶道雑誌　五九—一〇　九五年一〇月

唐代の茶碾　日本美術工芸　六九七　九五年一一月

お茶の歴史　鴨沂会誌　一三四　九七年

中国茶文化在日本　文史知識　一九七　九七年一一月

法門寺地宮的茶器与日本茶道　法門寺文化研究通訊　九八年一一月、陝西省法門寺博物館編　法門寺文化研究　歴史巻　九八年

中国製茶法の歴史（一）　茶道雑誌　六二—一一　九八年一一月

中国製茶法の歴史（二）　同右　六二—一二　九八年一二月

中国製茶法の歴史（三）　同右　六三—一　九九年一月

中国製茶法の歴史（四）　同右　六三—三　九九年三月

中国製茶法の歴史（五）　同右　六三—四　九九年四月

雲南とお茶　ＡＲＣＡＳ　一二—四　九九年四月

中国製茶法の歴史（六）　茶道雑誌　六三－五　九九年五月
中国製茶法の歴史（七）　同右　六三－七　九九年七月
中国製茶法の歴史（八）　同右　六三－九　九九年九月
中国製茶法の歴史（九）　同右　六三－一〇　九九年一〇月
中国製茶法の歴史（十）　同右　六三－一一　九九年一一月
中国製茶法の歴史（十一）　同右　六三－一二　九九年一二月
中国製茶法の歴史（十二）　同右　六四－二　二〇〇〇年二月
中国製茶法の歴史（十三）　同右　六四－四　二〇〇〇年四月
中国製茶法の歴史（十四）　同右　六四－五　二〇〇〇年五月
中国製茶法の歴史（十五）　同右　六四－七　二〇〇〇年七月

編集委員会付記

布目先生は自己管理に優れた方で、年譜や著作目録も記念論集の刊行や叙勲の慶事の際に整備されておられた。しかしあまりにも突然のご逝去のため、近年のご活躍や業績については全容を把握することは困難であった。このような事情から当委員会としては不本意ではあるが、略年譜と主要なご業績に限定した著作目録抄になった。詳細な年譜および著作目録については『布目潮渢博士古稀記念論集　東アジアの法と社会』（汲古書院、一九九〇年）を参照されたい。

編集後記

二〇〇一年一月一七日、布目先生は本当に忽然として逝去された。

この年、中国茶史に関する先生の著書三冊が刊行された。

『中国喫茶文化史』（岩波書店、岩波現代文庫、二〇〇一年三月）

『中国茶の文化史』（研文出版社、二〇〇一年六月）

『茶経詳解』（淡交社、二〇〇一年八月）

先生の近著を列挙したのは、亡くなられる直前まで、先生は大変ご壮健であったことをいわんがためである。

先生は晩年、中国茶史研究の集大成に鋭意邁進された。茶史研究を開始される端緒となったのは、往年に神田喜一郎先生から、陸羽の『茶経』の訳注を依頼されたことにある。神田先生は、茶史研究に『茶経』は必読文献であるが、訳書に良いものがないのは、『茶経』が書かれた唐代の知識を有する者が、訳註に従事しないからであるとされ、布目先生に訳註の仕事を依頼されたのが、中国茶史研究に入る契機となったとお聞きしている。前掲した『茶経詳解』は先生の中国茶史研究の畢生の仕事の一であり、『茶経』を理解する上において最高の注釈書である。茶道・裏千家より賞を頂かれたのも、『茶経詳解』をはじめとする中国茶史研究に対するものである。

先生は第八高等学校文科乙類を経て、東京帝国大学文学部東洋史学科を卒業され、海軍に入隊された。一九四六年、東方文化研究所京都の助手となられ、京都府立西京大学・立命館大学文学部を経て、大阪大学教養部教授に就任され、大学院文学研究科兼任として教鞭をとられ、退官後は摂南大学に移られ、最後は仏教大学大学院において後進を指導された。

先生は助手になられた後は漢代史と隋唐史を専攻された。先生の御専門は漢唐史研究であり、茶史研究は第二番目の研究課題である。漢代史の研究を途中で中止されたのは、漢簡研究が秦漢史研究の主流となり、漢簡に精通しない者の秦漢史研究は限界があると感じたためであるとうかがったことがある。隋唐史研究においても、敦煌・吐魯番文献を使用した研究はない。これは文書史料は編纂文献と異なり、事実の一面しか伝えていないという理由によって、隋唐史研究に敦煌・吐魯番文献を使用しないという手法を採用されたものであろう。

先生の代表的論文に「唐初の貴族」がある。この論文は、唐初の貴族は六朝のそれとは異なり、王朝権力に近い者、すなわち、高官のものが貴族とみなされており、貴族は独立して存在するものでなく、王朝権力に寄生するとした。貴族制ならびに隋唐史に、大きな問題提起をしたものとして高い評価を得た。この論文は、のち更に敷延され、『隋唐史研究　唐朝政権の形成』（京都大学東洋史研究会　東洋史研究叢刊之二〇　一九六八年）という大著となり、学界を被益している。

布目先生の「著作集」編刊の話は、先生のご生前から進められていた。しかし、先生は大阪大学御退官の折には「まだやるべき研究があるから」と固辞された。神田喜一郎先生についで茶書研究の第一人者として研究に没頭し、東奔西走の先生には過去の業績を振り返る余裕がないとの思いであったろうと推察される。けれども、いつも上京の折に立ち寄られる汲古書院の度重なる慫慂に最後は承知された。

そこで教え子の有志が集まり、編集委員会を組織して具体的に取り組みはじめた矢先、先生は忽然と世を去られてしまわれた。返す返すも残念なことであった。

当初、先生の腹案としては、先生の主著『隋唐史研究』を含んで論文を集成し直し、全三巻とする第一案と、単行本未収録論文に限って全二巻とする第二案があった。一長一短があり、決めかねておられたが、第一案は既刊『隋唐史研究』所持者に二重購入を強いることになるため、結果として第二案を採用することにした。

ただし先生が亡くなられる前日まで執筆されていた遺稿ともいうべき論文があり、完結していないので、同時進行で校正されていた岩波現代文庫『中国喫茶文化史』から該当部分約一三頁を転載することにした。転載についてご了解下さった岩波書店に御礼申し上げる次第である。また、図版写真転載につき御許可を賜った所蔵機関に厚く御礼申し上げます。

先生ご他界後は、奥様とご長男夫妻に本著作集刊行についてご快諾いただいた。けれども下巻刊行担当者の多忙や病気等のための予想外に刊行が遅れ、ご家族の方々、それに購読者の皆様に多大なご迷惑をおかけしたことを深くお詫び申し上げる次第です。

編集・校正は、中村裕一・大野仁・杉井一臣・水野正明が担当した。

最後に汲古書院の坂本健彦氏には、先生とは旧知の間柄ということで出版をお願いし、快諾をえた。深謝する次第である。

二〇〇四年五月一〇日

布目先生著作集編集委員会

代表　中　村　裕　一

布目潮渢編著・汲古書院発行

1 五山版影印　唐才子伝（編・解題）　一九七二年
2 唐才子伝の研究（中村喬氏と共著）　一九八二年
3 中国茶書全集（全二巻）（編・解題）　一九八七年
4 中国茶文化と日本（汲古選書31）　3800円　一九九八年
5 布目潮渢中国史論集　上巻　12000円　二〇〇三年
6 布目潮渢中国史論集　下巻　12000円　二〇〇四年

（価格は本体価格、価格表示のないものは品切）

布目潮渢中国史論集　下巻

二〇〇四年八月一五日発行

著　者　布目潮渢
編　者　著作集刊行委員会
発行者　石坂叡志
印刷所　富士リプロ

発行所　汲古書院
〒102-0072 東京都千代田区飯田橋二－五－四
電　話〇三（三二六五）九七六四
ＦＡＸ〇三（三二二二）一八四五

ISBN4-7629-2684-1　C3322

索　引

＊のついている頁は上巻、ないものは下巻であることを示す。

さ

す

せ

ほ

ま

み

む

め

も